高等职业教育"十三五"创新型规划教材

仓储与配送管理实务

（第2版）

主　编　林贤福　黄裕章
副主编　刘小玲　胡从旭
　　　　楚晓娟　黄兆宣

北京理工大学出版社
BEIJING INSTITUTE OF TECHNOLOGY PRESS

版权专有 侵权必究

图书在版编目（CIP）数据

仓储与配送管理实务 / 林贤福，黄裕章主编 . —2 版 . —北京：北京理工大学出版社，2018.4（2018.5 重印）

ISBN 978-7-5682-5277-5

Ⅰ. ①仓… Ⅱ. ①林…②黄… Ⅲ. ①仓库管理-高等学校-教材②物流管理-物资配送-高等学校-教材 Ⅳ. ①F253②F252.14

中国版本图书馆 CIP 数据核字（2018）第 021439 号

出版发行 / 北京理工大学出版社有限责任公司
社　　址 / 北京市海淀区中关村南大街 5 号
邮　　编 / 100081
电　　话 /（010）68914775（总编室）
　　　　　（010）82562903（教材售后服务热线）
　　　　　（010）68948351（其他图书服务热线）
网　　址 / http://www.bitpress.com.cn
经　　销 / 全国各地新华书店
印　　刷 / 北京国马印刷厂
开　　本 / 787 毫米×1092 毫米　1/16
印　　张 / 416　　　　　　　　　　　　　　　责任编辑 / 王晓莉
字　　数 / 17.5 千字　　　　　　　　　　　　文案编辑 / 王晓莉
版　　次 / 2018 年 4 月第 2 版　2018 年 5 月第 2 次印刷　责任校对 / 周瑞红
定　　价 / 43.00 元　　　　　　　　　　　　责任印制 / 李　洋

图书出现印装质量问题，请拨打售后服务热线，本社负责调换

前　言

随着经济日趋全球化，企业通过物流去赢得市场的方式已越来越受到关注。现代物流中的仓储与配送是整个物流过程中的重要环节之一，能够有效地实现为企业降低成本，为客户创造价值的企业战略目标。

本书系统地阐述了现代仓储与配送管理的理论知识，紧密结合企业仓储与配送管理实践，力求体现"理论够用、重在操作"和"简单明了、方便使用"的编写特色，具体体现如下：

1. 参编者均是来自教学研究与实践工作第一线的优秀教师。

2. 紧密结合当今物流领域的实践，从强化培养操作技能的角度出发，体现当前物流业最新的实用知识与操作技术。

3. 既包括先进的西方仓储与配送管理理论的阐述，又包括国内仓储与配送管理的各个领域的实践与成功案例分析。

4. 编写体例设计新颖，以知识目标和技能目标导入、正文、练习、案例讨论等作为每一章的安排，便于教学。

5. 写作上力求图文结合，使内容与知识形象化，让学生好学易记。

6. 配有可免费下载的用于教学的PPT及练习、案例分析的参考答案，使教师好用，学生好学。

本书由林贤福、黄裕章主编，刘小玲、胡从旭、楚晓娟、黄兆宣担任副主编。本书的编写大纲由主编、副主编提出，经参与编写的人员充分讨论后确定。全书由各位作者分工合作完成。具体分工如下：第1章，林贤福；第2章、第9章，胡从旭；第3章、第6章，许敏；第4章、第5章，王丹；第7章，肖劲阳；第8章，朱丹；第10章、第11章，刘小玲。最后由主编、副主编对全书进行修改、润色与定稿。

在本书的编写过程中，我们参阅了国内外大量的论著和文献，在此一并对这些作者表示由衷的感谢。由于我们水平有限，再加上仓储业发展变化快，书中一定存在许多不尽如人意之处，敬请读者提出批评和建议。

编　者

目　录

第1章　仓储管理概述 …………………………………………………………… (1)
　　1.1　仓储概述 ……………………………………………………………… (1)
　　1.2　仓储管理 ……………………………………………………………… (8)
　　1.3　仓储管理技术作业流程 ……………………………………………… (13)
　　1.4　仓储在现代物流管理中的地位与作用 ……………………………… (15)
　　本章小结 …………………………………………………………………… (17)
　　练习与思考 ………………………………………………………………… (18)
　　综合案例 …………………………………………………………………… (18)

第2章　仓库及仓库设备 ………………………………………………………… (21)
　　2.1　仓库的作用及其分类 ………………………………………………… (21)
　　2.2　仓库的结构和布局 …………………………………………………… (26)
　　2.3　仓库设备 ……………………………………………………………… (34)
　　2.4　自动化立体仓库 ……………………………………………………… (44)
　　本章小结 …………………………………………………………………… (47)
　　练习与思考 ………………………………………………………………… (48)
　　综合案例 …………………………………………………………………… (48)

第3章　仓储业务操作 …………………………………………………………… (50)
　　3.1　仓储业务操作过程概述 ……………………………………………… (50)
　　3.2　商品入库业务 ………………………………………………………… (51)
　　3.3　商品存储保管 ………………………………………………………… (58)
　　3.4　商品出库 ……………………………………………………………… (71)
　　本章小结 …………………………………………………………………… (75)
　　练习与思考 ………………………………………………………………… (75)
　　综合案例 …………………………………………………………………… (75)

第4章　库存管理与订货技术 …………………………………………………… (80)
　　4.1　库存及库存合理化 …………………………………………………… (80)

4.2 库存控制及订货点技术 ……………………………………………………（83）
4.3 MRP 与库存管理 ……………………………………………………………（97）
4.4 JIT 与库存管理 ……………………………………………………………（104）
4.5 ERP 与库存管理 ……………………………………………………………（106）
4.6 DRP 与库存管理 ……………………………………………………………（110）
本章小结 ……………………………………………………………………（110）
练习与思考 …………………………………………………………………（111）
综合案例 ……………………………………………………………………（112）

第 5 章 仓储经营管理 …………………………………………………………（114）
5.1 仓储经营管理概述 …………………………………………………………（114）
5.2 仓储经营方法 ………………………………………………………………（117）
5.3 仓储商务管理 ………………………………………………………………（126）
5.4 仓储合同管理 ………………………………………………………………（129）
本章小结 ……………………………………………………………………（143）
练习与思考 …………………………………………………………………（144）
综合案例 ……………………………………………………………………（144）

第 6 章 仓库安全工作 …………………………………………………………（146）
6.1 仓库安全生产和劳动保护 …………………………………………………（146）
6.2 治安保卫管理 ………………………………………………………………（150）
6.3 仓库消防 ……………………………………………………………………（152）
本章小结 ……………………………………………………………………（157）
练习与思考 …………………………………………………………………（158）
综合案例 ……………………………………………………………………（158）

第 7 章 仓储成本管理 …………………………………………………………（161）
7.1 仓储成本与仓储成本管理 …………………………………………………（161）
7.2 仓储成本管理中的经济核算 ………………………………………………（166）
7.3 仓储成本管理中的经济效益分析 …………………………………………（169）
本章小结 ……………………………………………………………………（176）
练习与思考 …………………………………………………………………（177）
综合案例 ……………………………………………………………………（177）

第 8 章 配送及配送中心 ………………………………………………………（179）
8.1 配送概述 ……………………………………………………………………（179）
8.2 配送的功能及发展趋势 ……………………………………………………（185）
8.3 配送中心 ……………………………………………………………………（191）
8.4 配送中心作业管理 …………………………………………………………（197）
8.5 配送中心的设置与管理 ……………………………………………………（206）
本章小结 ……………………………………………………………………（223）
练习与思考 …………………………………………………………………（224）

综合案例 ………………………………………………………………… (224)
第9章　配送组织 ……………………………………………………………… (226)
　9.1　配送的方法 …………………………………………………………… (226)
　9.2　协同配送 ……………………………………………………………… (228)
　9.3　配送线路设计 ………………………………………………………… (230)
　9.4　配送服务管理 ………………………………………………………… (236)
　　本章小结 ………………………………………………………………… (241)
　　练习与思考 ……………………………………………………………… (241)
　　综合案例 ………………………………………………………………… (241)
第10章　配送运输 …………………………………………………………… (243)
　10.1　配送运输概述 ………………………………………………………… (243)
　10.2　配送运输车辆的调度 ………………………………………………… (248)
　10.3　配送车辆的积载技术 ………………………………………………… (255)
　　本章小结 ………………………………………………………………… (257)
　　练习与思考 ……………………………………………………………… (257)
　　综合案例 ………………………………………………………………… (258)
第11章　配送商务 …………………………………………………………… (261)
　11.1　配送商务概述 ………………………………………………………… (261)
　11.2　配送合同 ……………………………………………………………… (262)
　11.3　配送成本与收费 ……………………………………………………… (266)
　　本章小结 ………………………………………………………………… (270)
　　练习与思考 ……………………………………………………………… (270)
　　综合案例 ………………………………………………………………… (270)

参考文献 …………………………………………………………………… (272)

第 1 章

仓储管理概述

知识目标

1. 了解仓储管理合理化标志、仓储活动的意义。
2. 理解仓储的功能、任务、原则和基本要求，仓储管理的技术作业流程。
3. 掌握仓储的种类、仓储管理任务和保管原则、仓储在物流中的地位。

技能目标

运用仓储管理的概念及基本知识进行案例分析。

1.1 仓储概述

1.1.1 仓储的概念与性质

1. 仓储的概念

"仓"也称仓库，是存放、保管、储存物品的建筑物或场所的总称，可以是房屋建筑、大型容器、洞穴或其他特定的场地，具有存放和保护物品的功能；"储"表示收存以备使用，具有收存、保管、交付使用的意思。"仓储"则为利用仓库存放、储存未使用物品的行为。简言之，仓储就是在特定的场所储存物品的行为。

仓储是由于社会产品出现剩余和产品流通的需要而形成的。当产品不能被即时消耗掉，需要专门的场所堆放时，就产生了静态仓储。而将物品存入仓库以及对存放在仓库里的物品进行保管、控制、提供使用等管理，就形成了动态仓储。可以说，仓储是对有形物品提供存放场所、物品存取过程和对存放物品的控制、保管的过程。仓储在整个物流过程中具有相当重要的作用，马克思在《资本论》中说道："没有商品的储存就没有商品的流通。"有了商品的储存，社会再生产过程中的物流过程才能正常进行。

2. 仓储的性质

仓储具有以下几种性质。

（1）仓储是物品生产过程的持续。这是因为仓储活动是社会再生产过程不可缺少的环节，物品从脱离生产到进入消费，一般要经过运输和储存，所以，仓储是物品生产过程的持续。

（2）仓储提升了物品的价值。这是因为，第一，仓储活动和其他物质生产活动一样具有生产力三要素（劳动力——仓储作业人员；劳动资料——仓储设备与设施；劳动对象——储存保管的物资），生产力创造物品及其价值。第二，仓储活动中的有些环节提升了物品的价值，例如加工、包装和拣选等活动就提升了物品的价值。第三，仓储中劳务的消耗、资产的消耗与磨损，即仓储发生的费用要转移到库存物品中去，构成其价值增量的一部分，从而导致库存物品价值的增加。

（3）仓储活动发生在仓库这个特定的场所。

（4）仓储的对象既可以是生产资料，也可以是生活资料，但必须是实物动产。

（5）仓储活动所消耗的物化劳动和活劳动一般不改变劳动对象的功能、性质和使用价值，只是保持和延续其使用价值。

1.1.2 仓储的功能

仓储主要是对流通中的物品进行检验、保管、加工、集散和转换运输方式，并为其解决供需之间和不同运输方式之间的矛盾，提供场所价值和时间效益，使物品的所有权和使用价值得到保护，加速物品流转，提高物流效率和质量，促进社会效益的提高。概括起来，仓储的功能可以分为如下几个方面。

1. 调节功能

仓储在物流中起着"蓄水池"的作用。一方面仓储可以调节生产与消费的关系，如销售与消费的关系，使其在时间上和空间上得到协调，保证社会再生产的顺利进行。另一方面，仓储还可以实现对运输的调节。因为物品从生产地向销售地流转，主要依靠运输完成，但不同的运输方式在运向、运程、运量及运输线路和运输时间上存在着差距。一种运输方式一般不能直达目的地，需要在中途改变运输方式、运输线路、运输规模、运输方式和运输工具，以及协调运输时间和完成产品倒装、转运、分装、集装等物流作业，还需要在物品运输的中途停留，即仓储。

2. 检验功能

在物流过程中，为了保障物品的数量和质量准确无误，明确事故责任，维护各方的经济利益，要求必须对物品及有关事项进行严格的检验，以满足生产、运输、销售以及消费者的要求，仓储为组织检验提供了场地和条件。

3. 集散功能

仓储把生产单位的物品汇集起来，形成规模，然后根据需要分散发送到消费地去。通过一集一散，衔接产需，均衡运输，提高了物流速度。

4. 加工功能

保管物在保管期间，保管人根据存货人或客户的要求对保管物的外观、形状、成分构成及尺度等进行加工，使保管物发生所期望的变化。加工主要包括：① 为保护产品进行的加工，如对保鲜、保质要求较高的水产品、肉产品、蛋产品等食品，可进行冷冻加工、防腐加工及保鲜加工等；对金属材料可进行喷漆、涂防锈油等防腐蚀的加工。② 为适应多样化进行的加工，如对钢材卷板的舒展、剪切加工；对平板玻璃的开片加工；以及将木材改制成方材、板材等。③ 为使消费者方便、省力的加工，如将木材直接加工成各种型材，使消费者可直接使用；将水泥制成混凝土拌合料，只需稍加搅拌即可使用等。④ 为提高产品利用率的加工，如对钢材、木材的集中下料，只搭配套材，减少边角余料，可节省原材料成本和加工费用。⑤ 为便于衔接不同的运输方式，使物流更加合理的加工，如散装水泥的中转仓库担负起散装水泥装袋的流通加工及将大规模散装转化为小规模散装的任务，就属于这种形式。⑥ 为实现配送进行的流通加工，仓储中心为实现配送活动，满足客户对物品的供应数量、供应构成的要求，可对配送的物品进行各种加工活动，如拆整化零，定量备货，把沙子、水泥、石子、水等各种材料按比例要求转入水泥混凝土搅拌车中，在配送途中进行搅拌，到达施工现场后，混凝土已经搅拌好，可直接投入使用。

5. 配送功能

根据客户的需要，对物品进行分拣、组配、包装和配发等作业，并将配好的物品送货上门。仓储配送功能是仓储保管功能的外延，提高了仓储的社会服务效能，也就是要确保仓储商品的安全，最大限度地保持商品在仓储中的使用价值，减少保管损失。配送功能可概括为完善了输送及整个物流系统；提高了末端物流的经济效益；通过集中库存，可使企业实现最低库存或零库存；简化手续，方便用户；提高供应保证程度。

目前，拥有仓储或配送中心具有许多战略上的因素。

① 提供本地库存服务。这也是为了满足客户希望获得全球范围内快速服务的要求，有利于促进本地仓库网络的发展。

② 为客户提供附加值服务。例如贴标签、包装等流通加工。

③ 就近选择一些关键供应商，作为材料控制中心的供应合作伙伴。

④ 形成订货的最佳结合点，将一次订货的多元部件组合起来送给客户。

⑤ 整合外运订单，使运输更加经济化。

⑥ 防止受到制造交付周期的影响。

⑦ 处理逆向物流。

⑧ 进行质量检测。

⑨ 制造经济化。如仓储产品能使生产线在季节性波动到来时保持平稳运行。

⑩ 提高采购效率。如当原材料价格下降时进行大量采购。

对于任何一个物流活动，管理者都必须确保被选择的仓储战略能给物流系统带来整体效益。也就是说，建造和保养仓库的成本必须小于企业获得的收益。例如，如果仓储成本高于节省下来的采购成本，那么就不能储存原材料，而是在需要时用相对较高的价格进行采购。

1.1.3 仓储管理的种类

仓储的本质是储藏和保管，但经营主体、仓储对象、经营方式和仓储功能的不同使得不同的仓储活动具有不同的特征。

1. 按仓储经营主体划分

（1）企业自营仓储。

企业自营仓储包括生产企业和流通企业的自营仓储。生产企业自营仓储是指生产企业使用自有的仓储设施对生产过程中使用的原材料、生产的中间件及最终产品实施储存和保管的行为。其储存的对象较为单一，以满足生产为原则。流通企业自营仓储是指流通企业以其拥有的仓储设施对其经营的商品进行储存保管的行为。其仓储对象较多，目的是支持销售。

企业自营仓储不具有独立性，仅仅是为企业的生产或经营活动服务。相对来说，这类仓储的规模小、数量多、专业性强，而仓储专业化程度低、设施简单。这些企业一般使用自有仓库，不开展商业性仓储经营。

（2）商业营业仓储。

商业营业仓储指仓储经营人以其拥有的仓储设施，向社会提供商业性的仓储服务的仓储行为。仓储经营人与存货人以订立合同的方式建立仓储关系，并依合同约定提供服务和收取仓储费。商业营业仓储的目的是在仓储活动中获得经济回报，实现经营利润最大化。主要有提供货物仓储服务和提供仓储场地服务两种形式。

（3）公共仓储。

公共仓储是公共事业的配套服务设施，为车站、码头提供仓储配套服务。其运作的主要目的是保证车站、码头的货物作业，具有内部服务的性质，处于从属地位。对于存货人而言，公共仓储也适用于营业仓储关系，只是不独立订立仓储合同，而是将作业列在作业合同之中。

（4）战略储备仓储。

战略储备仓储指国家根据国防安全、社会稳定的需要，对战略物资实行储备而产生的仓储。战略储备由政府进行控制，通过立法、行政命令的方式进行。战略储备特别注重储备品的安全性，且储备的时间长。战略储备物资主要有粮食、能源、有色金属及淡水等。

2. 按仓储对象划分

（1）普通物品仓储。

普通物品仓储指不需要特殊保管条件的物品仓储。一般的生产物资、生活用品、普通工具等杂货类物品，不需要针对货物设置特殊的保管条件，采取无特殊装备的通用仓库或货场存放。

（2）特殊物品仓储。

在保管中有特殊要求和需要满足特殊条件的物品仓储，如危险品仓储、冷库仓储及粮食仓储等。特殊物品仓储一般为专用仓储，按物品的物理、化学和生物特性，以及法规的规定进行仓库建设和实施管理。

3. 按仓储功能划分

（1）储存仓储。

储存仓储是物品需较长时间存放的仓储。由于物品存放时间长，存储费用就很低。储存仓储一般在较为偏远的地区进行。储存仓储的物品较为单一、品种少，但存量大且存期长，因此要特别注意物品的质量保管。

（2）物流中心仓储。

物流中心仓储是以物流管理为目的的仓储活动，是为了实现有效的物流管理，对物流的过程、数量、方向进行控制的环节。为实现物流的时间价值的环节，物流中心仓储一般是在经济发达且交通便利、储存成本低的地区进行。

（3）配送仓储。

配送仓储也称配送中心仓储，是物品在配送交付消费者之前所进行的短期仓储，是物品在销售或者使用前的最后仓储,并在该环节进行销售或者使用的前期处理。配送仓储一般在商品的消费经济区内进行。配送仓储物品品种繁多、批量少,需要一定量的进货、分批少量出库操作,往往需要进行拆包、分拣和组配等作业,主要目的是支持销售,注重对物品存量的控制。

(4) 运输转换仓储。

运输转换仓储用来衔接不同运输方式,在不同运输方式的相接处进行,如在港口、车站库存场所进行的仓储,是为了保证不同运输方式的高效衔接,减少运输工具的装卸和停留时间。运输转换仓储具有大进大出的特点,物品存期短,注重物品的周转作业效率和周转率。

(5) 保税仓储。

保税仓储是指使用海关核准的保税仓库存放保税物品的仓储行为。保税仓储一般设置在进出境口岸附近。保税仓储受到海关的直接监控,虽然说储存的物品也是由存货人委托保管的,但保管人要对海关负责,入库单或者出库单均需海关签署。

4. 按仓储物的处理方式划分

(1) 保管式仓储。

保管式仓储是指存货人将特定的物品交由仓储保管人代为保管,物品保管到期后,保管人将代管物品交还存货人的方式所进行的仓储。保管式仓储也称为纯仓储,要求保管物除了发生的自然损耗和自然减量外,数量、质量和件数不应发生变化。保管式仓储又可分为物品独立保管仓储和物品混合在一起保管的混藏式仓储。

(2) 加工式仓储。

加工式仓储是指保管人在仓储期间根据存货人的要求对物品进行一定加工的仓储方式。物品在保管期间,保管人根据存货人的要求对物品的外观、形状、成分构成及尺寸等进行加工,使物品发生存货人所希望的变化。

(3) 消费式仓储。

消费式仓储是指仓库保管人在接受物品的同时也接受物品的所有权,仓库保管人在仓储期间有权对仓储物品行使所有权,待仓储期满后,保管人将相同种类、品种和数量的替代物交还委托人所进行的仓储。消费式仓储特别适合于保管期较短的商品储存,如储存期较短的肉禽蛋类、蔬菜瓜果类农产品的储存。消费式仓储也适合一定时期内价格波动较大的商品的投机性存储,是仓储经营人利用仓储物品开展投机经营的增值活动,具有一定的商品保值和增值功能,同时又具有较大的仓储风险,是仓储经营的一个重要发展方向。

1.1.4 仓储活动的意义

仓储活动是由物品的生产和商品之间的客观矛盾决定的。商品在从生产领域向消费领域转移过程中,一般都要经过仓储阶段,这主要是由商品生产和消费在时间上、空间上以及品种和数量等方面的不同步所引起的。也正是在这些不同步中,仓储活动发挥了重要的作用。

1. 搞好仓储活动是社会再生产过程顺利进行的必要条件

商品由生产地向消费地转移,是依靠仓储活动来实现的。可见,仓储活动之所以有意义,是因为生产与消费在空间、时间以及品种、数量等方面存在矛盾。尤其是在现代化大生产条件下,专业化程度不断提高,社会分工越来越细,随着生产的发展,这些矛盾又势必进一步扩大。在仓储活动中,就不能采取简单地把商品生产和消费直接联系起来的办法,而需要对复杂的仓储活动进行精心组织，拓展各部门、各生产单位之间相互交换产品的深度和广度，在流通过程中不断进行商品品种的组合，在商品数量上不断加以集散，在地域和时间上进行安排。通过搞活流通，搞好仓储活动，发挥仓储活动在生产与消费中的纽带和桥梁作用，借以克服众多的相互分离又相互联系的生产者之间、生产者与消费者之间在生产与消费地理上的分离，衔接生产与消费时间上的不一致以及调节生产与消费在方式上的差异，在建立一定的商品资源的基础上，保证社会再生产的顺利进行。具体来讲，仓储活动主要从以下几个方面保证社会再生产过程的顺利进行。

(1) 克服生产与消费地理上的分离。

从空间方面来说，生产与消费的矛盾主要体现在地理上的分离。在自给自足的自然经济里，生产者同时就是其自身产品的消费者，其产品仅供本人及其家庭消费。随着商品生产的发展，商品的生产者逐渐与消费者分离。生产的产品不再是为了本人的消费，而是为了满足其他人的消费需要。随着交换范围的扩大，生产与消费在空间上的矛盾也逐渐扩大。在社会化大生产的条件下，随着生产的发展，这种矛盾进一步扩大，这是由生产的客观规律所决定的。举例来说，为了不断提高生产率，工业生产的规模不断扩大。生产的集中化能以更低的成本生产出更多的产品。但是，与此同时，这将使生产一种产品的工厂的数量不断减少。以前由各地甚至每个家庭生产的产品，现在往往由少数的大工厂生产。这些工厂生产的产品，不再是为了满足本地区的需要，许多产品销往其他地区，或者在全国范围内销售，甚至销往国外。生产的规模越大、越集中，越需要寻求更大的市场，将商品运送到更远的地区。另外，生产的社会化使不同产品的生产在地理上形成分工。为了更加充分地利用不同地区的自然经济条件和资源，一种商品的生产逐渐趋向于在生产该种商品最经济的地区进行。这样，就必须依靠运输把产品运送到其他市场。社会化生产的规模决定了生产与消费之间的矛盾不是逐渐缩小而是逐渐扩大。随着商品生产的发展，不但需要运输的商品的品种、数量在增加，而且平均运输的距离也在不断增加。商品仓储活动的重要意义之一就是通过仓储活动平衡运输的负荷。

(2) 衔接生产与消费时间上的背离。

商品的生产与消费之间有一定的时间间隔。在绝大多数情况下，今天生产的商品不可能马上全部卖掉，这就需要商品的仓储。有的商品是季节性生产，常年消费；有的商品是常年生产，季节消费；还有的商品是常年生产、常年消费。无论何种情况，在商品从生产过程进入消费过程之间，都存在一定的时间间隔，在这段时间间隔内，形成了商品的暂时停滞。商品在流通领域中暂时的停滞过程，形成了商品的仓储。同时，商品仓储又是商品流通的必要条件，为保证商品流通过程得以持续进行，就必须有商品仓储活动；没有商品仓储活动，就没有商品流通的顺利进行，因此有商品流通就有商品仓储活动。为了使商品更加适合消费者的需要，许多商品在最终销售以前，要进行挑选、整理、分装和组配等工作。这样便有一定数量的商品处于停留阶段，也形成了商品储存。此外，在商品运输过程中，在车、船等运输工具的衔接上，由于在时间上不可能完全一致，也产生了在途商品对车站、码头中流转性仓库的储存要求。

(3) 调节生产与消费方式上的差别。

生产与消费的矛盾还表现在商品的品种与数量方面。专业化生产将生产的商品品种限制在比较窄的范围内。生产的专业化程度越高，工厂生产的产品品种就越少，但是消费者要求更广泛的品种和更多样化的商品。另外，生产越集中，生产的规模越大，生产出来的商品品种却较少。在生产方面，每个工厂生产出来的产品品种比较单一，但数量很大；而在消费方面，每个消费者需要广泛的品种和较少的数量，因此，整个流通过程就要求不断在众多企业所提供的品种上加以组合，在数量上不断加以分散。

商品的仓储活动不是简单地把生产和消费直接联系起来，而是一个复杂的组织过程，在商品的品种和数量上不断进行调整。只有经过一系列调整之后，才能使遍及全国各地的零售商店向消费者提供品种、规格、花色齐全的商品。

总之，商品生产和消费在空间、时间、品种和数量等方面都存在着矛盾。这些矛盾既不能在生产领域里得到解决，也不可能在消费领域里得到解决，只能在流通领域通过连接生产和消费的商品仓储活动加以解决。商品仓储活动在推动生产发展、满足市场供应中具有重要意义。

2. 搞好仓储活动是合理使用并保持商品原有使用价值的重要手段

任何一种商品，在它生产出来以后至消费前，其本身的性质、所处的条件，以及自然的、社会的、经济的和技术的原因，都可能使其运用价值在数量上减少，在质量上降低，如果不创造必要的条件，就不可避免地会受到损害。因此，必须进行科学管理，加强对商品的养护，搞好仓储活动，以保护好处于暂时停滞状态的商品的使用价值。同时，在商品仓储过程中，努力做到流向合理，加快流转速度，注意商品的合理分配，合理供料，不断提高工作效率，使有限的商品能及时发挥最大的效用。

3. 搞好仓储活动，是加快资金周转、节约流通费用、降低物流成本、提高经济效益的有效途径

仓储活动是商品在社会大生产过程中必然会出现的一种形态，这对整个社会再生产，对国民经济各部门、各行业的生产经营活动的顺利进行，有着巨大的作用。然而在仓储活动中，为了保证物资的使用价值在时空上的顺利转移，必然要消耗一定的物化劳动和活劳动。尽管这些合理费用的支出是必要的，但由于它不能创造使用价值，因而，在保证物资使用价值得到有效的保护，有利于社会再生产顺利进行的前提下，费用支出得越少越好。那么，搞好仓储活动，就可以减少在仓储过程中的物质消耗和劳动消耗，就可以加速商品的流通和资金的周转，从而节省费用支出，降低物流成本，开拓"第三利润源泉"，提高物流社会效益和企业的经济效益。

4. 物资仓储活动是物资供销管理工作的重要组成部分

物资仓储活动在物资供销管理工作中有特殊的地位和重要的作用。从物资供销管理工作的全过程来看，其包括供需预测、计划分配、市场采购、订购衔接、货运组织、储存保管、维护保养、配送发料、用料管理、销售发运、货款结算以及用户服务等主要环节。各主要环节之间相互依存、相互影响，关系极为密切。其中许多环节属于仓储活动，与属于"商流"活动的其他环节相比，所消耗和占用的人力、物力、财力多，受自然的、社会的各种因素影响大，组织管理工作有很强的经济性，既涉及政治经济学、物理、化学、机械、建筑和气象等方面的知识，又涉及物流的专业知识和专业技能，与物资经济管理专业的其他课程，例如产品学、物资经济学、物资计划与供销管理、物资统计学和会计学等都有直接的密切关系。因此，仓储活动直接影响到物资管理工作的质量，也直接关系到物资从实物形态上确定分配供销的经济关系的实现。

1.1.5 仓储合理化概念及标志

1. 储存合理化的概念

储存合理化的含义是用最经济的办法实现储存功能。储存功能是对需要的满足，实现被储存物的"时间价值"，这就"必须有一定储量"。马克思讲："商品储备必须有一定的量，才能在一定时期内满足需要量。"（《资本论》第 2 卷，第 164 页）这是合理化的前提或本质，如果不能保证储存功能的实现，其他问题便无从谈起了。但是，储存的不合理往往表现在对储存功能实现的过分强调，这是由过分投入储存力量和储存劳动所造成的。所以，合理储存的实质是，在保证储存功能实现的前提下尽量减少投入，这也是一个投入产出的关系问题。

2. 储存合理化的主要标志（表 1-1）

表 1-1　仓储合理化标志

标志类型	仓储合理化内容
质量标志	保证被储存物的质量，是完成储存功能的根本要求，只有这样，商品的使用价值才能通过物流得以最终实现。现代物流系统已拥有很有效的维护物资质量、保证物资价值的技术手段和管理手段，也正在探索物流系统的全面质量管理问题，即通过对物流过程及工作质量的控制来保证储存物的质量
数量标志	在保证功能实现的前提下有一个合理的数量范围。仓储管理中的物品数量控制体现出整个仓储管理的科学化和合理化程度。一个合理的仓储数量应该是既满足需求又做到成本最低
时间标志	在保证功能实现的前提下寻求一个合理的储存时间。这是和数量有关的问题，储存量越大而消耗速率越慢，则储存的时间必然长，反之则短。在具体衡量时往往用周转速度指标来反映时间标志，如周转天数、周转次数等，在总时间一定的前提下，个别被储存物的储存时间也能反映合理程度
结构标志	是从被储存物不同品种、不同规格、不同花色的储存数量的比例关系对储存合理性的判断。尤其是相关性很强的各种物资之间的比例关系更能反映储存合理与否。由于这些物资之间相关性很强，只要有一种物资出现耗尽，即使其他几种物资仍有一定数量，也会无法投入使用。所以，不合理结构的影响面并不局限在某一种物资上，而是有扩展性。结构标志的重要性也由此确定
分布标志	指不同地区储存的数量比例关系。可以以此判断对需求的保障程度，也可以此判断对整个物流的影响
费用标志	指仓租费、维护费、保管费、损失费以及资金占用利息支出等。可以从实际费用上判断储存的合理与否

1.2　仓储管理

1.2.1　仓储管理的含义

简单地说，仓储管理就是指对仓库及仓库内储存的商品进行的管理，是仓储企业为了充分利用所拥有的仓储资源来提供仓储服务所进行的计划、组织、控制和协调的活动。具体来说，仓储管理包括仓储资源的获得、仓储管理、经营决策、商务管理、作业管理、仓储保管、安全管理、劳动人事管理以及财务管理等一系列管理工作。

仓储管理是经济管理与应用技术相结合的交叉学科。仓储管理将仓储领域内的生产力、生产关系以及相应的上层建筑中的有关问题进行综合研究，以探讨仓储管理的规律，并不断促进仓储管理的科学化和现代化。

仓储管理的内涵随其在社会经济活动中的作用不断扩大而变化。仓储管理从单纯意义上的对货物存储管理发展成物流过程中的中心环节，其功能已不再是单纯的货物存储，而是兼有包装、分拣、流通加工以及简单装配等增值服务功能。因此，广义的仓储管理应包括对这些工作的管理。

1.2.2 仓储管理的任务

仓储管理的基本任务就是满足客户需求，科学合理地做好商品的入库、保管保养和出库等工作，为客户创造价值，为企业创造利润。

1. 利用市场经济的手段获得最大的仓储资源的配置

市场经济最主要的功能是通过市场的供求关系调节经济资源的配置。市场配置资源是以实现利润最大化为原则的，这也是企业经营的目的。配置仓储资源也应以所配置的资源能获得最大利益为原则。仓储管理需要营造本仓储企业的局部效益空间，吸引资源的进入。其具体任务包括：根据市场供求关系确定仓储建设，依据竞争优势选择仓储地址，以生产差别产品决定仓储专业化分工和确定仓储功能，以所确定的功能决定仓储布局，根据设备利用率决定设备配置等。

2. 以高效为原则组织管理机构

管理机构是开展有效仓储管理的基本条件，是一切管理活动的保证和依托。生产要素，特别是人的要素，只有在良好组织的基础上才能发挥出作用，实现整体的力量。仓储管理机构的确定需围绕着仓储经营的目标，以实现仓储经营的最终目标为原则，依据管理幅度和因事设岗、责权对等的原则，建立结构简单、分工明确、相互合作和促进的管理机构和管理队伍。

仓储管理机构因仓储机构的属性不同，分为独立仓储企业的管理组织、附属仓储管理机构的管理组织。一般都设有：内部行政管理机构、商务、库场管理、机械设备管理、安全保卫、财务以及其他必要的结构。仓储内部大都采用直线职能管理制度或者事业部制的管理组织机构。随着计算机应用的普及，仓储管理机构趋向于向少层次的扁平化结构发展。

3. 以高效率、低成本为原则组织仓储生产

仓储包括货物入库、堆存、出仓的作业，仓储物验收、理货交接，在仓储期间的保管照料、质量维护、安全防护等。仓储企业应遵循高效、低耗的原则，充分利用机械设备、先进的保管技术、有效的管理手段，实现仓储快进、快出，提高仓库利用率，降低成本，不发生差、损、错事故，保持连续、稳定的生产。仓储管理的中心工作就是开展高效率、低成本的仓储生产管理，充分配合客户的生产和经营。

4. 以不断满足社会需求为原则开展商务活动

商务工作是仓储对外的经济联系，包括市场定位、市场营销、交易和合同关系、客户服务以及争议处理等。仓储商务工作是经营仓储生存和发展的关键工作，是经营收入和仓储资源的充分利用的保证。从功能上来说，商务管理是为了实现收益最大化，但是作为社会主义的仓储管理，必须遵循不断满足社会生产和人民生活需要的原则，最大限度地提供仓储服务。满足市场需要包括数量和质量两个方面。仓储管理者还要不断掌握市场的变化发展，不断创新，提供适合经济发展的仓储产品。

5. 以优质服务、讲信用树立企业形象

企业形象是指企业展现在社会公众面前的各种感性印象和总体评价的整合，包括企业及其产品的知名度、社会的认可度、美誉度、客户的忠诚度等方面。企业形象是企业的无形财富，良好的企业形象能促进产品的销售，也为企业的发展提供良好的社会环境。作为服务行业的仓储企业，其面向的对象主要是生产、流通中的经营者，其企业形象的树立主要通过服务质量、产品质量、诚信和友好合作来获得，并通过一定的宣传手段在潜在客户中推广。在现代物流管理中，对服务质量的高标准要求、对合作伙伴的充分信任促使仓储企业建立良好的企业形象。具有良好形象的仓储企业才能在物流行业中占有一席之地，适应现代物流的发展。

6. 通过制度化、科学化的先进手段不断提高管理水平

任何企业的管理都不可能一成不变，都需要随着形势的发展不断发展。仓储企业的管理也要根据仓储企业的经营目的、社会需求的变化而改变。管理也不可能一步到位，一开始就设计出一整套完善的管理制度实施于企业，这不仅教条，而且不可行。仓储企业的管理也要从简单管理到复杂管理，在管理过程中不断补充、修正、提高、完善，实行动态的仓储管理。

仓储管理的动态化和管理变革，既可以促进管理水平的提高，提高仓储效益，也可能因为脱离实际，不符合人们的思维习惯或者形而上学，使管理的变革失败，甚至趋于倒退，不利于仓储的发展。因而仓储管理的变革需要有制度性的变革管理，通过科学的论证，广泛吸取先进的管理经验，针对本企业的客观实际进行设计。

7. 从技术领域到精神领域提高员工素质

没有高素质的员工队伍，就没有优秀的企业。企业的一切行为都是人的行为，是每一个员工履行职责的行为表现，员工的精神面貌表现了企业的形象和企业文化。仓储管理的一项重要工作就是不断提高员工素质，根据企业形象建设的需要加强对员工的约束和激励。员工的素质包括技术素质和精神素质。通过不断的、系统的培训和严格的考核，保证每个员工熟练掌握其从事的劳动岗位应知、应会的操作以及管理技术和理论知识，且要求精益求精，跟上技术和知识的发展，保持不断更新；明白岗位的工作制度、操作规程；明确岗位所承担的责任。

良好的精神面貌来自于企业和谐的气氛、有效的激励、对劳动成果的肯定以及有针对性开展的精神文明教育。在仓储管理中重视员工的地位，而不能将员工仅仅看作生产工具、一种等价交换的生产要素。在信赖中约束，在激励中规范，使员工人尽其才，既劳有所得，又有人格被尊重的感受，这样才能形成热爱企业、自觉奉献、积极向上的精神面貌。

1.2.3 仓储管理的基本原则

1. 效率原则

效率反映了一定劳动要素投入后产品产出量的多少。只有较少的劳动要素投入和较高的产品产出量才能实现高效率。高效率是现代生产的基本要求，高效率意味着产出量大，劳动要素利用率高。仓储的效率表现在仓库利用率、货物周转率、进出库时间以及装卸车时间等指标上，体现出"快进、快出、多存储、保管好"的高效率仓储。

仓储生产管理的核心就是效率管理，是以最少的劳动量的投入获得最大的产品产出的管理。效率是仓储其他管理的基础，高效率的实现是管理艺术的体现。仓储管理要通过准确核算，科学组织，妥善安排场所和空间，实现设备与人员、人员与人员、设备与设备、部门与部门之间的合理配置与默契配合，使生产作业过程有条不紊地进行。高效率还需要有效管理的保证，包括现场的组织调度，标准化、制度化的操作管理，严格的质量责任制的约束。

2. 经济效益、社会效益与生态效益相统一的原则

企业生产经营的目的是追求利润最大化，这是经济学的基本假设条件之一，也是社会现实的反映。利润是经济效益的表现，实现利润最大化则需要做到经营收入最大化或经营成本最小化。作为市场经营活动主体的仓储企业，应该围绕着获得最大经济效益的目的进行组织和经营。同时，仓储企业也需要承担一定的社会责任，履行治理污染与环境保护、维护社会安定的义务，满足创建和谐社会所不断增长的物质文化与精神文化的需要，实现生产经营的综合效益最大化，实现仓储企业与社区的和谐发展，实现仓储企业与国民经济、行业经济和地区经济的同步可持续发展。

3. 服务的原则

服务是贯穿于仓储活动中的一条主线，仓储的定位、具体操作、对储存货物的控制等，都要围绕着服务这一主线进行。仓储服务管理包括直接的服务管理和以服务为原则的生产管理。仓储管理要在改善服务、提高服务质量上狠下功夫。

仓储的服务水平与经营成本有着密切的相关性，两者互相对立。服务好，成本高，收费就高；反之亦然。合理的仓储服务管理就是要在仓储经营成本和服务水平之间寻求最佳区域并且保持相互间的平衡。

1.2.4 企业仓储管理的具体要求

企业仓储管理工作的基本任务是从生产出发，及时、准确、保质、保量地做好物资供应工作，为企业生产建设服务。其具体任务是：

① 严格把好入库验收关，确保入库物资数量准确、质量完好，并使物资储存、供应、销售等各环节平衡衔接。

② 搞好在库物资的保管、保养工作，最大限度地降低物资损耗，如实登记仓库实物账，经常清洁、盘点库存物资，做到账、卡、物相符。

③ 做好物资供应工作，满足生产建设需要，不断提高服务质量。

④ 督促物资的合理使用与节约，严格限额发料，搞好物资回收和综合利用。

⑤ 健全仓库管理制度，不断提高管理水平。

⑥ 做好仓库主要经济技术指标的考核工作，加强经济核算，提高经济效益。

⑦ 加强仓库安全工作，搞好安全操作、劳动保护、仓库消防及防台防汛工作。

为了使仓储管理规范化，保证财产物资的完好无损，要根据企业管理和财务管理的一般要求，结合企业的具体情况，制定仓储管理工作细则。

1.2.5　不同行业对仓储管理的要求

1. 物流企业对仓储管理的要求

随着经济的不断发展，客户对物流服务的需求正迅速增加，而且客户的个性化需求也越来越高。为了满足客户的需求，物流企业应配备全自动立体仓库、自动分拣系统、条码及智能化仓储管理信息系统等。与此同时，对仓储管理人员的业务能力也提出了更高的要求。物流企业对仓储管理的要求主要体现在如下方面。

（1）合理调度仓储运作，对客户需求做出快速的动态反应。

（2）仓库配备先进的物流软件和硬件设施，包括立体货架、自动分拣系统、条码管理系统以及流通加工设备等。

（3）仓储管理方式应能够满足不同客户的需求。

（4）在搞好仓储基本业务管理的基础上，还要进行分拣、配货和包装等工作，为客户提供个性化服务。

（5）为客户提供增值服务，包括搞好库存控制和提高流通加工能力等。

2. 流通企业对仓储管理的要求

仓储作为商品营销的保障，为流通企业的销售提供物流服务。流通企业对仓储管理的要求主要体现在如下方面。

（1）搞好商品的接运。

（2）搞好商品数量和外观质量的验收。

（3）分区分类和专仓专储。

（4）进行储存期标识和质量维护。

（5）高效包装加工作业。

（6）准确发货和及时发运。

3. 生产企业对仓储管理的要求

生产企业的核心竞争力体现在商品的开发、生产和制造上，仓储作为生产企业生产和营销的保障，主要体现在对物料、备品备件和成品的仓储管理上。物料是指生产企业生产所需的原材料、零部件、在制品等。搞好物料仓储管理对确保生产企业的生产正常进行有着重要的意义。生产企业对物料仓储管理的要求主要体现在如下方面。

（1）对供货商的供货严格把关。

（2）商品存储标识符合批次管理和可追溯性要求。

（3）建立库位条码系统，实现商品存储可视化。

（4）合理存储保管，符合先进先出的要求。

（5）限额供料和配送到现场。

此外，还要求能够根据需求规律，搞好库存管理，建立安全库存和控制库存量。

1.2.6　对仓储管理人员的基本要求

1. 仓储管理人员的基本素质要求

（1）具有丰富的商品知识。

熟悉所经营的商品，掌握其物理、化学性质和保管要求，并能有针对性地采取管理措施。

（2）掌握现代仓储管理技术，并能熟练运用。

（3）熟悉仓储设备，并能合理、高效地安排和使用。

（4）办事能力强。能分清轻重缓急，并有条不紊地处理。

（5）具有一定的财务管理能力。能查阅有关财务报表，进行经济核算、成本分析。能正确掌握仓储经济信息，进行成本管理、价格管理及做出决策。

2. 仓储保管人员的职责

（1）认真贯彻仓储保管工作的方针、政策，树立高度的责任感，忠于职守，廉洁奉公，热爱仓库工作，具有敬业精神；树立为客户服务、为生产服务的观点，具有合作精神；树立讲效率、讲效益的思想，关心企业的经营管理。

（2）严格遵守仓储管理的规章制度和工作规范，严格履行岗位职责，及时做好商品的入库验收、保管保养和出库发运工作；严格规范各项手续办理制度，做到收有据、发有凭，登记销账及时准确，手续完备，账物相符，把好"收、发、管"三关。

（3）熟悉仓库的结构、布局、技术定额，熟悉仓库规划，熟悉堆码、苫垫技术，掌握堆垛作业要求。在库容使用上做到：妥善安排货位，合理高效地利用仓容，堆垛整齐、稳固，间距合理，方便清点、保管、检查、收发等作业。

（4）熟悉仓储商品的特性、保管要求，能有针对性地进行保管，防止商品损坏，提高仓储质量；熟练地填写账表、制作单证，妥善处理各种单证业务；了解仓储合同的约定，完整地履行义务；妥善处理风、雨、热、冻等灾害对仓储商品的影响，减少损失。

（5）重视仓储成本管理，不断降低仓储成本。妥善保管好剩料、废旧包装，收集和处理好地脚货，做好回收工作。妥善保管、细心使用苫垫、货板等用品用具，延长其使用寿命。重视研究物资仓储技术，提高仓储利用率，降低仓储物耗损率，提高仓储的经济效益。

（6）加强业务学习和训练，熟练掌握计量、衡量、测试用具和仪器仪表的使用；掌握分管商品的货物特性、质量标准、保管知识、作业要求、工艺流程；及时掌握仓储管理的新技术、新工艺，适应仓储自动化、现代化、信息化的发展，不断提高仓储管理水平；了解仓库设备设施性能要求，督促设备维护和维修。

（7）严格执行仓储安全管理的规章制度，时刻保持警惕，做好防火、防盗、防破坏、防虫害等安全保卫工作，防止各类灾害和人身伤亡事故，确保人身、物质、设备安全。

1.3　仓储管理技术作业流程

1.3.1　仓储管理技术作业的概念

仓储管理技术作业，是指以保管保养活动为核心，从仓库接收商品入库开始，到按客户需求把商品完好地发送出去的全过程的作业。

1.3.2　仓储管理技术作业内容

仓储管理技术作业按作业的顺序来分，主要由卸车、检验、整理入库、保管保养、检出与集中、出库与发运、装车 7 个作业环节构成。

按作业过程来分，主要有商品的入库、保管保养、出库 3 个阶段。

1. 商品入库阶段

商品入库阶段是指仓储管理人员根据入库凭证或供货合同的规定，接收承运单位或供货商运到仓库的商品，并对其进行验收、记账及建立货物档案等作业的过程，如图 1-1 所示。搞好商品入库阶段作业、把好商品入库验收关是做好存储全过程管理的基础。

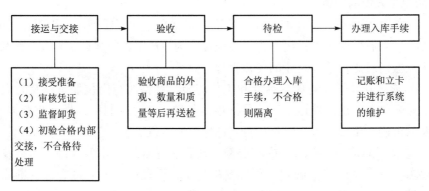

图 1-1　商品入库作业顺序

2. 商品保管保养阶段

商品保管保养阶段是指仓储管理人员对验收合格的商品进行科学的存储规划、堆码苫垫、清仓盘点、维护保养等作业的过程，如图 1-2 所示。商品保管保养阶段，关键作业是制订商品分类存储规划和对不同性质的商品分别采取有效的保管保养措施。搞好商品保管保养对于商品的合理存储，提高仓库利用率和作业效率，确保商品的数量准确、质量完好都有着十分重要的意义。

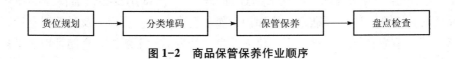

图 1-2　商品保管保养作业顺序

3. 商品出库阶段

商品出库阶段是指仓储管理人员根据货主或业务部门的出库指令，对商品进行备料、复核、包装和发货等作业的过程，如图 1-3 所示。随着客户对物流服务的要求的不断提高，物品配送业务迅速发展，如何将传统的出库作业向物流配送作业转化，是物流企业有待解决的问题。搞好出库配送，为客户提供增值服务，对提升物流企业的企业形象、满足客户的个性化需求有着关键的作用。

图 1-3　商品出库作业顺序

仓储管理技术作业流程反映了仓储作业过程中各个环节之间的相互关系和具体要求。

1.4 仓储在现代物流管理中的地位与作用

现代物流管理是从原材料的采购、产品生产到产品销售过程的实物流的统一管理,是促进产品销售和降低物流成本的管理。物流过程需要经过众多的环节,其中仓储过程是最为重要的环节,也是必不可少的环节。仓储从传统的物资存储、流通中心,发展到成为物流节点,作为物流管理的核心环节而存在并发挥着协调整体物流的作用。

仓储是物流体系中唯一的静态环节,因此被称为时速为零的运输。仓储的功能对于整个物流体系来说既有缓冲与调节作用,也有创值与增效的功能。

1.4.1 现代物流中仓储的必要性

1. 降低运输和生产成本

仓储及相关的库存会增加费用,但也可能提高运输和生产效率,降低运输和生产成本。特别是在需求不确定的情况下,企业储备一定量的库存可以避免产出水平大幅度波动造成的生产忙闲不均现象,从而避免常常改变生产计划的情况出现,生产成本也可能会因此下降,同时,也可以通过储备实现更大、更经济的批量运输,降低运输成本。

2. 调节供求

某些商品的生产具有季节性,但需求是连续不断的,因此需要商品的仓储活动。例如,对大米和水果罐头的储存就是为了在农作物和水果的非生长季节供应市场。

相反,一些商品的季节性很强,例如空调,如果使供求完全相符势必造成过高的生产成本,因此可通过储存来满足较短的热销季节的旺盛需求,同时也能实现全年的稳定生产,降低生产成本。

还有一些商品的市场价格波动非常大,如铜、钢材、石油等,当价格上的节省可以抵消仓储的成本时,企业可以提前购买,这时便需要进行仓储。

3. 生产的需要

仓储可以被看作生产过程的一部分。有些商品(如奶酪、葡萄酒和白酒等)在制造过程中,需要储存一段时间使其变陈。仓库不仅在这一阶段储存产品,对于那些需要纳税的商品来讲,仓库还可以在出售前保护产品或对产品"保税"。利用这些方法,企业得以将纳税时间推迟到产品售出之后。

4. 营销的需要

将产品近距离储存可以缩短运送时间,快速响应客户的需求,提高服务质量,增加销售量。在市场竞争日趋激烈的今天,仓储常用来增加产品这方面的价值。

1.4.2 仓储在物流中的作用

1. 整合运输和配载

运输的平均费用会随着运量的增大而减少,因此尽可能大批量地运输是节省运输费用最直接的手段。将不断生产的产品集中成大批量进行运输,或者将多个供货商所提供的产品整合后进行运输等作业就需要通过仓储来实现。通过整合可实现大批量运输,通过整合、轻重搭配还可以实现充分利用交通工具的运输空间的目的。整合服务可以由多个厂商共同使用,以减少仓储和运输成本。在运输整合中还可以对商品进行成组、托盘化等作业，使运输作业效率提高。

运输企业也可以通过整合众多小批量托运的货物，进行运输配载，以充分利用运输工具，降低运输成本。

2. 分拣和组合产品

对于通过整合运达消费地的商品，需要在仓库里根据流出时间、流出去向的不同进行分类，分别配载不同的运输工具，配送到不同的目的地。

仓储的整合作用还适用于在不同产地生产的系列商品，将商品通过仓库加以整合，再提供给销售商。生产商要求分散的供货商把众多的零配件送到指定的仓库，由仓库进行虚拟装配组合，再送到生产线上进行装配。仓储的整合还包括将众多小批量的商品整合成大的运输单元，从而降低运输成本。

3. 流通加工

流通加工是将商品加工工序从生产环节转移到物流环节中进行。由于仓储中商品处于停滞状态，因此在仓储中进行流通加工，既不影响商品的流通速度，又能及时满足市场不同客户的需要和消费变化的需要。流通加工包括包装、装潢、贴标签、上色、组装、定量以及成型等。

虽然流通加工通常比在生产地加工成本更高，但能够及时满足销售的要求，促进销售，还能降低整体物流成本。

4. 平衡生产和保证供货

很大一部分商品具有季节性销售的特性，在销售高峰前才组织大批生产显然不仅不经济而且根本不可能实现。通过一段持续的生产时间，将商品通过仓储的方式储存，在销售旺季集中向市场供货，并通过仓储点的妥善分布实现向所有市场的及时供货。也有部分集中生产而常年销售的商品，需要通过仓储的方式向市场提供稳定的货源。仓储可说是物流中的时间控制开关，通过仓储的时间调整，可以使商品按市场需求的节奏进行流动，满足生产与销售的需要。

对于一般的商品、生产原材料而言，适量地进行安全储备是保证生产稳定进行和促进销售的主要手段，也是应付偶发事件所造成破坏的主要手段，如交通堵塞、意外事故等。

5. 存货控制

除了大型的在现场装配的建筑设备外，绝大多数普通商品很难达到零库存，但存货就意味着停止运转资金，成本、保管费用也会随之上升，并会产生耗损、浪费等风险，因此控制存货、降低成本是物流管理的重要内容之一。存货控制就是对仓储中的商品存量进行控制，并且是对整个供应链仓储存量的控制。仓储存货控制包括存量控制、仓储点的安排、补充控制、出货安排等工作。

1.4.3 仓储在物流增值服务中的功能

优秀的物流管理不仅应该满足销售商品的需要，降低成本，更应该实现自身价值的增值服务，以提高商品销售的收益。商品销售的增值主要来源于商品质量的提高、功能的扩展、及时性的时间价值、削峰平谷的市场价值、个性化服务的增值等。

众多的物流增值服务都发生在仓储过程中，流通加工在仓储环节物质流动停顿时开展，通过加工提高商品的质量，改变商品的功能，把商品变得富有个性；通过仓储的时间控制，使生产节奏与消费节奏同步，实现物流管理的时间效用的价值；通过仓储的商品整合，开展消费个性化的服务等。

虽然说优秀的物流管理可以保证按时将商品交到消费者手上，但绝大多数消费者有看样购货的习惯，仓储中的现货会使消费者产生信任感，从而促进双方达成交易。近距离的仓储存货能实现更快、更及时地对客服务，能获得更多的利益。对商品进行准时和合适的仓储，充分表现了企业的管理水平，有利于形成管理先进、高效的企业形象。

1.4.4 仓储在物流成本管理中的作用

物流管理是为了全面降低物流成本，从而降低商品的最终成本。物流成本包括仓储成本、运输成本、作业成本和风险成本等。

可以在仓储环节对物流成本进行整体控制管理。仓储是物流的组成部分，其成本的降低直接导致物流成本的降低。商品在仓储中的组合、妥善配载和流通包装、成组等流通加工就是为了提高装卸效率、充分发挥运输能力，从而降低运输成本。合理和准确的仓储可以减少商品的流动、换装，降低作业次数；机械化和自动化的仓储作业有利于降低作业成本。优良的仓储管理、对商品实施有效的保管和养护、准确的数量控制，都能大大减少风险成本。

本章小结

仓储是对有形物品提供存放场所、物品存取过程和对存放物品的保管、控制的过程，是一种有意识的行为。经营主体的不同、仓储对象的不同、经营方式的不同、仓储功能的不同使不同的仓储活动具有不同的特性。仓储的主要任务是物品存储、流通调控、数量管理、质量管理、交易中介、流通加工、配送以及配载等。商品由生产地向消费地转移，是依靠仓储活动来实现的。仓储活动的意义正是从生产与消费在空间、时间以及品种、数量等方面存在的矛盾中产生的。做好仓储活动是社会再生产过程顺利进行的必要条件；是保持物资原有使用价值和合理使用物资的重要手段；是加快资金周转、节约流通费用、降低物流成本、提高经济效益的有效途径。

仓储管理是仓储企业为了充分利用所具有的仓储资源，提供高效的仓储服务所进行的计划、组织、控制和协调过程。仓储管理的主要任务包括：利用市场经济的手段获得最大的仓储资源的配置，以高效率为原则组织管理机构，以不断满足社会需要为原则开展商务活动，以高效率、低成本为原则组织仓储生产，以优质服务、诚信建立企业形象，通过制度化、科学化的先进手段不断提高管理水平，从技术到精神领域提高员工素质。仓储管理的基本原则有效率原则、经济效益原则和服务原则。企业仓储管理有具体的要求，不同的行业对仓储管理有不同的要求。因此，仓储从业人员需要具备一定的知识、能力和素质。

仓储管理技术作业，是指以保管、保养活动为核心，从仓库接收物品入库开始，到按客户需求把物品完好地发送出去的全过程的作业。仓储管理技术作业内容，按作业过程来分，主要有物品的入库、保管保养、出库三个阶段。

现代物流管理是从原材料的采购、产品生产到产品销售过程的实物流的统一管理，是促进产品销售和降低物流成本的管理。物流过程需要经过众多的环节，其中仓储过程是最为重要的环节，也是必不可少的环节。仓储从传统的物资存储、流通中心，发展到成为物流节点，作为物流管理的核心环节而存在并发挥着协调整体物流的作用。

练习与思考

1. 什么是仓储？仓储有什么功能和类别？
2. 仓储有什么基本任务？
3. 什么是仓储管理？仓储管理有什么任务？
4. 如何理解仓储管理所遵循的基本原则？
5. 如何看待仓储在物流过程中的作用及仓储活动的意义？
6. 简述仓储管理技术作业流程。
7. 仓储从业人员需要具备的知识、能力和素质有哪些？

综合案例

"精益管理+智慧仓库"让科捷仓储再添"核"力

科捷物流集团于2003年在北京正式成立，注册资金5 000万元，是中国最大的整合IT服务提供商——神州控股的全资子公司。神州控股2000年从联想集团成功拆分，2001年6月1日，在香港联合交易所主板上市（股票代码861 HK）。科捷物流立足物流电商的"大客户模式"，融合B2B和B2C的客户需求，基于遍布全国的物流网络与自主知识产权的物流管理系统，为客户提供定制化的一站式供应链服务。

科捷物流在北京、上海、广州、深圳、厦门、成都、武汉、沈阳设有电子商务仓，仓储面积超过20万平方米。提供库房布局、设计与先进设备配置，订单响应和库内操作，收货预约及上架，库存管理，退货逆向物流，订单导入，日常作业报表监控，流程服务持续改进，大促保障响应机制等服务。通过科捷物流自主研发的支持多平台化操作的仓储管理系统（WMS），对仓库作业进行可视化应用和管理，极大地控制作业风险和盲点，有效地解决商家容易出现的库存积压、库存不准、超卖、退货处理难的问题。

科捷仓储具有如下几个特点：

1. 遍布全国的仓储资源

科捷物流全国拥有149个自有库房，其中电商仓分布在北京、上海、广州、深圳、厦门、成都、武汉、沈阳8地。拥有标准的操作流程及自主研发系统，满足了客户分仓需求。

2. 优质的库内仓储管理

支持全国分仓拓展；B2B和B2C物流融合，共享同一库存，达到作业最优化，提高库存周转，减少调拨；实行联网监控，客户可以通过Internet查看所有仓库的货物保管情况，通过电脑、iPad、智能手机查看24小时实时画面；执行安全审计，库房业务团队每日自查、库房质量团队每月审计、总部管理团队季度巡查审计。图1-4所示为科捷联网监控、分屏显示。

3. 卓越的大促保障能力

科捷物流自主研发的专业物流管理软件有：神州金库，包括仓储管理系统（WMS）、运输管理系统（TMS）、物流核算系统（BMS），实现了物流业务全体系信息化管理。此外，

图 1-4　科捷联网监控、分屏显示

科捷物流还具有丰富系统对接经验，与淘宝、天猫及其他电商务平台实现成功对接，历经 6 年"双十一"考验，自身应用已被数十家客户购买使用。科捷利用"智能订单波次合单处理""全程 RF 精准度作业""针对产品特点灵活选用拣选方法""不同订单类型匹配不同的下架和复核流程"的作业流程和精益管理手段，使得仓储效率大幅提升、发货错误率降低，并在 2017 年的"双十一"大促洗礼中经受了考验并圆满完成了任务。图 1-5 所示为科捷优化的仓储拣选作业流程。

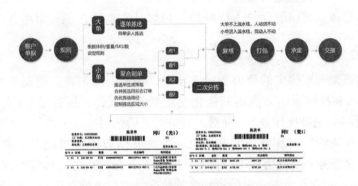

图 1-5　科捷优化的仓储拣选作业流程

4. 智慧仓的"人机共舞"，大大提升了核心竞争力

2017 年 10 月 10 日，科捷物流位于菜鸟网络武清园区的武清旗舰仓正式开仓运营。该仓由三座两层楼库组成，总建筑面积达 11 万平方米。其中一层采用仓储机器人自动订单分拣系统，针对科捷物流运营的菜鸟网络、宝洁等业务特点，创造性地采用"人机共舞"的设计方案。机器人分拣操作区域人车分流，机器人具有自适应和自学习功能以及人机互动系统，分拣准确率将达 99.99%，人均分拣效率比纯人工分拣提升三倍，同时大幅节省人工数量。此次采用的"人机共舞"仓储机器人解决方案，既可以节约人力资源，又可以从容应对"双十一"等大促期间业务量剧增的场景。

此次科捷物流作为入驻菜鸟网络武清园区的综合物流服务提供商，计划对该仓投资过亿元，采用北京艾瑞思机器人（Aresbots），着力把该仓打造成为"人机共舞"的旗舰示范仓（图 1-6 所示为科捷武清旗舰仓），成为新物流时代具有中国特色的智慧仓储模式开拓者之一。这也进一步提升了科捷物流的核心竞争力。

图1-6 科捷武清旗舰仓

思考题

1. 简述科捷物流精益仓储管理。

2. 简述科捷物流武清旗舰仓"人机共舞"的设计方案的作用，思考新时代物流仓库发展的趋势。

参考答案

1. 精益管理强调顾客确定的价值和顾客拉动，强调消除浪费、提高效率，强调部门之间的协调和配合。科捷物流一方面不断优化仓储专业流程，开拓性地采用"智能订单波次合单处理""全程RF精准度作业""针对产品特点灵活选用拣选方法""不同订单类型匹配不同的下架和复核流程"的作业流程和方式，使得仓储效率大幅提升、发货错误率降低。另一方面（在顾客服务和协同方面），采用共享同一个仓，并对仓库实行联网监控的措施，客户可以通过Internet查看所有仓库的货物保管情况，通过电脑、iPad、智能手机查看24小时实时画面。这就进一步满足了顾客对货物跟踪的需求。另外，为了应对新时代物流、"双十一"客户需求，科捷物流还在武清旗舰仓开展智慧仓改造和建设，实现了仓储的智能化，大大提升了作业效率、降低了人工成本。

2. "人机共舞"的设计方案进一步优化了分拣操作区域人车分流的规定，机器人具有自适应和自学习功能以及人机互动系统，分拣准确率将达到99.99%，人均分拣效率比纯人工分拣提升了三倍，于是大幅减少了人工数量。此次采用的"人机共舞"仓储机器人解决方案，既可以节约人力资源，又可以从容应对"双十一"等大促期间业务量剧增的场景。

未来仓储将向智能化、智慧化方向发展。未来仓储服务的增值服务（如：商品增值服务、跨界增值服务，以及数据分析）将进一步拓展。

第 2 章

仓库及仓库设备

> **知识目标**
>
> 1. 了解仓库的概念、仓库的分类、常用仓库设备。
> 2. 理解仓库的结构、仓库布局的原则与功能要求、库区分区规划、货位规划管理以及自动化立体仓库的功能。
> 3. 掌握仓库的作用、仓库设备的种类、自动化立体仓库及其组成。

> **技能目标**
>
> 1. 运用仓库相关知识进行货位管理。
> 2. 运用仓库设备相关知识分析如何对仓库设备进行更新换代。

2.1 仓库的作用及其分类

2.1.1 仓库的概念

在古代,由于囤积野果和粮食的需要,出现了"仓"的概念;由于打仗时需要存放兵器而出现了"库"的概念。之后,这两个表示存储功能的概念逐渐融合在一起形成了"仓库"一词。

在日常生活中,很多物品实际上都发挥了类似于仓库的作用,例如,存放食品的冰箱、放置衣物的橱柜,甚至于小小的文具盒都相当于一个"仓库"。

仓库指的是用来保管、存储物品的建筑物和场所的总称,是按计划用来保管物品(包括原材料、零部件、在制品和产成品等各种生产资料、生活资料),并对其数量或价值进行登记,提供有关存储物品的信息以供管理决策的场所,也是物流过程中的一个空间或一块面积,甚至包括水面。

仓库作为连接生产者和消费者的纽带,是物流系统的一个中心环节,是物流网络的节点。现代的仓库已由过去单纯的作为"存储、保管商品的场所",逐步向"商品配送服务中心"发展，不仅存储、保管商品，更重要的是还具有商品的分类、检验、计量、入库、保管、包装、分拣、出库及配送等多种功能。

2.1.2 仓库的作用

仓库作为物流服务的据点，其最基本的作用就是存储物品，并对存储的物品实施保管和控制。但随着人们对仓库概念的深入理解，仓库也担负着挑选、配货、检验、分类、信息传递等功能，并具有多品种小批量、多批次小批量等配送功能以及贴标签、重新包装等流通加工功能。一般来讲，仓库具有以下几个方面的作用。

1. 存储和保管

这是仓库最基本、最传统的作用。仓库具有一定的空间，它用于存储物品，并根据存储物品的特性配备相应的设备，以保持存储物品的完好性。例如，存储挥发性溶剂的仓库必须设有通风设备，以防止空气中挥发性物质含量过高而引起爆炸。存储精密仪器的仓库，需防潮、防尘、恒温，应设立空调、恒温等设备。仓库作业中要防止搬运和堆放时碰坏、压坏物品，使仓库真正起到存储和保管的作用。

2. 支持生产

大部分生产车间为完成加工任务需要各种原材料、半成品等，这些生产投入品来自不同的供货商。为了顺利有序地完成向生产车间发送原材料及其他生产投入品的任务，需要兴建现代化的仓库，将来自不同供货商的商品存放起来以保障生产活动的正常开展。

3. 调节供需

仓库可以有效地缓解供需之间的矛盾，使二者在时间与空间上得到协调，尤其以农产品最为突出。因为农产品的生产经常受到自然气候的制约，在大丰收的时候需要存放部分过剩的产品，一方面可以防止歉收时缺货的状况，另一方面也可以有效避免量多价低的情况发生。

4. 调节运输能力

各种运输工具的运输能力是不一样的。船舶的运输能力很大，海运船一般是万吨级的，内河船舶也有几百吨至几千吨的。火车的运输能力较小些，每节车皮能装运 30～60 t，一列火车的运量最多几千吨。汽车的运输能力更小，一般每辆车装 4～10 t。各种运输工具之间的直接运输衔接是很困难的，这种运输能力的差异，也是通过仓库进行调节和衔接的。

5. 商品加工

为了满足客户提出的特殊要求或者实现合理配送，在仓库内部可以对存储的物品进行一些辅助性的流通加工，比如再包装、重新标价，或者改变产品规格、尺寸以及形状等。因此，仓库需要适当增加一些加工设备以满足客户的要求。

6. 配送商品

由于每个客户对商品的品种、规格、型号、数量、质量、到达时间和地点等的要求不同，仓库就必须按客户的要求对商品进行分拣和组配。这是现代仓储业区别于传统仓储业的重要特征之一。

7. 信息处理

仓库内部每时每刻都会产生大量物流信息。在现代信息技术装备下，订单处理、库存管理、储位管理、拣货作业等工作全部可以实现无纸化操作。哪一个客户订多少商品，订购批量的峰值一般是多少，哪种商品比较畅销，这些资料都可以借助仓库内部的信息系统迅速获取。

2.1.3 仓库的分类

大多数生产企业或服务机构都以某种形式拥有自己的仓储空间，从办公用品的储藏室到上万平方米的成品仓库，形式多种多样。这些属于自有仓库的类型，因为这些企业或机构对仓储空间以及物料搬运设备有资本投入。另外，部分企业自己不另设仓库，而是通过租赁现有的仓库满足自己的存储需要。短期仓储服务公司提供的服务项目与自有仓库内部的活动是相同的，包括收货、存放、搬运及分拣等。

无论是自有仓库还是租赁仓库，都可以进一步分类。

1. 根据仓库在社会再生产中的作用分类

（1）生产性仓库。

生产性仓库主要是为保证企业的正常生产而建立的仓库。这类仓库主要存放生产企业生产所需要的原材料、设备和工具等，并存放企业生产的成品。按其存放物品性质的不同分为原材料仓库、半成品仓库和产成品仓库。

（2）中转性仓库。

中转性仓库是专门从事存储和中转业务的仓库，如专业的储运仓库和铁路、公路、港口、码头等的货运仓库。

（3）储备性仓库。

储备性仓库是政府为了防止自然灾害、战争及国民经济比例严重失调而设立的，一般储备的商品储存时间较长，对仓储条件、质量维护和安全保卫要求较高。

2. 根据仓库营运形态分类

（1）自用仓库。

自用仓库是指生产企业或流通企业为了本企业物流业务的需要而修建的附属仓库。这类仓库只储存本企业的原材料、燃料、产品或成品，一般工厂、企业、商店的仓库以及部队的后勤仓库多属于这一类。

（2）营业仓库。

营业仓库是指专门为了经营存储业务而修建的仓库。这类仓库面向社会服务，或以一个部门的物流业务为主，兼营其他部门的物流业务，如商业、物资、外贸等系统的储运公司的仓库等。营业仓库由仓库所有人或者由分工的仓库管理部门独立核算经营。

（3）公用仓库。

公用仓库属于公共服务的配套设施，为社会物流服务的公共仓库，如铁路车站的货物仓库、港口的码头仓库、公路货场的仓库等。

3. 根据仓库功能分类

（1）储存仓库。

储存仓库主要对货物进行保管，以解决生产和消费间的不均衡，如将季节性生产的大米储存到第二年卖，常年生产的化肥通过仓储在春秋季节集中供应。

（2）流通仓库。

流通仓库除具有保管功能之外，还具有进行装配、简单加工、包装、理货以及配送功能，具有周转快、附加值高、时间性强的特点，从而减少流通过程中商品的停滞花费。

(3) 配送中心。

配送中心是向市场或直接向消费者配送商品的仓库。作为配送中心的仓库往往具有存货种类多、存货量较少的现象，要进行商品包装拆除、配货组合等作业，一般还开展配送业务。

(4) 保税仓库。

保税仓库是经海关批准，在海关监管下，专供存放未办理关税手续而入境或过境货物的场所，可以长期储存、装卸、搬运以及暂存外国货物。

(5) 出口监管仓库。

出口监管仓库是经海关批准，在海关监管下，存放已按规定领取了出口货物许可证或批件、已对外结汇并向海关办完全部出口手续的货物的专用仓库。

4. 根据仓库作业方式分类

(1) 人力仓库。

人力仓库采用人工作业方式，无装卸作业机械设备，一般规模较小，常用于储存电子元器件、工具、备品备件等货物。

(2) 半机械化仓库。

半机械化仓库是指入库采用机械作业（如叉车等），出库采用人工作业方式的仓库。一般适合批量入库、零星出库的情况。

(3) 机械化仓库。

机械化仓库是指入库和出库均采用机械作业（如行车、叉车、输送机等）的仓库，适合整批入库和出库、长大笨重货物的存储。一般来说，机械化仓库配备有高层货架，有利于提高仓库空间的利用率。

(4) 半自动化仓库。

半自动化仓库是自动化仓库的过渡形式，配备有高层货架和输送系统，采用人工操作巷道堆垛机的方式，多见于备件仓库。

(5) 自动化立体仓库。

自动化立体仓库是以高层货架为主体，配备自动巷道作业设备和输送系统的无人仓库，如青岛海尔公司、红塔卷烟集团等企业的自动化仓库。

5. 按保管物品分类

(1) 原材料、半成品、产品仓库。

原材料、半成品、产品仓库是企业为了保证生产和销售的连续性，专门用于存储原材料、半成品或成品的仓库。

(2) 商品、物资综合仓库。

商品、物资综合仓库是商业、物资、外贸部门为了保证市场供应，解决季节时差，用于存储各种商品、物资的综合性仓库。

(3) 农副产品仓库。

农副产品仓库是经营农副产品的企业专门用于存储农副产品的仓库，或经过短暂存储进行加工后再运出的中转仓库。

（4）战略物资储备仓库。

战略物资储备仓库是由政府或一个主管部门修建的仓库，用于储备各种战略物资，应对自然灾害和意外事件。

6. 按保管条件分类

（1）普通仓库。

普通仓库具备一般性的保管场所和设施，按照通常的货物装卸和搬运方法进行作业，设备与仓库建筑构造都比较简单。普通仓库用于存储一般物资，对仓库没有特殊要求，如一般的金属材料仓库、机电产品仓库等。在物资流通行业中，这种普通仓库所占的比重最大。

（2）专用仓库。

专用仓库是专门用以储存某一类物品的仓库，或者是某类物品数量较多，或者是由于物品本身的特殊性质，如对温度、湿度有特殊要求，或易对共同储存的其他物品产生不良影响，因此要专库储存，例如存放有特殊要求的金属材料和机电产品以及食糖等仓库。

（3）保温仓库。

保温仓库用于储存对温度等有要求的货物，如粮食、水果、肉类等。保温仓库包括恒温仓库、恒湿仓库及冷藏库等，在建筑结构上要有隔热、防寒和密封等功能，并配备专门的设备，如空调、制冷机等。

（4）特种仓库。

特种仓库用于储存具有特殊性能、要求特殊保管条件的物品，如石油仓库、化工危险品仓库等。这类仓库必须配备有防火、防爆、防虫等专用设备，其建筑构造、安全设施都与普通仓库不同。主要包括以下几种：

① 冷冻仓库。冷冻仓库可以人为调节库房中的温度和湿度，用来加工和保管食品、工业原材料、生物制品以及医药品等。根据使用目的的不同，冷冻仓库又细分为生产性冷冻仓库、配给性冷冻仓库以及综合性冷冻仓库三种。

② 石油仓库。石油仓库是接受、保管、配给石油和石油产品的仓库。石油仓库主要保管石油产品（汽油、煤油、柴油、润滑油等）。石油产品具有易燃易爆等特性，这类仓库还被列为危险品仓库。

③ 化学危险品仓库。化学危险品仓库负责保管化学工业原料、化学药品、农药以及医药品。为了安全起见，根据物品的特性和状态以及受外部因素影响的危险程度进行分类、分别储藏。根据危险程度将危险品分为10类，即燃烧爆炸品、氧化剂、压缩气体、易燃气体、自燃物品、遇水易燃物品、易燃固体、有毒物品、腐蚀性物品和放射性物品。

（5）水面仓库。

利用货物的特性以及宽阔的水面来保存货物的仓库，例如，在水中储存原木、竹排等。

7. 按建筑结构分类

（1）平房仓库。

平房仓库一般构造简单，建筑费用低，适用于人工操作。

（2）楼房仓库。

楼房仓库是指二层楼以上的仓库，它可以减少占用面积，出入库作业多采用机械化或半机械化作业。

（3）货架仓库。

货架仓库采用钢结构货架存储货物，通过各种输送机、水平搬运车辆、叉车、堆垛机进行机械化作业。按货架的层数又可分为低层货架仓库（10层以下）和高层货架仓库（10层以上）。高层货架仓库一般采用计算机管理和控制。

2.2 仓库的结构和布局

2.2.1 仓库的结构

仓库的结构对于实现仓库的功能起着很重要的作用。仓库的结构设计应考虑以下几个方面。

1. 平房建筑和多层建筑

仓库的结构，从出入库作业的合理化方面看，应尽可能采用平房建筑，这样，存储物品就不必上下移动。因为利用电梯将存储物品从一个楼层搬到另一个楼层费时费力，而且电梯往往也是物品流转中的一个瓶颈。但在城市内，为了充分利用土地，采用多层建筑成了最佳选择。在采用多层仓库时，要特别重视对物品上下楼的通道建设。如果是流通仓库，则采用二层立交斜路方式，货车可直接行驶到二层仓库，二层作为收货、验货和保管的场所，而一层则可以作为理货、配货、保管的场地来使用。

2. 库房出入口和通道

作为货车的库房出入口，要求宽度和高度的最低限度必须达到4 m。作为铲车的出入口，宽度和高度必须达到2.5~3.5 m。通常库房出入口采用卷帘或铁门。库房内的通道是保证库内作业顺畅的基本条件。通道应延伸至每一个货位，使每一个货位可以直接进行作业。通道需要道路平整和平直，减少转弯和交叉。作为大型货车入库的通道应大于3 m，叉车作业通道应达到2 m。

3. 立柱间隔

库房内的立柱是出入库作业的障碍，会导致保管效率低下，因而立柱应尽可能减少。一般仓库的立柱间隔，因考虑出入库作业的效率，以货车或托盘的尺寸为基准，通常以7 m的间隔比较适宜，它适合2台大型货车（宽度2.5 m×2）或3台小型载货车（宽度1.7 m×3）的作业。采用托盘存货或作业的，因托盘种类规格不同，以适合放标准托盘6个为间隔，如采用标准托盘时，间隔略大于7.2 m（1.2 m×6）。平房建筑的仓库，拓宽立柱间隔较为容易，可以实现较大的立柱间隔，而钢骨架建筑的仓库可不要立柱。

4. 天花板的高度

机械化、自动化仓库，对仓库天花板高度的要求也很高。即使用叉车时，标准提升高度是3 m，而使用多段式高门架时要达到6 m。另外，从托盘装载物品的高度看，包括托盘的厚度在内，密度大且不稳定的物品，通常以1.2 m为标准；密度小而稳定的物品，通常以1.6 m为准。以其层数来看，1.2 m×4＝4.8 m，1.6 m×3＝4.8 m，因此，仓库天花板高度最低应该是5 m。

另外，有的仓库内部设置夹层楼板，也称临时架，即在地板与楼板之间另加一层楼，能成倍地利用保管的空间，并能够有效地利用仓库梁下的空间。

5. 地面

地面的承载力必须根据承载物品的种类或堆码高度具体研究。通常，普通仓库的地面承载力为 3 t/m²，流通仓库的地面承载力则必须保证重型叉车作业的足够受力。

地面的形式有低地面和高地面两种。为了防止雨水流入仓库，低地面式的地面比基础地面高出 20~30 cm，而且由于叉车的结构特点，出入口需要保持较平稳的坡度；高地面式的高度要与出入库车厢的高度相符合。通常，大型货车（5 t 以上）为 1.2~1.3 m，小型货车（3.5 t 以下）为 0.7~1.0 m，铁路货车站台为 1.6 m。

一般情况下，在经营原材料和半成品的仓库，因为货车直接出入库的频率较高，所以低地面式较为有利。而流通型仓库，因为在库内分货、配货，并根据物品的不同，采取不同的存放方式，有些就陈列在柜台，因此，高出地面的台式较为合适。

2.2.2 堆场结构

1. 集装箱堆场

（1）集装箱及其作用。

集装箱等集装设施的出现给储存带来了新的观念，集装箱本身就是一栋小的仓库，不需要再有传统意义的库房。在仓储过程中，以集装箱存放货物，形成集装箱堆场，可以直接以集装箱作为媒介，使用机械装卸、搬运，可以从一种运输工具直接转换到另一种运输工具，或从发货方的仓库经由海陆空等不同运输方式，无须开箱检验，也无须接触或移动箱内货物，直接运到收货方的仓库，省去了入库、验收、清点、堆垛、保管、出库等一系列储存作业。这样不仅装卸快、效率高，而且减少在仓储与装卸搬运过程中对货物的损伤，还可以减少包装费用。因而，对改变传统存储作业有很重要的意义，是储运合理化的一种有效方式。

（2）集装箱堆场结构布局。

集装箱堆场是堆存和保管集装箱的场所，根据集装箱堆存量的大小，分为混合型和专用型两种方式。专用型堆场是根据集装箱货运站的生产工艺分别设置重箱堆场、空箱堆场和维修堆场。设置堆场时应满足发货箱、到达箱、中转箱、周转箱和维修箱等的生产工艺操作和不同的功能要求，并尽可能缩短运送距离、避免交叉作业，便于准确、便捷地取放所需集装箱，方便管理。

集装箱堆场的布局应符合下列原则为：① 中转箱区应布置在便于集装箱由一种运输工具直接换装到另一种运输工具的交通方便处；② 周转和维修箱区应布置在作业区外围，靠近维修车间一侧，以便于取送和维修，减少对正常作业的干扰；③ 合理布置集装箱位，既要充分利用堆场面积，又要留足运输通道和装卸机械作业区及集装箱间的距离，做到安全方便；④ 合理利用与选择装卸机械和起重运输设备，除保证作业机械进出场区畅通并有足够的作业半径外，应尽量减少机械设备的行驶距离，提高设备利用率；⑤ 场区内要有一定坡度，以利于排水；⑥ 堆场场地必须耐用，应根据堆场层数进行设计与处理。

2. 杂货堆场

（1）杂货。

杂货是指直接以货物包装形式进行流通的货物。货物的包装有袋装、箱装、桶装、捆装和裸装等，也包括采用成组方式流通的货物。杂货中的相当一部分可以直接在堆场露天存放，如钢材、油桶、日用陶器和瓷器等。杂货在堆场存放要用苫盖、垫垛，以便排水除湿。

杂货的杂性使得杂货的装卸、堆垛作业效率极低,而且需要较大的作业空间,同时,杂货容易混淆,需要严格的区分。

(2) 杂货堆场的货位布置。

大多数杂货的货位布置形式采用分区类布置,即堆存的物品在性能一致、养护措施一致、消防方法一致的前提下,对堆场划分为若干保管区域,根据物品大类和性能等划分为若干类别,以便分类集中堆放。

杂货堆场分区分类存放货物的作用主要有:可以缩短物品收、发作业时间;合理利用有限的堆场占地面积;可以使堆场管理人员掌握物品进出场活动规律,熟悉货场性能,提高管理水平;可以合理配置和使用机器设备,提高机械化操作程度。

(3) 堆场分区分类的方法。

① 按照物品种类和性质进行分区分类。这是大多数堆场采用的分区分类方法,就是按客户经营的物品来分类,把性能互不影响、互不抵触的物品,在同一场内划定在同一货区里集中储存。

② 按照物品发往地区进行分区分类。这种方法主要适用于储存期限不长,而进出数量较大的中转性质的堆场。具体做法是物品按照交通工具划分为公路、铁路、水路,再按达到站、港的线路划分。这种分区分类方法,虽然不分物品的种类,但是对于危险品、性能互相抵触的物品,也应该分别存放。

(4) 杂货堆场货区布置。

根据物品不同的性质,对各种堆存的物品进行合理的分类之后即可按照堆场的货区进行分类堆存。堆场的货区布置主要形式有横列式、纵列式和混合式三种,如表2-1所示。

表2-1 堆场的货区布置形式

形式	特征	优点	缺点
横列式	货位的长度与堆场的长度方向垂直	主要通道长且宽,副通道短,有利于物品的存取、检查;通风和采光条件好;利于机械化作业	主通道占用面积多,堆场面积的利用率会受到影响
纵列式	货位的长度与堆场的长度方向相同	仓库平面利用率高	存取物品不方便;通风、采光不好

在布置货位时,要留出适当垛距。垛距是为了区分不同品种规格或不同批次的物品而划定的分界道,又作为物品进出的通道、管理检查物品的行道。

3. 散货堆场

散货是指未包装、无标志的小颗粒物品,直接以散装方式进行运输、装卸、仓储保管和使用。在仓储中不受风雨影响的散货一般直接堆放在堆场上,如沙、石、煤、矿等。

散货堆场根据散货的种类不同,堆存地面的结构不完全相同,可以是沙土地面、混凝土地面等,由于存量巨大,地面要求有较高的强度。由于散货都具有大批量的特性,散货货场往往面积较大。为了便于疏通,采取明沟的方式排水,并且通过明沟划分成较大面积的货位。散货堆场一般采用铲车或者输送带进行作业,所堆的垛形较大。

2.2.3 仓库布局的原则与功能要求

仓库总体布局是指在一定区域或库区内,对仓库的数量、规模、地理位置和仓库设施、道路等各要素进行科学规划和整体设计。仓库布局的原则与功能要求如表2-2所示。

表2-2 仓库总体布局的原则与功能要求

原 则	要 求
尽可能采用单层设备,这样做造价低,资产平均利用率高	仓库的位置应便于货物的入库、装卸和提取,库内区域划分明确、布局合理
使货物在出入库时单向和直线运动,避免逆向操作和大幅度变向的低效率运作	集装箱货物仓库与零担货物仓库尽可能分开设置,库内物品应按发送、中转、到达分区存放,并分线设置货位,以防事故发生;要尽量减少物品在库内的搬运距离,避免任何迂回运输,并要最大限度利用空间
采用高效率的物料搬运设备及操作流程	有利于提高装卸机械的装卸效率,满足先进的装卸工艺和设备的作业要求
在仓库里采用有效的存储计划	仓库应配置必要的安全、消防实施,以保证安全生产
尽量利用仓库高度,有效利用仓库的容积	仓库货门的设置,既要考虑集装箱和货车集中到达时的同时装卸作业要求,又要考虑由于增设货门而造成堆存面积的损失

2.2.4 仓库布局

仓库布局是指一个仓库的各个组成部分,如库房、货棚、货场、辅助建筑物、铁路专用线、库内道路以及附属固定设备等,在规定的范围内,进行平面和立体的合理安排,形成仓库内部平面图。

1. 仓库布局的原则

(1) 适应现代物流生产流程,有利于生产正常进行。

(2) 有利于提高仓库经济效益。

(3) 有利于安全生产和文明生产。

2. 仓库面积的概念

现代仓库的种类和规模不同,其面积的构成也不尽相同,因此必须先明确仓库面积的有关概念,然后再确定仓库的相关面积。

(1) 仓库总面积。

仓库总面积是指从仓库外墙线算起,整个围墙内所占的全部面积。若在墙外还有仓库的生活区、行政区或库外专用线,则应包括在总面积之内。

(2) 仓库建筑面积。

仓库建筑面积是指仓库内所有建筑物所占平面面积之和。若有多层建筑,则还应加上多层面积的累计数。仓库建筑面积包括:生产性建筑面积(包括库房、货场、货棚所占建筑面积之和)、辅助生产性建筑面积(包括机修车间、车库、变电所等所占的面积之和)和行政生活建筑面积（包括办公室、食堂、宿舍等所占面积之和）。

(3) 仓库使用面积。

仓库使用面积是指仓库内可以用来存放商品的面积之和，即库房、货棚、货场的使用面积之和。其中库房的使用面积为库房建筑面积减去外墙、内柱、间隔墙及固定设施等所占的面积。

(4) 仓库有效面积。

仓库有效面积是指在库房、货棚、货场内计划用来存放商品的面积之和。

(5) 仓库实用面积。

仓库实用面积是指在仓库使用面积中，实际用来堆放商品所占的面积，即库房使用面积减去必需的通道、垛距、墙距及进行收发、验收、备料等作业区后所剩余的面积。

库房（货棚或货场）实用面积的确定：

$$S = \frac{Q}{q}$$

式中　S——库房（货棚或货场）的实用面积（m^2）；

　　　Q——库房（货棚或货场）的最高储存量（t）；

　　　q——单位面积的商品储存量（t/m^2）。

仓库总面积的确定：

$$F = \frac{\sum S}{\lambda}$$

式中　F——仓库的总面积（m^2）；

　　　$\sum S$——仓库实用面积之和（m^2）；

　　　λ——仓库面积利用系数。

3. 仓库总体布局

现代仓库总体布局一般可以划分为生产作业区、辅助作业区和行政生活区三大部分。现代仓库为适应商品快速周转的需要，在总体规划布置时应注意适当增大生产作业区中收发货作业区的面积和检验区的面积。

(1) 生产作业区。

生产作业区是现代仓库的主体部分，是商品仓储的主要活动场所。主要包括储货区、道路、铁路专用线、码头和装卸平台等。

储货区是存储保管、收发整理商品的场所，是生产作业区的主体区域。储货区主要由保管区和非保管区两大部分组成。保管区是主要用于存储商品的区域，非保管区主要包括各种装卸设备通道、待检区、收发作业区和集结区等。现代仓库已由传统的储备型仓库转变为以收发作业为主的流通型仓库，其各组成部分的构成比例通常为：合格品储存区面积占总面积的40%～50%；通道占总面积的8%～12%；待检区及出入库收发作业区占总面积的20%～30%；集结区占总面积的10%～15%；待处理区和不合格品隔离区占总面积的5%～10%。

库区铁路专用线应与国家铁路、码头、原料基地相连接，以便机车直接进入库区进行货运。库内的铁路专用线最好是贯通式，一般应顺着库长方向铺设，并应使岔线的直线长度达到最大限度，其股数应根据货场和库房宽度及货运量来决定。

现代仓库道路的布局，一般是根据商品流向的要求，结合地形、面积、各个库房建筑物以及货场的位置后,再决定道路的走向和形式。汽车道主要用于起重搬运机械调动及防火安全,同时也要考虑保证仓库和行政区、生活区之间的畅通。仓库道路分为主干道、次干道、人行道和消防道等。主干道应采用双车道,宽度应在6~7 m;次干道为3~3.5 m的单车道;消防道的宽度不少于6 m,布局在库区的外周边。

(2) 辅助作业区。

辅助作业区是为仓储业务提供各项服务的设备维修车间、车库、工具设备库、油库以及变电室等区域。值得注意的是,油库的设置应远离维修车间、宿舍等易出现明火的场所,周围须设置相应的消防设施。

(3) 行政生活区。

行政生活区是行政管理机构办公和职工生活的区域,具体包括办公楼、警卫室、化验室、宿舍和食堂等。为便于业务接洽和管理,行政管理机构一般设置在仓库的主要出入口,并与生产作业区用隔墙分开。这样既方便工作人员与作业区的联系,又可避免非工作人员对仓库生产作业的影响和干扰。职工宿舍楼一般应与生产作业区保持一定距离,以保证仓库的安全和生活区的安静。

此外,现代仓库的消防水道,应以环形系统布置于仓库全部区域,在消防系统管道上需装有室内外消火栓。消火栓应沿道路设置,并靠近十字路口,其间隔不超过100 m,距离墙壁不少于5 m。根据当地气候,消火栓可建成地下式或地上式。

2.2.5 库区分区规划

1. 按照商品的种类和性质进行分区

这是大多数仓库采用的分区分类方法,具体有以下两种做法。

(1) 分类同区储存。

分类同区储存就是按商品来分,把性能互不影响、互不抵触的商品,在同一库房内划定在同一货区里集中储存。但是,为了便于管理,有的也应以不同的品种、包装、进货对象进行分类,在大货区中划分若干小货区集中储存。

(2) 单一商品专仓专储。

单一商品专仓专储主要是按照存储商品的性能来分类,并且一个库房专门存储一类物品。此外,贵重商品既要专储,还要指定专人保管。

2. 按照商品发放方式进行分区分类

这种方法主要适用于储存期不长,而进出量较大的中转仓库或待运仓库,具体做法是:商品先按发放方式划分为自提、公路、铁路、水路,再按到站、港的线路划分。对危险品、性能互相抵触以及运价不同的商品,也应分别存放。

3. 按商品危险性质进行分区分类

这种方法主要适用于特种仓库,是根据危险品本身具有不同程度的易燃、易爆、毒害等特性进行分区分类,以免互相接触发生燃烧、爆炸等反应。

2.2.6 货位规划管理

货位规划作业是根据商品的外形、包装和合理的堆码、苫盖方法及操作要求,结合保管场所的地形,规划各货位的分布或货架的位置,并进行统一编号的管理。

1. 货位布置方式

（1）横列式。

横列式是指码垛或货架与库房的宽向平行排列，如图2-1所示。

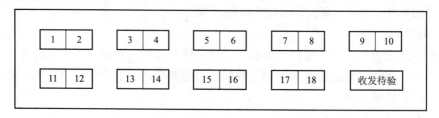

图 2-1 横列式

（2）纵列式。

纵列式是指码垛或货架与库房的宽向垂直排列，如图2-2所示。

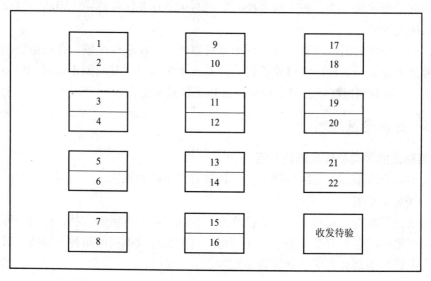

图 2-2 纵列式

（3）混合式。

混合式是指横列式与纵列式混合在同一库房布局，如图2-3所示。

露天货场的货位布置，一般都与商品的主要作业通道成垂直方向排列码垛。同时，注意库房、货场的布置，注意留出合适的墙角和墙距。

2. 货位规划的基本要求

货位规划的基本要求是充分满足商品的保管要求和作业需求，如怕潮、怕压的商品不宜码大垛，要考虑进出物品的方便、操作的方便，要有利于提高设备利用率。因此，要留出一定的作业通道、垛距和墙距等。要合理、充分利用库房面积，尽量提高仓库的利用率。货位布置应明显，可用油漆在地坪上画线固定，堆放商品时以漆线为界。

3. 货位编号

货位编号是将库房、货场、货棚、码垛、货架及商品的存放具体位置顺序、统一编号，并做出明显标志。

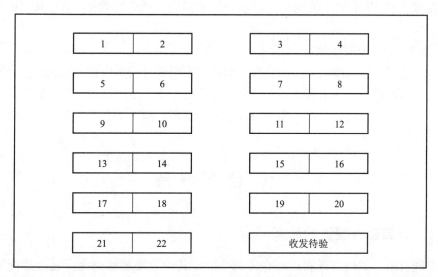

图 2-3　混合式

（1）库房编号。

对库房、货棚、货场齐备的仓库，在编号时，对房、棚、场应有明显区别，可加注"棚一"或"场一"等字样。无加注字样者，即为库房的编号。对多层库房的编号排列，可采用"三号定位"。"三号定位"是用三个数字号码表示。个位数指仓间编号，十位数指楼层编号，百位数指仓库的编号。例如，231 编号，就是 2 号库，3 层楼，1 号仓间。

（2）货场货位编号。

货场货位编号一般有两种方法：① 按照货位的排列，编成排号，再在排号内顺序编号；② 不编排号，采取自左至右和自前至后的方法，顺序编号。

（3）货架货位编号。

在以整个商品进出的仓库里，货架的作用主要是提高库房高度的利用率，为了方便查找货架上的商品，必须对货架上的货位进行编号。通常情况下，对货架上的货位编号有下列三种方法。

① 以排为单位的货架货位编号。这种编号方法，就是将仓间内所有的货架，以进入库门的方向，自左而右按照排编号，继而对每排货架的夹层或格眼，在排的范围内按自上而下、自前而后的顺序编号。例如 5 号仓库内设置 16 排货架，每排上下 4 层共有 16 个格眼，货架货位编号为 5-8-7，指的是 5 号仓库房，第 8 排货架，第 7 号格眼。

② 以品种为单位的货架货位编号。这种编号方法，就是将库房内的库架，以商品的品种划分储存区域后，再以品种占用储存区域的大小，在分区编号的基础上进行格眼编号。以某货位为例，第 1 排至第 4 排为皮鞋区，第 5 排至第 8 排为布鞋区，第 9 排至第 12 排为胶鞋区，第 13 排至第 16 排为童鞋区。货架货位编号 5 胶 4/9，指的是 5 号仓间胶鞋区第 9 排货架第 4 号格眼。

③ 以商品编号代替货架货位编号。这种编号方法，对于进出频繁的零星散装商品有很大好处，可避免两套编号的麻烦。在编号时货架格眼的大小、多少与存放商品的数量、体积大小相适应。例如，化工公司经营的某类药品的编号从 10101 号至 20845 号，储存货

架的一个格眼可放10个编号的药品,则在货架格眼的木档上制作10101～10110的编号并依次类推。

(4) 仓间走支道及段位编号。

其编号方法仍以进入库门的方向,按左面单号右面双号的顺序排列。仓间中,如遇内外墙相对的走支道横道,其横道应取自左而右的方向再左单右双的顺序编号。横贯的走支道如果分隔若干走支道的直道,则仍以横道自左而右的方向,按左单右双的规则,进行走支道及段位编号。

2.3 仓库设备

2.3.1 仓库设备配置的原则

仓库空间有限,如何合理利用好仓库的空间,其中重要的原则之一是合理配置仓库设备。自动化立体仓库等设施设备的出现就是为了提高空间利用率,但这种空间容积的利用率迄今为止平均还不到30%。

在布置仓库设备时,一般应明确区域的划分,并对区域进行编号,把仓库设备的布置用数字或字母等便于进行信息处理的方式标识出来。仓库设备布置的原则如下。

① 必须经济有效地使用仓库的地面面积或容积,提高地面面积利用率或容积利用率。不过要注意未来的企业发展计划,预留出未来发展所需的面积或容积。

② 在能完成业务需要的前提下,实现以最低的劳动强度、最少的劳力投入来轻松、安全地完成作业,而且应该尽量在作业中实现标准化。

③ 设备布置要考虑操作人员之间的配合。如果设备及机械配置不佳,工作人员将很难实现良好的配合,易产生矛盾,在仓库设备的布置时要充分地估量这一问题。

2.3.2 仓库设备的种类

仓储工作中所使用的设备按其用途和特征可分为装卸搬运设备、保管设备、计量设备、养护检验设备、通风设备、保暖设备、照明设备、消防安全设备、劳动防护设备以及其他用途设备和工具。在仓库设备的具体管理中,则应根据仓库规模的大小进行恰当分类。

1. 装卸搬运设备

装卸搬运设备用于商品的出入库、库内堆码以及翻垛作业。这类设备对改进仓储管理,减轻劳动强度,提高收发货效率起到重要作用。目前,我国仓库中所使用的装卸搬运设备通常分为三类:装卸堆垛设备、搬运传送设备和成组搬运设备,如表2-3所示。

表2-3 装卸搬运设备

设备类型	种 类
装卸堆垛设备	桥式起重机、轮胎式起重机、门式起重机、叉车、堆垛机、滑车、跳板等
搬运传送设备	电瓶搬运车、内燃搬运车、拖车、汽车、皮带输送机、电梯、手推车等
成组搬运设备	托盘等

2. 保管设备

保管设备是指用于保护仓储商品质量的设备。主要可归纳为以下几种。

(1) 毡垫用品。

毡垫用品起遮挡雨水和隔潮、通风等作用，包括苫布（油布、塑料布等）、苫席、枕木、石条等，苫布、苫席用在露天堆场。

(2) 存货用具。

存货用具包括各种类型货架、货橱等。货架是用来存放商品的敞开式格架。根据仓库内的布置方式不同，货架可采用组合式或整体焊接式两种。整体式货架的制造成本高，不便于货架的组合变化，因此较少采用。货架在批发、零售量大的仓库，特别是立体仓库中起很大的作用，既便于商品的进出，又能提高仓库容积的利用率。货橱是指用来存放商品的封闭式格架，主要用于比较贵重或需要特别养护的商品。

3. 计量设备

计量设备用于商品进出时的计量、点数以及存货期间的盘点、检查等，如地磅、轨道衡、电子秤、电子计数器、流量仪、带秤、天平仪以及比较原始的磅秤、卷尺等。随着仓储管理现代化水平的提高，现代化的自动计量设备将会得到更多的应用。

4. 养护检验设备

养护检验设备是指商品进入仓库时验收和在库内保管测试、化验以及防止商品变质、失效的器具，如温度仪、测潮仪、吸潮器、烘干箱、空调器以及商品质量化验器等。

5. 通风、保暖、照明设备

通风设施是使仓库内的空气清洁，防止高温和不良气体影响的设施。根据通风的方式，可采用自然通风和人工通风两种。自然通风靠仓库内外温湿度的差异来实现空气交换，如利用仓库墙壁的空隙、库门和库窗来实现。人工通风需利用专门通风装置，强迫仓库内外进行空气交换。

为便于仓库内作业以及夜间作业，仓库应设置照明设备。一般有天然照明和人工照明两种。

另外，根据商品存储要求和当地气温条件，仓库内可设置取暖设备，一般有气暖和水暖两种。

6. 消防安全设备

消防安全设备是仓库必不可少的设备，包括报警器、消防车、手动抽水机、水枪、消防水源、砂土箱以及消防云梯等。

7. 劳动防护设备

劳动防护设备是指用于确保仓库职工在作业中的人身安全的一些防护用具和用品。

8. 其他设备和用具

2.3.3 常用仓库设备

1. 货架

货架是专门用来存放成件商品的保管设备。货架在仓库中占有非常重要的地位，随着物流量的大幅增加，为实现仓库的现代化管理，改善仓库的功能，不仅要求货架数量多，而且要求具有多功能，并能满足机械化、自动化要求。

(1) 货架的作用。

① 货架是一种架式结构物，可充分利用仓库空间和库容，提高仓库储存能力。

② 存入货架中的货物，互不挤压，可保证商品本身的功能，减少商品的损失。

③ 货架中的商品存取方便，便于清点及计量，可做到先进先出。

④ 保证存储商品的质量，可以采取防潮、防尘、防盗、防破坏等措施，以提高商品的存储质量。

⑤ 货架的结构有利于实现仓库的机械化、自动化、电子化管理，提高仓储作业的现代化水平。

(2) 货架的分类。

货架的种类较多，分类的方法也不尽相同。

① 按货架的发展可分为传统式货架、新型货架。

传统货架包括层架、层格架、抽屉架、U形货架、旋臂架、栅架、气罐钢瓶架以及轮胎专用架等。

新型货架包括托盘货架、驶入式货架、驶出式货架、旋转式货架、移动式货架、调节式货架、阁楼式货架以及重力式货架等。

② 按货架的适用性可分为通用货架、专用货架。

③ 按货架的制造材料可分为钢货架、木制货架和钢筋混凝土货架等。

④ 按货架的封闭程度可分为敞开式货架、半封闭式货架和封闭式货架。

⑤ 按货架结构特点可分为层架、层格架、橱架和抽屉架等。

⑥ 按货架的可动性可分为固定式货架、移动式货架、旋转式货架和组合式货架等。

⑦ 按货架的构造可分为组合可拆卸式货架和固定式货架。

⑧ 按货架高度可分为低层货架、中层货架和高层货架。

⑨ 按货架重量可分为重型货架、中型货架和轻型货架。

⑩ 按加工形式可分为组合式货架和焊接式货架。

(3) 驶入、驶出式货架。

驶入、驶出式货架采用钢质结构，是把数排传统货架连接起来形成的。存放商品时，托盘按深度方向存放，一个紧接着一个，这使得高密度存储成为可能。它允许堆高机驶入货架并从里层的位置开始存放至最前方的位置，其通道空间又是存储空间，因此储存密度非常高，地板使用率达到65%，适合于大批量少品种的商品存储作业，叉车可直接驶入货道内进行存取货物，作业极其方便。

利用驶入式货架（如图2-4所示）存取货物时，叉车从通道的一端进出，存放时先内后外，取货时先外后内，是典型的先进后出存储方式；驶出式货架较驶入式货架更为实用，存取货物时可从通道的两端进出，可以做到先进先出。

(4) 流动式货架。

流动式货架如图2-5所示。这种货架的一端较高，另一端较低，倾斜布置，较高的一端作为入货口，较低的一端，作为出货口。负载是置放于滚轮上，由于货架的出口方向是往下稍微倾斜的，所以可利用重力使商品朝出口方向滑动。

存货时，托盘从货架斜坡高端送入滑道，通过滚轮下滑，逐个存放；取货时，从斜坡低

图 2-4 驶入式货架

端取出商品,其后的托盘逐一向下滑动待取,托盘商品在每一条滑道中依次流入流出。这种储存方式在货架排与排之间没有作业通道,大大提高了仓库面积利用率。但使用时,最好同一排、同一层上的商品,应为相同的商品或同一次同时入库和出库的商品。此外,当通道较长时,在导轨上应设置制动装置,以防商品在终端时的速度太大。

(5) 移动式货架。

移动式货架又称动力式货架,如图 2-6 所示,通过货架底部的电动机驱动装置,可在水平直线导轨上移动。一般设有控制装置和开关,在 30 s 内使货架移动,叉车可进入存取商品。

图 2-5 流动式货架

图 2-6 移动式货架

其存储密度比一般固定式货架大且节省空间,地面面积使用率达到 80%。广泛应用于办公室存放文档,图书馆存放档案文献,工厂车间、仓库存放工具、物料等。适用于库存品种多,出入库频率较低的仓库;或库存频率较高,但可按巷道顺序出入库的仓库。

(6) 阁楼式货架。

阁楼式货架是将储存空间做上、下两层规划，利用钢架和楼板将空间间隔为两层，下层货架结构支撑上层楼板，如图 2-7 所示。

图 2-7　阁楼式货架

阁楼式货架可以有效增加空间使用率，通常上层适用于存放轻型物品，不适合重型搬运设备行走，上层商品的搬运需配装垂直输送设备。

(7) 悬臂式货架。

悬臂式货架如图 2-8 所示，是在立柱上装设外悬臂杆来构成，适合于存放钢管、型钢等长形的商品。若要放置圆形商品时，可在其臂端装设阻挡块以防止商品滑落。其特点为：悬臂货架结构轻巧、载重能力好、空间利用率高；加了搁板后，特别适合空间小，高度低的库房，管理方便，视野宽阔，与普通搁板式货架相比，悬臂式货架利用率更高。

(8) 后推式货架。

后推式货架如图 2-9 所示。后推式货架是一种高密度托盘存储系统，它是将相同货物的托盘存入二、三和四倍深度又稍微向上倾斜的可伸缩轨道货架上，托盘的存放和取出是在同一通道上进行的，存入时叉车将托盘逐个推入货架深处，取出时托盘随重力逐个前移，因而最先放入的托盘是在最后取出的。这类货架主要用于图书、电子等行业。

图 2-8　悬臂式货架

图 2-9　后推式货架

(9) 旋转式货架。

旋转式货架又称回转式货架。在拣选商品时，取货者不动，通过货架的水平、垂直或立体方向回转，商品随货架移动到取货者的面前。旋转式货架在存取商品时，可以通过计算机进行自动控制，即根据下达的货格指令，该货格以最近的距离自动旋转至拣货点停止。这种货架的存储密度大，货架间不设通道，与固定式货架相比，可以节省占地面积30%~50%。由于货架转动，拣货线路简捷，因此拣货效率高，拣货时不容易出现差错。根据旋转方式不同，可分为垂直旋转式、水平旋转式两种。

① 垂直旋转式货架。垂直旋转式货架类似垂直提升机，在两端悬挂有成排的货格，货架可正转，也可以反转。货架的高度在2~6 m，正面宽2 m左右，单元货位载重为100~400 kg，回转速度为每分钟6 m左右。垂直旋转货架属于拣选型货架。占地空间小，存放的品种多，最多可达1 200种左右。货架货格的小格可以拆除，这样可以灵活地存储各种尺寸的商品。在货架的正面及背面均设置拣选台面，可以方便地安排出入库作业。在旋转控制上用开关按钮即可轻松地操作，也可利用计算机操作控制，形成联动系统，将指令要求的货层经最短的路程送至要求的位置。垂直旋转式货架主要适用于多品种、拣选频率高的商品，如果取消货格，用支架代替，也可以用于成卷货物的存取。

② 多层水平旋转式货架。多层水平旋转式货架的最佳长度为10~20 m，高度为2~3.5 m，单元货位载重为200~250 kg，每分钟回转速度为20~30 m。多层水平旋转式货架是一种拣选型货架，这种货架各层可以独立旋转，每层都有各自的轨道，用计算机操作时，可以同时执行几个命令，使各层商品从近到远，有序地到达拣选地点，拣选效率很高。这类货架主要用于出入库频率高、多品种拣选的仓库中。

2. 托盘

（1）托盘概述。

托盘又称集装托盘、集装盘，是指为了便于装卸、运输、保管商品，由盛载单位数量物品的负荷面和叉车插口构成的装卸用水平平台装置。在平台上集装一定数量的单件货物，并按要求捆扎加固，组成一个运输单位，便于运输过程中使用机械进行装卸、搬运和堆存。这种台面有供叉车从下部叉入并将台板托起的叉入口，以这种结构为基本结构的平面台板和在这种基本结构基础上所形成的各种形式的集装器具都可统称为托盘。

托盘是现代工商企业生产、运输、储存、包装及装卸的很重要的一种工具，随着机械化程度的提高，托盘的使用量也越来越大。据统计，在美国，托盘的使用量达到了每个人可分到10个。托盘的出现促进了集装箱和其他集装方式的形成和发展。现在，托盘与集装箱一样，成为最重要的集装方式，形成了集装系统的两大支柱。

（2）托盘的主要特点。

① 自重量小，用于装卸运输托盘本身所消耗的劳动量小，无效运输及装卸相比集装箱小。

② 搬运或出入库场都可用机械操作，减少货物堆码作业次数，从而有效提高运输效率，缩短货运时间。

③ 返空容易，因为价值不高，可以互相代用，互相以对方托盘抵补。

④ 用托盘可以节省包装材料，节省运输费用。

⑤ 保护性比集装箱差，露天存放困难，需要仓库等配套设施。

(3) 托盘的分类。

① 按托盘的结构可分为以下几种。

a. 平托盘。平托盘主要以木制为主，也有钢制、塑料、复合材料等制作的托盘，其应用范围最广。一般分为单面使用、双面使用、两向进叉和四向进叉四种。

b. 柱式托盘。柱式托盘是在平托盘上安装四个柱的托盘。安装立柱的目的是在无货架多层堆码时保护最下层商品不受损害。

c. 箱式托盘。箱式托盘是在平托盘上安装上部构造物（平板状、网状构造物等），制成箱式设备。箱式托盘一般分为可卸式、固定式和折叠式三种。这种托盘具有包装简易并可形成不规则的货物集装、方便运输、防止塌垛等优点。主要适合于装载蔬菜、瓜果、薯类等农产品。

d. 轮式托盘。轮式托盘是一种在平托盘下面安装四个小轮子的托盘。主要适用于行包、邮件的装卸搬运作业。

② 按托盘的适用性分，可分为通用托盘和专用托盘两大类。专用托盘是根据产品特殊要求专门设计制造的托盘，例如冷冻托盘、航空托盘、平板玻璃集装托盘、油桶专用托盘以及轮胎专用托盘等。

a. 冷冻托盘。冷冻托盘实质上是一种将特种产品所需环境及使用要求结合在一起的技术装置。它消除了对冷冻卡车的依赖性，使易变质产品的及时送货成为可能，适用于新鲜食品、鲜花、化工产品、医疗及冷冻食品的搬运。

b. 航空托盘。航空托运托盘一般采用铝合金制造，为适应各种飞机货舱及舱门的限制，一般制成平托盘，托盘上所载货品用网罩覆盖固定。

c. 平板玻璃集装托盘。平板玻璃集装托盘又称平板玻璃集装架。这种托盘能支撑和固定平板玻璃。装运时，平板玻璃顺着运输方向放置以保持托盘货载的稳定性。

d. 油桶专用托盘。油桶专用托盘是专门装运标准油桶的异形平托盘，托盘为双面形，两个面皆有稳固油桶的波形表面或侧挡板，油桶卧放于托盘上面。由于波形槽或挡板的作用，油桶不会发生滚动位移，还可几层叠垛。

e. 轮胎专用托盘。轮胎在储运中的主要问题是怕压、怕挤，轮胎本身很轻，放于集装箱中不能充分发挥集装箱的载重能力。采用这种托盘可以解决以上问题。

③ 按制作材料分，可分为木托盘、金属托盘、塑料托盘、纸托盘和胶合板托盘等。

(4) 托盘作业。

① 装盘码垛。托盘上商品的码放方式有很多，其中主要有四种码放方式。

a. 重叠式。即各层码放方式相同，上下对应。这种方式的优点是工具操作速度快，各层重叠之后，包装物的四个角和边重叠垂直，能承受较大的荷重。这种方式的缺点是：各层之间缺少咬合，稳定性差，容易发生塌垛。在货体底面积较大的情况下，采用这种方式有足够的稳定性。一般情况下，重叠式码放再配以各种紧固方式，不但能保持稳定，而且保留了装卸操作省力的优点。

b. 纵横交错式。相邻两层商品的摆放旋转90°，一层呈横向放置，另一层呈纵向放置。层间有一定的咬合效果，但咬合强度不高。这种方式装盘也较简单，如果配以托盘转向器，装完一层之后，利用转向器旋转90°，只用同一装盘方式便可实现纵横交错装盘，劳动强度和重叠式相同。

c. 正反交错式。同一层中，不同列的商品以 90°垂直码放，相邻两层商品的码放形式是另一层旋转 180°。这种方式类似于房屋建筑中砖的砌筑方式，不同层间咬合强度较高，相邻层之间不重缝，因而码放后稳定性很高，但操作较为麻烦，且包装体之间不是垂直面互相承受载荷，所以下部货体易被压坏。

d. 旋转交错式。第一层相邻的两个包装物都互为 90°，两层间的码放又相互成 180°。这样相邻两层之间互相咬合交叉，托盘中货物的稳定性较高，不易塌垛。其缺点是码放难度较大，且中间形成空隙，会降低托盘装载能力。

② 托盘货体的紧固。托盘货体的紧固是保证稳固性、防止塌垛的重要手段。托盘货体紧固方法主要有以下几种。

a. 捆扎。用绳索、打包带等对托盘货体进行捆扎以保证商品的稳固，捆扎方式有水平捆扎、垂直捆扎等。

b. 网罩。用网络罩盖对托盘货体起到紧固作用。这种方法多用于航空托盘。

c. 框架。用框架包围整个托盘货体，再用打包带或绳索捆紧以起到稳固作用。

d. 中间夹摩擦材料。将摩擦因数大的片状材料，如麻包片、纸版、泡沫塑料等夹入商品层间，起到加大摩擦力、防止层间滑动的作用，比如电动机等不规则物体的堆垛，需要在层间夹摩擦材料以便堆高。

e. 专用工具。对某些托盘商品，最上部如可伸入金属夹卡，则可用专用夹卡将相邻的包装物卡住，以便每层商品通过金属夹卡形成一个整体，防止个别商品分离滑落。

f. 黏合。在每层之间贴上双面胶条，可将两层通过双面胶条黏结在一起，这样便可防止在物流中托盘商品从层间发生滑落。

g. 收缩薄膜。将热缩塑料薄膜置于托盘商品之上，然后进行热缩处理，塑料薄膜收缩后，便将托盘商品紧箍成一体。这种紧固方法，不但起到固紧、防塌垛作用，由于塑料薄膜不透水，还可起到防水、防雨作用。这有利于克服托盘商品不能露天放置的缺点，可大大扩展托盘的应用领域。

h. 拉伸薄膜。用拉伸塑料薄膜缠绕捆扎在商品上，外力消除后，拉伸塑料薄膜收缩，固紧托盘商品。

（5）托盘的标准化。

作为一种集装单元器具，托盘具有重要的衔接功能、举足轻重的连带性，在装卸搬运、保管、运输和包装等各个物流环节中，都处于中心位置。所以，托盘的规格尺寸，是包装尺寸、车厢尺寸、集装单元尺寸的核心。只有以托盘尺寸为标准，决定包装、货车车厢、火车车厢、集装箱箱体等配套规格尺寸和系列化规格标准，才最能体现装卸搬运、保管、运输和包装作业的合理性和效率性。

在托盘尺寸国际标准化方面，1961 年国际标准化组织颁布 ISO/R198 托盘标准，建议采用 $0.8 \text{ m} \times 1.2 \text{ m}$、$0.8 \text{ m} \times 1 \text{ m}$、$1 \text{ m} \times 1.2 \text{ m}$ 三种尺寸；1963 年颁布 ISO/R329 托盘标准，增加了 $1.2 \text{ m} \times 1.6 \text{ m}$、$1.2 \text{ m} \times 1.8 \text{ m}$ 两种尺寸；1971 年又颁布 ISO/TC51 托盘标准，增加了 $0.8 \text{ m} \times 1.1 \text{ m}$、$0.9 \text{ m} \times 1.1 \text{ m}$、$1.1 \text{ m} \times 1.1 \text{ m}$ 三种尺寸。关于托盘的国际标准，目前国际标准化组织还在讨论修改之中。

1982 年我国颁布的国家标准（GB/T 2934—1996），将平托盘的平面尺寸规定为 $0.8 \text{ m} \times 1.2 \text{ m}$、$0.8 \text{ m} \times 1.1 \text{ m}$、$1 \text{ m} \times 1.2 \text{ m}$ 三种尺寸。近年来，我国又出现了 $1.1 \text{ m} \times 1.1 \text{ m}$ 的托盘，

这是一种新的趋势。

3. 叉车

叉车又称铲车或叉式取货机,是以货叉作为主要取货装置,依靠液压起升机构升降商品,由轮胎式行驶系统实现商品水平搬运,具有装卸、搬运双重功能的机械设备。

(1) 分类。

按照性能和使用分类,有前移式叉车、侧面式叉车、平衡式叉车、高位拣选式叉车、插腿式叉车、集装箱式叉车等。这里主要介绍前四种。

① 前移式叉车。前移式叉车(如图 2-10 所示)具有两条前伸的支腿,支腿前端有两个轮子。叉车的门架可以带着起升机构沿着支腿内侧轨道前移,便于叉取商品。叉取商品并起升一小段高度后,门架又沿着支腿内侧轨道回到原来的位置。前移式叉车的起重量较小,承载能力为 1.0~2.5 t,采用电动机驱动。提升高度最高可达 11 m,常用于仓库内中等高度的堆垛、取货作业。

② 侧面式叉车。侧面式叉车(如图 2-11 所示)的门架、起升机构和货叉位于叉车的中部,可以沿着横向导轨移动。货叉位于叉车的侧面,侧面还有一商品平台。当货叉沿着门架上升到大于商品平台高度时,门架沿着导轨缩回,降下货叉,商品便放在叉车的商品平台上。在不转弯的情况下,侧面式叉车具有直接从侧面叉取商品的能力,适用于装卸运输钢管、型材、木材、电线杆或水泥管等细长商品。

图 2-10 前移式叉车

③ 平衡式叉车。平衡式叉车(如图 2-12 所示)的工作装置位于叉车的前端,商品载于前端的货叉上,为了平衡前端商品的重量,需要在平衡式叉车的后部装有配重。平衡式叉车的前轮为驱动轮,后轮为转向轮。平衡式叉车是搬运车辆中应用最广泛的一种,它可以由驾驶员单独完成商品的装卸、搬运和堆垛作业,并且通过变换属具扩大叉车的使用范围,并提高作业效率。

图 2-11 侧面式叉车

图 2-12 平衡式叉车

④ 高位拣选式叉车。高位拣选式叉车（如图 2-13 所示）的结构特点是操纵人员可随商品一起升降，货叉可以自由提升，操纵室不动时与一般叉车相同。这种叉车的主要作用是高位拣货，适用于多品种、数量少的商品的入库、出库的拣选式高层货架仓库。

（2）叉车的主要技术指标。

叉车的主要技术指标反映叉车的技术性能，是选择叉车的主要依据。主要参数包括负载能力、最大提升高度、最大提升车体高度、行走及提升速度、机动性以及控制方式等。

图 2-13　高位拣选式叉车

① 负载能力。这是最重要的指标，即叉车能把最重的额定负载举到特定高度的能力。

② 最大提升高度。在额定负载下叉车的最大提升高度。

③ 最大提升车体高度。表示在最大提升高度时叉车的升降架顶端可达到的最高位置。

④ 行走及提升速度。行走和提升的速度直接影响叉车的作业效率。动力系统的型号直接影响行走和提升速度的能力。一般在室内，叉车满载时的最大行走速度可达 18 km/h，空载时最大行走速度可达 21 km/h，提升速度一般在 0.3~0.5 m/s。

⑤ 机动性。机动性表示叉车在通道内的作业能力。通道宽度决定于叉车的负载长度、负载空间、叉车规格尺寸、旋转半径等因素。叉车尺寸包括长度、宽度和轴距。

⑥ 控制方式。叉车作业效率、机动性和安全性受到控制方式的影响。一般控制方式有两部分，即驱动控制和引导控制。驱动控制和引导控制都包括机械式和电子式两种。机械式控制系统主要通过节气门踏板和连杆来控制；而电子控制系统主要依靠导线进行控制，类似于自动导引车（简称 AGV）。

2.3.4　仓库设备使用管理

1. 仓库设备的正确使用

仓库设备的正确、合理使用包括两个方面的含义：一要防止对仓库设备的蛮干、滥用；二要防止设备的闲置不用。只有充分提高仓库设备的利用率，正确合理地使用仓库设备，才可以在节省费用的条件下，充分发挥仓库设备的工作效率，延长仓库设备的使用寿命。为此，仓库设备的管理要做到以下几点。

（1）要为仓库设备合理地安排生产任务。

使用仓库设备时，必须根据工作对象的特点，合理安排生产任务，避免人为的损失。一方面，要严禁设备超负荷运转，不要"小马拉大车"，另一方面，也要避免"大马拉小车"，造成仓库设备和能源的浪费。

（2）切实做好操作仓库设备的技术培训工作。

在操作、驾驶、使用仓库设备之前，工作人员必须学习有关仓库设备的性能、结构和维护保养的知识，掌握操作技能和安全技术规程等必需的知识和技能，经考核合格后方准使用仓库设备。

（3）要针对不同的仓库设备特点和要求，制定一套科学合理的规章制度。

规章制度主要包括：安全操作规程、岗位责任制、定期检查维护规程等。在这些制度里，具体规定了各类仓库设备的使用方法、操作和维护保养的要求，以及其他有关注意事项。

2. 仓库设备的维护保养及维修

（1）仓库设备的维护保养。

仓库设备的保养管理，主要应做好以下几个方面的工作：

① 仓库设备的操作人员负有对设备维护保养的职责。通过技术培训，要求操作人员熟知仓库设备的性能原理、岗位技术、作业流程；会操作、会调整、会排除故障。

② 加强对仓库设备的日常维护保养，严格执行维护保养制度。仓库设备维护保养的主要内容是清洁和润滑。清洁就是指仓库设备内外要清洁干净；各滑动面无油垢，无碰伤；各部位不漏油，不漏水，不漏气；作业面及周围无杂物。润滑就是按时加油、换油。

（2）仓库设备的维修。

仓库设备修理的类别，一般分为小修理、中修理和大修理三种。小修理是工作量最小的局部修理。主要包括更换和修复少量的磨损零件，或调整仓库设备排除故障，以保证仓库设备能够正常运转。中修理是指更换与修复设备的主要零件和数量较多的各种磨损零件，并矫正仓库设备的基准，以恢复和达到规定的精度、功率和其他技术要求。大修理是工作量最大的一种修理，需要把仓库设备全部拆卸，更换和修复全部的磨损零件，恢复仓库设备原有的精度、性能和生产效率。

仓库设备修理的方法主要有下列几种。

① 定期修理法。定期修理法是指根据仓库设备的实际使用情况，参考有关检修周期，制订仓库设备修理工作的计划日期和大致修理工作量的方法。

② 检查后修理法。检查后修理法是指事先只规定仓库设备的检查计划，根据检查的结果和以前的修理资料，确定修理日期和修理内容的方法。

③ 故障修理法。故障修理法就是常说的"不坏不修，坏了就修"的方法。

前两种方法称为计划修理法，对于重要的仓库设备和大型仓库设备多采用这两种方法。后一种方法也叫事后修理法，对于小型简单的仓库设备，通常采用这种方法。

2.4　自动化立体仓库

2.4.1　自动化立体仓库及其组成

1. 自动化立体仓库的含义

自动化立体仓库又称自动存取系统、自动仓库、自动化高架仓库、高架立体仓库或无纸仓库等。它是指通过计算机和相应的自动控制设备对仓库的作业和仓储管理进行自动控制和管理，并通过自动化系统进行仓库作业的现代化仓库。

立体仓库的产生和发展是第二次世界大战之后生产和技术发展的结果。20世纪50年代初，美国出现了采用桥式堆垛起重机的立体仓库；20世纪50年代末60年代初出现了由驾驶员操作的巷道式堆垛起重机立体仓库；1963年美国率先在高架仓库中采用计算机控制技术，并建立了第一座计算机控制的立体仓库。此后，自动化立体仓库在美国和欧洲得到迅速发展，并形成了专门的学科。20世纪60年代中期，日本开始兴建立体仓库，并且迅速发展，成为当今世界上拥有自动化立体仓库最多的国家之一。

我国在1973年开始研制第一座由计算机控制的自动化立体仓库。截至2016年年底，中国自动化立体库保有量大约在3 300座以上。自动化立体仓库由于具有很高的空间利用率、很强的入出库能力、采用计算机进行控制管理而利于企业实施现代化管理等特点，已成为企业物流和生产管理不可缺少的仓储技术，越来越受到企业的重视。

2. 自动化立体仓库的基本组成

自动化立体仓库主要由下列几部分组成。

（1）高层货架。

高层货架是自动化立体仓库的主要构筑物，一般用钢材或钢筋混凝土制作。钢货架的优点是构件尺寸小，仓库空间利用率高，制作方便，安装建设周期短。钢筋混凝土货架的优点是防火性能好，抗腐蚀性能强，维护保养简单。

高层货架按建筑形式可分为整体式和分离式两种。整体式是指货架除了储存货物以外，还可以作为建筑物的支撑结构，就像是建筑物的一个部分，库房和货架形成一体化结构。分离式是指存储商品的货架独立存在，建在建筑物内部，可以将现有的建筑物改造为自动化仓库，也可以将货架拆除，使建筑物用于其他目的。

自动化立体仓库的建筑高度一般在5 m以上，最高的可达40 m，常用的立体仓库高度在7～25 m。库内高层货架每两排合成一组，每两组货架中间设有一条巷道，供巷道堆垛起重机和叉车作业。每排货架分为若干纵列和横列，构成货格，用于存放托盘或货箱。巷道堆垛起重机自动对准货位存取商品，配合周围出入库搬运系统完成自动存取作业。

（2）巷道式堆垛机。

巷道式堆垛机是高层货架仓库的主要作业机械，是由叉车、桥式堆垛机演变而来的。巷道堆垛机的主要用途是：在巷道内来回穿梭运行，将位于巷道口的商品存入货架上的货格中；或者相反，取出货格内的商品运送到巷道口。

巷道式堆垛机由机架、运行机构、起升机构、载货台及存取货机构、电气设备及安全保护装置等部分组成。

① 机架。堆垛机的机架是由立柱、上横梁和下横梁组成的一个框架，整机结构高而窄。机架分为单立柱和双立柱两种类型。双立柱结构的机架是由两根立柱和上、下横梁组成的一个长方形的框架。这种结构的强度和刚性都较好，适用于起重量较大或起升高度比较高的场合。单立柱式机架只有一根立柱和一根下横梁，整机重量比较轻，结构更加紧凑且外形美观。堆垛机的机架沿轨道运行。为防止框架倾倒，上梁上装有导引轮。

② 运行机构。在堆垛机的下横梁上装有运行驱动机械和在轨道地轨上运行的车轮。按运行机械所在的位置不同可分为地面驱动式、顶部驱动式和中部驱动式等几种，其中地面运行式使用最广泛。这种方式一般用2个或4个承重轮，沿铺设在地面上的轨道运行。在堆垛机顶部有两组水平轮沿天轨导向。如果堆垛机车轮与金属结构通过垂直小轴铰接，堆垛机就可以走弯道，从一个巷道转移到另一个巷道去工作。

顶部运行式起重机又可分为支承式和悬挂式两种。前者用4个轮，在货架顶部的两条轨道上运行，起重机下部有水平轮导向。悬挂式起重机则通过 4 个或者 8 个轮，悬挂在位于巷道上方的工字钢下翼缘上运行。工字钢固定在仓库屋架下弦上，或者直接与货架的顶部相连接。起重机的下部同样有水平导向。上部运行的起重机，整机的重心在其支撑点的下方，所以比较稳定。

③ 起升机构。起升机构由电动机、制动器、减速器、卷筒式链轮以及柔性件组成。电动机通过减速器带动柔性传动件使货台升降。常用的柔性件有钢丝绳和起重链两种。钢丝绳重量轻，使用安全，工作噪声低，便于维护保养，但要求有一定直径的卷筒，减速器减速比大。采用链条的优点是链轮直径小，整个机构比较紧凑。缺点是自重大，有可能突然间断裂，因而不如钢丝绳安全。这两种柔性件的使用都很广泛。起升机构用的减速器，除一般的齿轮减速器外，蜗杆减速器和行星减速器也有使用。在巷道式堆垛起重机上，为尽量使起升机构紧凑，常用带制动器的电动机。

④ 载货台及存取货机构。载货台是货物单元的承载装置。对于需要搬运整个商品单元的堆垛机，载货台由货台本体和存取货装置构成。对于只需要从货格拣选一部分商品的拣选式堆垛机，则载货台上不设存取货装置，只有平台供放置盛货容器之用。

存取货装置是堆垛机的特殊工作机构。取货的那部分结构必须根据商品的外形特点来设计。最常用的是一副伸缩货叉，也可以是一块可伸缩的取货板，或者别的结构形式。伸叉机械装在载货台上，载货台在辊轮的支撑下沿立柱上的导轨作垂直走方向的运行（起重），垂直于起重机行走平面的方向为伸叉的方向。

⑤ 电气设备。电气设备主要包括电力拖动、控制、监测和安全保护。在电力拖动方面，目前国内大多采用交流变频调速、交流变极调速和晶闸管直流调速，涡流调速已很少应用。对堆垛机的控制一般采用可编程序控制器、单片机、单板机和计算机等。堆垛机必须具有自动认址、货位虚实等检测以及其他检测等功能。电力拖动系统要同时满足快速、平稳和准确三个方面的要求。

⑥ 安全保护装置。巷道式堆垛起重机是在又高又窄的巷道内快速运行的设备，必须特别重视安全问题。为了保证人身安全及设备安全，堆垛机必须配备有完善的硬件和软件安全保护装置，并在电气控制上采取一系列联锁和保护措施。除一般起重机常备的安全装置与措施，如各机构的终端限位保护和缓冲器、电动机过热和过电流保护、控制电路的零位保护等外，还应结合实际需要增加下列各种保护。

主要的安全保护装置有：

a. 终端限位保护。在行走、升降和伸缩的终端都设有限位保护。

b. 联锁保护。行走与升降时，货叉伸缩驱动电路切断；相反，货叉伸缩时，行走与升降电路切断。行走与升降运动可同时进行。

c. 正位检测控制。只有当堆垛机在垂直和水平方向停准时，货叉才能伸缩。即货叉运动是条件控制，以认址装置检测到确已停准的信息为货叉运动的必要条件。

d. 载货台断绳保护。当钢丝绳断开时弹簧通过连杆机构凸轮卡在导轨上阻止载货台坠落。正常工作时提杆平衡载荷的重量，弹簧处于压缩状态，凸轮与导轨分离。

e. 断电保护。载货台升降过程中若断电，则采用机械式制动装置使载货台停止不致坠落。

(3) 周边搬运系统。

周边搬运系统包括搬运机、自动导向车、叉车、台车以及托盘等。其作用是配合巷道堆垛机完成货物输送、搬运、分拣等作业，还可以临时取代其他主要搬运系统，使自动存取系统维持工作，完成货物出入库作业。

(4) 控制系统。

自动化立体仓库的控制形式有手动控制、随机自动控制、远距离自动控制和计算机自动控制四种。存取系统的计算机中心或中央控制室接收到出库或入库信息后，通过对输入信息的处理，由计算机发出出库指令或入库指令，巷道机、自动分拣机及其他周边搬运设备按指令启动，协调完成自动存取作业，管理人员在控制室对整个过程进行监控和管理。

2.4.2 自动化立体仓库的功能

1. 大量储存

一个自动化立体仓库拥有货位数可达到30万个，可储存30万个托盘，以平均每托盘储存货物0.5 t计算，则一个自动化存取系统可同时储存15万t货。

2. 自动存取

自动化立体仓库的出入库及库内搬运作业全部实现由计算机控制的机电一体化作业。仓库管理人员主要负责商品存取系统的操作、监控、维护等。只要操作员给系统以出库拣选、入库分拣、包装、组配、储存等作业指令，该系统就会调用巷道堆垛机、自动分拣机、自动导向车及其配套的周边搬运设备协同动作，完全自动化地完成各种作业。

3. 信息处理

自动化立体仓库的计算机系统能随时查询仓库的有关信息和伴随各种作业所产生的信息报表单据。在自动化仓库中可以随时查询库存信息、作业信息以及其他相关信息，这种查询可以在仓库范围内进行，也可以在其他部门或分厂进行。

本章小结

仓库指的是用来保管、存储商品的建筑物和场所的总称，是按计划用来保管商品，并对其数量或价值进行登记，提供有关存储商品的信息以供管理决策的场所，也是物流过程中的一个空间或一块面积，甚至包括水面。

仓库作为连接生产者和消费者的纽带，是物流系统的一个中心环节，是物流网络的节点。仓库的作用有：存储和保管、支持生产、调节供需、调节运输能力、商品加工、配送商品、信息处理。仓库种类很多，主要分类方法有：根据仓库在社会再生产中的作用分类、根据仓库营运形态分类、根据仓库功能分类、根据仓库作业方式分类、按保管物品分类、按保管条件分类、按建筑结构分类。

仓库的结构对于实现仓库的功能起着很重要的作用。仓库的结构设计需要考虑：平房建筑还是多层建筑、库房出入口和通道、立柱间隔、天花板的高度、地面等。

现代仓库总体布局一般可以划分为生产作业区、辅助作业区和行政生活区三大部分。现代仓库为适应商品快速周转的需要，在总体规划布置时应注意适当增大生产作业区中收发货作业区的面积和检验区的面积。

仓库空间有限，如何合理利用好仓库的空间，其中重要的原则之一是合理配置仓库设备。在布置仓库设备时，一般应明确区域的划分，并对区域进行编号，把设备的布置用数字或字母等便于进行信息处理的方式标识出来。

仓储工作中所使用的仓库设备按其用途和特征可分为装卸搬运设备、保管设备、计量设备、养护检验设备、通风设备、保暖设备、照明设备、消防安全设备、劳动防护设备以及其他用途设备和工具。

货架是专门用来存储成件物品的保管设备。货架在仓库中占有非常重要的地位，随着物流量的大幅度增加，为实现仓库的现代化管理，改善仓库的功能，不仅要求货架数量多，而且要求具有多功能，并能满足机械化、自动化要求。

托盘是用于集装、堆放、搬运和运输的放置货物和制品作为一个单元负荷的水平平台装置。这种台面有供叉车从下部叉入并将台板托起的叉入口，以这种结构为基本结构的平面台板和在这种基本结构基础上所形成的各种形式的集装器具都可统称为托盘。在平台上集装一定数量的单件货物，并按要求捆扎加固，组成一个运输单位，便于运输过程中使用机械进行装卸、搬运和堆存。

叉车又称铲车或叉式取货机，以货叉作为主要取货装置，依靠液压起升机构升降货物，由轮胎式行驶系统实现货物水平搬运，具有装卸、搬运双重功能的机械设备。按照性能和使用分类，有前移式叉车、侧面式叉车、平衡式叉车、高位拣选式叉车、插腿式叉车、集装箱式叉车等。

仓库设备的正确、合理使用包括两个方面的含义：一要防止对仓库设备的蛮干、滥用；二要防止仓库设备的闲置不用。只有充分提高仓库设备的利用率，正确合理地使用设备，才可以在节省费用的条件下，充分提高仓库设备的工作效率，延长仓库设备的使用寿命。

自动化立体仓库又称自动存取系统、自动仓库、自动化高架仓库、高架立体仓库、无纸仓库等。它是指通过计算机和相应的自动控制设备对仓库的作业和仓储管理进行自动控制和管理，并通过自动化系统进行仓库作业的现代化仓库。

练习与思考

1. 什么是仓库？仓库的作用有哪些？
2. 仓库区域可分成哪几部分？
3. 仓库货位布置方式有哪几种？
4. 对库房如何编号？
5. 货架的作用是什么？如何分类？
6. 托盘的特点是什么？如何分类？
7. 叉车的种类有哪些？
8. 自动化立体仓库由哪几部分组成？

综合案例

自动化立体仓库及智能搬运设备

自动化立体仓库（AS/RS）运用一流的集成化物流理念，采用先进的控制、总线、通信和信息等技术，通过各种设备的协调运作，按照用户的需要完成指定货物的自动有序、快速准确入库拣选作业。立体仓库产生之初主要是通过按钮开关控制出入库的纯机械式仓库，随着科学技术的发展，各种小车以及可以编程的设备逐渐引入立体仓库中，加快了立体仓库的自动化进程，更大程度地节约了人力成本，提高了运作效率。在20世纪90年代，智能技术应用于自动化立体仓库中，各种传感技术、识别技术、通信技术也被用于立体仓库系统中，例如RFID、条码识别跟踪系统、图形监控及调度软件、智能货架等。

  自动化立体仓库的重要组成部分是立体库高位货架。立体库高位货架分为穿梭车货架、横梁式货架、牛腿式货架三种，是自动化立体仓库系统实现货物存放的主要支撑结构，精度要求高。其优势在于：提高空间利用率，自动化高位货架的空间利用率为普通货架的2～5倍；动态储存，便于形成先进的物流系统，提高企业的生产管理水平；提高存取效率。适用行业：广泛应用于工业生产领域、物流领域、商品制造领域、军事应用的多个行业。

  我们已经进入工业4.0时代，在智能物流领域，研发了具有创新性的"机器人+货架"解决方案，将复杂的仓储系统改变为标准化可拓展的存储模块。通过云端WMS控制终端的智能小车、分散式系统、智能交互、云平台等将为传统仓储行业插上腾飞的翅膀。"机器人+货架"的解决方案不仅可以帮助客户实现容量倍增、效率倍增、成本降低的愿望，而且可以从供应链角度去满足客户的需求变化，实现物流、人流、资金流的动态、最优化配置。当前"机器人+货架"的解决方案中应用的主要软硬件有多层穿梭车（如：字母车、四向穿梭车）、堆垛机、升降机、360度AGV和云端WMS。

  穿梭车是一种用于自动化物流系统中的智能型搬运设备，主要应用于托盘密集存储的核心自动化设备——将单元托盘物料按照生产流程从进货端送到出货端。它可以与堆垛机或穿梭母车配合实现自动化仓储作业、与高货位叉车配合实现半自动化仓储作业，具有动态移栽的特点，可以提高物料的输送效率。在电控系统控制下，穿梭车通过编码器、激光测距等认证方式精确定位各个输入、输出工位，接受物料后进行往复运输，具有高度的自动化和灵活性。从性能指标方面来看，穿梭车的最大行驶速度一般为1 m/s、多层穿梭车速度可以达到4 m/s，最大载重为1 500 kg。

思考题

1. 简述立体库高位货架的特点、优势及适用行业。
2. 简述"机器人+货架"的仓储解决方案中一般会用到哪些智能型搬运设备。
3. 目前有哪些上市公司专业从事仓储设备的生产和研发？通过查阅图书馆图书资料、网络资源后回答。

参考答案

1. 立体库高位货架分为穿梭车货架、横梁式货架、牛腿式货架三种，是自动化立体仓库系统实现货物存放的主要支撑结构，精度要求高。其优势在于：提高空间利用率，自动化高位货架的空间利用率为普通货架的2～5倍；动态储存，便于形成先进的物流系统，提高企业的生产管理水平；提高存取效率。适用行业：广泛应用于工业生产领域、物流领域、商品制造领域、军事应用的多个行业。
2. 穿梭车。穿梭车分为：双向穿梭车、四向穿梭车、字母车、360度AGV。
3. 南京音飞储存设备股份有限公司、浙江诺力智能装备股份有限公司、山西东杰智能物流装备股份有限公司等。

第 3 章

仓储业务操作

知识目标

1. 了解仓储作业过程的内容、组织与管理。
2. 掌握商品入库阶段的具体操作。
3. 掌握商品在库储存保管的具体知识。
4. 掌握商品出库阶段的具体作业。

技能目标

1. 运用所学的仓储业务操作知识进行案例分析。
2. 运用所学的理论知识进行商品入库、储存保管、出库的相关操作。

3.1 仓储业务操作过程概述

仓储业务操作过程，是指以保管活动为中心，从仓库接收商品入库开始，到按需要把商品全部完好地发送出去的全部过程。

仓储业务操作过程主要由入库、保管、出库三个阶段组成。仓储业务操作过程由一系列相互联系又相对独立的作业活动构成。整个过程中各个部分的因果关系，以存储的商品这一对象为纽带统一起来，并由此形成一种既定的关系。如果把这个过程看作一个系统，那么，系统的输入是需要存储的商品，输出是经过存储的商品。在仓储业务操作系统中，商品在各个作业环节上运行，并被一系列作业活动所处理。

3.1.1 仓储业务操作过程

仓储业务操作过程实际上包含了实物流过程和信息流过程两个方面。

1. 实物流

实物流是指库存物实体在空间移动的过程。在仓库里它是从库外流向库内，并经合理停留后再流向库外的过程。

从仓储作业内容和作业顺序来看，主要包括接运、验收、入库、保管、保养、出库以及发运等环节。实物流是仓储作业的最基本的运动过程。仓库各部、各作业阶段与环节的工作，都要保证和促进库存物的合理流动，在保证库存物质量完好和数量准确的前提下，加速运转，尽一切可能消除库存物的无意义的停滞，缩短作业时间，提高劳动生产效率，降低仓库生产成本，以取得更好的经济效益。

2. 信息流

信息流是指仓库库存物信息的流动。实物流的组织是借助于一定的信息来实现的。这些信息包括与实物流有关的单据、凭证、台账、报表和技术资料等，它们在仓库各作业阶段、环节的填制、核对、传递、保存形成信息流。信息是实物流的前提，控制着物流的数量、方向、速度和目标。

3.1.2 仓储业务操作过程的特点

仓储活动本身所具有的特殊性，使得仓储业务操作过程与物质生产部门的生产工作过程相比较，也具有自己的特点，主要表现在以下几个方面。

1. 仓储业务操作过程的非连续性

仓储作业在整个作业过程，从物资入库到物资出库不是连续进行的，而是间断进行的。这是因为各个作业环节往往是不能密切衔接的，环节之间有着间歇。例如，整车接运的商品，卸车后往往不能马上验收，而是要有一段待验时间；入库保管的商品有一段保管时间；商品分拣包装完毕，需要一段待运时间等。这显然与一般工业企业的流水线作业不同。

2. 仓储作业量的不均衡性

仓储作业每天发生的作业量是有很大差别的，各月之间的作业量也有很大的不同。这种日、月作业量的不均衡，主要是仓库进货和发货时间上的不均衡和批量大小不等造成的。有时，整车装车和卸车数量很大，装卸车的任务很重，作业量大；而有时无整车装卸，任务就较轻。因此，仓储作业时紧时松，忙闲不均。

3. 仓储作业对象的复杂性

一般生产企业的劳动对象较为单一，例如生产制造机床的主要劳动对象是各种钢材。而仓储作业的对象，是功能、性质和使用价值等各不相同的千万种商品。不同的商品要求不同的作业手段、方法和技术，情况比较复杂。

4. 仓储作业范围的广泛性

仓储作业的各个环节，大部分是在仓库内进行的，但也有一部分作业是在仓库外进行的，例如商品的装卸、运输等，其作业范围相当广泛。

仓储作业的上述特点，对仓储设施的规划、配备与运用，对作业人员的定编、劳动组织与考核，对作业计划、作业方式的选择与方法等，均产生重要影响，给合理组织仓库作业带来很大的困难与不便。因此，在具体进行仓储设施的规划、配备与运用时，应综合各方面的相关因素慎重考虑。

3.2 商品入库业务

商品入库，是指接到商品入库通知单后，经过接运提货、装卸搬运、检查验收、办理入库手续等一系列作业环节构成的工作过程。

3.2.1 商品入库前的准备

仓库应根据仓储合同、入库单或入库计划，及时地进行库场准备和仓储设备准备，以便商品能按时顺利入库。仓库的入库准备需要由仓库的业务、管理和设备作业等部门分工合作，共同做好以下工作。

(1) 熟悉入库商品。

仓库业务、管理人员应认真查阅入库商品资料，掌握入库商品的品种、规格、数量、包装状态、单位体积、到库时间、存期、理化特性以及保管要求等。

(2) 掌握仓库情况。

了解商品入库期间和保管期间仓库的库容、设备、人员的变动情况，以便安排入库工作。必要时对仓库进行清查，清理货位，以便腾出仓容。对于必须使用重型设备操作的商品，一定要确保可使用设备的货位和装卸搬运空间。

(3) 制订仓储计划。

仓库业务部门根据商品情况、仓库情况、设备情况制订仓储计划，并将任务下达到各相应的作业单位、管理部门。

(4) 妥善安排货位。

仓库部门根据入库商品的性能、数量、类别，结合仓库分区分类保管的要求，核算货位大小，根据货位使用原则，妥善安排货位，确定堆垛方法、毡垫方案等。对于自动化立体仓库，货位的分配一般由计算机管理系统自动完成。

(5) 做好货位准备。

仓库人员要及时进行货位准备，如发现货位的货架损坏应及时通知修理或重新安排货位。彻底清洁货位，清除残留物；清理排水管道（沟）；必要时要消毒、除虫、铺地；详细检查照明、通风等设备，发现损坏及时通知修理。

(6) 准备毡垫材料、作业用具。

在商品入库前，根据所确定的毡垫方案，准备相应的材料，并组织衬垫铺设作业。准备妥当作业所需的用具，以便能及时使用。

(7) 验收准备。

仓库理货人员根据商品的情况和仓库管理制度，确定验收方法。准备验收所需的点数、称量、测试、开箱、装箱、丈量及移动照明等工具和用具。

(8) 装卸搬运工艺设定。

根据商品、货位、设备条件和人员等情况，合理科学地制订商品装卸搬运工艺，保证作业效率。

(9) 文件单证准备。

对商品入库所需的各种报表、单证、记录簿等，如入库记录、理货检验单、料卡、残损单等预填妥善，以备使用。

实际操作中，由于仓库种类、货位种类和业务性质不同，入库准备工作有差别，需要根据具体实际和仓库制度灵活调整，做好充分准备。

3.2.2 入库商品接运的方式及管理

1. 入库商品接运的方式

做好入库商品接运作业管理的主要意义在于防止把在运输过程中或运输之前已经发生的商品损害和各种差错带入仓库，减少或避免经济损失，为验收和保管保养创造良好的条件。接运方式主要有四种。

（1）车站、码头接货。

提货人员对所提取的商品应了解其品名、型号、特性和一般保管知识、装卸搬运注意事项等。在提货前应做好接运商品的准备工作，例如准备好装卸运输工具，腾出存放商品的场地等。提货人员在到货前，应主动了解到货时间和交货情况，根据到货多少，组织装卸人员、机具和车辆，按时前往提货。

提货时应根据运单以及有关资料详细核对品名、规格、数量，并要注意商品的外观，查看包装、封印是否完好，有无玷污、受潮、水渍、油渍等。若有疑点或商品与货单不符，应当场要求运输部门检查。对短缺损坏情况，凡属运输部门方面责任的，应做出商务记录；属于其他方面责任，需要运输部门证明的，应做出普通记录，由运输员签字，注意记录内容与实际情况要相符合。

（2）专用线接车。

接到专用线到货通知后，应立即确定卸货货位，力求缩短场内搬运距离；组织好卸车所需要的机械、人员以及有关资料，做好卸车准备。

车皮到达后，引导对位，进行检查。看车皮封闭情况是否良好（车门、车窗、铅封、苫布等有无异状）；根据运单和有关资料核对到达商品的品名、规格、标志并清点件数；检查包装是否有损坏或有无散包；检查是否有进水、受潮或其他损坏现象。在检查中如发现异常情况，应请运输部门派员复查，做出普通或商务记录，记录内容应与实际情况相符，以便交涉。

卸车时要注意为商品验收和入库保管提供便利条件，分清车号、品名、规格，不混不乱。保证包装完好，没有碰坏和压伤，更不得自行打开包装。应根据商品的性质合理堆放，以免混淆。卸车后在商品上应标明车号和卸车日期，编制卸车记录，记明卸车货位规格、数量，把有关证件和资料尽快向保管员交代清楚，办好内部交接手续。

（3）仓库自行接货。

仓库受客户委托直接到供货单位提货时，应将这种接货与出验工作结合起来同时进行。仓库应根据提货通知，了解所提商品的性能、规格、数量，准备好提货所需的机械、工具、人员，在供方当场检验质量、清点数量，并做好验收记录，将接货与验收合并一次完成。

（4）库内接货。

存货单位或供货单位将商品直接运送到仓库储存时，应由保管员或验收人员直接与送货人员办理交接手续，当面验收并做好记录。若有差错，应填写记录，由进货人员签字证明，据此向有关部门提出索赔。

2. 商品接运业务中货损货差处理

（1）责任划分。

发货单位、收货单位（或中转单位）和承运单位共同协作来完成商品从发货单位到收货单位的运输，而三方面都有各自的职责范围和责任范围，都存在各自独立的经济利益。只有划清三方面的责任界限，才能确保各方分工的工作质量。当发生运输事故时，由责任方承担经济赔偿。

（2）责任划分的一般原则。

① 商品在交给运输部门前和承运前发生的损失和由于发货单位工作差错、处理不当发生的损失，由发货单位负责。

② 从接收中转商品起，到交通运输部门转运时止，所发生的损失和由于中转单位工作问题发生的损失，由中转单位负责。

③ 商品运到收货地，收货单位与交通运输部门办好交接手续后，发生的损失或由于收货单位工作问题发生的损失，由收货单位负责。

④ 自承运商品时起（承运前保管的商品，车站（港口）从接收商品时起），至商品交付给收货单位或依照规定移交其他单位时止，发生的损失由承运单位负责。但由于自然灾害，商品本身的性质和发、收、中转单位的责任造成的损失，承运单位不予负责。

（3）货损货差的处理。

商品在运输中，由于各种原因造成的商品短缺、破损、受潮以及其他差错事故，不管责任属于哪一方，都应保护现场，做好事故记录，划清责任界限，并以此作为事故处理和索赔的依据。有关各方应本着实事求是的原则，秉承客观反映真实情况、互相协作的精神，认真、妥善地处理好各类运输事故。

运输事故记录是正确分析事故产生的原因和处理事故的依据。因此，在运输事故发生时，必须按照规定要求铁路、交通运输部门做好事故记录，把运输事故的详细情况记载下来。货物运输事故的记录有两种：一种是货运记录，另一种是普通记录。公路运输事故一般可在公路运输交接单（或三联单）上记录货损货差情况。

① 货运记录（旧称商务记录），是指铁路、交通运输过程中发生损失或差错事故，并确定其责任属于承运单位时所编写的书面凭证，是收（发）货方向承运单位提出索赔的依据。

② 普通记录，是指在铁路交通运输过程中发生损失或差错事故，并确定其责任属于发货单位时所编写的书面凭证，是收货方向发货单位提出索赔的依据。

③ 公路运输交接单（或三联单），是指在公路运输中发生损失或差错事故，并确定其责任属于承运单位时所编写的书面凭证，是收（发）货方向承运单位提出索赔的依据。

3.2.3 商品入库验收

1. 商品验收的意义

仓库中的商品来自生产商或中间商，进货渠道、运输方式、出厂日期以及商品的性质及供货商的信誉等因素，都可能给商品的数量和质量带来影响。严格把好入库验收关，对于确保入库货物数量准确、质量完好，维护企业合法权益，及时为企业处理货损货差事宜提供依据有着十分重要的意义。

2. 商品验收的基本要求

（1）准确。

① 严格按合同规定的标准和方法进行验收。
② 认真校正和合理使用验收工具。
（2）及时。
及时验收有利于加快商品的周转，不误索赔期。为加快验收，可采取以下措施：先小批，后大批；先易后难；先本地到货，后外地到货。验收结束及时签收。
（3）严格。
验收人员应明确每批商品验收的要求和方法，并认真严格地按仓库验收入库的业务操作程序办事。
（4）经济。
商品在验收时，多数情况下，不但需要检验设备和验收人员，而且需要装卸搬运机械和设备以及相应工种工人的配合。这就要求各工种密切合作，合理组织调配人员与设备，以节省作业费用。

3. 商品验收程序

（1）验收准备。
验收准备是商品入库验收的第一道程序，包括货位、验收设备、工具及人员的准备。具体要做好下面五个方面的准备工作。
① 收集、整理并熟悉各项验收凭证、资料和有关验收要求。
② 准备所需的计量器具、卡量工具和检测仪器仪表等，要准确可靠。
③ 落实入库商品的存放地点，选择合理的堆码垛型和保管方法。
④ 准备所需的毡垫堆码物料、装卸机械、操作器具和担任验收作业的人力。对于特殊性货物，还须配备相应的防护用品，采取必要的应急防范措施，以防万一。
⑤ 进口商品或存货单位要求对商品进行质量检验时，要预先通知商检部门或检验部门到库进行检验或质量检测。

（2）核对验收单证。
核对验收单证应按下列三个方面的内容进行：
① 核对验收依据，包括业务主管部门或货主提供的入库通知单、订货合同、订单等。
② 核对供货单位提供的验收凭证，包括质量保证书、装箱单、码单、说明书和保修卡及合格证等。
③ 核对承运单位提供的运输单证。存在入库前运输途中货损货差问题时，送货或提货人员必须提供有关事故记录，包括商品残损情况的货运记录、普通记录和公路运输交接单等。
在整理、核实、查对以上凭证中，如果发现单证不齐或不符等情况，要与货主、供货单位、承运单位和有关业务部门及时联系解决。

（3）确定验收比例。
① 验收的原则。仓储商品往往整批、连续到库，且品种规格复杂，要在较短时期内件件验收会有一定困难，从实际工作来看也不是完全有必要。为了及时、准确地验收、检查每次（批）商品，重点应放在全面检查大件数量及包装标识与入库凭证所列是否相符、包装外部有无异状等方面。对于商品包装内部的细数和质量的验收，通常是根据商品的不同特点、客户或业务部门的要求，以及仓库设备条件和人力的可能而定。这是因为：第一，各个

仓库的验收人员、保管人员的配备，以及仓库设备、技术条件总是有限的。入库商品数量很大，要求整批、每件都开箱、拆包验收，实际上难以做到。第二，有些商品包装技术性较强，如专用性机械打包的或真空压缩包装的商品，开拆验收之后，其包装就不易复原，这样可能影响销售。所以，只能按实际需要抽验一定数量的商品。第三，许多工业品都是连续按批量生产的，每批商品，或每一阶段的商品，其质量标准一般是比较统一的，抽验一定数量，就具有代表性了，无须全验。第四，对有些商品进行开拆包装验收时，接触外界自然因素（如空气、水分、阳光）对其质量会有影响，因此验收数不宜多，甚至不开箱更利于安全储存。

② 验收的比例。由于入库商品存在难以全部开箱、拆包验收的现实，因此，需要研究确定合理的验收比例。

验收比例的确定，一般主要依据和考虑下列条件。

a. 商品性质。各种商品都有一定的特点，如玻璃器皿、保温瓶胆、瓷器等容易破碎；皮革制品、副食品、海产品、水产品易霉烂变质；香精、香水易挥发减量；化工品易失效等。这些商品入库时，验收比例应大些。反之，外包装完好、内容物不易损坏的商品，验收比例可以定得小些。

b. 商品价值。贵重商品，如精密仪器，贵重金属及其制品、工艺品等，入库时验收比例要大些，或全验。一般价值较低，数量又大的商品，可少验。

c. 生产技术条件。同一种商品，由于生产厂的技术条件、工艺水平高低不一，商品质量常不一样。对于生产技术条件好，工艺水平较高，商品质量好并稳定的，可以少验；而生产技术水平低，或手工操作，商品质量较差又不稳定的，需多验。

d. 厂商信誉。信誉好的供应商，一旦商品质量或数量出现问题，都能积极承担赔偿或补换货，可少验，尤其对商品质量稳定的供应商可少验甚至免检。

e. 包装情况。包装材料差或使用不当，包装技术低，包装不牢固，都会直接影响商品的质量安全和运输安全，因而易造成商品散失、挥发或损坏。因此，收货时，对包装外在质量完好、内部垫衬密实的商品可以适当少验，反之则需多验。

f. 运输条件。商品在运输过程中，其运输路线的长短、时间的长短、使用何种运输工具，以及中转环节多少等，对商品质量都有不同程度的影响。因此，在入库验收时，应分别根据不同情况确定验收比例。如汽车运输，路途长、振动大、损耗多的商品应适当多验；水路航运，安全好、损耗小的商品就少验；怕潮商品（如家用电器、金属制品、食品、洗衣粉等）经水路运输的商品应多验，而由陆路运输的商品可少验；对于直线直达而来的商品可少验，中转、分运环节多的商品，应适当多验。

g. 气候变化。我国幅员辽阔，各省、市气候存在较大差异，长途转运的商品质量可能由于气候变化而受影响，即使是在同一个地区，一年四季气候变化对商品质量也是有影响的。所以，对怕热、易熔化的商品，夏天应多验；对怕潮、易溶解的商品，在雨季、霉天和南方潮湿地区应该多验；怕干裂、怕冻的商品，冬天应多验。

上述各种条件因素，有的互相牵连，或互为因果，条件变化多端，判断并不容易，所以确定验收比例应全面进行考虑，不能孤立地以某项条件而加以判定。

4. 检验实物

（1）数量验收。

这里所讲的数量验收,主要是指两种情况:一种是计件商品的件数,如家用电器、生产零部件以及标准件等,其计量单位一般为台、只等;另一种是计重商品的重量,如工业原材料、食品等,其计量单位一般为千克(kg)、吨(t)等。

计件商品的数量验收应根据不同包装方式采用不同的验收方法。对散装或非定量包装商品的验收应采用点件验收法,要清点全部件数。对于批量大、定量包装的商品验收应采用抽验法,按一定的比例抽取样本,进行点数,若发现数量差异,应扩大验收比例,直至彻底查明数量情况。对于包装标准、商品标准且重量一致的情况,验收可采用检斤换算法,通过称取商品的总重量和单件的重量,换算出总数量。

计重商品的重量验收也应根据不同包装方式采用不同的验收方法。对散装或无细码单的计重商品的验收应采用检斤验收法。为确保验收的准确性和减少出库作业量,应进行打捆包装、编号、过磅和填制码单的操作。对定量包装的、附有抄码单的商品,应采用抄码复衡抽验法,即按合同规定的比例抽取一定数量商品过磅的验收方法。对于不宜打开包装的商品的验收应采用平均扣除皮重法和除皮核实法。对于某些不能在验收时确定重量的商品验收,应采用约定重量法,即存货方与保管方在签订《仓储保管合同》时,双方对商品的皮重已按习惯数值有所约定,可遵从其约定净重;对于定尺长度的金属材料、塑料管材等验收可采用理论换算法。对于大宗无包装的商品,如煤炭、生铁、矿石等,验收应采用整车复衡法,但为了确保商品净重的准确性,应注意车辆进出库随车人员和工具的数量要保持一致。

仓库在重量验收过程中,要根据合同规定的方法进行。为防止人为造成磅差,一旦验收方法确定后,出库时必须用同样的方法检验商品,这就是进出库商品检验方法一致性原则。

(2)质量验收。

质量验收是指检查生产厂和供应商提供的商品质量是否符合交货要求,通常应与数量验收同时进行。

商品质量验收包括内在质量和外观质量验收。对于内在质量一般由生产厂家保证或由仓库抽样外送质量检验机构检验。仓库主要对商品的外观质量进行验收,常采用感官检验手段。

感官检验法,指的是用感觉器官——如视觉、听觉、触觉和嗅觉来检验商品质量。这是现在较常用的检验法,其优点是简便易行,不需要专门设备;缺点是带有一定的主观性,容易受检验人员的经验、操作方法和环境等因素的影响,有一定的局限性。

为弥补感官检验的不足,并提高验收效率,检验人员应根据商品的性能和特点,采用不同的验收方法。在验收时还要从仓库保管、养护的要求出发,一般应着重注意:金属材料或制品有无锈蚀,非金属材料或制品有无霉变、氧化、老化、脱漆、受潮、水湿、虫蛀、溶化、挥发、渗漏、干枯、风化、变色、砂眼、变形、油污、沉淀、混浊、发脆、破损等外观缺陷异状的状况。若有以上状况应采用先进的技术手段,进行商品内在质量的必要检验。

视觉检验主要是观察商品的外观质量,看外表有无异状。如针织品的变色、油污;竹、木制品、毛织品的生虫;金属制品的氧化、生锈;化学试剂的混浊、沉淀、渗漏、破损等可依靠视觉检查确定。操作时还可根据商品的不同特点采用不同的方法,以提高工效。

听觉检验是指通过轻轻敲击某些商品,细听发声,鉴别其质量有无缺陷。如对原箱的玻璃器皿,可晃动包装,细听有无玻璃碎片声,从而辨别有无破损。

触觉检验一般是指直接用手探测包装内商品有无受潮、变质等异状。例如,针、棉织品是否受潮,有无发脆;胶质品有无熔化、发黏。

嗅觉检验重点检验商品有无串味、异味等现象。

5. 商品验收中发生问题的处理

① 凡属承运部门造成的商品数量短缺、外观破损等，应凭接运时索取的"货运记录"，向承运部门索赔。

② 如发生无进货合同、无任何进货依据，但运输单据上标明本库为收货人的商品，仓库收货后应及时查找该货物的产权部门，并主动与发货人联系，了解该商品的来龙去脉，并作为待处理商品，不得动用，依其现状做好记载，待查清后做出处理。

③ 凡必要的单证不齐全时，到库商品应作为待验商品处理，堆放在待验区，待单证到齐后进行验收。

④ 凡有关单证已到库，但在规定时间内商品尚未到库，应及时向存货单位反映，以便查询处理。

⑤ 供货单位提供的质量保证书与存货单位的进库单、合同不符时，则商品作为待处理商品，不得动用，并通知存货单位，按存货单位提出的办法处理。

⑥ 凡数量差异在允许的磅差以内，仓库可按应收数入账；若超过磅差范围，应查对核实，做好验收记录，并提出意见，送存货单位再行处理；该批商品在做出结案前，不准动用，待结案后，才能办理入库手续。

⑦ 当规格、质量不符合要求或错发时，先将合格商品验收，不合格商品或错发部分分开并进行查对，核实后将不合格情况和错发程度做好记录，单独存放保管，由存货单位与供货单位交涉处理。

⑧ 对于包装不符合要求，特别是不能保证商品安全的包装，仓库要及时通知送货单位到库负责对包装的整理加固或换装工作；如包装污损程度轻微，数量又较少，不影响商品质量的，收货人员可以先行做好验收记录和按实际数量批注入库单，予以签发单证，在代为整理后，再行堆垛；在收货检验中，还要注意那些包装虽完整，但毛重有显著差异的商品，对这些商品，收货人员应会同送货人开箱检点，细数有无短缺，以明责任；对于包装标识不符合制作要求的入库商品，仓库一般都在不阻拦运输车辆卸货的情况下，通知送货单位到库处理，在未处理前，暂缓签发单证。

⑨ 凡价格不符，应按合同规定价格承付，对多收部分应予拒付。如果是总额计算错误，应通知供货单位更正。

⑩ 进口商品在订货合同上均规定索赔期限。有问题必须在索赔期内申报商检局检验出证，并提供验收报告及对外贸易合同和国外发货单、运输单据或提单、装箱单、磅码单以及检验标准等单证资料，以供商检局审核复验。若缺少必要的单证技术资料，应分别向有关外贸公司和外运公司索取，以便商检局复验出证和向外办理索赔手续。

⑪ 对于需要对外索赔的商品，未经商检局检验出证的，或经检验提出退货或换货尚未出证的，应妥善保管，并保留好商品原包装，供商检局复验。

3.3 商品存储保管

仓库在接收商品入库之后，就应将商品存入适当的位置，并进行合理的保管、养护，以确保商品的质量完好和数量无误，这就需要进行一系列的工作。首先，必须对仓库进行分区分类的储存规划；其次，对货位及入库商品进行编码；再次，是确定仓储的储存定额及仓库利用率指标等。

3.3.1 商品存储规划

1. 分区分类存储的规划

（1）分区分类与专仓专储的概念和区别。

分区分类储存商品，是进行仓储科学管理的方法之一。所谓分区分类，就是根据商品的性质、保管要求、消防方法和设备条件，把仓库划分为若干个保管区，进行分类储存、保管的方法。即在一定的区域内存储性质相似的商品，以便集中保管和养护。

专仓专储，就是对于某些性质特殊、不宜与其他物品共储的货物，在仓库中划出专门的仓间，进行专门存储、保管的方法。例如粮仓，就是专门用于存储粮食的仓库；又如卷烟仓库，就是专门存储各种卷烟的仓库；还如弹药库，就是专门存储枪弹、炸药等军用危险品的专用仓库。由于这些商品本身的特殊性质，不宜与其他商品混存，必须专仓专储。此外，贵重商品，如照相机、计算机以及金银饰品等，不仅要专仓专储，还要指定专人保管。

仓库的分区分类与专仓专储的主要区别在于：

① 仓库的性质不同。采用分区分类存储商品的仓库常为通用性仓库，其设施及装备适用于一般商品的存储、保养；而专仓专储的仓库常为专用性仓库，其设施和装备往往只适用于某类商品的存储、保养，其专用性较强。

② 存储商品的种类多少不同。采用分区分类存储商品方法的仓库，一般一个仓库内同时储存着若干类商品，其中大多数仓库是采用分类同区存储，即将仓库分成若干个储货区，而在同一储货区内，同时集中存储多种同类商品或性能互不影响、互不抵触的商品。如将纺织品分类中的服装、床单和台布等，家电分类中的电视机、收录机、洗衣机、空调和微波炉等，同时存储在一个货区内，便于分类集中保管和养护。而专仓专储则是一个仓库只储存一类商品。

③ 存储商品的数量多少不同。一般而言，分区分类方法适宜于多品种、小批量的商品存储，而专仓专储的方法适宜于少品种、大批量的商品存储。就同类同种商品的数量而言，分区分类存储商品的数量比用专仓专储方法储存的数量相对要少得多，因为专仓专储的某种商品往往都是大批量的。

④ 存储商品的性质不同。分区分类存储的商品，特别是分类同区存储的商品，往往具有互容性，即同储在一个货区内，这些商品不会互相影响、互不兼容；而专仓专储商品的性质往往较为特殊，不宜与其他商品混存，否则将会产生不良影响，如串味、变质、失量等。例如卷烟、茶叶、酒、食糖以及香料等，一般不宜与其他商品同存一库。

（2）分区分类储存的原则。

仓库分区分类储存商品应遵循以下原则。

① 商品的自然属性、性能应一致。所谓商品的性能一致，是指不同商品之间具有互容性，即同储一个库区，不会互相影响、互相作用，以确保商品的存储环境的安全。凡同类商品，性质相近，又有连带消费性的，可尽量安排在同一库区、库位进行存储，如床上用品和睡衣、拖鞋可存放在同一库区。按照商品的自然属性，可把怕热、怕光、怕潮、怕冻、怕风等具有不同自然属性的商品分区分类存储。若性质完全不同，并且互有影响，互不兼容，不

宜混存，则必须严格分库存储，如化学危险品和一般商品、毒品和食品、互相串味的商品（茶叶和肥皂、酒和香烟）等，绝不能混杂存储在同一库房或同一库区内，必须采用分区分类的方法，将它们分开存储。又如固体精萘会升华成气体，能防虫、杀虫，但会污染食品，不宜与饼干、糕点等食品同储一库，而可与毛皮、毛料服装同储一个库区，一举两得。还如，羊毛等蛋白质纤维怕碱不怕酸，而棉纤维则怕酸不怕碱，在分区分类储存时，应注意将碱性商品与羊毛制品分开储存，将酸性商品与棉制品分开储存。再如，碳化钙、磷化锌和碳化金属等遇水燃烧的商品，不能与酸、氧化剂同储一库，因为一旦相遇，即会发生燃烧或爆炸，后果不堪设想。

② 商品的养护措施应一致。为了防止商品在存储期间发生物理机械变化、化学变化、生理生化变化及某些生物引起的变化，仓库保管人员必须采取一定的养护措施，如低温储藏养护、加热灭菌储藏养护、气调储存养护等。然而，不同的商品常因其性质各不相同，而采用的养护方法也各不相同。如冻猪肉、冻鸡、冻鸭等冷冻食品，需要在低温冷藏（-18 ℃～-15 ℃）仓库内储藏养护，而苹果、生梨、蔬菜等时令食品，则需在高温冷藏（-2 ℃～5 ℃）仓库内储藏养护，这两类商品的养护措施各不相同，所以不能同储一个库区，必须分区分类储存。而对于养护措施相同的商品，则可以同储一个库区，如棉布与棉衣、被单、被套等。

③ 商品的消防方法应一致。防火灭火方法不同的商品不应同库存储，必须分开，如涂料、橡胶制品燃烧时，需要用泡沫灭火器灭火；而精密仪器失火时，则需要用二氧化碳灭火器灭火，这两类商品就不宜混存在同一库区。又如爆炸品引起的火灾，主要用水扑救；而遇水分解的多卤化合物、氯黄酸、发烟硫酸等，绝不能用水灭火，只能用二氧化碳灭火器、干粉灭火器灭火。因此，灭火方式不同的商品，不能同储在一个库区，必须分开存储。而对于消防方法相同的商品，则可以存储在同一库区，如小麦和玉米，灭火时主要用水，因此可以同储在一个库区。

仓库的分区分类必须同时考虑以上的"三一致"原则，统筹规划，把仓库划分为若干保管区域，把储存商品划分为若干类别，以便安全地、保质保量地分区分类存储和保管库存商品。

(3) 分区分类储存的方法。

由于仓库的类型、规模、经营范围、用途各不相同，各种存储商品的性质、养护方法也迥然不同，因而分区分类存储的方法也有多种，需统筹兼顾，科学规划。

① 按商品的种类和性质分区分类存储。按照商品的自然属性，把怕热、怕光、怕潮、怕冻、怕风等具有不同自然属性的商品分区分类储存。凡同类商品，性质相近，又有连带消费性的，可尽量安排在同一库区、库位进行储存，如床上用品和睡衣、拖鞋可存放在同一库区。但若性质完全不同，并且互有影响，互不兼容，不宜混存，则必须严格分库存放。

② 按商品的危险性质分区分类存储。商品的危险性质，主要是指易燃、易爆、易氧化、腐蚀性、毒害性、放射性等。仓库应根据商品的危险特性进行分区分类存储，以免发生相互接触，产生燃烧、爆炸、腐蚀、毒害等严重恶性事故。如化学危险品和一般商品、毒品和食品，绝不能混杂存储在同一库房或同一库区内，必须严格分区分类存储。这种方法主要适用于特种仓库。

③ 按商品的发运地分区分类存储。对于储存期较短的商品，在吞吐量较大的中转仓库或待运仓库，可按商品的发运地区、运输方式、货主，进行分区分类储存。通常可先按运输方式，如按公路、铁路、水路、航空划分，再按到达站、点、港的线路划分，最后按货主划分。这种分区分类方法虽不划分商品的种类，但性能不兼容的、运价不同的商品，仍应分开存放。

④ 按仓储作业的特点分区分类存储。超长的、较大的、笨重的商品，应与易碎的、易变形的商品分区存储；进出库频繁的商品，应存储在车辆进出方便、装卸搬运容易、靠近库门的库区。而储存期较长的商品，则应存储在库房深处，或多层仓库的楼上。

⑤ 按仓库的条件及商品的特性分区分类存储。一般情况下，怕热的商品应存储在地下室、低温仓库或阴凉通风的货棚内；负荷量较小的、轻泡商品，可存放在楼上库房内，而负荷量较大的、笨重的商品，应存放在底楼库房内；价值较高的贵金属，如金银饰品等，须存放在顶楼库房内，而价值较低的普通金属制品，可存放在下层库房内。

2. 商品编码

为了提高仓储管理的质量和效率，许多仓库已使用计算机进行管理。要正确使用计算机及资料软件来管理好库存商品，并进行有关资料的处理，必须对分区分类的仓库及存储商品实行商品编码和货位编号。

科学合理的编码，能够使计算机管理达到最佳效果。

（1）商品编码的概念。

商品编码，又称商品货号或商品代码，它赋予商品以一定规律的代表性符号。符号可以由字母、数字元或特殊标记等构成。商品编码与商品分类关系密切，一般商品分类在前，商品编码在后，所以实践中称之为商品分类编码。1987 年经国务院批准，发布了全国工农业产品（商品及物资）分类代码标准 GB 7635—1987，统一了全国商品的分类和代码。

（2）商品编码的原则。

① 唯一性原则。每一种商品所编的代码是唯一的，每一个代码所代表的商品也是唯一的。

② 简明性原则。商品的代码应简单、明了、易记、易校验，不宜太冗长，既要将商品种类化繁为简，便于管理，又要便于计算机储存与处理。

③ 标准性原则。商品分类编码要与国家商品分类标准相一致，与国际通用商品分类编码制度协调、一致，才能有利于信息交流、信息共享。

④ 可扩性原则。商品编码结构应留有充分扩充的余地，以备增加或减少商品类目时，无须破坏商品编码系统的相对稳定。

⑤ 稳定性原则。商品代码确定之后，在一定时期内要保持相对的稳定，不宜经常变更。

（3）商品编码的方法。

商品编码以所用的符号类型分为：① 数字元代码；② 字母 f 码；③ 字母—数字元代码；④ 条码。其中，最常用的是数字元代码和条码。商品编码的方法常用的有三种：

a. 层次编码法。这种方法是按照商品类目在分类体系中的层次顺序，依次进行编码的，主要采用线分类体系。例如，大类，用 1 位数表示（1~9）；中类，用 1 位数表示（1~9）；小类，用 2 位数表示（01~99）。

b. 平行编码法。这是以商品分类面编码的一种方法，即每个分类面确定一定数量的码位，各代码之间是并列平行的关系，适用于面分类法。如服装的分类，可先按服装的面料、式样、款式分为三个互相没有隶属关系的"面",给每个面编号(1,2,3,…);每个面又可分成若干类目,再赋予每个类目一定的编号(A,B,C,D,…),使用时将有关类目搭配起来,便成了一个复合类目的平行码。

c. 混合编码法。这种方法是层次编码法与平行编码法的结合运用。如把分类商品的自然属性或特征列出来后,其某些属性、特征用层次编码法,而另一些属性或特征则用平行编码法来表示,这样扬长避短,效果往往较理想。

3. 货位编号

(1) 货位编号的方法。

为了使商品存取工作顺利,必须对货位进行编号,货位编号好比存储商品的地址。货位编号是将库房、货场、货棚、货架按地址、位置顺序统一编列号码,并做出明显标识。货位编号工作应该从仓储条件、不同商品类别和批量零整的情况出发,做好货位画线及编号秩序,以符合"标识明显易找,编排规律有序"的要求。常见的货位编号方法有以下几种。

① 地址法。利用保管区中的现成参考单位如建筑物第几栋、区段、排、行、层、格等,按相关顺序编号,如同地址的市、区、路、号一样。较常用的编号方法一般采用"四号定位"法。"四号定位"是采用四个数字号码对应库房(货场)、货架(货区)、层次(排次)、货位(垛位)进行统一编号。例如 5-3-2-11 编号就是指 5 号库房(5 号货场)、3 号货架(3 号货区)、第 2 层(第 2 排)、11 号货位(11 号垛位)。

② 区段法。这是把保管区分成几个区段,再对每个区段进行编码。这种方法以区段为单位,每个号码代表的储区较大。区域大小根据物流量大小而定。

③ 品类群法。把一些相关性商品经过集合后,区分成几个品项群,再对每个品项群进行编码。这种方式适用于容易按商品群保管的场合和品牌差距大的商品。如服饰群、五金群、食品群。

(2) 货位编号的应用。

① 当商品入库后,应将商品所在货位的编号及时登记在账册上或输入电脑。货位输入的准确与否,直接决定了出口区货物的准确性,因此应认真仔细操作,避免差错。

② 当商品所在的货位变动时,该商品账册上的货位编号也要做相应的调整。

③ 为提高货位利用率,一般同一货位可以存放不同规格的商品,但必须配备区别明显的标识,以免造成差错。

3.3.2 仓容定额

仓容是仓库容量的简称,由仓库的面积与高度或载重量构成。仓库在具体确定每一货区的商品存储量时,必须要有仓容定额作为计算依据。

1. 仓容定额的概念

(1) 仓容定额的含义。

仓容定额是指在一定条件下,单位面积允许合理存放商品的最高数量。所谓一定条件,是指仓库的经济条件(如仓库的管理水平、生产组织状况等)、生产技术条件(如仓储作业的机械化程度、商品保管水平等)、仓库的自然条件、储存商品本身的性质特点等。

(2) 仓容定额一般包括以下几种。

① 仓库面积利用率定额。这是仓库有效面积与使用面积的合理比率,也就是在仓库中

确定多大的面积来存储商品的标准。它是反映码垛、货架科学摆放程度的指标。不同的仓库结构、不同的存储方式和作业方式、存放不同的商品，其数值就不同。此值越大，存储商品的能力就越高。因此要通过合理布局、科学堆码等措施来提高这一系数。

② 单位面积储存量定额。是指在单位有效面积里存储商品的数量。

③ 仓容定额。是仓库有效面积和单位面积存储量的乘积，也就是仓库的容量，或称该库房的存储能力，作为定额确定下来。

2. 仓库有效面积的测定与合理利用

（1）仓库面积的构成。

仓库的种类与规模不同，其面积的构成也不尽相同。一个仓库，除了可供存储商品的库房、货棚、货场所占用的面积外，尚有其他建筑物、构筑物、固定设备等所占用的空间，这些空间显然是不能用来存放商品的，它们是为商品储运活动正常开展而设置的。为了正确测定仓容，首先得明确仓库面积的构成情况。

① 仓库建筑面积。指仓库内所有建筑物所占平面面积之和。若有多层建筑，则还应加各层面积累计数。仓库建筑面积包括：生产性建筑面积（包括库房、货场、货棚所占面积之和）、辅助生产性建筑面积（包括机修车间、车库、变电所等所占的面积之和）和行政生活建筑面积（包括办公室、食堂、宿舍等面积之和）。而对仓容来讲，仅指生产性建筑面积。

② 仓库总占地面积。指从仓库外墙线算起，整个围墙内所占的全部面积。若在墙外还有仓库的生活区、行政区或库外专用线，则应包括在总占地面积之内。

③ 仓库使用面积。指仓库可以用来存放商品所实有的面积之和。即包括库房、货棚、货场的使用面积之和。其中库房的使用面积为库房建筑面积减去外墙、内柱、间隔墙及固定设施等所占的面积。

④ 仓库有效面积。指在库房、货棚、货场内计划用来存储商品的面积之和。即库房使用面积减去必须的通道、垛距、墙距及进行验收、备料的区域等面积后所剩余的面积。

为保证商品进出畅通，并符合消防、检查等的要求，在库房、货棚等存储场所内应结合存储商品的保管要求及设备情况，留有适当的通道（包括消防通道）、墙距（码垛或货架离建筑物墙壁的距离）以及进行验收、备料的区域。有效面积不是一成不变的，它将随着作业技术和管理技术的改变而变化。

⑤ 仓库面积利用率（面积有效率）。指仓库有效面积与仓库使用面积的百分比，计算公式如下：

$$仓库面积利用率 = 仓库有效面积 / 仓库使用面积 \times 100\%$$

由此可见，走道、支道的设置是否合理，会直接影响仓库面积利用率的高低。

（2）有效面积的测定。

测定有效面积就是核定库房内有多少面积可用来堆放商品。测定有效面积，要对库房进行实地测量，将测量的数据标在绘制的平面图上，并进行计算和分析。

［例3-1］某一平面仓库墙内长35 m，宽18 m，走道宽度为3.5 m，两条支道宽度各1.5 m，外墙距0.5 m（靠窗户的墙距），内墙距0.3 m。假设仓库内无柱子、间壁墙、扶梯、固定设备等。

则仓库使用面积 $= 35 \times 18 = 630 \text{ m}^2$

走道面积 = 3.5×18 = 63 m²

支道面积 = 2×[1.5×(35-3.5-2×0.3)] = 92.7 m²

内墙距面积 = 2×18×0.3 = 10.8 m²

外墙距面积 = 2×(35-3.5-2×0.3)×0.5 = 30.9 m²

库房的有效面积 = 库房使用面积 - (走道面积+支道面积+内墙距面积+外墙距面积)

= 630-(63+92.7+10.8+30.9)

= 432.6 m²

采用简便计算法即

库房的有效面积 = [18-(2×1.5+2×0.5)]×[35-(3.5+2×0.3)]

= 432.6 m²

库房面积利用率 = 库房有效面积/库房使用面积×100%

= 432.6÷630×100%

= 68.7%

[例3-2] 某药品企业的高架仓库长55 m，宽46 m，高约15 m，仓库内共有货架24行，每行货架7层。实际有效货位是2 560盘，每一货位的面积是1.21 m²。

则库房有效货位面积是1.21×2 560 = 3 097.6 m²

而库房使用面积是55×46 = 2 530 m²

若企业用平面仓库安排存储2 560盘货位的商品，则需3 097.6 m²的有效面积，同时至少要留出约3 000 m²的非存储面积（如通道等），即仓库内存储2 560盘商品需要的面积至少是6 097.6 m²。

由此可见，科学的立体化高架仓库能大大节省宝贵的空间。

3. 单位面积储存量的测定与合理利用

单位面积储存量在客观上受商品的性能、包装、装卸机械、仓库高度和地坪载重量等条件的影响。在主观上受到储位管理、调度安排和堆垛技术条件的影响。因此，一般要对历史和现状进行调查分析，充分考虑主、客观因素，根据安全、方便、节约的原则，对单位面积储存量进行合理的测定。

仓库商品存储量一般以吨作为计量单位。仓库储存的商品错综复杂，有的是体积大、重量轻的轻泡商品；有的是体积小、重量大的实重商品。所以常分为重量吨和体积吨两种。

（1）存储量的含义。

① 重量吨。又称重吨，是指商品毛重大于1 000 kg，而体积（包括外包装）不足或等于2 m³，以商品实际重量计算的"t"。

仓库里存储以重量吨计算的商品，测定单位面积存储量时只要核定载重量利用程度即可。

② 体积吨。又称尺码吨，或尺吨、泡吨，是指商品体积达2 m³或2 m³以上，而毛重不足1 000 kg时，以商品的体积2 m³折算为1 t的"t"。其计算公式为

体积吨 = 商品体积（m³）/2

仓库里储存以体积吨计算的轻泡商品，测定单位面积的储存量时只要核定仓库高度利用程度即可。

（2）仓库载重量及其利用。

① 仓库载重量。即仓库地面的安全载重量。它表示仓库每平方米地面所能承载商品在静止状态下的重量（t/m^2）。仓库载重量取决于建筑结构、使用年限和折旧程度，由技术部门核定仓库每平方米的载重量，在商品堆垛时，如果不考虑仓库载重量而超载，会导致建筑物损坏，影响仓库建筑的使用年限。

② 仓库载重量的利用。仓库载重量的利用程度是用仓库载重量的利用率来表示的。所谓仓库载重量的利用率是指仓库单位面积平均实际载重量与单位面积核定载重量之百分比。其计算公式为

仓库载重量的利用率＝单位面积平均实际载重量/单位面积核定载重量×100%

仓库载重量受主、客观条件的影响不可能百分之百地利用。仓库载重量利用程度高，单位面积储存量也高。反之，仓库载重量利用程度低，单位面积储存量也低。

（3）仓库可用高度及其利用。

① 仓库可用高度。仓库的可用高度是构成仓容的因素之一。可用高度是指仓库横梁高度减去顶距或灯高度减去灯距后剩下的高度。根据消防部门的有关规定，顶距和灯距的距离一般不低于 0.5 m。

② 仓库可用高度的利用。仓库高度利用程度是用高度利用率来表示的。所谓高度利用率是码垛平均高度与仓库有效高度的比率。它的计算公式为

仓库可用高度利用率＝码垛或货架平均高度/仓库可用高度×100%

按体积吨计算的商品，其单位面积储存量受到仓库高度的制约，而仓库高度又受垫垛高度、顶距大小、商品包装、批量、吞吐特点、堆垛技术等主客观条件的影响，所以不能百分之百地加以利用。高度利用程度高，单位面积储存量也高。反之，高度利用率低，单位面积储存量也低。

在同一仓库内，码垛、货架的高度不等，各种不同高度的货架、码垛所占比重也不同，若用简单的算术平均法计算其平均高度，往往不能真实地反映实际情况，所以采用加权平均的方法计算更为合理。

总之，提高仓库可用高度利用率应与提高仓库面积利用率相结合，只有两者都得到提高，仓库的有效空间才能被充分利用。提高仓库高度利用率有一定的限度，单位储存面积的载重量不能超过核定的载重量，所以堆垛高度会受到一定的限制。同时还要考虑到码垛高度增加以后，必须保证码垛底层的商品及其包装不受损坏。

4. 仓容定额的制订

（1）仓容定额的核定。

对仓容定额的核定是科学管理仓库和合理使用仓容的一项必不可少的仓储管理基础工作。它是衡量仓库的仓容使用是否合理的标准，也是仓库拟定储存指标的基础。

核定仓容定额需要对仓容使用的历史和现状进行调查和分析，采用统计分析方法加以核定。核定的仓容定额既要足额，也要留有余地，不宜以满载的吨数核定。通过仓容定额的制订和执行，可以合理地、充分地发挥仓库的使用效能。

① 核定仓容定额的计算公式。储存按体积吨计数的商品的储存量（t）为

（使用面积×面积利用率）×（仓库可堆货高度×高度利用率）/2

储存按重量吨计算的商品储存量（t）为

（使用面积×面积利用率）×（地坪载重量×载重量利用率）

② 影响仓容定额的因素。影响仓容定额的因素很多，商品本身的性质特点、形状、重量、仓库地坪的载重量、商品的堆码方法、保管方法、仓库结构、仓库的高低以及机械化程度等都影响仓容定额。其中商品本身的性质和地坪载重量是主要影响因素。

③ 仓容定额的修订。仓库储存的商品不是固定不变的，装卸工具、堆垛技术和管理水平在不断改进和提高，作为考核仓容使用是否合理的定额标准，当然不能一成不变，而是要定期做出调整和修订。否则就会脱离实际，失去定额的效用。

(2) 仓容定额的应用。

仓容定额的核定往往是定额工作的开始，更重要的是定额的应用，在安全、方便、节约的前提下最大限度地发挥仓容的使用效能。提高仓容使用效能的主要途径有以下几点。

① 合理规划布局，扩大仓库的有效面积。第一，可通过改进码垛垛形和排列方法，使货位布局紧凑，尽量扩大码垛实占面积。第二，尽量将非储存空间设置在角落，就是将楼梯、办公室、清扫工具室等设施尽量设置在保管区域的角落或边缘，以免影响存储空间的整体性，同时可增加存储商品的空间。第三，减少通道面积以增加存储面积，但可能会因通道变窄变少而影响作业车辆通行及回转，因此要在空间利用率与作业影响之间寻取平衡点，不要因为一时的存储空间扩展而影响了整个作业的便利。

② 向空间发展，做到重容结合。在存储空间中，不管商品是在地面直接堆垛还是以货架存储，均得占用存储面积。有效利用存储空间，除了要合理规划布置货位、通道、非存储空间，以增加空间利用率外，更重要的是向上发展。应结合商品的性能和包装，根据可供利用的仓库高度和地坪载重量情况，做到重容结合。向上发展的方法多为利用货架，例如利用驶出/驶入式货架可堆高 10 m 以上，窄道式货架可堆高 15 m 左右。

③ 调整存储条件，提高仓容使用效能。调整存储条件就是按照商品分区管理、分类存放的原则，合理调整存放地点，该入库的商品从露天移入仓库，该露天存放的商品从仓库搬迁出来，将存储条件要求较高的商品，调整到较好的仓库。

(3) 仓容定额的综合考核。

① 考核目的。仓容定额的综合考核就是核算存储空间的综合利用程度，以衡量商品的储存安排是否得当，从而采取恰当措施，加速商品流转，提高仓容利用程度。

② 考核内容。根据仓库的实践经验，面积的利用容易引起重视，利用程度也比较充分。而高度和载重量的利用因受到商品的包装和高度的影响，不像面积利用那样直观，所以往往被忽视，其利用程度也远不及面积。仓容的潜力在于挖掘仓库高度和载重量的综合利用程度，并加快周转，提高仓库存储的吞吐能力。

仓库里存储泡吨折算的商品，一般以高度利用率作为考核标准；存储重吨计算的商品，一般以载重量利用率作为考核的标准。商品仓库往往包括不同建筑结构的若干间仓库，仓库的高度和载重量按建筑结构不同而有所差异，倘若调度不当，把泡吨商品安排在载重量高而空间不高的仓库，把重量吨商品安排在载重量低而空间高的仓库，就会形成重轻和高低不相称的配置，这种现象称为"轻重倒置"，这是仓容使用上的一种严重浪费现象。为了防止发生这种偏向，有必要对仓库高度和载重量进行全面考核。综合考核的内容主要有以下几点。

a. 容载利用系数。即商品容重与仓库容载的比，其值为 0~1，越接近 1，高度和载重量的综合利用程度越高。商品容重是指每一立方米体积的商品，它所具有的重量称为容重，

即商品毛重与体积的比。仓库容载是指每一立方米的仓容，它可以容纳商品的重量称为容载，即仓库载重量与高度的比。计算公式为

$$容载利用系数 = 商品容重/仓库容载$$
$$商品容重 = 商品毛重/商品体积$$
$$仓库容载 = 仓库载重量/仓库高度$$

b. 流量。以每月入库量、出库量和库存量三项因素来计算，其值为 0～1，越接近 1 其流通性越好。

$$流量 = (入库量 + 出库量)/(入库量 + 出库量 + 存货量)$$

c. 感性指标。就是对作业空间的直接感觉，如对整齐度、杂乱度、宽窄度、明暗度等进行调查考核。

3.3.3 堆码与毡垫技术

商品验收入库后，应将商品按一定的要求集中堆放在指定的货位，并进行毡垫或密封。商品的堆码与毡垫工作，是商品入库管理中的一个重要环节，将会直接影响到商品的储存质量。

1. 堆码技术

堆码就是根据商品的特性、形状、规格、质量及包装质量等情况，同时综合考虑地面的负荷、储存的要求，将商品分别叠堆成各种码垛。精湛的商品堆码技术、合理的码垛对提高入库商品的储存保管质量、提高仓容利用率、提高收发作业及养护工作的效率，都有着不可低估的重要作用。

（1）堆码的要求。

① 堆码场地的要求。堆码场地可分为三种：仓库内堆码场地、货棚内堆码场地、露天堆码场地。不同类型的堆码场地，进行堆码作业时，会有不同的要求。

a. 仓库内堆码场地。用于承受商品堆码的仓库地坪，要求平坦、坚固、耐摩擦，一般要求每平方米的地面承载能力为 5～10 t。堆码时码垛应在墙基线和柱基线以外，垛底须适当垫高。

b. 货棚内堆码场地。货棚是一种半封闭式的建筑，为防止雨雪渗漏、积聚，货棚堆码场地四周必须有良好的排水系统，如排水沟、排水管道等。货棚内堆码的地坪应高于棚外地面，并做到平整、坚实。堆码时，码垛一般应垫高 20～40 cm。

c. 露天堆码场地。露天货场的地坪材料可根据堆存货物对地面的承载要求，采用夯实泥地，铺砂石、块石地或钢筋水泥地等措施，使地坪坚实、平坦、干燥、无积水、无杂草，四周同样应有良好的排水设施。堆码场地必须高于四周地面，码垛须垫高 40 cm。

② 堆码商品的要求。商品在正式堆码前，须达到以下要求：

a. 商品的名称、规格、数量、质量已全部查清；
b. 商品已根据物流的需要进行编码；
c. 商品外包装完好、清洁，标识清楚；
d. 部分受潮、锈蚀以及发生质量变化的不合格商品，已加工恢复或已剔除；
e. 为便于机械化作业，准备堆码的商品已进行集装单元化处理。

③ 堆码操作的要求。

a. 牢固。堆码的操作工人必须严格遵守安全操作规程；使用各种装卸搬运设备，严禁超载，同时还必须防止建筑物超过安全负荷量。码垛必须不偏不斜，牢固坚实，以免倒塌伤人、摔坏商品。

b. 合理。不同商品的性能、规格、尺寸不相同，应采用各种不同的垛形。不同品种、产地、等级、单价的商品，应分开堆码，以便收发、保管。码垛的高度要适度，以不压坏底层商品和地坪，并与屋顶、照明灯保持一定距离为宜；码垛的间距、走道的宽度、码垛与墙面、梁柱的距离等都要合理、适度。垛距一般为 0.5～0.8 m，主要通道为 2.5～3 m。

c. 方便。码垛的行数、层数，力求成整数，便于清点、收发作业。若过秤商品不成整数时，应分层标明。

d. 整齐。码垛应按一定的规格、尺寸叠放，排列整齐、规范。商品包装标识应一律向外，便于查找。

e. 定量。商品的存储量不应超过仓储定额，即应储存在仓库的有效面积、地坪承压能力和可用高度允许的范围内。同时，应尽量采用"五五化"堆码方法，便于记数和盘点。

f. 节约。堆垛时应注意节省空间位置，适当、合理地安排货位的使用，提高仓容利用率。

（2）码垛安排。

① 码垛"五距"的规范要求。码垛的"五距"指：垛距、墙距、柱距、顶距和灯距。堆垛时，不能依墙、靠柱、碰顶、贴灯；不能紧挨旁边的码垛，码垛间必须留有一定的间距。

a. 垛距。码垛之间的必要距离，称为垛距。常以支道作为跺距。垛距能方便存取作业，起通风和散热的作用，方便消防工作。仓库垛距一般为 0.3～0.5 m，货场垛距一般不少于 0.5 m。

b. 墙距。为了防止仓库墙壁和货场围墙上的潮气对商品的影响，也为了开窗通风、消防工作、建筑安全、收发作业，码垛必须留有墙距。墙距分为仓库墙距和货场墙距，其中，仓库墙距又分为内墙距和外墙距。内墙距是指商品离没有窗户墙体的距离，此处潮气相对少些，一般距离为 0.1～0.3 m；外墙距则是指商品离有窗户墙体的距离，这里湿度相对大些，一般距离为 0.1～0.5 m。

c. 柱距。为了防止仓库柱子的潮气影响商品，也为了保护仓库建筑物的安全，必须留有柱距。柱距一般为 0.1～0.3 m。

d. 顶距。码垛堆放的最大高度与仓库、货棚屋顶横梁间的距离，称为顶距。顶距能便于装卸搬运作业，能通风散热，有利于消防工作，有利于收发、查点。顶距一般为 0.5 m。

e. 灯距。码垛与照明灯之间的必要距离，称为灯距。为了确保存储商品的安全，防止照明灯发出的热量引起商品燃烧而发生火灾，码垛必须留有足够的安全灯距。灯距按规定应有不少于 0.5 m 的安全距离。

② 码垛可堆层数、占地面积的确定。商品在堆垛前，必须先计算码垛的可堆层数及占地面积。对于规格整齐、形状一致的箱装商品，可参考以下公式计算。

$$占地面积 = 总件数/可堆层数 \times 每件商品底面积（m^2）$$

码垛可堆层数有两种计算方法。

a. 地坪不超重可堆层数计算方法（在仓库地坪安全负载范围内不超重）。堆垛的重量必须在建筑部门核定的仓库地坪安全负载范围内（通常以 kg/m^2 为单位），不得超重。因此，商品在堆垛前，应预先计算码垛不超重可堆高的最多层数。

(a) 以一件商品来计算（单位：层）。

不超重可堆高层数＝仓库地坪每平方米核定载重量/商品单位面积重量

其中　商品单位面积重量＝每件商品的毛重/商品的底面积（kg/m^2）

(b) 以整垛商品来计算（单位：层）。

不超重可堆高层数＝整垛商品实占面积×仓库地坪每平方米核定载重量
/（每层商品的件数×每件商品的毛重）

b. 码垛不超高可堆层数计算方法（单位：层）为

不超高可堆高层数＝仓库可用高度/每件货物的高度

在确定码垛可堆高层数时，除了应考虑以上两个因素外，还必须注意底层商品的可负担压力，不得超过商品包装上可叠堆的件数。根据上述三个可堆高层数的考虑因素，计算出的可堆高层数中取其中最小的可堆高层数，作为堆垛作业的堆高层数。

例如，某仓库进了一批木箱装的罐头食品 100 箱。每箱毛重 50 kg，箱底面积为 $0.25\ m^2$，箱高 0.25 m，箱上标识表示最多允许叠堆 16 层高，地坪承载能力为 $5\ t/m^2$，仓库可用高度为 5.2 m，求该批商品的可堆高度。

解： 单位面积重量＝50/0.25＝200 kg/m^2＝0.2 t/m^2

不超重可堆高层数＝5/0.2＝25（层）；

不超高可堆高层数＝5.2/0.25≈20（层）；

商品木箱标识表示允许堆高 16 层。

因为，16 层<20 层<25 层。

所以，该批罐头食品堆垛作业最大的叠堆高度为 16 层，码垛的高度为 4 m（16×0.25＝4 m）。但若该仓库采用货架堆放，则最多可以堆高 20 层。

c. 码垛底层排列。一般应先计算出码垛可堆高层数，再进行码垛底层排列。它主要包括两个内容。

(a) 码垛底数计算。底层商品数的多少与货位的面积成正比，与每件商品的占地面积成反比；与码垛总件数成正比，与码垛可堆高层数成反比。

计算公式为

底数＝码垛总件数/可堆高层数

(b) 码垛底形排列。码垛底形排列的方式一般是根据货位的面积及每件商品的实占面积来综合安排的。底形排列的好坏，直接关系到码垛的稳定性、收发货作业方便性，应重视抓好。

2. 毡垫技术

商品在堆垛时一般都需要毡垫，即把码垛垫高，对露天货物进行苫盖，只有这样才能使商品避免受潮、淋雨、暴晒等，保证储存、养护商品的质量。

(1) 苫盖技术。

① 苫盖目的。为了防止商品直接受到风吹、雨淋、日晒、冰冻的侵蚀，存放在露天货场的商品一般都需苫盖，因此商品在堆垛时必须叠堆成易苫盖的垛形，如屋脊形、方形等，

并选择适宜的苫盖物。对于某些不怕风吹、雨淋、日晒的商品，如果货场排水性能较好，可以不进行苫盖，如生铁、石块等。

② 苫盖材料。通常使用的苫盖材料有塑料布、席、油毡纸、铁皮、苫布等，也可以利用一些商品的旧包装材料改制成苫盖材料。若码垛需苫盖较长时间，一般可用二层席子，中间夹一层油毡纸作为苫盖材料，既通风透气，又可防雨雪、日晒；若码垛只需临时苫盖一下，可用苫布。为了节省苫盖成本，还可以制成适当规格通用型的苫瓦，既方便使用，又可以反复利用。

③ 苫盖方法。苫盖的方法主要有以下几种。

a. 垛形苫盖法。根据垛形进行适当的苫盖，适用于屋脊形码垛、方形码垛及大件包装商品的苫盖，常使用塑料布、苫布、苇席等。

b. 鱼鳞苫盖法。即用苇席、苫布等苫盖材料，自下而上、层层压茬围盖的一种苫盖方法，因为从外形看酷似鱼鳞，故称鱼鳞苫盖法。适用于怕雨淋、日晒的商品，若该类商品还需要通风透气，可将苇席、苫布等苫盖材料的下端反卷起来，使空气流通。

c. 隔离苫盖法。是用竹竿、钢管、旧苇席等，在码垛四周及垛顶隔开一定空间打起框架，进行苫盖，既能防雨，又能隔热。

d. 活动棚架苫盖法。根据常用的垛形制成棚架，棚架下还装有滑轮可以推动。活动棚架需要时可以拼搭，并放置在码垛上，用作苫盖，不需时则可以拆除，节省空间。

(2) 垫垛技术。

垫垛就是在商品堆垛前，根据码垛的形状、底面积大小、商品保管养护的需要、负载轻重等要求，预先铺好垫垛物的作业。

① 垫垛目的。垫垛是为了使堆垛的商品免受地坪潮气的侵蚀，使垛底通风透气，提高存储商品的保管养护质量，是仓储作业中必不可少的一个环节。

② 垫垛材料。通常采用枕木、石墩、水泥墩、木板以及防潮纸等材料，根据不同的存储条件，商品的不同要求，可采用不同的垫垛材料。

③ 垫垛方法。

a. 码架式。即采用若干个码架，拼成所需码垛底面积的大小和形状，以备堆垛。码架是用垫木为脚，上面钉着木条或木板的构架，专门用于垫垛。码架规格不一，常见的有：长 2 m、宽 1 m、高 0.2 m 或 0.1 m，不同储存条件，所需码架的高度不同。楼上仓库使用的码架，高度一般为 0.1 m；平房库使用的码架，高度一般为 0.2 m；货棚、货场使用的码架高度一般在 0.3～0.5 m。

b. 垫木式。即采用规格相同的若干根枕木或垫石，按货位的大小、形状排列，作为垛垫。枕木和垫石一般都是长方体，其宽和高相等，约为 0.2 m，枕木较长，约为 2 m，而垫石较短，约为 0.3 m。这种垫垛方法最大的优点是拼拆方便，不用时节省储存空间。适用于底层仓库及货棚、货场垫垛。

c. 防潮纸式。即在垛底铺上一张防潮纸作为垛垫。常用苇席、油毡、塑料薄膜等防潮材料。仓库地面干燥，同时储存的商品对通风要求又不高时，可在垛底垫一层防潮纸防潮。

此外，若采用货架存货，或采用自动化立体仓库的高层货架存货，则码垛下面可以不用垫垛。

3.4 商品出库

3.4.1 商品出库的要求和形式

商品出库业务是商品存储业务中的最后一个环节,是仓库根据使用单位或业务部门开出的商品出库凭证(提货单、领料单、调拨单),按其所列的商品名称、规格、数量和时间、地点等项目,组织商品出库、登账、配货、复检、点交清理、送货等一系列工作的总称。

1. 商品出库的基本要求

(1) 贯彻先进先出、推陈储新的原则。

所谓先进先出就是根据商品入库的时间,先入库的商品先出库,以保持库存商品的质量完好。尤其对于易变质、易破损、易腐败、易老化的商品,更应加快周转。变质失效的商品不准出库。

(2) 出库凭证和手续必须符合要求。

出库凭证的格式不尽相同,但不论采用何种形式都必须真实、有效。出库凭证不符合要求,仓库不得擅自发货。特殊情况发货必须符合仓库有关规定。

(3) 要严格遵守仓库有关出库的各项规章制度。

① 商品出库必须遵守各项制度,按章办事。发出的商品必须与提货单、领料单或调拨单上所列的名称、规格、型号、单价以及数量等相符合。

② 待验收的商品以及有问题的商品不得发放出库。

③ 商品入库检验与出库检验的方法应保持一致,以避免造成人为的库存盈亏。

④ 超过提货单有效期尚未办理提货手续,不得发货。

(4) 提高服务质量,满足客户需要。

商品出库要求做到及时、准确、保质、保量地将商品发放给收货单位,防止差错事故发生;出库作业尽量一次完成,减少作业环节,提高作业效率;为客户提货创造各种方便条件,协助客户解决实际问题。

2. 商品出库的主要形式

(1) 客户自提。

客户自提是指客户自派车辆和人员,持提货单(领料单)到仓库直接提货的一种出库方式。仓库根据提货单(领料单)发货。交接手续应在仓库内当即办理完毕。此种方式适用于运输距离近、提货数量少的客户。

(2) 代办托运。

仓库接受客户的委托,为客户办理商品托运时,依据货主开具的出库凭证所列商品的品种、规格、质量、数量、价格等,办理出库手续,通过运输部门如航空、公路、铁路、水路等,把商品发运到客户指定地方的一种出库方式。此种方式较为常用,也是仓库开拓经营业务的措施之一。适用于大宗、长距离的商品运输。

(3) 配送。

配送就是对货主订单进行处理,根据订单的要求,按时将商品直接运送到指定地点的一种出库方式。配送是现代物流运作的主要内容之一。送货前,保管人员要对商品进行集货、整理、包装或流通加工,并与送货人员办理好交接手续,送货人员把商品运到目的地后,须与客户收货人员办理交接手续。开展配送业务是传统仓储向现代物流转化的重要标志。在工厂实行了"配送制",改变过去那种坐等"领料"的老办法,变"限额领料"为"按需配送",变"交旧领新"为"配新收旧"。

（4）过户、转仓、取样。

过户是一种就地划拨的形式。商品虽未出库,但是所有权已从原有货主转移到新货主。仓库必须根据原有货主开出的正式过户凭证,才能办理过户手续。

货主为了业务方便或改变商品存储条件,需要将某批库存商品从甲库转移到乙库,这就是转仓的出库方式。仓库也必须根据货主开出的正式转仓单,才能办理转仓手续。

而取样是货主根据对商品质量检验、样品陈列等需要,到仓库领取货样的一种方式,仓库必须根据正式取样凭证才能发给样品,并做好账务记录。

3.4.2 商品出库的一般程序

商品出库应严格按照程序办理,其出库程序主要包括出库准备、审核出库凭证、备货、复核、包装、刷唛、结算和点交、清理等。

1. 出库准备

为了能准确、及时、安全、节约地搞好商品出库,提高工作效率,仓库应根据出库凭证的要求,做好如下准备工作：选择发货的货区、货位；检查出库商品,拆除码垛的苫盖物；安排好出库商品的堆放场地；安排好人力和机械设备；准备好包装材料等。送货上门的商品要备好运输车辆,代办托运的要与铁路、公路、水路等承运部门联系。

2. 审核出库凭证

仓库接到出库凭证（如提货单、领料单）后,必须对出库凭证进行审核。首先要审核货主开出的提货单的合法性和真实性或审核领料单上是否有其部门主管或指定的专人签章,手续不全不予出库,如遇特殊情况,则需经有关负责人同意后方可先出库后补办手续；其次要核对商品的品名、型号、规格、单价、数量；最后要核对收货单位、到站、开户行和账号是否齐全和准确。如属客户自提出库,则要核查提货单有无财务部门准许发货的签章。提货单必须是符合财务制度要求的具有法律效力的凭证。

3. 备货

备货要按出库凭证所列项目和数量进行,不得随意变更。备货计量一般依据商品入库验收单上的数量,不再重新过磅,对被拆散、零星商品的备货应重新过磅。备好的货应放于相应的区域,等待出库。同时出库商品应附有质量证明书或抄件、磅码单、装箱单等附件。机电设备、仪器仪表等产品的说明书及合格证应随货同行。进口商品还要附海关单证、商品检验报告等。

4. 复核

为避免出库商品出错,备料后应进行复核。复核可由专人复核,也可由保管员互核。复核的内容包括：名称、规格、型号、批次、数量以及单价等项目是否同出库凭证所列内容一致,机械设备等的配件是否齐全,所附证件是否齐备,外观质量、包装是否完好等。复核人员复核无误后,应在提货单上签名,以示负责。

5. 包装

包装的使用是为了使商品在运输途中不受损坏。商品的包装一般要符合以下要求：

（1）根据商品的外形特点，选择适宜的包装材料，包装尺寸要便于商品的装卸和搬运。

（2）要符合商品运输的要求。

（3）包装应牢固，怕潮的商品应垫防潮纸，易碎的商品应垫软质衬垫物。

（4）包装的外部要有明显标志，标明对装卸、搬运的要求及其他标志，危险品必须严格按规定进行包装，并在包装外部标明危险品有关标志。

（5）同运价号的商品应尽量不包装在一起，以免增加运输成本。

（6）严禁性能抵触、互相影响的商品混合包装。

（7）包装的容器应与被包装商品体积相适应。

（8）要节约使用包装材料，注意节约代用、修旧利废。

6. 刷唛

包装完毕后，要在包装上写明收货单位、到站、发货号、本批商品的总包装件数、发货单位等，字迹要清晰，书写要准确，并在相应位置印刷或粘贴条码标签。利用旧包装时，应彻底清除原有标识，以免造成标识混乱，导致差错。

7. 点交和结算

出库商品经复核、包装后，要向提货人员点交。同时应将出库商品及随行证件逐笔向提货人员当面点交。在点交过程中，有些重要商品的技术要求、使用方法、注意事项，保管员应主动向提货人员交代清楚，做好技术咨询服务工作。商品移交清楚后，提货人员应在出库凭证上签名。商品点交后，保管员应在出库凭证上填写实发数、发货日期和提货单位等内容，并签名，然后将出库凭证有关联次同有关证件即时送交货主，以便办理货款结算。

8. 清理

商品出库后，有的码垛被拆开，有的货位被打乱，有的现场还留有垃圾、杂物。保管员应根据储存规划要求，该并垛的并垛，该挪位的挪位，并及时清扫发货现场，保持清洁整齐，腾出新的货位，以备新的入库商品之用。同时还要清查发货的设备和工具有无丢失、损坏等。

当一批商品发完后，要收集整理该批商品的出入库情况、保管保养情况、盈亏数据等情况，然后存入商品档案，妥善保管，以备查用。

3.4.3 商品出库时发生问题的处理

1. 出库凭证问题的处理

（1）出库凭证假冒、复制、涂改。

如发现出库凭证有假冒、复制、涂改现象，应及时与仓库保卫部门及领导联系，妥善处理。

凡出库凭证超过提货期限，客户前来提货时，必须先办理手续，按规定缴足逾期仓储保管费，然后方可发货。跨年度的或超过一个月不来提货的，出库凭证作废。如需要，可重新办理开票手续。

（2）凭证有疑点或问题。

凡发现出库凭证有疑点，或者情况不清楚时，应及时与制票员联系，及时查明或更正；商品虽然进库，但因某些原因未检验完毕或期货未到库的，一般可暂缓发货，提货期顺延，保管员不能以发代验；任何白条都不能作为发货凭证；严禁无证、电话、口授发货；任何人都不能强迫保管员发货，或借用、试用库存商品；若规格开错或印鉴不符，保管员不得调换规格发货，必须通过制票员重新开票后方可发货；凡出库凭证指定厂家的，保管员必须照发，未注明的，可按发货原则处理；同型号、同规格、不同颜色的商品，凭证上注明的，按凭证要求发货；未注明的，由保管员安排。

（3）凭证遗失。

如果客户将出库凭证遗失，可持证明到制票员处挂失，制票员签字作为旁证，然后到仓库找保管员挂失；如果挂失不及时，货已提走，则保管员不负责任，但要协助破案；如果货还没有提走，经保管员查实后，凭上述证明，做好挂失登记，将原凭证作废，缓期发货。保管员必须时刻提高警惕，如发现有人持作废凭证要求发货，应立即与仓库保卫部门联系处理。

2. 商品出库后问题的处理

（1）商品品种混串。

商品出库后，客户反映品种规格混串、数量不符等问题时，如确属保管员发货差错，应予及时纠正致歉；如不属保管员差错，应耐心向客户解释清楚，请客户仔细查找。

（2）商品型号、规格开错。

凡属客户原因，使出库商品的型号、规格开错，制票员同意退货的，保管员应按入库验收程序重新验收入库。如果包装破损，产品损坏，保管员不予退货。待修好后，按入库质量要求重新入库。

（3）商品内在质量问题。

凡属商品内在质量问题，客户要求退货和换货的，应由国家指定的质检部门出具检查证明、试验记录，经商品主管部门同意，可以退货或换货。

（4）易碎商品发货后，客户要求调换。

凡属易碎商品，发货后客户要求调换的，应以礼相待，婉言谢绝。如果要求帮助解决易碎配件，要协助联系解决。

（5）保管员发现账货不符。

商品出库后，若保管员发现账货不符，要派专人及时查找追回，以减少损失。不可久拖不决。

3. 退货的处理

退货处理是售后服务的一项任务。商品退还有各种原因，有的是发货人员在按订单发货时发生了错误；有的是运输途中商品受到损坏，负责赔偿的运输单位要求发货人确定所需修理费；有的是客户订货有误等。以上三种情况处理起来比较简单。最难办的是如何正确处理有缺陷的退货，使相关方面都能有一个满意的结局。

退货处理的一般程序是：

① 客户退货时应填写"退货申请表"，仓库在收到同意退货的"退货申请表"后，须按约定的运输方式办理运输手续。

② 仓库在收到客户的退货时，应尽快清点完毕，如有异议，必须以书面的形式提出。

③ 退回的商品与退货申请表是否相符，以仓库清点为准。

④ 仓库应将退入仓库的商品，根据其退货原因，分别存放、标识。对属供应商所造成

的不合格品，应与采购部门联系，催促供应商及时提回。对属仓库造成的且不能修复的不合格品，每月应申报一次，进行及时处理。

⑤ 对于已发放的商品和退回的商品，要及时入账，并按时向其他部门报送有关资料。

本章小结

本章主要讲述了仓储业务作业全过程，主要包括入库流程、出口流程和商品在库管理等内容。重点阐述了商品验收入库作业、商品保管作业、商品盘点作业、呆废商品处理、退货处理、账务处理、安全维护、商品出库作业和资料保管等环节的操作流程。

练习与思考

1. 商品入库前要做好哪些准备工作？
2. 验收比例确定的主要依据是什么？
3. 仓库的分区分类与专仓专储的主要区别何在？
4. 什么叫仓容定额？它包括哪些内容？
5. 仓库面积由什么构成？
6. 商品堆码操作有什么要求？
7. 商品出库的基本要求是什么？
8. 出库业务包括哪些内容？

综合案例

京东亚洲一号仓库及作业流程

京东拥有全国电商领域最大规模的自建物流体系。截至2017年3月31日，京东拥有263个大型仓库、仓储设施占地面积580万平方米，其中最具代表性的为"亚洲一号"仓库，它是京东立志将自动化运营中心打造成亚洲范围内B2C行业内建筑规模最大、自动化程度最高的现代化运营仓库。

截至2017年9月京东在上海、广州、武汉等8大城市建有9个亚洲一号。未来5年，京东物流还将在全国30多个核心城市陆续建造更多的亚洲一号。上海嘉定区的亚洲一号是京东建立的首个亚洲一号，于2014年10月份投入使用。该亚洲一号的建筑面积接近10万平方米，仓储高度达24米，是一个中件库（即快件尺寸为：30cm×60cm）。图3-1所示为上海嘉定区的亚洲一号外景图。

上海嘉定区的亚洲一号是亚洲范围内B2C行业内建筑规模最大、自动化程度最高的现代化物流中心之一。该库区使用了京东自主研发信息系统，完美调度了AS/RS、输送线、分拣机、提升机等自动化设备，极大支撑和推动了公司华东区域的业务发展。

（一）上海亚洲一号的仓库布局

上海嘉定区的亚洲一号仓库可以分为立体库区、多阁楼栋货区、生产作业区和出货分拣区。具体区域的情况如下：

图3-1 上海嘉定区的亚洲一号外景图

1. 立体库区

自动化立体仓库是亚洲一号的镇仓之宝，库高24米。其有32个巷道，6.5万个托盘，存储效率是普通存储的5倍。该库包括了货到人系统、巷道堆垛机、输送系统、自动控制系统和库存信息管理系统。实现了自动化高密度的储存，形成了高速的拣货能力。图3-2所示为立体库外观。

图3-2 立体库外观

2. 多层阁楼拣货区

京东的"多层阁楼拣货区"采用了各种现代化设备，形成了自动补货、快速拣货、多重复核手段、多层阁楼自动输送能力，形成了京东巨量SKU的高密度存储和快速准确的拣货和输送能力。多层阁楼是实现仓储空间利用率最高的物流中心设计方式，大大提高了空间利用率，同时采用自动存取系统（AS/RS）、高速自动分拣系统、物联网等高新技术，使得仓库的空间效用提高，仓库的作业效率也大大提升。图3-3所示为多层阁楼货架。

3. 生产作业区

京东亚洲一号的"生产作业区"采用京东自主开发的任务分配系统和自动化的输送设备（即京东的玄武系统），实现了每一个生产工位任务分配的自动化和合理化，保证了每一个生产岗位的满负荷运转，避免了任务分配不均的情况，极大地提高了劳动效率。

图 3-3 多层阁楼货架

商品到库时，工人只需要将货物放到机器托盘上，机器就会自动将货物摆放到仓储区指定位置。仓储区分为 12 层，每层都有一名工作人员。当收到订单时，工作人员会根据指示将指定的商品从货架取下，扫码后放到传送带上。

接下来，商品会通过传送带来到打包区，并自动分配到空闲的工位。工作人员扫描包裹，然后机器打印出物流信息及发票，打包后就完成了。打包好的商品会重新回到传送带上，被送至分拣系统。系统通过扫描识别包裹上的配送地点，然后将包裹传送至相对应的货道，然后由工作人员运走进行发货。

4. 出货分拣区

在出货分拣区，采用了自动化的输送系统和代表目前全球最高水平的分拣系统，分拣处理能力达 20 000 件/小时，分拣准确率高达 99.99%，彻底解决了原先人工分拣效率差和分拣准确率低的问题，同时也客观地使京东实现了国内的一次超越。物流中心的作业瓶颈很多时候是在出货分拣区，特别是在分波次拆单作业，最后合单打包物流的时候，这是考验后台 IT 系统与前台作业系统协同的关键。图 3-4 所示为交叉带分拣。

图 3-4 交叉带分拣

（二）上海"亚洲一号"的作业流程

1. 入库

系统提前预约、收货月台动态分配、全自动缠膜流水线（1 条）对托盘货物进行裹膜；

入库验收完成后通过提升机、入库输送线等设备将货物搬运到指定的上架区域，这就减少了人工搬运操作，提高了入库效率。

2. 上架

立体仓库区堆垛机全自动上架补货（堆垛机180m/min高速运行）、阁楼货架区提升机垂直输送搬运。

3. 存储

立体仓库高密度存储（约53 000托盘货位）、立体仓库吞吐能力600托盘/小时、4层阁楼货架海量拣选位（支持10万以上SKU）。亚洲一号的立体仓库在补货、移库等在库作业流程中，发挥了巨大作用。立体仓库往阁楼之间的补货、移库基本全部通过自动化设备完成，大大提升了补货、移库的作业效率。

4. 拣选

立体仓库输送线在线拆零拣选、立体仓库拣选区货到人补货、分区拣选避免无效走行。特别是将分区作业、混编作业、一扫领取等功能全面实现。

5. SKU容器管理

基于容器/托盘的流向管理策略，建立多模式、完整的容器任务管理机制，扫描容器/托盘即可知道任务的流向，而不再依靠人工指派任务，个人自扫门前雪，建立空托盘、空周转箱等容器管理机制。

6. 出库流程

京东的出库流程包括9大环节，而在订单任务派送上，全部是系统内部驱动，从而实现了高效、均衡的派单计划。

7. 输送

全长6.5km、最高速度达2m/s的输送线遍布全场，分区分合流、动态平均分配，确保流量均衡，输送能力为15 000包/小时。

8. 复核包装

系统自动匹配订单、工位台和包裹，减少合流等待时间。

9. 分拣

采用全球最精准、高效、节能环保的交叉皮带分拣系统，分拣速度高达2.2m/s，分拣准确率达99.99%。

目前，上海亚洲一号的单台分拣机的分拣效率最高可达27 000件/小时，而之后建立的亚洲一号（如：昆山亚洲一号）自动分拣系统的分拣效率超过4万件/小时，整个分拣中心的日分拣量超过100万件。

京东并没有满足现状，而是继续优化，提升仓库的整体运营效率，它不断采用"智慧"设施设备。武汉亚洲一号仓储物流中心率先启用"无人仓"，该仓通过机器人分拣货品，所用时间不到60秒，拣选效率是传统方式的6倍。据了解，京东武汉亚洲一号仓储物流中心投入使用的主要有shuttle穿梭车和delta拣选机器人两类设备，配合3D视觉系统和机器学习算法，实现了货物拣选环节的无人化操作。其中，delta拣选机器人配有先进的3D视觉系统，其可以从周转箱中识别出客户所需货物，并通过工作端的吸盘把货物转移到订单周转箱中，拣选完成后，通过输送线将订单周转箱传输至打包区……一件商品从穿梭式货架到拣选完毕，整个过程不超过60秒。从整体上来看，京东目前"无人仓"的存储效率是传统横梁货架存储效率的 5 倍以上，并联机器人拣选速度可达 3 600 次/小时，相当于传统人工拣选的 5~6 倍。

思考题

1. 简述京东亚洲一号仓库的特点。
2. 简述京东亚洲一号使用了哪些设施设备。
3. 谈谈该案例给你的启发。

参考答案

1. （1）所有的商品集中存储在同一物流中心的仓库内，可以减少跨区作业，提升客户的满意度，从而降低成本。

（2）快速完成商品的拆零拣选，合并属于同一订单的商品。

（3）用自动化设备进行订单快速分拣，确保分拣效率和准确性。

2. （1）货到人系统：用于对纸箱、周转箱等容器进行自动化存取、搬运，并可实现货物到人的拣选技术。

（2）AS/RS 系统：自动化立体仓库系统，高密度存储形式，能够充分利用存储空间。

（3）交叉带分拣机系统：高速自动化分拣系统，适用于中小件型的包裹分拣，配合全自动供包形式，最大限度地降低人员投入，提高分拣效率。

（4）AGV 系统：自动引导小车（AGV），替代了人工搬运重物的模式，能够和机器人、自动化立体仓库等联合作业。

（5）阁楼货架系统：一种充分利用空间的、由钢结构搭建而成的多层货架系统。亚洲一号的部分项目中，采用四层阁楼货架系统，增加可选面积，同时最大限度地利用了存储空间。

（6）输送系统：在亚洲一号仓库中大量使用输送线，以减少货物搬运量，减轻人员强度，提升自动化水平。

3. （1）货到人技术将应用到海量订单的高速生产中，从而提高仓储的自动化生产力。

（2）大数据云计算将在仓储中得到更广泛的应用——在拣选路线、库存健康、室内定位、决策支持上实现更多的优化。

（3）智能机器人将被广泛应用，从而解放人力、提高效率。

第 4 章

库存管理与订货技术

> **知识目标**
>
> 1. 了解库存的含义、作用及其类型。
> 2. 理解订货点技术中定量和定期订货技术的原理和特点。
> 3. 掌握库存管理中 ABC 管理法；库存管理中 MRP，JIT 等管理技术。
>
> **技能目标**
>
> 运用库存管理的基本知识和方法解决案例的问题。

4.1 库存及库存合理化

1. 库存的概念

库存是指在仓库处于暂时停滞状态、用于未来的、有经济价值的物资。广义的库存还包括处于加工状态或运输状态的物品。通俗地说，库存是指企业在生产经营过程中为了将来的耗用或者在销售过程中为了将来的销售而储备的资源。

从某种意义上说，库存是为了满足未来的需求而暂时闲置的资源，所以闲置的资源就是库存，与这种资源是否放在仓库中没有关系，与资源是否处于运动状态也没有关系。例如汽车运输的货物处于运动状态，但这些货物是为了未来需要而闲置的，是一种在途库存。

从属性上看，库存具有两重性：一方面，库存是生产和生活的前提条件，没有库存，人们就不能维持正常的、均衡的生产和生活；另一方面，库存又是生产和生活的负担，是一种资金的占用，要支付多种费用，不仅要负担常规的保管费用，还要承担库存损失和库存风险。因此，库存不能没有，也不能过多，在满足社会需要的前提下，库存越少越好。

2. 库存的作用

（1）库存的积极作用。

① 防止发生缺货。缩短从接受订单到送达货物的时间，快速满足客户的期望，缩短交货期，以保证优质服务，同时又要防止脱销。

② 利用经济订货批量的好处，保证适当的库存，节约库存费用。

③ 降低物流成本。用适当的间隔补充与需求量相适应的、合理的库存以降低物流成本，消除或避免销售波动的影响。

④ 保证生产的计划性、平稳性以消除或避免销售波动的影响，并保证各生产环节的独立性。

⑤ 储备功能。在价格下降时大量储存，以应付灾害等不时之需，减少损失。增强企业抵御原材料市场变化的能力。

（2）库存的消极作用。

反过来，库存也会给企业带来不利的影响，这些影响主要包括以下几方面。

① 占用大量的流动资金。

② 发生库存成本。库存成本是指企业为持有库存所需花费的成本。

③ 增加了企业的产品成本与管理成本。

④ 掩盖了其他一些管理上的问题。掩盖供应商的供应质量、交货不及时等问题。

3. 库存的分类

库存可以从库存的用途、存放地点、来源、所处状态或从生产角度和经营角度等几个方面来分类。

（1）按经济用途分类。

① 商品库存。指企业购进后供转销的货物。其特征是在转销之前，保持其原有实物形态。

② 制造业库存。指购进后直接用于生产制造的货物。其特点是在出售前需要经过生产加工过程，改变其原有的实物形态或使用功能。具体分类如下：

a. 材料。指企业通过采购或其他方式取得的用于制造并构成产品实体的物品，以及取得的供生产耗用但不构成产品实体的辅助材料等。外购半成品一般也归在此类。也可以按照其用途再细分为原材料、辅助材料、燃料和外购半成品等若干小类。

b. 再制品。指已经正处于加工过程中、有待进一步加工制造的物品。

c. 半成品。指企业部分完工的产品，它在销售以前还需要进一步加工，但也可作为商品对外销售。

d. 产成品。指企业已经全部完工，可供销售的制成品。

③ 其他库存。指除了以上库存外，供企业一般耗用的用品和为生产经营服务的辅助性物品。其主要特点是满足企业的各种消耗性需要，而不是为了将其直接转销或加工制成产成品后再出售。为生产经营服务的辅助性物品，是指企业进行生产经营必不可少、服务于企业生产经营的物品，如包装物和低值易耗品等。

（2）按存放地点分类。

库存按其存放地点可以分为库存存货、在途库存、委托加工库存和委托代销库存四类。

① 库存存货。指已经运到企业，并已验收入库的各种材料和商品，以及已验收入库的半成品和制成品。

② 在途库存。包括运入在途库存和运出在途库存。运入在途库存是货款已经支付或虽未付款但已取得货物所有权、正在运输途中的各种外购库存。运出在途库存是指按照合同规定已经发出或送出，但尚未转化所有权，也未确认销售人的库存。

③ 委托加工库存。指企业已经委托外单位加工，但尚未加工完成的各种库存。

④ 委托代销库存。指企业已经委托外单位代销，但按合同规定尚未办理代销货款结算的库存。

（3）按库存来源分类。

库存按库存来源分类分为外购库存和自制库存两类。

① 外购库存。指企业从外部购入的库存，如外购材料等。

② 自制库存。指由企业内部制造的库存，如自制材料、在制品和制成品等。

（4）从生产过程所处状态分类。

从生产过程的角度可分为原材料库存、在制品库存、产成品库存和维修库存四类。

① 原材料库存。指企业储存的在生产过程中所需要的各种原材料和材料，这些原材料和材料必须符合企业生产所规定的要求。有时，也将外购件库存划归为原材料库存。在生产企业中，原材料库存一般由供应部门控制管理。

② 在制品库存。包括产品生产过程中不同阶段的半成品。在制品库存一般由生产部门来管理控制。

③ 产成品库存。指准备让消费者购买的完整的或最终的产品。这种库存通常由销售部门或者物流部门来控制和管理。

④ 维修库存。包括用于维修与养护的经常消耗的物品或备件，如润滑油和机器零件；不包括产成品的维护活动所用的物品或备件。维修库存一般由设备维修部门来管理控制。

（5）从物品所处状态分类。

从库存所处的状态可分为静态库存和动态库存。静态库存指长期或暂时处于储存状态的库存，这是人们一般意义上认识的库存。实际上广义的库存还包括处于制造加工状态或运输状态的库存，即动态库存。

（6）从经营过程的角度分类。

从经营过程的角度分可分为以下七种类型。

① 经常库存。指企业在正常的经营环境下为满足日常的需要而建立的库存。这种库存随着每日的需要不断减少，当库存降低到某一水平时（如订货点），就要进行订货来补充库存。这种库存补充是按一定的规则反复进行的。

② 安全库存。指为了应对不确定因素（如大量突发性订货、交货期突然延期等）而准备的缓冲库存。

③ 生产加工和运输过程的库存。生产加工过程的库存指处于加工状态以及为了生产的需要暂时处于储存状态的零部件、半成品或制成品。运输过程的库存指处于运输状态或为了运输而暂时处于存储状态的货物。

④ 季节性库存。指为了满足特定季节中出现的特定需要（如冬天对取暖器的需要）而建立的库存，或指季节性出产的原材料（如大米、棉花和水果等农产品）在出产的季节大量收购所建立的库存。

⑤ 促销库存。指为了对应企业的促销活动产生的预期销售增加而建立的库存。

⑥ 投机库存。指为了避免因商品价格上涨造成损失或为了从商品价格上涨中获利而建立的库存。

⑦ 沉淀库存或积压库存。指因商品品质变坏不再有效的库存或因没有市场销路而卖不

出去的库存。

4. 库存合理化

库存合理化是指以最经济的方法和手段从事库存活动,并发挥其作用的一种库存状态及其运行趋势。具体来说,库存合理化包括以下内容。

(1) 基础设备配置合理化。

实践证明,物资基础设施和设备数量不足,技术水平落后,或者技术过剩、闲置,都会影响库存功能的有效发挥。如果基础设施和设备数量不足,技术水平落后,则库存作业效率低下,库存得不到有效的维护和保养;如果基础设施和设备重复配置,以致库存能力严重过剩,则增加库存的成本,影响库存的整体效益。因此,库存的基础设施和设备应以能够有效地实现库存职能、满足生产和消费需要为基准,做到适当合理地配置基础设施和设备。

(2) 组织管理科学化。

组织管理的科学化要做到:存货数量保持在合理的限度之内,既不能少,也不过多;货物储存时间较短,货物周转速度较快;货物存储结构合理,能充分满足生产和消费的需要。

(3) 库存结构符合生产力的发展需要。

从微观上看,合理的库存结构是指在总量和存储时间上,库存的品种和规格的比例关系基本协调;从宏观上看,库存结构符合生产力发展的要求,意味着库存的整体布局、仓库的地理位置和库存方式等有利于生产力的发展。在社会大生产条件下,为了发展规模经济和提高生产、流通的经济效益,库存适当集中是库存合理化的一个重要标志。因为,适当地集中库存,不仅有利于采用机械化、现代化方式进行各种作业,而且可以降低存储费用和运输费用以及在提高保障能力方面取得优势。实践证明,用集中化的库存调节生产和流通,在一定时期内,库存总量会远远低于同时期分散库存的货物总量,可以减少资金占有量。此外,集中的库存使得存储货物的种类和品种更加齐全,在这样的结构下,库存的保障能力更加强大。

4.2 库存控制及订货点技术

1. 库存控制系统的分类

为方便研究,对于库存控制系统一般进行以下分类:根据是否重复订货分为一次性的库存控制问题和重复性的库存控制问题;根据供应来源分为外部供应的库存控制问题和内部供应库存控制问题;根据对未来需求量的知晓程度分为不变需求量的库存控制问题和可变需求量的库存控制问题;根据对前置时间的知晓程度分为不变前置时间的库存控制问题和可变前置时间的库存控制问题,根据所采取的库存控制系统的类型分为固定订货量系统、固定订货间隔期系统、一次订货量系统和物料需求计划系统等。由于每种库存的供应条件不同、生产能力不同,每种库存物都有不同的特点,必须按照货物类型实施分类管理,不同的库存采用不同的库存控制系统。

2. EOQ 库存控制模型

企业每次订货的数量多少直接关系到库存量和库存总成本大小,因此,企业希望找到一个合适的订货数量使得库存总成本最小。经济订货批量模型(Economic Order Quantity Model,EOQ)就能满足这一要求。EOQ 的控制原理就在于平衡采购进货成本和仓储成本,确定一个最佳的订货数量,使年度总库存成本最小。

(1) 存货成本的组成。与储存的货物有关的成本,一般分为以下的几类。

① 购置成本。购置成本是指存货本身的价值,经常用数量与单价的乘积来确定,一般的考察期间是年。年需求量用 D 表示,单价用 P 表示,因此,购置成本为 DP。

② 订货成本。订货成本是指取得订单的成本,也称为订货费。如差旅费、邮资以及电话费等支出。订货成本中有一部分与订货次数无关,如常设采购部门的基本开支等,称为订货的固定成本,用 F_1 表示。另一部分与订货的次数有关,如差旅费、邮资等,称为订货的变动成本,用 C 表示。订货次数等于年需求量 D 与每次进货量 Q 之商。即

$$订货成本 = F_1 + \frac{D}{Q}C$$

③ 储存成本。储存成本是指为保持一定库存而发生的成本,如库存占用资金应计的利息、仓储人员的工资、保险费以及库存破损变质的损失等。库存成本也分为固定成本和变动成本。固定成本与库存量的多少无关,如仓库的折旧、仓库职工的固定月工资等,用 F_2 表示。变动成本与库存量有关,如库存的破损变质的损失、保险费等。单位存货储存变动成本用 K 表示,则库存成本为

$$库存成本 = F_2 + K\frac{Q}{2}$$

④ 缺货成本。缺货成本是指由于存货供应中断而造成的损失,包括原材料供应中断造成的停工损失、产成品库存缺货造成的拖欠发货损失和丧失销售机会的损失;如果企业以紧急采购代用材料解决库存材料中断之急,那么缺货成本还可以表现为紧急额外购入产生的加急费等。缺货成本用 H 表示。如果以 TC 来表示储备存货的年度总成本,那么它的计算公式为

$$年度总成本 = 购置成本 + 订货成本 + 储存成本 + 缺货成本$$

$$TC = DP + F_1 + \frac{D}{Q}C + F_2 + K\frac{Q}{2} + H \tag{4-1}$$

企业期望的库存最优化,就是使得年度的库存总成本最小。

由此可见,与库存总成本有关的变量很多。为了解决问题,有必要简化或者舍弃一些变量,先解决简单的问题,再扩展到复杂的问题。这需要建立一些假设,在此基础上建立经济订货批量的基本模型。

(2) 经济订货批量基本模型。

经济订货批量基本模型需要设立的假设条件是:

① 企业能够及时补充库存,即需要时可以立即取得货物,订货提前期稳定。

② 所订货物能够集中到货,而不是陆续入库。

③ 不允许缺货,即无缺货成本,H 为零。

④ 需求量稳定,并且能预测,即 D 为已知常量。

⑤ 库存的单价不变,不考虑现金折扣,即 P 为固定的已知常量。

⑥ 企业现金充足,不会因为现金短缺而影响进货。

⑦ 所需的货品市场供应充足,不会因为购买不到需要的商品而影响其他。

设立了以上的假设条件以后,储存物资的年度库存成本公式可以简化为

$$TC = DP + F_1 + \frac{D}{Q}C + F_2 + K\frac{Q}{2} \qquad (4\text{-}2)$$

式中 TC——年度库存总费用（元）；
D——年需求量（件/年）；
P——单位购置成本（元/件）；
F_1——年度固定订货成本（元）；
Q——每次订货批量（件）；
C——单位订货成本（元/次）；
F_2——年度固定储存成本（元）；
K——单位平均年储存保管费用（元/件×年）。

当 F_1、F_2、D、P、C 和 K 均为已知的常数时，TC 的大小取决于 Q，此时，库存的年度库存总成本与订货批量之间的关系如图4-1所示。

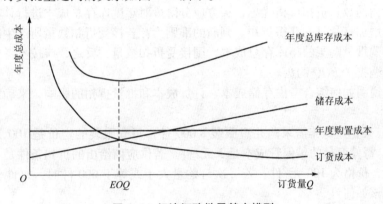

图 4-1 经济订购批量基本模型

由图4-1可见，订货成本和储存成本都是库存总成本的重要组成部分，增大每次订货批量有利于减少订货次数，降低订货成本，但订货批量的增加通常会导致平均库存量的增加，引起存储成本的上升。储存成本随着订货量 Q 的增大而增大，订货成本随订货量 Q 的增大而减小，当储存成本和订货成本相等时，总成本曲线处于最低点，此时对应的订货量就是经济订货批量 EOQ。

为求得 TC 的最小值，将式（4-2）对 Q 求导数，并令一阶导数为0，得到经济订货批量 EOQ 的计算公式为

$$EOQ = \sqrt{\frac{2CD}{K}} = \sqrt{\frac{2CD}{PF}} \qquad (4\text{-}3)$$

式中 D——年需求量（件/年）；
C——单位订货成本（元/次）；
K——单位平均年储存保管费用（元/件×年）；
F——单位货物年储存保管费率（百分比）；
P——单位购置成本（元/件）。

有时，单位平均年储存保管费用以单价乘以单位货物年储存保管费率的形式出现，则 $K=PF$。

[**例4-1**] 某企业每年需采购儿童服装8 000件，每套服装的定价是100元，每次订货

成本是 30 元。每件商品的年库存成本是 3 元/件。求最优的订购数量和年订购次数。

解：

$$EOQ = \sqrt{\frac{2CD}{K}} = \sqrt{\frac{2CD}{PF}} = \sqrt{\frac{2 \times 30 \times 8\,000}{3}} = 400 \text{（件）}$$

$$年订购次数 = \frac{D}{EOQ} = \frac{8\,000}{400} = 20 \text{（次）}$$

（3）考虑折扣因素的经济订购批量。

供应商为了吸引客户一次购买更多的商品，往往规定对于购买数量达到或超过某一个数量标准时给予客户价格上的优惠，这个事先规定的数量标准称为折扣点。由于折扣往往是按订货批量提供的，因而又称为数量折扣。当供应商有数量折扣的优惠条件时，买方如果加大订货批量，可以获得较低的购置单价，降低购置成本。但是，与此同时，采购数量的增加也会增加平均库存量，导致储存成本的上升。

面对供应商的数量折扣价格优惠，买方应分阶段对年度库存总成本进行计算和比较，以确定是否需要增加订货量去获得折扣。判断的准则为：若接受折扣数量所产生的年度总成本小于按经济订购批量购买的年库存总成本，则接受折扣数量，反之，应按不考虑数量折扣计算出的经济订购批量 EOQ 购买。

下面举例说明如何综合考虑存储成本、订货成本和批量折扣的影响，来确定最优的订购批量。

[例 4-2] 某企业每年需采购儿童服装 8 000 件，每套服装的定价是 100 元，每次订货成本是 30 元。每件商品的年保管成本是 3 元/件。若供应商给出的折扣条件是：一次订购量少于 600 件时，价格为 100 元/件；若一次订购量大于或等于 600 件时，每件价格为 80 元。问：此时企业该如何订购？

解： ① 计算正常情况下的 EOQ

$$EOQ = \sqrt{\frac{2CD}{K}} = \sqrt{\frac{2 \times 30 \times 8\,000}{3}} = 400 \text{（件）}$$

② 比较 EOQ 与折扣数量

$$EOQ < 折扣数量$$

③ 比较两种情况下的总成本 TC

采用 EOQ 数量订货时

$$TC_1 = DP + \frac{DC}{Q} + \frac{QK}{2}$$

$$= 8\,000 \times 100 + (8\,000 \times 30/400) + (400 \times 3/2)$$

$$= 801\,200 \text{（元）}$$

采用折扣数量订货时

$$TC_2 = DP + \frac{DC}{Q} + \frac{QK}{2}$$

$$= 8\,000 \times 80 + (8\,000 \times 30/600) + (600 \times 3/2)$$

$$= 640\,000 + 400 + 900$$

$$= 641\,300 \text{（元）}$$

（由于 F_1 和 F_2 在同一年度始终是一个固定的已知常数，因此在计算总成本对比时将二者省略）

④ 结论：因为 $TC_2<TC_1$，由此可见，按照供应商提供的数量折扣进行购买，可以减少年度库存总成本。所以，应当选择按照折扣数量 600 件进行订购。

（4）经济订货批量的敏感性。

现在，观察一下图 4-1 中的总成本曲线，可以发现，尽管最小总成本只对应唯一的一个 Q 值，但当 Q 值在 EOQ 左右做微小的变化时，总成本不会有太大的增加。也就是说，只要 Q 值偏离 EOQ 点不远，它所产生的总成本就与最低值近似。对于库存管理系统来说，这意味着，在储存成本和订货成本预测过程中的一些小的误差不会造成经济订货批量的显著变动。这样就为库存管理者带来了很大的方便，因为在估算储存成本和订货成本的过程中要想做到准确无误是很困难的。

[例 4-3] 某建筑批发商需要定期从一个供应商那里购进水泥。水泥在一年之内的需求是非常稳定的。去年，公司一共出售了 2 000 t 水泥。估计每次订货所花的订货成本在 25 美元左右，年储存费率为水泥价格的 20%，公司购进水泥的价格为 60 美元/t，问：企业每次订购数量应该是多少？

解：水泥的经济订货批量为

$$EOQ = \sqrt{\frac{2CD}{PF}} = \sqrt{\frac{2 \times 25 \times 2\ 000}{60 \times 20\%}} = 91.287 \text{（t）}$$

计算出经济订货批量以后，如果按照经济批量进行订货则过于死板，也不便于操作。为了方便起见，是否将订货批量定为 100 t？

当订货批量为 91.278 t 时，

$$\text{库存总成本 } TC_1 = DP + \frac{DC}{Q} + \frac{QPF}{2}$$

$$= 2\ 000 \times 60 + (2\ 000 \times 25/91.287) + (60 \times 0.2 \times 91.287/2)$$

$$= 121\ 095.545 \text{（美元）}$$

当订货批量为 100 t 时，

$$\text{库存总成本 } TC_2 = DP + \frac{DC}{Q} + \frac{QPF}{2}$$

$$= 2\ 000 \times 60 + (2\ 000 \times 25/100) + (60 \times 0.2 \times 100/2)$$

$$= 121\ 100 \text{（美元）}$$

由以上计算可以看出，将订货批量从 91.278 调整为 100 t 以后，额外增减的成本仅为 4.455 美元。由此可见，当实际订货数量偏离 EOQ 时，只要这种偏离不超过一个合理的范围，对年度库存总成本的影响就很小。

3. 定量订货法

（1）定量订货法的基本原理。

定量订货法是指预先确定一个订货点 R 和订货批量 Q（一般以经济批量 EOQ 为标准），随时监控货物的库存量，当库存量下降到预定的最低库存量（订货点 R）时，按订货批量 Q 进行订货补充的一种库存控制方法。它主要靠控制订货点和订货批量两个参数来控制订货进货，达到既最好地满足库存需求，又能使总费用最低的目的。

在需求稳定的前提下，定量订货法库存量的变化如图 4-2 所示。

在实施定量订货法之前，预先确定订货点 R 和订货批量 Q。如图 4-2 所示，在需求稳定、提前期不变的前提下，从 0 时刻开始，每天检查库存。假设在第一个出库周期，随着时间的推移，库存量以稳定的速度下降到 A 点，此时，库存量刚好等于订货点 R，系统发出订

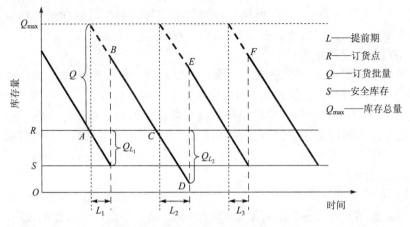

图 4-2 定量订货法库存变化示意图

货信息,订货量为固定的值 Q。随后进入提前期 L_1,在订货提前期 L_1 结束时,库存水平下降到最低点,正好到达安全库存 S,提前期 L_1 期间消耗的库存量为 Q_{L_1}。此时,所订货批量到达,实际库存量上升到 B 点,进入第二出库周期。在第二周期中,由于需求稳定,库存量仍以固定的速度下降,到达 C 点时,系统发起订货,订货量为 Q。然后进入第二个提前期 L_2,由于订货提前期 L_2 时间变长,需求不变,在 L_2 结束时,库存水平下降到最低点 D,低于安全库存 S,提前期间消耗的库存量为 Q_{L_2}。此时,所订货批量到达,实际库存量上升到 E 点,又进入下一个出库周期。如此反复循环下去。

由以上对图 4-2 的分析可以看出:

① 订货点 R 由两个部分构成:一个部分是安全库存 S;另一个部分是订货提前期的需求量 Q_L。如果提前期不稳定,则 Q_L 为各个提前期需求量的平均值。因此 $R=S+Q_L$。

② 在整个库存变化的过程中,所有的需求量都得到了满足,没有缺货现象的发生。但是,第二周期由于提前期时间变长,而订购的批量尚未到达,动用了安全库存 S,如果 S 设定太小的话,库存曲线就会下降到横坐标以下,出现负库存,即表示缺货。因此,安全库存的设置是必要的,它会影响库存的水平。

③ 由于控制了订货点 R 和订货批量 Q,整个系统的库存水平得到了控制,库存总量 Q_{max} 不会超过 $R+Q$,而三个周期中的最高实际库存量 Q_B、Q_E、Q_F 都小于 Q_{max},实现了对库存水平的控制。

(2) 定量订货法控制参数的确定。

实施定量订货法要确定两个控制参数,一个是订货点,即订货点库存量,一个是订货数量,即经济订货批量 EOQ。

① 订货点的确定。在定量订货法中,发出订货时仓库里该品种保有的实际库存量称为订货点,它是直接控制库存水平的关键。影响订货点的因素有三个:订货提前期、平均需求量和安全库存。根据这三个因素就可以简单地确定订货点。

a. 在需求确定、订货提前期不变的情况下,不存在突发的需求,所以不需要设置安全库存,可以根据需求和提前期的时间直接求出订货点。

$$\text{订货点} = \text{订货提前期的平均需求量} \tag{4-4}$$
$$= \text{每个订货提前期的需求量}$$

$$= 每天需求量×订货提前期（天）$$
$$= 订货提前期（天）×（全年需求量/360）$$

b. 在需求和订货提前期都不确定的情况下，安全库存的设置是非常必要的。安全库存的作用是满足需求变动和提前期变动所导致的库存需求量的增加。此时，订货点公式为

$$订货点（R）= 订货提前期的平均需求量+安全库存 \qquad (4-5)$$
$$= 平均需求量×最大订货提前期+安全库存$$

在这里，安全库存需要用概率统计的方法求出，公式为

$$安全库存=安全系数×\sqrt{最大订货提前期}×需求变动值 \qquad (4-6)$$

式中，安全系数可根据缺货概率查安全系数表（如表4-1所示）得到；最大订货提前期根据以往数据得到；需求变动值可用下列公式求得

$$需求变动值=\sqrt{\frac{\sum(y_i-\bar{y})^2}{n}} \qquad (4-7)$$

表4-1 安全系数表

缺货概率/%	30	27.4	25	20	16	15	13.6
安全系数值	0.54	0.60	0.68	0.84	1.00	1.04	1.10
缺货概率/%	11.5	10	8.1	6.7	5.5	5.0	4.0
安全系数值	1.20	1.28	1.40	1.50	1.60	1.65	1.75
缺货概率/%	3.6	2.9	2.3	2.0	1.4	1.0	
安全系数值	1.80	1.90	2.00	2.05	2.20	2.33	

[例4-4] 某商品在过去三个月中的实际需求量分别为：一月份126箱，二月份110箱，三月份127箱。最大订货提前期为2个月，缺货概率根据经验统计为5%，求该商品的订货点。

解：平均月需求量=(126+110+127)/3=121（箱）

缺货概率为5%，查表得：安全系数=1.65

$$需求变动值=\sqrt{\frac{\sum(y_i-\bar{y})^2}{n}}$$
$$=\sqrt{\frac{(126-121)^2+(110-121)^2+(127-121)^2}{3}}$$
$$=7.79（箱）$$

$$安全库存=安全系数×\sqrt{最大订货提前期}×需求变动值$$
$$=1.65×\sqrt{2}×7.79=18.17（箱）$$

$$订货点R=平均需求量×最大订货提前期+安全库存$$
$$=121×2+18.17=260.17（箱）$$

实际操作中取值260箱为订货点。

② 经济订货批量的确定。

经济订货批量是指通过平衡采购进货成本和保管仓储成本核算，以实现总库存成本最低的最佳订货量，详见《中华人民共和国国家标准物流术语》（GB/T 18354—2006）。订货批量直接影响库存量的高低，同时也直接影响物料供应的满足程度。在定量订货法中，对每一个具体的品种而言，每次订货批量都是相同的，通常以经济批量作为订货批量。

[例4-5] 某仓库中有商品甲，年需求量为16 000箱，单位商品年保管费为20元，每次订货成本为400元，求经济批量Q。

解：
$$Q = \sqrt{\frac{2 \times 400 \times 16\,000}{20}} = 800（箱）$$

（4）定量订货法的优缺点。

① 优点。

a. 控制参数一经确定后，实际操作就很简单。在实际操作中经常采用"双堆法"来处理。所谓"双堆法"，就是将某库存商品分为两堆，一堆作为订货点的库存储备，单独存放。其余的作为经常性的储备，供日常发料之用。如果供日常发料的箱子空了，就是一个信号，提醒库存人员应该补充订货了。开始订货以后，使用订货点的库存储备度过订货提前期，待订货批量到达以后，及时补充订货点的库存。如此重复操作，可减少经常盘点库存的次数，方便可靠。

b. 当订货批量确定以后，商品的验收、订货、出入库业务可以利用现有规格化量具和计算方式进行，有效地节约搬运、包装等方面的作业量。

c. 充分发挥了经济批量的作用，可降低库存成本，节约费用，提高经济效益。

② 缺点。

a. 要随时掌握库存动态，就要经常对库存进行详细检查和盘点，工作量大且需要花费大量时间，从而增加了库存保管维持成本。

b. 订货模式过于机械，缺乏灵活性。

c. 订货时间不能预先确定，对于人员、资金、工作业务的计划安排不利。

d. 受单一订货的限制，每个品种单独进行订货作业，这样会增加订货成本和运输成本。

（5）定量订货法的适用范围。

因为定量订货法订货数量固定，所以在具有管理方便、便于采用经济订货批量进行订货等优点的同时，也具有不便于严格管理、事前计划比较复杂、工作量大等缺点，通常适用于以下几种情况。

① 单价比较便宜，不便于少量订货的商品，如螺栓、螺母等。

② 需求预测比较困难的维修材料。

③ 品种数量繁多、仓库管理事务量大的物品。

④ 消费量计算复杂的物品。

⑤ 通用性强、需求比较稳定的产品。

4. 定期订货法

（1）定期订货法的基本原理。

定期订货法是按预先确定的订货周期进行订货，以补充库存的一种库存管理方法。它是基于时间的订货控制方法，设定订货周期和最高库存量，从而达到控制库存量的目的。只要合理控制订货间隔期和最高库存量，就既可以保障需求、合理存货，又可以节省库存费用。

定期订货法的原理：预先确定一个订货周期和最高库存量，周期性地检查库存，根据最高库存量、实际库存量、在途订货量和待出库商品数量，计算出每次订货批量，发出订货指令，组织订货。定期订货法库存量的变化如图4-3所示。

在实施定期订货法之前，预先确定好订货周期 T，也确定好库存控制的最高库存量 Q_{max}。如图4-3所示，从0时刻开始，当时间到达 A 点的时候，周期开始，检查库存，进行盘点，根据盘点结果与预先确定好的最高库存量 Q_{max} 的差额确定订货批量 Q_1，发起订货。然后进入第一周期的订货提前期 L_1。当提前期结束，库存水平下降到最低点，正好到达安全库存 S。此时，所订货物到达，实际库存量上升到高点（D 点）。随后库存量以稳定的速度下降，期间可以不管库存量的变化。当时间到达 B 点的时候，经过一个周期，又到了按期检查订货的时间，又开始检查库存，发出订货 $Q_2=Q_{max}-Q_E$，进入第二周期的提前期。按照这个规律循环下去。

采用定期订货法来保证库存需求与采用定量订货法不同。定量订货法是以提前期用户需求量为依据，制订的库存策略的目的是保证提前期内用户需求量的满足，它的决策参数订货点 R 只能按一定满足程度来保证提前期内用户需求。定期订货法不是以满足提前期内的用户需求量为目的的，而是以满足订货周期内的需求加上提前期内的需求为目的的。由于期间的需求也是有变化的，所以 Q_{max} 一般要涵盖 $T+L$ 期间内的需求和一个预防波动的安全库存。对于定期订货法而言，库存的满足率越高，安全库存量也越大，Q_{max} 的值也越大。

定期订货法的实施要解决三个问题：

① 订货周期如何确定。

② 最高库存量如何确定。

③ 每次订货的批量如何确定。

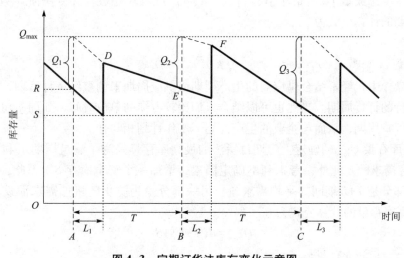

图4-3　定期订货法库存变化示意图

L——提前期　R——订货点　Q——订货批量　S——安全库存
T——订货周期　Q_{max}——最高库存量

（2）定期订货法的控制参数。

① 订货周期 T 的确定。订货周期实际上就是定期订货法中的订货点，其间隔时间总是相等的。订货周期的长短直接决定最高库存量的大小，即库存水平的高低，进而也决

定了库存成本的多少。所以订货的周期不能太长，否则会使库存成本上升；也不能太短，太短会增加订货次数，使得订货费用增加，进而增加库存总成本。从费用角度出发，如果要使总费用达到最低，可以借用经济订货批量的成本计算公式，确定使库存成本最低的经济订货周期。

假设物品的需求率是连续均匀的，补充供应的订货提前期也是固定的。

对于定期订货法而言，年度库存总成本可以表示为

$$TC = DP + mC + \frac{DPF}{2m} \quad (4-8)$$

$$= DP + \frac{C}{T} + \frac{DPFT}{2}$$

式中　m——每年的订货次数，$m = \frac{1}{T}$；

　　　$\frac{D}{2m}$——平均库存量，$\frac{D}{2m} = \frac{DT}{2}$；

　　　T——订货间隔期，单位以年计，$T = \frac{1}{m}$；

　　　D——年需求量（件/年）；

　　　C——单位订货成本（元/次）；

　　　K——单位平均年储存保管费用（元/件×年）；

　　　F——单位货物年储存保管费率（百分比）；

　　　P——单位购置成本（元/件）。

为求得年度总成本 TC 的最小值，将式（4-8）对 T 求导数，并令一阶导数为 0，得到经济订货周期的计算公式为

$$T = \sqrt{\frac{2C}{KD}} = \sqrt{\frac{2C}{PFD}} \quad (4-9)$$

在实际操作中，经常结合供应商的生产周期或供应周期来调整经济订货期，从而确定一个合理的可行的订货周期。当然也可以结合人们比较习惯的单位时间，如周、旬、月、季等来确定经济订货周期，从而与企业的生产计划、工作计划相吻合。

② 最高库存量 Q_{max} 的确定。定期订货法的最高库存量是为了满足周期 T 和订货提前期 L 期间的库存需求的。此外，考虑到不确定因素，增加一个安全库存 S。因此，Q_{max} 由两部分组成。一部分是 $T+L$ 期间的平均需求量，另一部分是为防止随机性需求而设置的安全库存量 S。最高库存量的计算公式为

$$Q_{max} = d(T+L) + S \quad (4-10)$$

式中　Q_{max}——最高库存量；

　　　d——（$T+L$）期间的库存需求量平均值；

　　　T——订货周期；

　　　L——平均订货提前期；

　　　S——安全库存量。

在这里，安全库存量与仓储企业设定的客户服务水平、保证供货的概率有关，计算公式为

安全库存量＝安全系数×需求变动值

式中，安全系数可以根据允许缺货的概率从表 4-1 中查出对应的系数值；需求变动值就是订货期加提前期之内的需求变动的标准差。

③ 订货量的确定。定期订货法每次的订货数量是不确定的，订货批量的多少都是由当时的实际库存量的大小来决定的，考虑到订货点时的在途预计到货量和待出货数量，每次订货的订货数量的计算公式为

订货量＝最高库存量－现有库存量－待出库货数量＋在途的预计到货量

（3）定期订货法的优缺点。

① 优点：

a. 订货数量根据当前库存量进行调整，减少超储。

b. 周期性的盘点比较彻底、精确，避免了定量订货法每天盘点的做法，减少了工作量，提高了工作效率。

c. 库存管理的计划性强，有利于实行计划管理。

d. 有利于实现多品种联合订货，减少订货的费用。

② 缺点：

a. 安全库存量设置得较大，因为它的保险期间（$T+L$）较长，因此，（$T+L$）期间的需求量也较大，需求标准偏差也较大，因此需要较大的安全库存量来保证库存。

b. 每次订货的批量不固定，无法制订出经济订货批量，因而运营成本较高，经济性较差。

c. 手续烦琐，每次订货都要检查现有库存量，并计算出每次的订货数量。

（4）定期订货法的适用范围。

由于定期订货法一般只在盘点期进行库存盘点，所以具有工作量较少、有计划、效率较高等优点。但定期订货法每次订购数量不同，所以其运作成本相对较高。此外，定期订货法需要较大的安全库存作为保证。因此，定期订货法适合在以下情况使用。

① 消费金额高、需要实施严格管理的重点商品，如常见的 A 类商品。

② 根据市场状况和经营方针经常调整生产或采购数量的商品。

③ 需求变动幅度大，但变动具有周期性，而且可以正确判断其周期的商品。

④ 建筑工程、出口等时间可以确定的商品。

⑤ 受交易习惯的影响，需要定期采购的商品。

⑥ 多种商品一起采购可以节省运输费用。

⑦ 同一品种商品分散保管、同一品种商品向多家供货商订货、批量订货分期入库等订货、保管和入库不规则的商品。

⑧ 取得时间很长的商品，定期生产的商品。

⑨ 制造之前需要人员和物料的准备、只能定期制造的商品等。

（5）两种库存控制方法的比较。

定期订货法和定量订货法在运行机制上有所不同，定量订货法是"事件驱动"，而定期订货法是"时间驱动"。也就是说，定量订货法在达到规定的再订货水平后就进行订货，这有可能随时发生，主要取决于对库存的需求情况。相比而言，定期订货法只限于在预定的期末进行盘点和订货，是由时间驱动的。具体而言，两种订货方法在以下几个

方面有所区别。

① 提出订货请求的时点标准不同。定量订货法提出订货请求的时点标准是，当库存量降到预订的订货点时，提出订货；定期订货法提出订货请求的时点标准是，按预先规定的订货间隔周期，到了规定的请求订货期即提出订货请求。

② 请求订货的商品批量不同。定量订货法每次请购商品的批量相同，都是事先确定的经济批量；而定期订货法每到规定的请求订货期，订购的商品批量都不相同，是根据实际库存量经过计算以后确定的。

③ 库存商品管理控制的程度不同。定量订货法要求仓库作业人员对库存商品进行严格的库存控制。要精心管理，经常检查，详细记录，认真盘点，随时掌握库存的余量；而用定期订货法时，对库存只要求按周期进行一般的管理，定期盘点即可。

5. 订货点技术的评价

（1）订货点技术的基本特点。

① 不能预先确切知道客户未来的需求。究竟客户将来需要什么，要多少，什么时候要，预先都不能确切知道，在这种情况下，只能根据客户以前和现在的情况以及将来发展变化的趋势进行预测，推算出客户将来大概需要什么，需要多少，何时需要。

② 以预测出的客户未来需求为依据，制定订货策略，筹集物资资源，以预防性储备来等待日后的需求。由于预测出来的需求不是客户的确切实际需求，所以不一定在将来实际发生。在制订订货策略时，考虑预防偶然需求的发生和订货过程中因随机因素造成的时间上的延误，可设立一定的安全库存作为储备。客户服务水平设得越高，安全库存也就越高，所以整个订货点技术所设置的库存都比较高。如果客户需求能够按预期实现，则达到给定的客户满足水平没有问题；但如果客户需求不能够按期实现，就会造成库存的长期积压，甚至成为"死库存"。

（2）订货点技术的优点。

① 订货点技术是至今能应用于独立需求物资的资源配置的唯一方法，可以适合于未来需求不确定的情况，当然如果未来需求确定则效果更好。

② 在应用于未来需求不确定的独立需求物资的情况时，可以做到最经济有效地配置资源。既可以按一定的客户需求满意水平来满足客户需求，又保证供应者的总费用最省。

③ 订货点技术操作简单，运作成本低。订货点和订货策略一旦确定，就应随时检查库存，只要库存下降到订货点时就发出订货。另外，订货点技术的一个变化形式"双堆法"，操作更为简单，是对低值商品的库存量保持控制的一种实用方法。

④ 订货点技术特别适合于客户未来需求连续且均匀稳定的情况。在这种情况下，它不但可以做到百分之百保证客户需要，而且可以实现最低库存。这样不但能使客户的满意水平达到最高，同时操作简单，运行成本低。

（3）订货点技术的缺点。

① 订货点技术最大的缺点是使库存量太高，库存费用太大，库存浪费的风险也大。这主要是由需求的不确定性或不均匀性造成的。一方面，客户需求的不确定性可能导致预测的需求不能如期发生，从而造成超期积压浪费；另一方面，客户需求的不确定还可能造成缺货。

② 订货点技术的另一个缺点是，它不适合相关需求，即它在满足某个客户的需求时不考虑它和别的需求的相关关系。因此，企业内部各生产环节、各工序间的物料的配置供应，一般不能直接用订货点技术完整地实现。

6. ABC 分类与订货点技术

（1）ABC 分类法的基本原理。

在有些公司中，有数万种以上的存货，对每种存货都进行详细的库存分析是不经济的，因为通过不断地盘点、发放订单、接收订货等工作来控制库存要耗费大量的时间和资源。当资源有限时，企业很自然地就会试图采用最好的方式，利用有限的资源来对库存进行控制。换句话说，此时企业的库存控制重点应该集中于重要物品。

19 世纪，帕累托在研究财富分布时发现，20%的人口控制了 80%的财富。这一现象被概括为重要的少数、次要的多数。在库存系统中帕累托原理同样适用（少量商品占用了大量投资）。在库存中，往往少数几种商品的年消耗金额占总消耗额的大部分。为了有效地进行库存控制，对于贵重商品应少量采购和严密控制，而对于低价值商品就可以大量采购和稍加控制。

ABC 分类法的基本原理是：按照所控制对象价值的不同或重要程度的不同将其分类，通常根据年耗用金额（存货价值或数量×成本）将商品分为三类。A 类存货的品种种类占总品种数的 10%左右，但价值占存货总价值 70%左右；B 类存货的品种种类占总品种数的 20%左右，价值占存货总价值 20%左右；C 类存货的品种种数占总品种数的 70%左右，价值占存货总价值 10%左右，如表 4-2 所示。

表 4-2 ABC 分类法

项目	A 类存货	B 类存货	C 类存货
品种种数占总品种数的比例/%	约 10	约 20	约 70
价值占存货总价值的比例/%	约 70	约 20	约 10

某类存货的总价值的大小是衡量其重要程度的尺度，也就是说，一种价格虽低但用量极大的商品可能比价格虽高但用量极少的商品重要。当根据商品的年耗用金额来对其进行排队时，常会发现少数商品占用了大量资金，而大多数商品占用的资金却很少。

（2）ABC 分类的依据。

进行 ABC 分类时，通常是根据年使用费的多少来分类，对于年使用费支出高的商品，可以给予最大的注意。这些商品，宜采用永续盘存法来保证精确地控制存货。因为，对这类商品来说，哪怕是多 1 个月的存货，都会增加不少开支。而对于价廉且用量较小的商品，多保持 3 个月的存货带来的费用增加，也不如精确控制它们所需要的费用多。

在库存管理中，ABC 分类法一般是以库存价值为基础进行分类的，它并不能反映库存品种对利润的贡献度、紧迫性等情况，而在某些情况下，C 类库存缺货所造成的损失也可能是十分严重的。因此，在实际运用 ABC 分类法时，需具体、灵活地根据实际情况来操作。也就是说 ABC 分类的标准并不唯一，分类的目标是把重要的商品与不重要的商品分离开来，其他指标也同样可以用来对存货进行分类。

另外，ABC 分析理论上要求分为三类，但在实际应用中可以根据实际情况分为五类或六类。另外，在进行 ABC 分析时，所选择的分析时间也是非常重要的，应选择能反映真实情况的时间段，通常会以年为分析的时间周期。

（3）ABC 分类的库存策略。

将商品进行 ABC 分类，其目的在于根据分类结果对每类商品采取适宜的库存控制措施。A 类商品应尽可能从严控制，保持完整和精确的库存记录，给予最高的处理优先权等，而对于 C 类商品，则尽可能简单地控制。例如，从订货周期来考虑的话，A 类商品可以控制得紧些，每周订购一次；B 类商品可以两周订购一次；C 类商品则可以每月或每两个月订购一次。值得注意的是，ABC 分类与商品单价不一定有关。A 类商品的耗用金额很高，可能是单价不高但耗用量极大的组合，也可能是单价很高但用量不大的组合。与此相类似，C 类商品可能价格很低，但用量并不少，也可能价格并不低，但用量很少。

对存货进行分类以后，不同类别的存货其库存控制策略是不同的，一般情况下，ABC 各类商品的库存控制策略如表 4-3 所示。

表 4-3 不同类型存货的库存控制策略

存货类别	库存控制策略
A 类	严密控制，每月检查一次
B 类	一般控制，每三个月检查一次
C 类	自由处理

（4）ABC 分类的步骤。

第一步，将物品按年耗用金额从大到小进行排序。

第二步，计算各种商品占用资金占全部库存占用资金额的百分比并进行累计（或进行品种百分比累计）。

第三步，按照分类标准，选择断点进行分类，确定 A、B、C 三类物品。

ABC 分类法的操作十分简单，实践证明，应用这种方法可取得显著的效果。这种方法在库存管理中应用得十分普遍。

［例 4-6］某公司要用 12 种物料，其中各种物料的有关资料如表 4-4 所示，请对这些物料进行 ABC 分类。

表 4-4 各种物料的有关数据资料

编　号	年用量/种	单价/元	年耗用金额/元
4 837	6 580	1.20	8 220.00
9 261	371	8.60	3 190.60
4 395	1 292	13.18	17 028.56
3 521	62	91.80	5 691.60
5 223	12 667	6.40	81 132.80
5 294	9 625	10.18	97 982.50
61	7 010	1.27	8 902.70
4 321	5 100	0.88	4 488.00
86	258	62.25	16 060.50
9 555	862	18.10	15 602.20
2 926	1 940	0.38	737.20
1 293	967	2.20	2 127.40
合　　计			261 163

解：① 将物料按年耗用金额从大到小进行排序。

② 计算各种物料年耗用金额占总金额的百分比并进行累计（或进行品种百分比累计），计算过程如表 4-5 所示。

表 4-5 物料占用金额的累计百分比计算结果

编　号	年使用金额/元	占总金额比重/%	累计百分比/%	分类结果
5 294	97 982.50	37.52	37.52	A
5 223	81 132.80	31.07	68.59	A
4 395	17 028.56	6.52	75.11	B
86	16 060.50	6.15	81.26	B
9 555	15 602.20	5.97	87.23	B
61	8 902.70	3.41	90.64	B
4 837	8 220.00	3.15	93.79	C
3 521	5 691.60	2.18	95.97	C
4 321	4 488.00	1.72	97.69	C
9 261	3 190.60	1.22	98.91	C
1 293	2 127.40	0.81	99.72	C
2 926	737.20	0.28	100.00	C
合　　计	261 163	100.00		

③ 按照分类标准，即选择断点进行分类，确定 A、B、C 三类物品。从上表中可以看到，前两项的累计百分比为 68.59%。前六项的累计百分比为 90.64%。后六项的累计百分比不到 10%。所以，可以取前两项为 A 类，后六项为 C 类，中间四项为 B 类。

4.3 MRP 与库存管理

1. MRP 系统

（1）MRP 简介。

MRP 的英文全称为 Materials Requirement Planning，译为"物料需求计划"，它是 IBM 公司的约瑟夫·奥列基在库存管理的订货点法的基础上提出来的。MPR 是一种应用在工业制造企业的物资计划管理模式，根据产品结构层次、物品的从属和数量关系，以每个物品为计划对象，以完工日期为时间基准倒排计划，按提前期长短区别各个物品下达计划时间的先后顺序。通俗地说，MRP 是一种保证既不出现短缺，又不积压库存的方法，解决了制造企业所关心的缺件与超储的矛盾。

（2）MRP 的基本原理。

MRP 始于最终产品的时间进度安排，再由它转换为特定时间生产成品所需部件、组件以及原材料的时间进度安排。因此，设计 MRP 等于回答了三个问题：需要什么，需要多少以及何时需要？

MRP 的基本原理是，由主生产进度计划（Master Production Schedule，MPS）、主产品结构文件（Bill of Materials，BOM）和产品库存文件（Product Inventory File）逐个地求出主产品所有零部件的生产时间和生产数量，这个计划叫做物料需求计划。其中，如果零部件在企业内部生产，需根据各自生产时间长短来提前安排投产时间，形成零部件投产计划；如果零部件需外购，则要根据各自的订货提前期确定提前发出各自订货的时间、订货数量，形成采购计划。按照这个投产计划进行生产和按照采购计划进行采购，就可以实现所有零部件的出产计划，从而不仅能够保证产品的交货期，而且能够降低原材料的库存量，减少流动资金的占用。MRP 系统的原理图如图 4-4 所示。

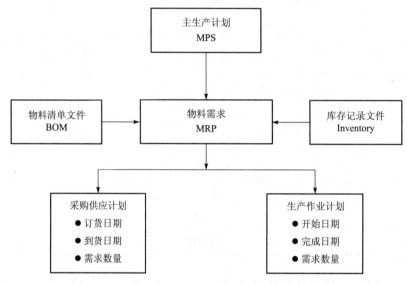

图 4-4　MRP 系统的原理图

（3）MRP 系统的目标。

MRP 系统的主要目标是控制库存水平，确定产品的生产优先顺序，满足交货期的要求，计划生产系统的负荷，并使其达到均衡。

（4）MRP 系统的输入。

MRP 系统的主要输入项由主生产进度计划、主产品结构文件和产品库存文件组成。

① 主生产进度计划。主生产进度计划是一个综合性计划，是 MRP 系统的主要输入，相当于产品生产进度计划，是 MRP 系统运行的驱动力量。MPS 确定了最终产品的出产时间和出产数量。产品的需求量可以通过客户订单、需求预测而得到。

② 主产品结构文件。主产品结构文件也称物料清单，是生产某最终产品所需的零部件、辅助材料或材料的目录。

③ 产品库存文件。产品库存文件的功能就是保存每一种零部件的有关数据，如总需求量、现有量以及前置时间等，通过确定某一种零件的可用库存量能否满足计划期内的需求量，由 MRP 系统决定是否发出生产或者订货指令。一般库存状态文件的主要参数包括以下几点。

　　a. 总需求量。指部件或者原材料在要求的时间内的需求数量。
　　b. 预计入库量。指已经确定的，在规定时间内到达的采购货物的数量。
　　c. 现有库存量。指企业中的仓库中可用的货物库存数量。

d. 净需求量。指各具体的时间实际需求数量。

e. 已分配量。指目前保存在企业仓库中，但已经分配计划了的货物数量。

f. 计划订货量。指根据需求时间计算出的货物需要到达的数量。

g. 计划下达量。指根据企业订货提前期应当发出的订单的货物数量。

（5）MRP 系统的输出。

MRP 系统根据产品结构，逐层将母项层的计划订货量与子项层的需求量联系在一起，又依据每一种零部件的生产提前期及其他有关数据，来提供多种不同内容和形式的输出，主要的输出报告一般包括以下三点。

① 净需求量。指 MRP 系统需要外界在给定的时间内提供的给定物料的数量，这是物资资源配置需要回答的主要问题。

② 计划接受订货量。指为满足净需求量的要求，应计划从外界接受订货的数量和时间。

③ 计划发出订货量。指发出采购订单进行采购或者发出生产任务单进行生产的数量和时间，它在数量上等于计划接受订货量，时间上比计划接受订货量提前一个提前期。

2. 闭环 MRP

闭环 MRP 系统出现于 20 世纪 70 年代中期，是狭义 MRP 系统的推广。早期的 MRP 系统将生产能力视为无限。这种不考虑生产能力的约束的编制作业计划的方法给计划的可行性带来一定的影响。闭环 MRP 系统克服了早期 MRP 系统的缺陷，把优先计划、生产能力计划及实施控制有效地结合起来，不仅可以提供零部件需求计划，而且能够运用从各个环节得到的反馈信息对生产运作过程实施有效控制。

闭环指这些元素都包括在整个系统中，为使计划在所有时段内保持有效执行功能提供反馈。闭环 MRP 系统的流程图如图 4-5 所示。

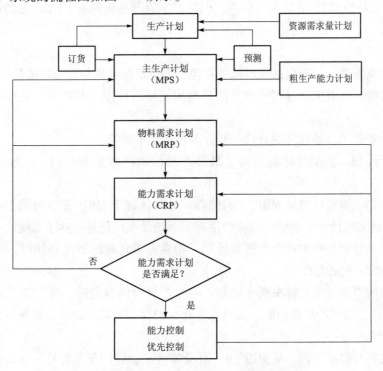

图 4-5 闭环 MRP 系统流程图

这是一个围绕物料需求计划建立的系统，包括附加的销售计划功能、运作计划（生产计划）、主生产计划和能力需求计划。这个计划一旦完成并在实际中可以实现，就开始发挥功能。这些功能包括：衡量能力的生产控制功能、详细日程安排和调度、记录设备和供应商的预期延迟以及供应商日程安排等。

3. MRP Ⅱ

（1）MRP Ⅱ的简介。

闭环 MRP 系统的出现，使生产活动方面的各种子系统得到了统一。但这还不够，因为在企业管理中，生产管理只是一个方面，它所涉及的仅仅是物流，而与物流密切相关的还有资金流。这在许多企业中是由财会人员另行管理的，这就造成了数据的重复录入与存储，甚至造成数据的不一致性。于是，在 20 世纪 80 年代，人们把生产、财务、销售、工程技术、采购等各个子系统集成为一个一体化的系统，并称为制造资源计划（Manufacturing Resource Planning）系统，英文缩写也是 MRP，为了区别于物料需求计划（缩写亦为 MRP）而记为 MRP Ⅱ。

MRP Ⅱ是闭环 MRP 系统的直接结果和延伸。为了区别，人们将以前的 MRP 系统和闭环 MRP 系统统称为 MRP 系统，而将制造资源计划称为 MRP Ⅱ。MRP Ⅱ并不是一种与 MRP 系统完全不同的新技术，而是在 MRP 系统的基础上发展起来的一种新的生产管理方式。MRP Ⅱ在内容和能力上有了很大的扩充，涵盖了整个企业的生产经营活动，包括销售、生产、库存、生产作业计划与控制等，能对所有的生产资料、库存、人力资源、设备、财务以及销售等进行综合计划和管理。

（2）MRP Ⅱ的结构及功能。

目前已有上百种 MRP Ⅱ的软件版本，但其基本原理是相同的。MRP Ⅱ的结构如图 4-6 所示。

MRP Ⅱ的功能：

① 基础数据管理。主要包括物料清单管理、工艺路线管理和资源数据管理。

② 库存管理。指对生产过程中涉及的材料库、标准件库、电机库、毛坯库、半成品库等的管理。

③ 经营计划管理。经营计划管理一般分为若干个子系统。

④ 主生产计划。主生产计划规定了最终产品的出产数量和时间，一般而言，单位为"周"。

⑤ 物料计划。物料计划是 MRP Ⅱ的核心部分，体现了 MRP Ⅱ逻辑的主要部分。有三个子系统：物料需求计划子系统、细能力平衡子系统及车间任务下达子系统。

⑥ 车间作业计划与控制。生产进度计划、物料需求计划的下达和执行，都是由车间作业计划与控制系统来完成的。

⑦ 物料采购供应。主要解决两个问题：一是产品合同确定后，马上能汇总出标准件与材料的需求量；二是当产品投产时，及时掌握其标准件与材料的需求量和库存情况，并可以进行供应商管理。

⑧ 成本核算与财务管理。从 MRP Ⅱ一体化来考虑，这两部分都是与前面的子系统相关联的。此外，MRP Ⅱ还具有设备管理、人力资源管理、输入/输出控制等功能。

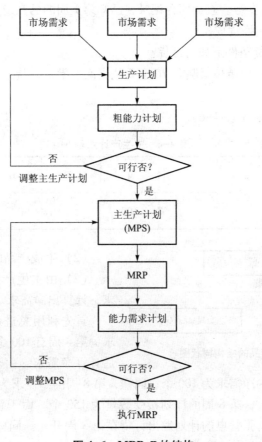

图 4-6　MRP Ⅱ 的结构

(3) MRP Ⅱ 的特点。

① 管理的系统性。MRP Ⅱ 是一项系统工程，它把企业所有与生产经营直接相关的部门的工作连接成一个整体。

② 数据共享。MRP Ⅱ 是一种制造企业管理信息系统，企业各部门都依据同一数据信息进行管理，任何一种数据变动都能及时地反映给所有部门，做到数据共享。

③ 动态应变性。MRP Ⅱ 是一个闭环系统，能跟踪、控制和反馈实际情况。

④ 模拟预见性。MRP Ⅱ 是生产经营管理规律的反映，按照规律建立的信息逻辑必然具有模拟功能。

⑤ 物流与资金流的统一。MRP Ⅱ 包含了成本会计和财务功能，可以由生产活动直接产生财务数据，保证生产与财务数据一致。

以上几个方面的特点表明，MRP Ⅱ 是一个完整的生产经营管理计划体系，是实现制造企业整体效益的有效管理模式。

4. MRP 的运行实例

某家具厂生产某种餐桌。餐桌由两大部分，1 张木质桌面及 4 条金属桌腿组成。桌面部分由家具厂自己加工，加工周期为 2 周。金属桌腿从外地订购，提前期为 1 周。组装过程需要 1 周。目前该公司接到 2 个订单，一份订单为 100 个，要求第 4 周开始发运；另一份订单 150 个，要求第 8 周开始发运。查询库存记录，已知第 1 周的已在途订货量为 70 个桌面。求下述条件下的订货时间、订货规模。

(1) 在配套批量订货条件下如何订货？

(2) 订货批量为 300 个单位桌腿和 70 个单位桌面的批量订货条件下，应该如何订货？

解：

(1) 生成主生产计划（表 4-6）。

表 4-6 主生产计划表

周数	1	2	3	4	5	6	7	8
数量				100				150

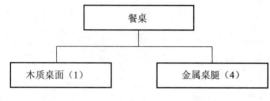

图 4-7 生成产品的结构树状图

(2) 生成产品的结构树（图 4-7）。

(3) 由主生产计划求解各个部件总需求，计算出净需求。

首先利用总进度表，求解餐桌的总需求为第 4 周有 100 个，第 8 周有 150 个；然后计算净需求，由于第 4 周开始时没有计划持有量，所以第 4 周的净需求为 100 个，同样，第 8 周的净需求为 150 个。于是，第 4 周的计划接受数量为 100 个，第 8 周的计划接受数量为 150 个。由于餐桌的装配时间为 1 周，这就意味着第 4 周的 100 张餐桌的计划发出订货在第 3 周开始。同样，150 个餐桌必须在第 7 周组装，这样才能在第 8 周运送出去。

根据 BOM 及零部件供应的提前期，在第 3 周开始时发出组装 100 个餐桌的计划，就需要 100 个桌面的配套（桌面的总需求）。因为没有预期持有量，净需求就是第 3 周开始时的 100 个桌面。由于生产的提前期为 2 周，所以家具厂必须在第 1 周开始时生产 100 个桌面。同样地，在第 7 周 150 个餐桌的生产计划要求配套 150 个桌面，根据这个信息产生第 7 周的总需求和净需求。由于生产的提前期为 2 周，所以生产厂必须在第 5 周开始时生产 150 个桌面。

对于另一个零部件桌腿来说，在第 3 周开始时发出组装 100 个餐桌的计划，就需要 400 个桌腿的配套（桌腿的总需求）。然而，由于计划持有量为 70 个，净需求变为 400-70=330 个，这意味着第 3 周开始时计划接收 330 个桌腿。由于桌腿的订货提前期为 1 周，所以，必须在第 2 周开始 330 的订购。同样地，第 7 周 150 个餐桌的生产计划，需要 600 个桌腿的配套。由于没有计划持有量，所以净需求也是 600 个，计划收到订货也是 600 个。提前期为 1 周，就要在第 6 周开始 600 个桌腿的订货。

如果订货为 300 个单位桌腿及 70 个单位桌面的批量进货，那么，每次订货的数量就有所限制，都要是批量的倍数。会出现进货量大于需求量的情况，多余部分会成为下一个周期的计划持有量。

在有订货批量限制的情况下，求解过程如表 4-7～表 4-11 所示。

表 4-7 主产品的需求计划

项目	周数	1	2	3	4	5	6	7	8
餐桌 L=1	总需求/个				100			150	
	已在途订货量/个								
	计划持有量/个								
	净需求/个				100			150	
	计划收到订货量/个				100			150	
	计划发出订货量/个			100			150		

表 4-8 部件桌面的需求计划

项目	周数	1	2	3	4	5	6	7	8
桌面 L=2	总需求/个			100				150	
	已在途订货量/个								
	计划持有量/个								
	净需求/个			100				150	
	计划收到订货量/个			100				150	
	计划发出订货量/个	100				150			

表 4-9 部件桌腿的需求计划

项目	周数	1	2	3	4	5	6	7	8
桌腿 L=1	总需求/个			400				600	
	已在途订货量/个	70							
	计划持有量/个	70	70	70					
	净需求/个			330				600	
	计划收到订货量/个			330				600	
	计划发出订货量/个		330				600		

表 4-10 部件桌面的需求计划

项目	周数	1	2	3	4	5	6	7	8
桌面 L=2	总需求/个			100				150	
	已在途订货量/个								
	计划持有量/个				40	40	40	40	30
	净需求/个			100				110	
	计划收到订货量/个			140				140	
	计划发出订货量/个	140				140			

表 4-11 部件桌腿的需求计划

项目	周　　数	1	2	3	4	5	6	7	8
桌腿 $L=1$	总需求/个			400				600	
	已在途订货量/个	70							
	计划持有量/个	70	70	70	270	270	270	270	270
	净需求/个			330				330	
	计划收到订货量/个			600				600	
	计划发出订货量/个		600				600		

4.4 JIT 与库存管理

1. JIT 简介

JIT（Just in Time）意为及时或准时，也有译为精练管理的。它是 20 世纪 70 年代日本创造的一种库存管理和控制的现代管理思想，在日本丰田集团得到广泛实施，并取得巨大的成就。所谓准时制，就是指按照顾客要求的时间、地点，按照其需求的数量，生产或提供其所需的产品或服务。

2. JIT 的基本原理

JIT 的基本原理是以需定供。即供方根据需方的要求（或称看板），按照需方需求的品种、规格、质量、数量、时间和地点等要求，将物品配送到指定的地点。不多送，也不少送，不早送，也不晚送，所送品种要个个保证质量，不能有任何废品。

众所周知，传统生产系统采用的是由前向后推动式的生产方式，即由原材料仓库向第一道生产工序供应原材料，进行加工和生产，由此向后推，直到制成成品转入产成品仓库，等待销售。在这种生产系统中，大量原材料、制成品、产成品的存在，必然导致大量生产费用的占用和浪费。而 JIT 的基本思想正好与传统生产系统相反，它是以客户（市场）为中心，根据市场需求来组织生产的。JIT 是一种倒拉式管理，即逆着生产工序，由客户需求开始，订单—产成品—组件—配件—零件和原材料，最后到供应商。具体地说，就是企业根据客户的订单组织生产，根据订单要求的产品数量，上道工序就应该提供相应数量的组件，更前一道工序就应该提供相应的配件，在前一道工序提供需要的零件或原材料，由供应商保证供应。整个生产是动态的，逐个向前逼近的。上道工序提供的正好是下道工序所需求的，且时间上正好，数量上正好。JIT 要求企业的供、产、销各环节紧密配合，大大降低了库存，从而降低了成本，提高了生产效率和效益。

JIT 不仅是一种旨在降低库存，消除整个生产过程中的浪费，优化利用企业资源，全面提高企业生产效率的管理哲学，而且是一种先进的生产组织方式，它一环扣一环，不允许有任何一个环节挡道。JIT 对浪费的解释与通常意义上的浪费不同，它认为凡是不增加价值的活动都是浪费，如搬运、库存和质量检查等，或者说凡是超出增加产品价值所必须的绝对最少的物料、机器和人力资源的部分都是浪费。零库存和零缺陷是 JIT 追求的目标。JIT 认为，一个企业中所有的活动只有当需要进行的时候才进行，才不至于造成浪费。它认为库存是万恶之源，因为库存将许多矛盾掩盖起来，使问题不被发现而得不到及时的解决。

JIT 不仅是库存管理的一场革命，也是整个企业管理思想的一场革命。

① 它把物流、商流、信息流合理组织到一起，成为一个高度统一、高度集中的整体。

② 体现了以市场为中心，以销定产、牢牢抓住市场的营销观念，而不是产品先生产出来再设法向外推销的传统销售观念。

③ 生产活动组织严密，平滑畅通，没有多余的库存，也没有多余的人员。

④ 实现库存成本的大幅下降。

3. JIT 概念的四个主要要素

（1）零库存。

零库存是一种现代库存管理方法，它基于在准确的时间把准确的数量送到准确的地点这一理念。超过需要的一切都是浪费，因此，任何库存都是浪费。JIT 认为，库存是计划不当、能力不够、供应商过失、订单处理延迟和生产运作不规范、设备保养差等原因造成的。JIT 可以发现其他生产方式由于过多的库存和过多人员而隐藏的问题。

（2）备货期短。

由于采用小批量供货和较短的供货周期，JIT 使备货时间大大地缩短了。生产提前期的缩短也使成本下降了。

（3）高频率小批量供货。

高频率小批量供货可以减少和避免存货，发现问题时容易改进和实现均衡作业以及柔性生产等。

（4）高质量和无缺陷。

JIT 要求消除各种引起浪费的不合理的原因，要求在整个生产过程中每一个操作都要达到精益求精，将质量管理引入每个操作中，对产品质量进行及时的检测和处理。

4. JIT 的目的及要求

JIT 的基本思想是"只在需要的时候，按需要的量，生产所需的产品"，追求一种无库存，或最小库存的生产系统。

JIT 的目的可以概括为零库存、零交易、零缺陷以及杜绝浪费。

（1）零库存。

物料和在制品的零库存的目的在于：使库存在满足生产正常运行的情况下，尽可能地少。进货物料和在制品的库存用来缓冲不确定性和多变性。JIT 假定没有按时交货、物料不合乎规格等这些问题是不存在的，库存水平可以很低。

（2）零交易。

JIT 的目的在于使用最少的交易次数在供应链中拉动产品，尤其是考虑到与 MRP 和车间作业控制有关的复杂系统。看板的使用消除了大量的车间作业文书工作，因为看板被视为生产某零件或产品的许可。对物料和零部件的消耗可以从已经生产出的产品中推断出来：产量×物料清单＝提供的物料和零部件。这种更新的物料和零部件库存结余的方法被称为"倒扣法"。

（3）零缺陷。

① 零故障。所有的机器在所有的时间内都合乎要求地运行。

② 零瑕疵。所有的原材料和零部件无须接受初步的检查就可以立即投入生产。

③ 零延时。所有的交货日期都没有被耽搁。

(4) 杜绝浪费。

为了彻底消除浪费，一些公司列举了生产过程中七种最大的浪费源，并采取措施设法加以清除。这七种最大的浪费源如下。

① 过量生产。比如在生产制造过程中生产出的成品或半成品超过需要的数量。

② 物料等待。比如上道作业没有在下道作业需要的时间提供材料，造成下道作业的设备和人员闲置等待。

③ 过量库存。特别是从供应商采购的原材料或零部件所形成的库存，JIT 认为库存是一种浪费。

④ 过多的搬运。搬运是一种不产生附加价值的活动，因此，应尽量减少过多搬运所造成的浪费。

⑤ 不合理的生产作业流程。不良的生产制造流程会造成生产加工周期延长，消耗更多的材料等，是一种结构浪费。

⑥ 缺少技能。指没有对员工进行岗位培训，没有训练员工使其具有多种技能，没有赋予员工生产现场处理问题的职责等。

⑦ 质量缺陷。不良品不仅增加企业的成本，而且影响企业的信誉。

5. JIT 与传统库存管理的比较

JIT 以消除浪费、实现原材料和外购件零库存为目标，与传统库存管理比较，其特点体现在以下几个方面。

(1) 采用单源的供应方式。

JIT 采用有别于传统供应商多源的供应方式，与供应商建立长期的合作伙伴关系，而不是传统的交易关系，这样可以享受长期的、规模的低成本效益，并且在原材料和外购零部件等质量上得到保证。由于长期的合作伙伴关系，JIT 把质量的保障放在供应商处，而不需要企业来把关。供应商须参与企业从产品设计到生产管理的整个过程，而不仅仅是按指令进行供货。从源头上保证供货质量，将供应商所供的货直接送到生产线上，减少了一系列的中间环节，达到了降低成本的目的。

(2) 小批量供货和较短的备货时间。

小批量供货是 JIT 的特点之一，能保证按时、保质保量供货。由于小批量供货要求和较短的备货时间要求，在采用 JIT 时，供应商或仓储设施等就在生产企业的周围附近建立起来。

(3) 高效的信息共享。

要达到消除浪费、降低成本和零库存的目的，从供应商供货到产品的生产及产品出厂销售等整个供应链就需要依赖高效的信息来协调整个系统。及时、准确的信息可以使产供销之间的时间差、地区差和空间差降低到最低限度，以达到降低成本和提高企业效益的目的。

4.5 ERP 与库存管理

1. ERP 概述

企业资源计划（Enterprise Resource Planning，ERP）系统，是指建立在信息技术基础上，以系统化的管理思想，为企业决策层及员工提供决策运行手段的管理平台。ERP 系统集信息技术与先进的管理思想于一身，成为现代企业的运行模式，反映时代对企业合理调配资源、最大化地创造社会财富的要求，成为企业在信息时代生存、发展的基础。

ERP 是美国 Gartner Group 公司于 1990 年提出的，其核心思想就是实现对整个供应链的有效管理，主要体现在以下三个方面。

(1) 体现对整个供应链资源进行管理的思想。

在知识经济时代，仅靠企业自身的资源不可能有效地参与市场竞争，还必须把经营过程中的有关各方如供应商、制造工厂、分销网络、客户等纳入一个紧密的供应链中，才能有效地安排企业的产、供、销活动，满足企业利用全社会一切市场资源快速、高效地进行生产经营的需求，以期进一步提高效率并在市场上获得竞争优势。ERP 系统实现了对整个企业供应链的管理，适应了知识经济时代市场竞争的需要。

(2) 体现精益生产和敏捷制造的思想。

其管理思想表现在两个方面：其一是"精益生产（Lean Production，LP）"的思想，它是由美国麻省理工学院（MIT）提出的一种企业经营战略体系；其二是"敏捷制造（Agile Manufacturing）"的思想。当市场发生变化，企业遇到特定的市场和产品需求时，企业的基本合作伙伴不一定能满足新产品开发生产的要求。这时，企业会组织一个由特定的供应商和销售渠道组成的短期或一次性供应链，形成"虚拟工厂"，把供应和协作单位看作企业的一个组成部分，运用"同步工程（SE）"组织生产，用最短的时间将新产品打入市场，并时刻保持产品的高质量、多样化和灵活性，这就是"敏捷制造"的核心思想。ERP 系统支持对混合型生产方式的管理。

(3) 体现事先计划与事中控制的思想。

ERP 系统中的计划功能和价值控制功能已完全集合到整个供应链系统中。计划、事务处理、控制与决策功能都在整个供应链的业务处理流程中实现，要求在每个流程业务处理过程中最大限度地发挥每个人的工作潜能与责任心，流程与流程之间则强调人与人之间的合作精神，以便在有机组织中充分发挥每个人的主观能动性与潜能。实现企业管理从"高耸式"组织结构向"扁平式"组织机构的转变，提高企业对市场动态变化的响应速度。

2. ERP 系统的基本原理与功能

ERP 系统能够自动完成一个组织功能领域的各项任务（财务、人力资源、销售、采购和物料分配），并能将这些不同领域的数据资料储存在一个数据库中。ERP 系统除了 MRP Ⅱ 已有的生产资源计划（制造、财务、销售、采购）等功能外，还有质量管理，业务流程管理，产品数据管理，存货、分销与运输管理，人力资源管理和定期报告系统等。ERP 系统的运行目的是通过信息共享和互相交流提供企业各部门之间的合作和交流，如图 4-8 所示。

首先，从系统功能上来讲，ERP 系统比 MRP Ⅱ 增加了一些功能子系统，这些功能子系统的紧密联系以及相互间的配合与平衡非常重要。正是这些功能子系统把企业的制造、营销、财务系统紧密结合在一起，实现企业在全球范围内的跨国经营运作。其次，传统的 MRP Ⅱ 把企业归类为几种典型的生产方式来进行管理，如重复制造、批量生产、按订单生产、按订单装配及按库存生产等，并对每一种类型都有一套管理标准。20 世纪 80 年代末至

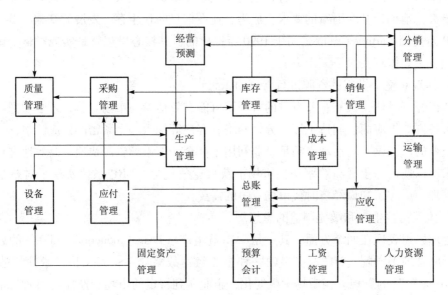

图 4-8 ERP 系统的原理图

90 年代初，企业为了紧跟市场的变化，纷纷从单一的生产方式向混合型生产方式发展，而 ERP 系统能很好地支持和管理混合型制造环境，满足了企业的这种多元化经营需求。最后，MRP Ⅱ 通过计划的及时滚动来控制整个生产过程，其实时性较差，一般只能实现事中控制。而 ERP 强调企业的事前控制能力，它通过对设计、制造、销售、物流的集成管理和控制，帮助企业提高质量管理、客户满意、绩效等关键问题的实时分析能力。

尽管 ERP 系统的核心思想是供应链管理，但是目前大多数 ERP 系统还主要用于企业内部流程的优化，并把重点集中于如何使企业自身运转得更加有效。然而企业的收益不仅取决于企业内部流程的加速运转和自动化，还将取决于企业将这种效率传播给由供应商和客户组成的整个业务系统的能力，即把效率传播给企业的整个供应链的能力。

3. ERP 系统的应用特点

① ERP 功能子系统把企业所有的制造场所、营销系统和财务系统紧密结合在一起，从而实现全球范围内的多工厂、多地点的跨国经营运作，这些子系统能够紧密地联系在一起，并能很好地配合与平衡。

② ERP 系统能很好地支持和管理混合型制造环境，包括既可支持离散又可支持流程的制造环境；按照面向对象的业务模型组合业务过程的能力和在国际市场范围内的应用，满足了企业多元化经营的需求。

③ ERP 系统强调企业的事前控制能力，它可以将设计、制造、销售、运输等通过集成来并行地进行各种相关的作业，为企业提供了对质量、适应变化、客户满意、效绩等关键问题的实时分析能力。

④ ERP 系统采用的基础技术使用户在软件和硬件两方面具有独立性，从而更加容易升级。ERP 系统的关键在于可以被所有企业选择应用，因而具有易用性。

⑤ 超越 MRP Ⅱ 范围的集成功能，包括质量管理、试验室管理、流程作业管理、配方管理、产品数据管理、维护管理、管制报告和仓库管理。

⑥ 支持开放的客户机/服务器计算环境，包括客户机/服务器体系结构；图形用户界面（GUI）；计算机辅助设计工程（CASE），面向对象技术；使用 SQL 对关系数据库查询；内部集成的工程系统、商业系统、数据采集和外部集成（EDI）。

4. ERP 系统与 MRP Ⅱ 的区别

(1) 在资源管理范围方面的差别。

MRP Ⅱ 主要侧重对企业内部人、财、物等资源的管理，ERP 系统在 MRP Ⅱ 的基础上扩展了管理范围，把客户需求和企业内部的制造活动以及供应商的制造资源整合在一起，形成一个完整的供应链并对供应链上所有环节如订单、采购、库存、计划、生产制造、质量控制、运输、分销、服务与维护、财务管理、人事管理、实验室管理、项目管理、配方管理等进行有效管理。

(2) 在生产方式管理方面的差别。

MRP Ⅱ 把企业归类为几种典型的生产方式进行管理，如重复制造、批量生产、按订单生产、按订单装配、按库存生产等，对每一种类型都有一套管理标准。20 世纪 80 年代末 90 年代初，为了紧跟市场的变化，多品种、小批量生产以及看板式生产等则是企业主要采用的生产方式，由单一的生产方式向混合型生产发展，ERP 能很好地支持和管理混合型制造环境，满足了企业的这种多元化经营需求。

(3) 在管理功能方面的差别。

ERP 系统除了 MRP Ⅱ 的制造、分销、财务管理功能外，还增加了支持整个供应链上物料流通体系中供、产、需各个环节之间的运输管理和仓库管理；支持生产保障体系的质量管理、实验室管理、设备维修和备品备件管理；支持对工作流（业务处理流程）的管理。

(4) 在事务处理控制方面的差别。

MRP Ⅱ 通过计划的及时滚动来控制整个生产过程，其实时性较差，一般只能实现事中控制。而 ERP 系统支持在线分析处理（Online Analytical Processing，OLAP）、售后服务即质量反馈，强调企业的事前控制能力，可以将设计、制造、销售、运输等通过集成来并行地进行各种相关的作业，为企业提供了对质量、适应变化、客户满意、绩效等关键问题的实时分析能力。

此外，在 MRP Ⅱ 中，财务系统只是一个信息的归结者，其功能是将供、产、销中的数量信息转变为价值信息，是物流的价值反映。而 ERP 系统则将财务计划和价值控制功能集成到了整个供应链上。

(5) 在跨国（或地区）经营事务处理方面的差别。

随着企业的发展，企业内部各个组织单元之间、企业与外部的业务单元之间的协调变得越来越多并越来越重要，ERP 系统应用完整的组织架构，可以支持企业在跨国经营中多国家地区、多工厂、多语种、多币制应用的需求。

(6) 在计算机信息处理技术方面的差别。

IT 的飞速发展和网络通信技术的应用使得 ERP 系统得以实现对整个供应链信息进行集成管理。ERP 系统采用客户机/服务器（C/S）体系结构和分布式数据处理技术，支持 Internet/Intranet/Extranet、电子商务（E-business、E-commerce）、电子数据交换（EDI）。此外，还能实现在不同平台上的互操作。

4.6 DRP 与库存管理

1. DRP 概述

配送需求计划（Distribution Requirement Planning，DRP）是库存管理的一种计划方法。DRP 联系着物流配送系统和制造规划和控制系统（MPC），阐明现有的库存状况，并且预测配送系统与制造生产计划和物料规划的需求。DRP 技术有助于企业提高连接市场需求和制造活动的能力。一个设计完好的 DRP 可以帮助管理层预测将来的需求，匹配物料的供给与需求，有效地利用库存满足客户的服务需求，对市场的变化做出快速的调整。

DRP 是流通领域中的一种物流技术，是 MRP 在流通领域应用的直接结果。它主要解决分销物资的供应计划和高度问题，达到既有效地满足市场需要又使得配置费用最省的目的。

制造需求计划（MRP）是一种复杂的计划方法，它要考虑多个配送阶段以及各阶段的特点。DRP 在逻辑上是制造需求计划的扩展，尽管这两种技术之间存在着根本性的差异。MRP 是由企业制订和控制的生产计划所确定的，而 DRP 则是在一种独立的环境下运作，由不确定的客户需求来确定。

2. DRP 的基本原理

DRP 的基础是建立一个分时段的需求进程表以满足销售预测，要在实际的配送点决定，在这里产品将被送到客户手里。如果区域性的（中间性的）仓库自身参与最终配送，那么也将被包含在预测的客户需求之中。在这种情况下，仓库对制造厂的需求将由以下两项组成：所服务的配送点分时段需求量的累积，以及所预测的用来满足直接客户的分时段需求量总和。

需求配送计划是在一定数目的来货期间内配送网络在大量的库存单元（SKU）水平上总需求的总结，提供了主生产计划（MPS）所需的直接输入数据。

3. DRP Ⅱ 的概述

配送资源计划（DRP Ⅱ），是指在流通领域中利用配置物资资源的技术，实现流通领域内的资源（按照时间、数量）到位。DRP Ⅱ 是一种企业内物品配送计划系统管理模式。它在 DRP 的基础上提高各环节的物流能力，达到系统优化运行的目的。

DRP Ⅱ 是一个比较完善的企业管理信息系统。DRP Ⅱ 的功能除了商品在数量上的进、销、存配置外，还有配置物流设施和设备的能力，包括车辆、仓库的配置利用以及成本、利润核算等功能。此外还具有物流优化、管理决策等功能。可以说，它已经是一个比较完善的企业管理信息系统。

本章小结

库存是指在仓库中处于暂时停滞状态、用于未来的、有经济价值的物资。合理的库存不但可以保证生产和销售的连续性，提高资金的周转率，降低市场风险和物流成本，更重要的是还能够提高服务水平，增强企业的竞争力。然而，市场需求的多变性、零售商和供应商的博弈以及库存管理与控制手段的简单化等因素的影响，使库存管理非常复杂，充满了许多不确定的因素。因此，加强库存管理成为企业当前需要慎重对待和亟待解决的首要问题。

库存管理是根据外界对库存的要求、企业的需求特点，预测、计划和执行补充库存的行为，并对这种行为进行控制的过程。企业要根据需求的特点、管理的目标对库存物进行分类，选择适当的库存控制方法进行库存管理。

经济订货批量模型是通过平衡采购进货成本与保管仓储成本，确定一个最佳的订购数量来实现最低库存成本的方法。

定量订货法是预先确定一个订货点和订货批量，随时监控库存，当库存下降到订货点时，即发出订单进行补货的一种监控方式。

定期订货法是从时间上控制订货的周期，按时间进行盘点，确定库存余额，发起订货单进行补货的一种库存管理方法。

MRP 是一种工业制造企业内的物资计划管理模式。它根据产品的结构层次、物品的从属关系和数量关系，以每个物品为计划对象，以完工日期为时间基准倒排计划，按提前期长短区别各个物品下达计划时间的先后次序，以此来减少存量，降低劳动成本，增加按时发货率。适用于生产中相关需求物品的管理。

JIT 是通过工厂的"拉动"系统进行管理的，涉及产品设计、过程设计、设备选择、物料管理、质量统一管理等一系列活动。它强调消除一切浪费，实现零库存。应用 JIT 理念管理库存不但可以减少库存，还可以加快库存周转，缩短提前期，获得满意的交货效果。

练习与思考

1. 库存和仓储如何区别？库存如何分类？
2. 如何做好库存合理化？
3. 简述 ABC 分类控制法的原理和主要步骤。
4. MRP 的基本原理有哪些？
5. 什么是 JIT？其消除库存、改善物流的关键做法是什么？
6. 某企业保持有 10 种商品的库存，有关资料如表 4-12 所示。为了对这些库存商品进行有效的控制和管理，该企业打算根据商品的投资大小进行分类。请用 ABC 分类法将这些商品进行分类。

表 4-12　某企业 10 种商品库存表

商品编号	单价/元	需求数量/个	商品编号	单价/元	需求数量/个
A	4	300	F	2	150
B	8	1 200	G	6	40
C	1	290	H	2	700
D	2	140	I	2	50
E	1	270	J	3	2 000

7. 某企业每年需要购买某物资 45 000 件，产品单价为 15 元，年保管费率是单价的 20%，每次订货成本是 300 元。求经济订货批量。

8. 某企业每年需要购买某物资 1 200 件，年保管费率是单价的 20%，每次订货成本是 300 元。供应商给出的数量折扣条件是：若订货量小于 650 个，每个单价是 10 元/件，订货量大于或等于 650 个时，单价是 9 元/件。在此条件下，企业该如何订货？

综合案例

耐克如何实现高效管理库存和快速补货？

2011年，耐克中国物流中心在江苏太仓启用，这是耐克全球第7个、中国第2个物流中心。当耐克在大中国区的年销售额达到18.64亿美元时，它最先做和最应该做的事情，不是营销和对品牌的强化，而是建立一个能够高效管理库存和快速补货的智能物流系统。

耐克太仓物流仓储中心面积达到20万平方米，仅是货品托盘数量就超过了10万个，年吞吐能力超过2.4亿件次，同时可以满足79个集装箱货车装货。耐克借此实现了发货只需要数小时，交货时间缩短15%的目标。

耐克太仓物流仓储中心就如同一个巨大的中央处理器。所有的商品分拣和管理都依赖于强大的数据采集和处理能力。耐克的每一件产品都被贴上了电子标签，耐克仓储中心的员工都有一个手提式的电子标签识别器，只要对这些商品逐一进行扫描，就可以获取商品的所有信息，然后工人们利用这些信息来分拣配送货品。同时，其货品信息通过专门的数据端口与耐克总部连接，每天都可以将完整的数据反馈给耐克管理高层。为了处理好这些数据，耐克配备了大量的能够接受这些信息数据的计算机系统，其强大的数据处理能力几乎可以与全球最大的购物网站亚马逊媲美。

耐克太仓物流仓储中心的自动化仓储管理系统包括拥有长达9公里的自动传输带、顺序拣货机及无线扫描仪等诸多技术与设备，让这座仓库的货物吞吐能力、分配效率及弹性处理能力都达到了全球最高水准。

耐克太仓物流仓储中心有两栋大楼，分别储存服装和鞋品两大类货品，二者之间通过装配传送带连接。仓储区也被分为两大区域：整箱货品和托盘区货品。如果出货量大，就可以直接将集装箱搬到运输车上，如果出货量不够一个集装箱，那么就到托盘货品区域取货。根据货品配送分拣需要，服装区被分为三层，顶层是设置了独立编码的货架区，数量达到4.5万个；中间层是自动分拣区；最下面一层是包装区和装车配送区。

顶层货架区的编码并无规律可言，不同种类和不同型号的商品都可以放在同一个货架上。这样做的好处是最大限度地节省仓储空间，减少在商品进库时的分拣工作量。也就是说，商品进入这个编码区时，省去了分拣环节。有人可能会问，如此杂乱无章的商品陈列，工作人员如何快速准确地从里面找出订单上用户需要的商品呢？无须担心，耐克有一套它独有的智能识别系统。为了避免工作人员在取货时出现错误，耐克为取货操作员配备了语音机器系统，该系统可以与计算机直接对话，核对取货信息——这个系统会告诉取货操作员，相应的货品区在哪个区域取货，操作员到达之后，可以通过麦克风和耳机先向计算机系统报告编码，并对取货数量进行确认，完成取货。这套系统是由耐克独立研发完成的，使取货操作更加高效、准确。如果这套系统出现故障，那么耐克将启用应急预案——取货员用手提扫描仪急救。

为了最大限度地提高仓库使用效率，增加货品的容纳量，耐克采用了窄巷道系统，该巷道的宽度和叉车的宽度差不多。耐克还在地板下面安装了磁引导线，用于引导叉车的行车线路。叉车取货的时候，磁引导线会精准引导叉车的方向，完全避免任何碰撞。当叉车取货完毕，将货物交给运输车辆后，操作人员就可以关闭磁引导开关了，叉车也就可以来去自如了。

耐克太仓物流仓储中心的物流配送流程是这样的：接到订单—区分订单大小—货物配送。整箱的货品通过传送带送到二楼的分拣区，不足的数量由三楼的配送员、拣货员补足，自动分拣机验货、装箱后，运至一楼，再一次进行扫描核对，然后装车发货。

耐克高效的库存管理和快速补货得益于其智能物流系统，该物流系统由四个部分组成：数据采集和分析系统、机械自动化系统、电子标签识别系统和货物智能配送系统。

2017年5月17日耐克中国物流中心三期项目开工建设。此次扩建，将新增6万平方米建筑面积，进一步提升耐克中国的供应链能力和效率，更好地服务耐克大中华区市场。此次扩建预计2019年竣工投用，建成投用后耐克中国物流中心将增加产能70%，业务涵盖耐克中国区所有业务渠道，同时物流中心将引入高科技分拣设备和输送系统、仓储管理系统，提高数字化采集技术和分析技术，这也将进一步提升太仓物流系统的智能化水平，从而满足耐克中国电子商务高速发展的需要。

思考题

1. 耐克如何实现高效管理库存和快速补货？
2. 耐克为何在太仓增资1亿美元进行扩建？其目的是什么？查阅资料后作答。

参考答案

1. 耐克高效的库存管理和快速补货得益于其智能物流系统，该物流系统由四个部分组成：数据采集和分析系统、机械自动化系统、电子标签识别系统和货物智能配送系统。

2.（1）太仓确立了"1115"产业发展目标，力争到2020年，实现物流贸易及总部经济的销售额为1 000亿元的目标，解决日益增长的电商需求与太仓容量、设施不足的矛盾。

（2）进一步提高仓储的效率，降低运营成本，提升核心竞争力。

第 5 章

仓储经营管理

知识目标

1. 了解企业经营组织的目标、意义。
2. 理解仓储合同业务。
3. 掌握仓储经营方法、仓储经营管理的主要内容。

技能目标

运用仓储经营管理的概念及基本知识进行案例分析。

5.1 仓储经营管理概述

仓储经营管理是指在仓储活动中,运用先进的管理原理和科学的方法,对仓储经营活动进行计划、组织、指挥、协调、控制和监督,充分利用仓储资源,以实现最佳的协调与配合,降低仓储经营管理成本,提高仓储经营效益。

1. 仓储经营管理的目标

仓储经营管理的目标是按照仓储活动的各项要求和仓储管理上的需要,把与仓储经营活动有直接关系的各部门、各环节、人尽可能合理地组织起来,使工作协调、有效地进行,加速商品在仓库中的周转,合理地使用人力、物力、财力,以最小的资源取得最大的经济效益。

具体来讲,就是实现仓储经营活动的"快进、快出、多存储、多经营、保管好、费用省"。

"快进"是指物资抵港口、车站或仓库专用线时,要以最快的速度完成物资的接运、验收和入库作业。

"快出"是指商品出库时,要及时迅速和高效地完成备料、复核、出库和交货清理作业活动。

"多储存"是指在库容合理规划的基础上,最大限度地利用有效存储面积和空间,提高单位面积的存储量和面积利用率。

"多经营"是指仓储企业采用多种经营方式提高企业的收益,如商品交易中介、运输中介、配送与配载等。

"保管好"是指按照商品的性质和存储要求,结合企业自身的仓储条件,合理安排储存场所,采取科学的存储方法,使其在存储期内质量完好,数量准确。

"费用省"是指商品在输入和输出以及存储的整个过程中,都要努力节省人力、物力和财力消耗,以最低的仓储成本取得最好的经济效益。

2. 仓储经营组织的含义、目标及意义

仓储经营管理的目标主要依靠仓储经营组织来实现,良好的仓储经营组织对于顺利实现仓储经营管理目标有重要的意义。

(1) 仓储经营组织的含义。

仓储经营组织是以实现仓储经营的最高经济效益和社会效益为经营目标,将仓储作业人员与仓储作业手段有效地结合起来,完成仓储作业过程中各环节的职责,为商品流通提供良好的仓储服务和有效的经营管理的实体。

(2) 仓储经营组织的目标。

仓储经营组织的目标就是对仓储各个部门、各个环节的合理组织和管理,使各部门工作协调、有效地进行,以最经济的方式实现仓储经营活动的"快进、快出、多存储、多经营、保管好、费用省"。

(3) 仓储经营组织的意义。

仓储经营组织是仓储经营管理的重要组成部分,对社会、企业都有着重要的意义。

① 仓储经营组织对社会的意义。仓储经营管理的重要作用就在于在生产与消费环节之间起到纽带和桥梁作用,克服商品生产与消费在地理上分离的矛盾,衔接商品生产与消费在时间上的不一致。仓储经营组织通过组织协调仓储各环节、各部门以及相关人员,能确保商品在生产与消费环节顺利流通,从而提高了社会生产效率,保证了社会再生产的顺利进行。良好的仓储经营组织可以优化资源的配置,发挥仓储的最大功效,对于节省社会资源、提高流通效率有重要的意义。

② 仓储经营组织对企业的意义。

a. 良好的仓储经营组织可以加速物资和资金的周转,从而节省费用支出,降低物流成本,提高企业经济效益。

b. 良好的仓储经营组织是企业管理水平的具体表现。仓储经营组织是仓储管理的具体实施,是一项基础性的工作,如人员安排、计划制定、风险防范等。要提高企业的总体管理水平,必须加强各项基础工作。

c. 良好的仓储经营组织是物流发展的需要。在物流高速发展的今天,对仓储技术应用和管理的要求越来越高,为了满足这些要求,企业必须对仓储经营活动进行周密组织,合理安排,充分利用现有经营条件为客户提供更优质的服务。

3. 仓储经营组织的结构形式

仓储经营活动职能是以一定的组织结构形式体现的。组织结构的形式是仓储经营组织各个部分及其整个企业经营组织之间关系的一种模式。一般有以下两种形式:

(1) 直线式组织形式。

小型仓储经营企业人员不多，业务较简单，可以采取直线式的组织形式。这种形式的机构，指挥和管理基本上能由仓储主管亲自执行，指挥管理统一，责权较明确，组织精简，不设行政职能部门、科、组，如图 5-1 所示。

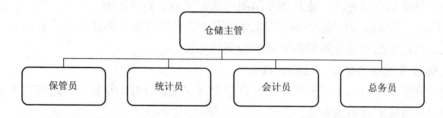

图 5-1　直线式组织形式

(2) 直线—职能式组织形式。

直线—职能式组织形式按照一定的专业分工来划分车间、小组；按照职能划分部门，建立行政领导系统组织形式。这是目前普遍采用的一种组织形式。这种形式因各职能部门分管的专业不同，虽然都是按照仓储统一的计划和部署进行工作，但也还会发生种种矛盾，因此要注意相互间的配合，促使各专业管理部门的步调一致，如图 5-2 所示。

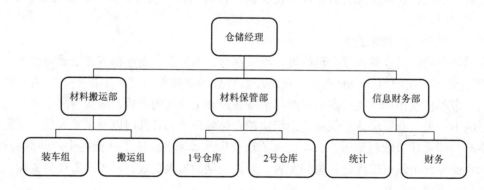

图 5-2　直线—职能式组织形式

4. 仓储经营计划

(1) 仓储经营计划的含义。

仓储经营管理工作的重要环节是制订仓储经营计划，即根据市场的需求和企业的仓储能力确定经营目标，有计划地组织、指挥、调节、控制企业各部门和各环节的活动，完成仓储经营活动，完成仓储经营任务，实现和提高仓储企业的经济效益。

(2) 制订仓储经营计划的要求。

仓储经营计划是仓储企业经营活动的整体安排，因此要在国家实行的宏观调控政策，市场调查、市场预测的基础上，结合企业的实际情况，认真制订仓储经营计划。

制订仓储经营计划需要具有超前创新的思想，了解经济社会发展的客观规律，合理预测社会对仓储需求的变化趋势，根据需求的变化及时提供与市场相适应的服务。仓储经营只有通过不断创新，不断满足和引导社会需要，根据市场的需要开发出受客户欢迎的新业务，才能使仓储企业在市场竞争中立于不败之地。

5.2 仓储经营方法

仓储企业经营管理的目的是使企业的仓储资源得到充分的利用,在仓储产品交换中获得最大收益并投入最少成本,实现经营利益的最大化。有效的仓储经营方法是仓储企业搞好经营管理的关键。仓储经营方法根据目的不同可以分为保管仓储、混藏仓储、消费仓储、仓库租赁经营、流通加工、仓储多种经营等。

1. 保管仓储、混藏仓储、消费仓储

(1) 保管仓储。

① 保管仓储的概念。保管仓储是指仓储经营人提供完善的仓储条件,接受存货人的仓储物资进行保管,在合同期满后,将原收存保管的仓储物原样交还给保管人的仓储保管方法。在保管仓储中,仓储经营人以获得仓储保管费收入为经营目标。仓储保管费一般由仓储物的数量、仓储时间和仓储费率决定。

$$TR = QTP$$

式中　TR——总收入;

　　　Q——存货数量;

　　　T——存货时间;

　　　P——仓储费率。

当有多种商品,且储存费率不同时,计算方法为

$$TR = \sum Q_i T_i P_i$$

从整体上看

总收入 = 总库容量 × 仓容利用率 × 平均费率

在保管仓储经营中,仓储经营企业只有尽量地吸引仓储,获得最大的仓储委托,采取合适的价格决策,并在仓储保管中降低成本和支出,才能获得较高的利润。

② 保管仓储的经营特点。

a. 保管仓储的目的在于保持保管物的原状。仓储过程中,仓储物的所有权不发生转移。仓储期间,保管人对保管物实施必要的保管而达到最终维持保管物原状的目的。

b. 保管仓储管理的物品一般都是数量大、体积大、质量高的大宗物资,如粮食、工业制品等。

c. 保管仓储活动是有偿的,保管人为存货人提供仓储服务,存货人必须支付仓储费。仓储费是仓储企业盈利的来源。

d. 仓储保管经营的整个仓储过程均由保管人进行操作,仓储经营企业需要有一定的投入,提供适合货物保管的条件和环境。

③ 保管仓储经营的任务。

保管仓储经营的主要任务是认真开展市场调查,根据仓储企业的仓储条件制订仓储经营计划,根据商品的性能和特点提供适宜的保管设施和保管条件,保证仓储物的数量正确、质量完好,为企业创造良好的经济效益和社会效益。

a. 展开市场调研和市场营销。仓储企业应根据市场需求,开发出受市场欢迎的产品和服务,通过广泛的市场宣传和市场开发,使仓储服务被市场接受,塑造良好的企业形象。通

过开展市场调查和市场营销,合理制定服务标准,为客户提供具有针对性的服务。

b. 制订科学的仓储规划。根据现有仓储企业的设施和条件以及不同存储物的保管要求和特点,对保管场所进行合理的选择、布置,正确选择保管方法,妥善处理存储物的堆码和毡垫方法。

c. 及时掌握仓储物资的相关信息。根据市场调研的情况,进行科学筛选、鉴别和归类,并进行分析和存储。在物资保管存储的同时,收集存储对象的存量情况和质量情况。

d. 提供适宜的保管环境。不同种类的商品需要不同的保管环境和条件。要根据商品的种类、性质等特点采取行之有效的措施和方法,为商品提供适宜的保管环境和条件,防止各种有害因素的影响,如发霉、生锈等。

(2)混藏仓储。

① 混藏仓储的概念。

混藏仓储是指存货人将一定品质、数量的商品交付保管人储藏,保管人将不同存货人同样的仓储物混合保存,储存保管期限届满时,保管人只须以相同种类、相同品质、相同数量的替代物返还给存储人,并收取仓储费的一种仓储经营方法。

② 混藏仓储的特点。

a. 混藏仓储的对象是种类物。混藏仓储的目的并不完全在于原物的保管,而是实现保管物价值的保管,合同期满时,保管人只须以相同种类、相同品质、相同数量的替代物返还,无须原物返还。所以,保管人可以将所有同种类、同品质的储存物进行混合仓储保存,从而提高了仓容的利用率。

b. 混藏仓储的保管物并不随交付而转移所有权。保管人只须为存货人提供保管服务,保管物的转移只是物的占有权的转移,与物的所有权的转移没有关系。例如,农民将小麦交给面粉厂保管,约定面粉厂可以混藏小麦,在农民需要时返还。面粉厂对小麦并没有所有权,所有的小麦混合储存于面粉厂,形成一种混合保管物的状态,各个寄存人对该混合保管物交付保管时的份额各自享有所有权。

c. 混藏仓储是一种特殊的仓储方式。混藏仓储与消费仓储、保管仓储有一定的联系,也有一定的不同。具体异同如表5-1所示。

d. 混藏仓储的保管费率往往比保管仓储的费率低。

与保管仓储相比,混藏仓储的仓容利用率相对较高,因而费用往往较低。

③ 混藏仓储的经营。

a. 混藏仓储在物流中发挥着重要的作用,配合先进先出的运作方式能使仓储物资的流通加快,有利于减少耗损,降低过期变质等风险。

b. 混藏可以使仓储设备投入最小,仓储空间利用率最高,主要适用于农村、建筑施工、粮食加工、五金行业等对于品质无差别、可以准确计量的商品。

c. 混藏仓储经营人的收入依然来源于仓储保管费,依赖于仓储物的数量、仓储时间和仓储费率。

d. 混藏仓储是成本最低的仓储方式,在混藏仓储中应尽可能地开展少品种、大批量的混藏经营。

(3)消费仓储。

① 消费仓储的概念。消费仓储是指存货人不仅将一定数量、品质的种类物交付仓储保

管人存储保管，而且与保管人互相约定，将存储物的所有权也转移给保管人，在合同期届满时，保管人以相同种类、相同品质、相同数量替代物进行返还的一种仓储方法。

② 消费仓储的特点。

a. 消费仓储是一种特殊的仓储形式，以物的价值保管为目的，具有与保管仓储相同的基本性质。消费仓储保管的目的是对仓储物的价值的保管，存货人交付存储物于保管人，只要求所储存的物品在需要时仍然保持其相同于原样的性质和状态，当合同期满时，保管人仅以种类、品质、数量相同的替代物进行返还。

b. 消费仓储以种类物作为保管对象，存储物的所有权在仓储期间发生转移。在消费仓储中，存储人将存储物交付给保管人，保管人在接收存储物的同时取得了所有权，可以以所有人的方式自由处分存储物。这是消费仓储最显著的特征。在存储物返还时，保管人以相同种类、相同品质、相同数量的替代物返还即可。

c. 消费仓储中主要的收入来源于对存储物的消费收入。在消费仓储中，存储人不仅转移存储物的所有权，而且合同中存储双方约定了允许保管人使用、收益、处分保管物。保管人通过经营存储物获得经济利益，如利用存储物市场价格的波动进行高卖、低买，获得差价受益等。相对于存储费而言，消费仓储的主要收入来源于对存储物的消费收入，存储费的收入成为次要收入，有时甚至采取无收费仓储。

③ 消费仓储的经营。消费仓储的经营有两种主要的模式：其一，仓储保管人直接使用存储物进行生产、加工。如建筑仓储经营人直接将存储的水泥用于建筑生产，在保管合同到期前到市场上购回相同的水泥归还存货人；其二，仓储经营人在存储物的价格升高时将存储物出售，在价格回落时购回。

消费仓储是仓储经营人利用存储物停滞在仓库期间的价值进行经营，追求存储物的经营收益，当该消费的收入大于返还存储物时的购买价格时，经营人获得经营利润。反之，消费收益小于返还存储物时的购买价格时，就不会对存储物进行消费，依然原物返还，此时，仓储经营人可能会出现亏损。因此，仓储企业在从事消费仓储经营时必须进行市场调研，以提高仓储企业的经济效益。

消费仓储可以在任何存储物中开展，但对仓储企业的经营水平有极高的要求。目前消费仓储在期货仓储中广泛开展。

（4）保管仓储、混藏仓储和消费仓储三种经营方式的比较。

保管仓储、混藏仓储和消费仓储的相同之处在于三种经营方式都是由仓储企业提供仓储设备，实施仓储保管，到期需向存货人交付仓储物。但三种仓储方式在存储物特点、适用范围、费用收取、所有权等方面都存在着不同，表5-1给出了三种仓储经营方式的比较，企业要根据不同经营方式的特点进行选择。

表 5-1 保管仓储、混藏仓储和消费仓储的比较

仓储方式	存储对象	存储物的所有权	仓储经营人的收益	适用范围
保管仓储	特定物	不转移	以仓储费为主	数量大、体积大、质量高的大宗货物，如粮食、工业制品、水产品等
混藏仓储	种类物	不转移	以仓储费为主	品质无差别、可以准确计量的商品，适用于农村、建筑施工、粮食加工等行业

续表

仓储方式	存储对象	存储物的所有权	仓储经营人的收益	适用范围
消费仓储	种类物	转移	对仓储物消费是主要的收益，仓储费只是次要收益	主要在期货仓储中开展

2. 仓储租赁经营

（1）仓储租赁经营的概念。

仓库租赁经营是仓库所有人将企业拥有的仓库以出租的方式开展仓储经营，由存货人自行保管货品，出租人收取出租费的仓储经营方式。仓储人只提供基本的仓储条件，进行一般的仓储管理，如环境管理和安全管理等，并不直接对所存放的商品进行管理。进行仓库租赁经营时，最重要的工作是签订仓库租赁合同，在法律条款的约束下进行租赁经营，取得租赁经营收入。

（2）仓库租赁经营的成因。

① 仓库出租的原因。采取出租仓库的方式经营的依据是开展出租的收益大于仓储保管的收益，其原因主要有三点：一是仓库的所有人为了更好地经营自己的核心业务，放弃仓库的保管经营业务；二是仓库经营人不善于经营仓储业务，致使成本无法降低，企业利润较低；三是仓库经营人不具有特殊商品的保管能力和服务水平。当下式成立时，仓库的所有人可以开展仓储租赁经营。

$$仓储保管费-保管成本-服务成本<租金收入$$

② 仓库承租的原因。对于仓库租用者而言，主要是因仓库特殊的保管能力、作业能力和企业管理的需要，采取租用仓库的方式自行开展仓储保管更有利于企业的发展。

（3）租赁双方当事人的权利和义务。

在仓库租赁经营中，租赁双方不是一般意义上的买主和卖主，而是两个关系上的约束，一方是出租人，一方是租用人。两者之间的关系不是买卖合同，而是租赁合同，两者的权利和义务也不同于买卖关系。

租用人的权利是对租用的仓库及仓库设备享有使用权（不是所有权）；租用人的义务是按约定支付租金、保护仓库设备的使用性能和仓库的完整。

出租人的权利是对于出租的仓库及设备拥有所有权，并按时收取租金；出租人的义务是按约定提供仓库及仓库设备，承认租用人对于仓库及仓库设备的使用权，并保证仓库及仓库设备具有完好性能。

（4）仓库租赁经营方式。

仓库租赁经营可以是整体性的出租，也可以采用部分出租、货位出租等分散出租方式。在分散出租方式下，仓库所有者要承担更多的仓库管理工作，如环境管理、安全保卫等。

目前，世界各地箱柜委托租赁保管业务的发展较为迅速，箱柜委托租赁保管业务是仓库业务者以一般城市居民和企业为服务对象，向其出租体积较小的箱柜来保管非交易物品的一种仓库业务。箱柜委托租赁保管业务强调安全性和保密性，为居住面积较小的城市居民和办公面积较窄的企业提供一种便利的保管服务。箱柜委托租赁保管业务是一种城市型的仓库保管业务。其主要业务是仓库根据市场需求设立服务项目。

① 以一般居民、家庭的贵重物品，如金银首饰、高级衣料、高级皮毛制品、古董、艺

术品等为对象，提供保管服务。

② 针对企业，以法律或规章制度等规定必须保存一定时间的文书资料、磁带记录资料等物品为对象提供保管服务。许多从事箱柜委托租赁保管业务的仓库经营人专门向企业提供这种业务，并根据保管物品、文书资料和磁带记录资料的特点建立专门的仓库。这种仓库一般有三个特点：一是注重保管物品的保密性；二是注重保管物品的安全性；三是注重快速服务。

因此，箱柜委托租赁保管业务作为一种城市型的保管业务在今后具有较大的发展潜力。

3. 流通加工

（1）流通加工的概念。

流通加工是指物品从生产地到使用地的过程中，根据需要施加包装、分割、计量、分拣、刷标签、栓标签、组装等简单作业的总称。

流通加工是目前仓储企业的一项具有广阔前景的经营业务，能给流通领域带来巨大的经济和社会效益。

（2）流通加工产生的原因。

流通加工是物流服务业与现代化生产发展相结合的产物，弥补了企业大批量生产加工不能满足不同消费者需求的不足。如某一生产企业对原材料钢材除了有标号、规格、型号上的要求以外，在长度、宽度等方面也有特殊要求。但是，原材料的供应商面对成千上万的客户，在生产过程中很难达到这一要求，唯有在流通过程中通过流通加工来满足不同客户的需求。

（3）流通加工的作用。

① 有利于生产企业提高生产率，提高商品质量和企业的经济效益。利用流通加工来弥补大批量生产的不足，可以让生产企业更加关注现代化的生产模式，致力于提高生产率，提高产品质量。

② 可以提高原材料的利用率。利用流通加工环节进行集中下料，将生产企业直接运来的简单规格产品，按使用部门的要求进行下料，可以实现优材优用、小材大用、合理套裁，具有很好的经济效果。例如将木材加工成不同大小的板、方等。

③ 可以进行初级加工，方便客户，提高服务质量。使用量比较小或者临时需要的使用单位，往往缺乏进行高效率加工的能力，依靠流通加工可以使使用单位省去进行初级加工的投资、设备以及人力。仓储企业开展这样的流通加工，可以方便客户，提高服务质量。目前，发展较快的初级加工有：将水泥加工成混凝土、将原木或板方材加工成门窗、冷拉钢筋及冲制异型零件以及钢板预处理等。

④ 可以提高仓储业加工设备的利用率和劳动生产率。将加工对象集中起来进行流通加工，可以达到低成本、高质量的加工效果。

⑤ 可以提高各种运输手段的综合应用效率。流通加工能使运输工具、装卸设备充分发挥作用，提高效率，从而提高货物的运输效率，降低运输费用。

⑥ 可以完善商品的功能，提高经济效益。流通加工可以改变一些商品的功能，使其具有更广的适应面，从而满足市场的需要，促进销售。

（4）仓储企业开展流通加工的经济效益。

① 直接经济利益。

a. 可大大提高劳动生产率。由于流通加工是集中加工，其加工效率比分散加工要高得多。

b. 可提高原材料的利用率。集中下料，合理套裁，且有明显提高原材料利用率的效果。

c. 可提高加工设备的利用率。在分散加工的情况下，由于生产周期和节奏的限制，设备的利用时松时紧，所以设备的加工能力不能得到充分发挥。而在流通领域的加工是面向社会的，加工数量得到大幅增加，从而使设备的利用率得以提高。

d. 可增加商品的附加值。

e. 可因加工委托人支付加工劳动费用而增加收入。

f. 可降低商品物流成本，增加仓储经营人的利益分享。

② 间接经济效益。

a. 能为许多生产厂家缩短生产周期。

b. 能为多个生产部门服务，使其可有更多时间进行创造性生产。

c. 能对生产的分工和专业化起中介作用。

d. 能使加工活动更集中，有效地使用人力和物力，比在生产企业加工更能提高加工的经济效益。

e. 能吸引更多的仓储资源。

f. 提高仓储服务水平的回报。

总之，流通加工是一项具有广阔前景的物流活动。流通加工不仅为物流合理化提供了条件，更重要的是为提高社会经济效益开辟了一条途径，因而流通加工在我国的仓储企业中显得越来越重要。但仓储企业流通加工业务的开展或多或少都需要一定的资源投入，需要一定的成本投入，因而选择仓储企业有能力开展的流通加工业务和具有成本优势的业务，才能使得流通加工经营获得收益。即流通加工的总效益大于流通加工成本投入。

(5) 常见的流通加工方式。

① 钢板剪切流通加工。汽车、冰箱、冰柜、洗衣机等生产制作企业每天需要大量的钢板，除了大型汽车制造企业外，一般规模的生产企业如若自己单独剪切，难以解决因用料高峰和低谷的差异引起的设备忙闲不均和人员浪费问题，如果委托专业钢板剪切加工企业，就可以解决这个矛盾。专业钢板剪切加工企业能够利用专业剪切设备，按照客户设计的规格尺寸和形状进行剪切加工，加工的精度高、速度快、废料少、成本低。

② 木材流通加工。木材流通加工一般有两种情况，一种情况是树木在生长地被伐倒后，由于不在当地消费，不可能连枝带杈地运输到外地，先在原处去掉树杈和树枝，将原木运走，剩下来的树杈、树枝、碎木和碎屑，可掺入其他材料，在当地木材加工厂进行流通加工，做成复合木板。也有将树木在当地磨成木屑，采取压缩方法加大容重后运往外地造纸厂造纸。另一种情况是在消费地建木材加工厂，将原木加工成板材，或按客户需要加工成各种材料，供给家具厂、木器厂。木材经过集中流通加工、综合利用，出材率可提高到72%，原木利用率达到95%，经济效益相当可观。

③ 水泥流通加工。在这里将水泥、沙石、水以及添加剂按比例进行初步搅拌，然后装进混凝土搅拌车，事先计算好时间，搅拌车一边行走，一边搅拌，到达工地后，搅拌均匀的混凝土可直接进行浇注。

④ 水产品、肉类流通加工。渔船出海，有时一个月回来一次，这期间从海中打捞上来的鱼、虾等海产品，在船上开膛、去尾、剔骨，然后冷冻保存，不仅节省轮船舱容，增加保

管能力，还能保鲜存放。牛肉、猪肉、鸡肉等肉类食品，在屠宰厂进行分割、去骨，可以冷冻运输和保管。

⑤ 组装产品流通加工。有些产品在生产过程中完全组装好，不但包装成本高，而且运输及装卸效率都会下降，所以对一些组装技术不高的产品（如自行车、家具），可以在流通加工中完成组装工作。

⑥ 服装、书籍流通加工。服装流通加工，指的不是材料的套裁和批量缝制，而是在批发商的仓库或配送中心进行缝商标、拴标签、改换包装等简单的加工作业。近年来，因消费者的要求很高，退货大量增加，从商场退回来的衣服一般在仓库或配送中心重新分类、整理、改换标签和包装。国外书籍的流通加工作业主要有：简单的装帧、套书壳、拴书签以及退书的重新整理、复原等。

⑦ 酒类流通加工。如葡萄酒，从产地批量地将原液运至消费地进行配制、装瓶、贴商标、包装后出售，既可以节约运费，又安全保险，以较低的成本，卖出较高的价格，大幅增加商品的附加值。

⑧ 玻璃流通加工。平板玻璃的运输货损率较高，运输的难度也比较大。在消费比较集中的地区建玻璃流通加工中心，按照客户的需要对平板玻璃进行套裁和开片，可使玻璃的利用率从62%～65%提高到90%以上，不但大大降低了玻璃的破损率，而且增加了玻璃的附加价值。

⑨ 煤炭加工流通。将煤炭在产地磨成煤粉，再用水调成浆，便可采用管道运输；把采掘出来的杂煤，除去矸石，能增强煤炭的纯度，把混在煤炭里的垃圾、木片等杂物彻底拣除，可避免商业索赔的发生；将煤粉加工成蜂窝煤供应居民也是一种流通加工。

⑩ 牛奶、蔬菜、水果等食品流通加工。牛奶的消费者是千家万户，牛奶的运输和配送十分复杂。为了提高效率，一般做法是把各个养牛牧场的牛奶集中到牛奶厂，牛奶厂用大型奶罐批量地将牛奶分送到各地牛奶分厂，在那里进行检疫、灭菌和均质化，装袋后配送给各商店或家庭。冬季和夏季对牛奶的需求有一定差别，可是牛奶的产量一年四季基本不变，所以，可将鲜奶做成奶粉、奶酪和奶油保存。此外，为了减少运费，牛奶也可进行浓缩加工（可将牛奶体积浓缩1/3），这也是一种很有成效的加工方法。超市货柜里摆放的各类洗净的蔬菜、水果、肉末、鸡翅、香肠以及咸菜等无一不是流通加工的产物。这些商品在摆进货柜之前，已经进行了加工作业，包括分类、清洗、贴商标和条码、包装、装袋等多道作业工序。这些流通加工都不在产地，而且已经脱离了生产领域，进入了流通领域。这种流通加工形式，节约了运输等物流成本，保护了商品质量，增加了商品的附加价值。

（6）仓储企业开展流通加工在经营方法上要注意的问题。

① 采用合适的加工方法，充分利用原材料和加工设备。如钢材流通加工，可采用集中剪板、集中下料的方式，避免单独剪板下料的一些缺点，提高材料的利用率。

② 合适的资金支持。仓储企业开展流通加工，需要投入一定原材料、加工设备、场所和人力资源，这比单纯的仓储经营需要投入更多的成本，因此仓储企业需要在资金投入上给予更多的保证。

③ 注意和其他流通环节的紧密结合。流通加工可以在仓储、运输等环节进行，因此，仓储企业开展流通加工时需要和其他环节紧密配合。

4. 仓储多种经营

（1）仓储多种经营的依据。

仓储企业为增加企业的利润增长点，必须根据自身的条件因地制宜地开展仓储多种经营。物流的发展也为仓储的多种经营创造了有利的条件。

（2）仓储多种经营的优点。

① 能适应瞬息万变的市场。仓储企业采用多种仓储经营方式，可以适应市场需求的变化。

② 能更好地减少风险。实施仓储经营多样化，可使仓储企业的经营范围更广，分散经营，从而减少风险，确保企业的正常经营。

③ 是实现仓储企业的目标的需要。为完成企业的经营目标，可采用多种经营方式，为实现企业的经营目标提供可靠的保障。

（3）仓储增值服务。

增值服务是根据客户的要求，为客户提供超出常规的服务，或者是采用超出常规的服务方法所提供的服务。创新、超常规、满足客户个性化需求是物流增值服务的本质特点。仓储的增值服务有原料质检、库存查询、库存补充及各种形式的流通加工服务等。一般常见的仓储增值服务有：

① 托盘化。指将多个零散的产品组装成一个独立托盘的作业过程。

② 包装。把商品的包装环节交给仓储企业或和仓储部门一起完成，并把仓储规划与相关的包装业务结合起来综合考虑，有利于整个物流系统效益的提高。

③ 贴标签。在仓储过程中完成在商品或包装上贴标签的工序。

④ 产品配套、组装。当某商品需要由一些组件或配件组装配套而成时，可通过仓储企业或部门的配套组装增值服务来提高整个供应链过程的效率。

⑤ 涂装。把对商品的上油漆过程放到仓储环节来进行，可缩短物流流程，节约物流成本，提高效率的目标。

⑥ 简单的加工生产。把本是在生产过程中作为一道单独的工序来完成的一些简单加工生产业务放到仓储环节来进行，可从整体上节约物流流程，降低加工成本，并使生产企业能够专注于其生产的核心主业务上。

⑦ 退货和调换服务。当客户的商品销售后，出现质量问题或纠纷，需要开展退货或货物调换业务时，由仓储企业来帮助办理有关事项。

⑧ 订货决策支持。仓储企业在仓储过程中掌握了每种商品的消耗过程和库存变化情况，这就有可能对每种商品的需求情况做出统计分析，从而为客户提供订货及库存控制的决策支持，甚至帮助客户做出相关的决策。

（4）运输中介。

运输中介又称运输服务中间商，其通常不拥有运输设备，但向其他厂商提供间接服务。典型的运输中介首先从各种托运人手中汇集一定数量的货源，然后购买运输。运输中介向托运人提供的费率通常低于承运人的直接费率，但其可以从承运人处得到更低的费率，其利润是向托运人收取的费率和向承运人购买的费率并乘以运量的差额。另外，运输中介可以向承运人提供其在大城市内承担的收取货物和交付货物的服务。

运输中介主要有货运代理人和经纪人。

① 货运代理人（简称货代）。国际货运代理协会联合会对货运代理人的定义是：根据客户的指示，为客户的利益而揽取货物的人，其本人并非承运人。货代也可凭这些条件，从事与运输合同相关的活动，如储货、报关、验收、收款。

货代以营利为目的，把来自客户手中的各种小批量货物装运整合成大批量货物装载，然后利用专业承运人进行运输。在目的地，货代把大批量装载拆成原来的装运量。其主要优势在于大批量的装运可以获得较低的费率，并使小批量装运的速度快于个别托运人直接交付专业承运人托运的速度。

② 经纪人。经纪人实质上是运输代办，以收取服务费为目的。运输中介是整个物流活动的润滑剂，通过其将托运人和承运人有机结合起来，方便了小货量托运人的托运活动，使小型托运人得到承运人的较好服务。运输中介同时也简化了承运人的作业行为，使无数的小托运人不再需要涌到承运人处办理托运。运输中介还可以避免物流浪费，因为出于对利润的追求，它承接的运输会以最经济最合理的方式运出，而一些托运人不明托运常识，会把货物以成本较高的方式运出。另外，通过运输中介也可使许多物流环节得到整合，使社会资源得到充分利用。

（5）配送与配载。

① 配送。

a. 配送的含义。配送是在经济合理区域范围内，根据客户的要求，对商品进行拣选、加工、包装、分割、组配等作业，并按时送达指定地点的物流活动。

b. 配送的特点。配送作为一种现代化的物流管理方式，在物流全过程起着十分重要的作用。配送可缩短物流渠道，减少物流环节，提高资金效益并促进物流的合理化。

配送有以下特点：

（a）配送是和订货系统紧密相连的，但它又不是广义概念上的组织商品订货、签约、进货、及时对商品进行分配供应，而是供应者以送货到户的方式提供服务性供应。从服务方来讲，它是一种"门到门"的服务，可以将商品从仓库一直送到客户的仓库、车间、工位、营业场所。

（b）配送是从客户提出的要求出发，并以最合理的方式，依靠现代化的装备和管理达到一种高水平的送货方式。

（c）配送是从配送中心到客户的一种特殊送货方式。它不仅送货，还有配货、分拣、配装等工作，即满足客户的各种需求。

（d）配送不是单独的运输和输送，而是运输与其他活动共同构成的组合体。

（e）配送是按客户订货的要求，以合理的送货形式，在配送中心或其他物流据点进行货物配备，以合理的方式送交客户；实现物品最终配置的经济活动。作为一种现代流通组织形式，它集商流、物流、信息流于一体。

② 配载。

a. 配载的含义。配载是配送活动的核心。配载是指利用运输工具和运输路线安排货载的运输业务。不同于干线运输，配载的特点是对客户的末端运输和短距离运输，并且次数多，服务对象是生产企业和商业网店。交通运输工具的大型化和运输线路的细分是现代化运输业具有的特征。大型运输工具需要大量的货载支持，需要经过仓储的集货。大量聚集在仓储中心的货物需要高效的配载安排，保证交通工具的满载和及时运出货物。在配送中心首先把商品进行分拣和配货，然后进行车辆的配载。由于配送的每种商品数量都不大，但是总数很大，常常需要安排许多车辆才能完成配送工作。

b. 配载的要求。配载是配送活动的一个重要方面。配载是把所送的商品以最便捷、最适当的方式运输，以最少的运力来满足配送的需要。配载可充分利用车辆的容积和载重量，做到满载满装，降低运输成本。在进行配载时，要坚持方便装卸、充分利用运输工具、保证商品安全、满足客户的需求的原则。

简单的配载一般可凭经验和手工计算来完成。在商品种类较多、车辆种类也较多时，可通过计算机管理，编制设计相应的运输组织软件，并将经常运送的商品数据和车辆数据输入软件，以后每次只需要输入需要运送的各种商品量及运送地点，就可以找出最佳的配载方案。

总之，随着现代化仓储业的发展，仓储企业应积极更新观念，结合内外条件，充分利用自身优势，不断开拓创新，努力提高企业的经营管理水平，开发出更多、更好的为社会所欢迎的仓储经营品种，争取获得更高的仓储收益。

5.3 仓储商务管理

1. 仓储商务

（1）仓储商务的概念。

仓储商务是仓储经营人利用其仓储保管能力向社会提供仓储保管产品并获取经济收益的商业行为。商务活动是企业对外的一种经济交换活动，因而，仓储商务发生在公共仓储和营业仓储之中，企业自营仓储则不发生仓储商务。

（2）仓储商务的内容和过程。

仓储商务是企业对外经济活动的综合体现，其内容包括制定企业经营战略、市场调研和市场开拓、商务磋商和签订商务合同、仓储合同的履行等。

① 制定企业经营战略。仓储企业要实现可持续发展，离不开一支合理、高效的商务队伍，一套完善的商务管理和作业规章制度，一个科学合理的管理体系。因此，在全面了解企业资源的情况下制订企业经营战略，对仓储企业的发展至关重要。在制定企业经营战略时，要综合考虑企业自身的人力、财力和物力以及市场对仓储的需求和供给状况，以实现可持续发展和利润最大化原则，合理制定企业经营发展目标和经营发展方法。仓储企业可以在总体经营战略的基础上选择租赁经营、公共仓储、物流中心或者配送中心，或者采用单项专业经营或者综合经营，实行独立经营或者联合经营的经营定位。

② 市场调研和市场开拓。市场调研是仓储企业进行有效经营决策不可缺少的一步，市场调研的资料和结论是仓储企业经营决策的重要依据。仓储企业市场调研的目的在于对市场进行分析并寻找和发现潜在的商业机会。仓储企业市场调研的重点应放在仓储市场的供求关系、仓储服务需求方的需求变化、同行业的竞争状况等方面。

市场开拓的目的在于通过采取针对性的有效措施，挖掘有潜在需求的客户，并与之建立业务关系。市场开拓可采用广告宣传、人员促销、关系营销以及企业联系等方法。企业也可结合有效的市场开拓进行企业形象宣传。

③ 商务磋商和签订商务合同。合同是市场经济主体之间权利义务关系的综合体现。仓

储企业应本着诚实信用、互惠互利的原则积极与客户进行商务沟通和商务谈判。由于仓储往往需要较长时间，而且在保管的过程中可能涉及加工处理、分拆等作业，也有可能涉及仓单持有人的第三方关系，为了避免产生争议，商务磋商的内容应该尽可能条款细致、内容充分。双方在意思表示一致的基础上应该订立较为完备的商务合同，以明确仓储合同双方的债权债务关系，为仓储活动的顺利开展提供有保障的法律依据。

④ 仓储合同的履行。合同的履行是双方权利义务得以实现的阶段，也是仓储企业实现其经济利益的阶段。仓储商务合同的履行主要包括以下一些关键环节：

a. 存货人交付仓储物。存货人应按合同中约定的时间和地点准备好仓储物。仓储物应该适合仓储，存货人对仓储物的状态、质量应提供相应的证明。若存放危险品或易变质的物品，存货人应向保管人详细说明仓储物的性质和存放时的注意事项。

b. 保管人接收仓储物并保管仓储物。这是保管人在仓储过程中主要义务的体现。具体包括：保管人按合同约定在接收仓储物前准备好适合的仓库；保管人在接收仓储物时对仓储物进行严格检验，确定仓储物的状态、数量和质量；按合同约定对仓储物妥善进行卸载、堆放；仓储物接收完毕后，向存货人签发仓单；采取有效措施对仓储物进行妥善保管和相应的作业；对于存放期间仓储物的损害或变化应采取必要的处理措施并及时通知存货人。

c. 存货人提货。仓储期满后，存货人或仓单持有人可凭仓单向保管人提取仓储物。提货人提货时应对仓储物进行检验，确定仓储物的状态、数量和质量。提货人对仓储过程中产生的残损货物、收集的地脚货、货物残余物等有权一并提取。

d. 存货人支付仓储费用。这是存货人的一项义务。按合同约定，仓储费的支付可以分为预付、定期支付、提货时支付等方式。存货人应严格按照合同履行仓储费用的支付义务，包括支付保管人的垫付费用、由仓储物性质造成的保管人的损失、超期存货费和超期加收费等费用。

2. 仓储商务管理

（1）仓储商务管理的概念和特征。

仓储商务管理包括对参与商务工作的人、财、物等资源的管理，其目的在于创造最大的经济效益。仓储商务管理涉及企业的经营目标、经营收益，是仓储企业高层管理的核心工作。

相对于其他企业项目管理，仓储商务管理具有以下特征：

① 经济性。虽然企业管理的最终目标是要追求利润最大化，各方面的管理也是围绕这一总目标展开，但与企业经营管理、人力资源管理等相比，商务管理直接涉及企业的经营目标和经营效益，更重视管理的经济性和效益性。

② 外向性。仓储商务是企业对外的一种经济交换活动，仓储商务管理是围绕着仓储企业与外部发生的经济活动的管理。

③ 整体性。仓储商务直接涉及企业的整体经营和效益，因此仓储企业的高层管理者会将仓储商务管理作为自己的核心工作。仓储商务管理的好与坏直接影响到其他各部门的工作。因此，仓储商务管理具有全局性和整体性的特点。

（2）仓储商务管理的目的。

仓储商务管理的目的是最充分地利用仓储资源，最大限度地提高经济效益。具体表现在以下几方面：

① 充分利用仓储资源。企业进行商务管理是为了获得更多的商务机会，并实现这些商务机会。机会能否变成企业利润，离不开企业的核心产品——仓储服务。因此，仓储企业需要充分利用企业的一切资源，包括仓储能力和作业能力、资金能力和人力资源等，获取最多的商业机会。

② 满足社会需要。仓储服务是社会生产和发展的结果，随着社会分工的进一步发展，人们对仓储服务提出更加多样化的需求。因此，仓储企业需要加强仓储商务管理，有效地开发市场，挖掘商业机会，根据市场的需求调整产品结构，提高服务水平，以增强企业的竞争力，使自己的产品被社会接受。

③ 降低风险。企业的经营风险绝大部分来自商务风险，高水平的商务管理就在于有效避免商务风险。仓储企业通过严密的市场调研和市场分析、严格的合同管理、规范的商务责任制度，可以建立有效的风险防范机制，有效地防止责任事故和规避经营风险。

④ 塑造企业形象。仓储企业通过有效的市场宣传、人员管理、合同管理等商务管理手段，可以打造诚信、高效的企业形象。企业形象作为企业的无形资产，是企业可持续发展的有力保障。因此，任何仓储企业都应该将良好的企业形象作为企业经营和管理的目标。

⑤ 提高经营收益。提高整体收益、实现仓储企业可持续发展是仓储商务管理的最终目的。一方面，仓储企业通过商务管理采取先进的经济管理理论、现代化技术、有效的经营方法，能最大限度地控制和减少交易成本。另一方面，企业通过商务管理积极开拓市场、寻求商务机会，提高企业收益。因此，通过仓储商务管理，可以最终实现企业经济效益的最大化。

（3）仓储商务管理的主要内容。

仓储商务管理是仓储企业管理的一部分，包括对参与商务工作的人、财、物等资源的管理，其目的在于创造最大的经济效益。具体而言，仓储商务管理包括以下一些内容：

① 市场管理。仓储企业要广泛开展市场调查和研究，加强市场监督和管理，广泛开展市场宣传，使仓储服务能切合市场需求。

② 资源管理。仓储企业需要充分利用仓储资源，为企业创造和实现更多的商业机会。因此，要合理利用仓储资源，做到人尽其才、物尽其用。

③ 制度管理。高效的商务管理离不开规范、合理的管理制度。仓储企业应该在资源配置、市场管理以及合同管理等方面建立和健全规范的管理制度，做到权利、职责明确。

④ 成本管理。一方面，企业应该准确进行成本核算、确定合适价格，提高自身的竞争力；另一方面，企业应该通过科学合理的组织、先进的技术降低交易成本。

⑤ 合同管理。仓储企业应该加强商务谈判和合同履行的管理，做到诚实守信、依约办事，创造良好的商业信誉。

⑥ 风险管理。仓储企业通过细致的市场调研和分析、严格的合同管理，以及规范的商务责任制度，妥善处理商务纠纷和冲突，防范和减少商务风险。

⑦ 人员管理。从业人员的业务素质和服务态度在很大程度上影响着企业的整体形象，因此，商务管理还应该包括对从业人员的管理。仓储企业应该以人为本，重视对从业人员的培训和提高，通过合理的激励机制调动从业人员的积极性和聪明才智，同时还要加强对从业人员的监督管理，创建一支高效、负责的队伍。

(4) 仓储商务管理所遵循的原则。

① 满足社会需要。当产品供不应求时，充分挖掘仓储潜力；当供过于求时，通过组织增值服务，开展多元服务，使仓储总供给量与市场需求平衡。

② 适应市场竞争。市场经济的基本特征就是广泛的市场竞争，没有竞争就没有市场。

③ 守法、依法经营。市场经济是法制的经济，需要通过法律规范企业的市场行为。

④ 追求效益最大化。追求效益最大化是市场经济主体的生产经营目的。

(5) 仓储商务管理的具体内容。

仓储商务管理是仓储企业管理的一个组成部分，包括对商务工作的人、财、物的组织和管理，涉及企业资源的使用、制度建设、激励机制以及商务队伍的教育培养和发展提高等各方面。具体有以下 10 个方面。

① 设定仓储商务机构，选用和配备商务人员，设立商务工作制度和商务管理制度。

② 有效地组织市场搜寻，广泛收集并高质量地分析市场信息，捕捉有利的商业机会，科学制订竞争策略。

③ 根据市场的需要和发展，科学规划并设计产品的营销策略，督促产品推销。

④ 进行科学合理的组织，充分利用先进的技术和传统的有效方法降低交易成本。

⑤ 准确地进行成本核算，确定合适的价格，提高产品的竞争力。

⑥ 细致地进行成本分解，提高企业整体成本管理的效果，进一步降低成本。

⑦ 以优质的服务满足消费者和用户的需要，实现企业的经济效益和社会效益。

⑧ 加强交易磋商管理和合同管理，严格依合同办事，讲信用，保证信誉。

⑨ 建立风险防范机制，妥善处理商务纠纷和冲突，防范和减少商务风险。

⑩ 加强商务人员管理，以人为本，充分发挥全体商务人员的积极性和聪明才智。重视商务人员的培养和提高，确保商务工作人员能跟上时代发展的要求并保持发展后劲。

5.4 仓储合同管理

1. 仓储合同概述

(1) 仓储合同的定义、特点和种类。

① 仓储合同的定义。《中华人民共和国合同法》（以下简称《合同法》）第 381 条将仓储合同规定为："仓储合同是保管人储存存货人交付的仓储物，存货人支付仓储费的合同。"同时《合同法》第 395 条规定："仓储合同分则未规定的事项，适用保管合同分则的有关规定。"

② 仓储合同的特点。

a. 保管人必须是专门从事仓储保管业务的仓库经营人。

b. 仓储合同是提供劳务或者服务的合同。

c. 标的物需为动产，且为特定物或者特定化的种类物。

d. 仓储合同为诺成、双务、有偿合同。

③ 仓储合同的种类。

a. 一般保管仓储合同。是指仓库经营人提供完善的仓储条件，接收存货人的仓储物进行保管，在保管期届满，将原先收保的仓储物原样交还给存货人而订立的仓储保管合同。该仓储合同的仓储物为确定物，保管人需原样返还。一般保管合同特别重视对仓储物的特定化,且保管人严格承担归还原物的责任,包括仓储物在仓储期间自然增加的孳息。

b. 混藏式仓储合同。混藏式仓储合同的标的物为确定种类物,保管人应严格按照约定的数量、质量承担责任,且没有合理耗损的权利。混藏式仓储合同具有保管仓储物价值的功能。

混藏式仓储合同对于仓储物的品质、数量有极为明确的认定,并在合同中完整地描述。当保管人不能按合同描述的向提货人交还仓储物时,需补偿提货人的损失。

c. 消费式仓储合同。是指开展消费仓储业务时存货人与保管人订立的合同。储存期间的仓储物所有权归保管人所有,保管人可以对仓储物行使所有权。消费保管的经营人一般具有仓储物消费能力,如面粉加工厂的小麦仓储、加油站的油库仓储、经营期货交易的保管人等。消费式仓储合同与一般保管仓储合同的不同之处是仓储物所有权转移到保管人,自然地保管人需要承担所有人的权利和义务。

消费式仓储经营人的收益,除了约定的仓储费(一般较低)外,更重要的是消费仓储物与到期购回仓储物所带来的差价收益。

d. 仓库租赁合同。是指仓库所有人开展仓储租赁经营,与承租人签订的合同。仓储人只提供基本的仓储条件,进行一般的仓储管理,如环境管理、安全管理等,并不直接对所存放的商品进行管理。仓库租赁合同严格意义上来说不是仓储合同,只是财产租赁合同,但是由于仓库出租方具有部分仓储保管的责任,所以具有仓储合同的一些特性。

(2) 仓储合同的当事人。

仓储合同的双方当事人分别为存货人和保管人。

存货人是指将仓储物交付仓储的一方。存货人必须是具有将仓储物交付仓储的处分权的人,可以是仓储物的所有人,也可以是只有仓储权利的占有人,如承运人,或者是受让仓储物但未实际占有仓储物的准所有人,或者有权处分人,如法院、行政机关等。可以是法人、非法人单位、民营企业、事业单位、个体经营户、国家机关、群众组织和公民等。

保管人是指保管仓储物的一方。根据《合同法》规定,保管人必须具有仓储设备和专门从事仓储保管业务的资格。也就是说,保管人必须拥有仓储保管设备和设施,具有仓库、场地、货架、装卸搬运设施、安全、消防等基本条件,取得相应的公安、消防部门的许可。从事特殊保管的,还要有特殊保管的条件要求。设备和设施无论是保管人自有的还是租赁的,保管人必须具有有效的经营使用权。同时,从事仓储经营必须具有经营资格,进行工商登记,获得工商营业执照。保管人可以是独立的企业法人、企业的分支机构或者个体工商户、合伙企业、其他组织等,可以是专门从事仓储业务的仓储经营者,也可以是贸易货栈、车站、码头的兼营机构,或者从事配送经营的配送中心。

(3) 仓储合同的标的和标的物。

合同标的是指合同关系指向的对象,也就是当事人权利和义务指向的对象。仓储合同虽然约定的是仓储物的保管事项,但合同的标的是仓储保管行为,包括仓储空间、仓储时间和保管要求,存货人要为此支付仓储费。因此,仓储合同是一种行为合同,一种当事人双方都需要承担义务的双务合同。

标的物是标的的载体和表现,仓储合同的标的物就是存货人交存的仓储物。仓储物可以是生产资料,如生产原料、配件、组件、生产工具、运输工具等;也可以是生活资料,如一般商品,包括特定物或者种类物。但是仓储物必须是动产,能够移动到仓储地进行仓储保管,且是有形的实物动产,有具体的物理形状。不动产不能成为仓储物,货币、知识产权、数据、文化等无形资产和精神产品也不能作为仓储物,如图书可以作为仓储物,但图书的著作权、书内的专利权不能成为仓储物。

(4) 仓储合同的订立。

① 要约与承诺。仓储合同的订立经过要约和承诺的过程。

一方向另一方提出要约,另一方予以承诺,仓储合同成立。作为一项有效的要约,必须具有明确的订立合同的愿望和完整的交易条件。交易条件可以是在要约中明示的,也可以为受要约人通过合理判断确定的默示条件。要约人在要约送达受要约人后,承担遵守要约的责任。承诺是对要约无条件地接受,任何对要约实质性的变动都不是承诺,是要约人的反要约。承诺必须是明确的、有确切表现的承诺。承诺到达要约人即生效,承诺人即受承诺的约束。

一方向另一方发出不明确的交易愿望的行为为要约引诱。要约引诱不具有约束力,如广告、推销宣传等。但是如果广告等具有明确交易条件和交易愿望,且明示有约束力的,则成为要约。

当一方(主要是存货人)向另一方发出愿意订立仓储合同的要约,但没有明确合同的主要事项,这种要约构成了双方订立预约合同的要件。保管人的承诺表明双方订立了预约合同。预约合同并不是仓储合同,仅仅是双方达成了将要订立仓储合同的协议。生效的预约仓储合同也是有效的合同,双方承担将要订立仓储主合同的义务,否则需承担违反预约合同的责任。

② 订立仓储合同的原则。

a. 平等的原则。当事人双方法律地位的平等是合同制度的基础,是任何合同行为都需要遵循的原则。订立仓储合同的双方应本着法律地位平等的心态,进行平等协商,订立公平的合同。任何一方采取恃强凌弱或者以大欺小、行政命令的方式订立的合同都会成为无效合同。

b. 等价有偿的原则。仓储合同是双务合同,合同双方都要承担相应的合同义务,享受相应的合同利益。

c. 自愿与协商一致的原则。当事人订立合同时完全根据自身的需要和条件,利用各自的知识和能力,通过广泛的协商,使双方在整体上接受合同的约定,这是合同生效的条件。任何采取胁迫、欺诈的手段订立的合同都是无效合同。

d. 合法和不损害社会公共利益。当事人在订立合同时要严格遵守法律法规,不得进行任何违反法规强制规定的经济主体、公民不能从事的行为,包括不能发生超越经营权、侵害所有权、侵犯国家主权、危害环境等违法行为。不损害社会公共利益的原则要求合同主体在合同履行过程中不发生有损社会安定、扰乱社会经济秩序、妨碍人民生活、违反道德准则等的不良行为。

③ 合同的形式。根据《合同法》的规定,合同可以采用书面形式、口头形式或其他形式。电报、电传、传真、电子数据以及电子邮件也可以作为书面形式的合同。因而仓储合同可以采用书面形式、口头形式或者其他形式。订立仓储合同的要约、承诺也可以是书面形式、口头形式或其他形式。

仓储合同使用完整的书面形式合同较为合适,完整的书面形式合同有利于合同的保存、履行和发生争议时的处理。

合同的其他形式包括，通过行为订立合同、签发格式合同等。在订立合同之前，存货人将货物交给仓储保管人，保管人接收货物，则表明事实上已订立了合同。

（5）仓储合同的生效和无效。

仓储合同为诺成性合同，在合同成立时就生效。具体表现为：双方签署合同书；合同确认书送达对方；受要约方的承诺送达对方；公共保管人签发格式合同或仓单；存货人将仓储物交付保管人，保管人接收。无论仓储物是否交付存储，仓储合同自成立时生效。

无效合同是指已订立的合同由于违反了法律规定，而被认定为无效。合同无效由人民法院或者仲裁机构、工商行政机关认定，可以认定为合同整体无效或者部分无效的，可以采取变更或者撤销的方式处理；无效合同可以在合同订立之后、履行之前、履行之中或者履行之后认定。

（6）仓储合同格式。

仓储合同可以分为单次仓储合同、长期仓储合同等。仓储合同是不要式合同，如长期仓储合同、仓库租赁合同，当事人可以协议采用任何合同格式。常见的仓储合同格式有：

① 合同书。合同书是仓储合同的最常用格式（如附件所示）。合同书由合同名称、合同编号、合同条款以及当事人签署四部分构成，合同书具有形式完整、内容全面、程序完备的特性，便于合同订立、履行和留存以及合同争议的处理。

② 确认书。在采取口头（电话）、传真、电子文件等形式商定合同时，为了明确合同条款和表达合同订立，常常采用向另一方签发确认书的方式确定合同，确认书就是合同格式的主要部分。由于确认书仅由发出确认书的一方签署，与完整合同有所不同，但其功能相同。

确认书有两种形式：一种仅列明合同的主要事项，合同的其他条款在其他文件中表达，如传真（本公司同意接受贵公司 9 月 20 日提出的仓储 200 t 钢管的函的要求，请按时送货）。另一种是将完整合同事项列在确认书上，形式相当于完整合同书。

③ 计划表。在订立长期仓储合同关系中，对具体的仓储安排较多采用计划表的形式，由存货人定期制订仓储计划交保管人执行。计划表就是长期仓储合同的补充合同或执行合同。

④ 格式合同。对于仓储周转量极大、每单位仓储物量较小，也就是次数多、批量少的公共仓储，如车站仓储等，保管人可以采用格式合同。格式合同是由一方事先拟定，并在工商管理部门备案的单方确定合同。在订立合同时由保管人填写仓储物、存期、费用等事项，直接让存货人签认后生效，不进行条款协商。

（7）仓储合同的变更和解除。

① 仓储合同的变更。仓储合同的变更是指对已生效的仓储合同的内容进行修改或者补充，不改变原合同的关系和本质事项。

仓储合同当事人一方因为利益需要，向另一方提出变更合同的要求，并要求另一方在期限内答复，另一方在期限内答复同意变更。如果另一方在期限内未作答复，合同也发生变更，则双方按照变更后的条件履行。如果另一方在期限内明确拒绝变更，则合同不能变更。合同变更后按变更后的合同履行，对变更前已履行的部分没有追溯力，但因为不完全履行而发生的利益损害，作为受害一方可向对方请求赔偿，或者变更合同的条件。

② 仓储合同的解除。仓储合同的解除是不再履行未履行的合同或合同还未履行部分，

使希望发生的权利义务关系消亡，称为合同履行终止。

a. 仓储合同解除的方式。

（a）存货人与保管人协议解除合同。协议解除合同和协议订立合同一样，是双方意见一致的结果，具有至高的效力。解除合同协议可以在合同生效后、履行完毕之前由双方协商达成；也可以在订立合同时订立解除合同的条款，当约定的解除合同的条件出现时，一方通知另一方解除合同。

（b）出现法律规定的仓储合同解除条件而解除合同。这是当事人一方依照《合同法》的规定采取解除合同的行为。

《合同法》规定：因不可抗力致使合同的目的不能实现，任何一方可通知对方解除合同；一方当事人将发生预期违约，另一方当事人可以行使合同解除权；仓储合同的一方当事人迟延履行合同义务，经催告后在合理期限内仍未履行，另一方当事人可以解除合同；仓储合同一方当事人迟延履行义务或者有其他违约行为，致使合同目的不能实现，另一方当事人可以解除合同。一方依法选择解除合同的，只要书面向对方发出解除合同的通知，当通知到达对方时，合同解除。有权解除合同的一方也可以要求人民法院或仲裁机构确定解除合同。

b. 仓储合同解除的后果。

合同解除后，因为仓储合同所产生的存货人和保管人的权利义务关系消灭，所以未履行的合同终止履行。合同解除并不影响合同中清算条款的效力，双方仍需要按照清算条款的约定承担责任和赔偿损失，需承担违约责任的一方仍要依据合同约定承担违约责任、采取补救措施和赔偿损失的责任。如违约的存货人需要对仓库空置给予补偿，造成合同解除的保管人要承担运输费、转仓费、仓储费差额等损失赔偿。

2. 仓储合同当事人的权利和义务

仓储合同的双方当事人分别为存货人和保管人。仓储合同当事人的权利与义务是合同当事人在履行合同过程中有权要求对方采用的行为和自身需要进行的行为或不行为。当事人的权利和义务来自合同的约定和法律的规定。在合同中的权利和义务的规定包括合同明示条款和合同的默示条款。明示条款具有绝对的效力，当事人应尽可能采用明示条款明示双方的权利和义务；默示条款则是在合同中没有写出的，但是根据订立合同的环境和合同的性质，依据一般的专业知识可以合理推定出的当事人在合同履行中所能享受的权利与要承担的义务。

（1）存货人的权利与义务。

① 告知义务。存货人的告知义务包括两个方面：对仓储物的完整告知和瑕疵告知。

完整告知是指在订立合同时存货人要完整、细致地告知保管人仓储物的准确名称、数量、包装方式、性质以及作业保管要求等涉及验收、作业、仓储保管、交付的资料，对于危险货物，存货人还要提供详细的说明资料。存货人未明确告知的仓储物属于夹带品，保管人可以拒绝接受。

瑕疵包括仓储物及其包装的不良状态、潜在缺陷以及不稳定状态等已存在的缺陷或将会发生损害的缺陷。保管人了解仓储物所具有的瑕疵后可以采取针对性的操作和管理，以避免发生损害和危害。因存货人未告知仓储物的瑕疵而造成保管人验收错误、作业损害、保管损坏的，由存货人承担赔偿责任。

② 妥善处理和交存货物。存货人应对仓储物进行妥善处理，根据仓储物的性质进行分类、分储，根据合同约定妥善包装，使仓储物适合仓储作业和保管。

存货人应根据合同约定的时间向保管人交存仓储物，并提供验收单证。交存仓储物不是仓储合同生效的条件，而是存货人履行仓储合同的义务。存货人未按照约定交存仓储物则构成违约。

③ 支付仓储费和偿付必要费用。仓储费是保管人订立仓储合同的目的，是对仓储物进行保管所获得的报酬，是保管人的权利。存货人应根据合同约定按时、按量地支付仓储费，否则构成违约。如果存货人提前提取仓储物，保管人不减收仓储费。如果存货人逾期提取，应加收仓储费。若未支付仓储费，保管人有对仓储物行使留置权的权利，即有权拒绝将仓储物交还存货人或应付款人，并可通过拍卖留置仓储物等方式获得仓储费。

仓储物在仓储期间发生的应由存货人承担的费用支出或垫费，如保险费、货物自然特性的损害处理费用、有关货损处理、运输搬运费、转仓费等，存货人应及时支付。

④ 查验、取样。在仓储期间存货人有对仓储物进行查验、取样查验的权利，保管人不得拒绝。

⑤ 及时提货。存货人应按照合同的约定，按时将仓储物提取。保管人根据合同的约定安排仓库的使用计划，如果存货人未将仓储物提取，会使得保管人已签订的另一个仓储合同无法履行。存货人未在约定的时间提离仓储物，保管人可以向提存机关要求提存该仓储物。提存是一种民事义务的履行方式，由义务人向国家提存机关履行民事义务，或者义务人要求国家提存机关证明其已履行义务。

（2）保管人的权利和义务。

① 合适的仓储条件。仓储人经营仓储保管的先决条件就是具有合适的仓储保管条件，有拟保管的货物的保管设施和设备，包括适合的场地、容器、仓库、货架、作业搬运设备、计量设备、保管设备以及相应的安全保卫设施等条件。还应配备一定的保管人员、商品养护人员，制定有效的管理制度和操作规程等。同时保管人所具有的仓储保管条件还要满足所要进行保管的仓储物的相对仓储保管要求，如保存粮食的粮仓、保存冷藏货物的冷库等。保管人若不具有仓储保管条件，则构成根本违约。

② 验收货物。验收货物不仅是保管人的义务，也是保管人的权利。保管人应该在接收仓储物时进行理货、计数、查验，在合同约定的期限内检验货物质量，并签发验货单证。验收货物可按照合同约定的标准和方法，或者按照习惯的、合理的方法进行。保管人未验收货物的推定为存货人所交存的货物完好，保管人也要返还完好无损的货物。保管人在验收中发现货物溢短，对溢出部分可以拒收，对于货物短少有权向存货人主张违约责任。对于货物存在的不良状况，有权要求存货人更换、修理或拒绝接受，否则需如实编制纪录，以明确责任。

③ 签发仓单。保管人在接收货物后，根据合同的约定或者存货人的要求，及时向存货人签发仓单。在存期届满，根据仓单的记载向仓单持有人交付货物，并承担仓单所明确的责任。保管人根据实际接受的货物情况签发仓单。保管人应根据合同条款确定仓单的责任事项，避免将来向仓单持有人承担超出仓储合同所约定的责任。

④ 合理化仓储。保管人应在合同约定的仓储地点存放仓储物，并充分利用先进的技术、科学的方法、严格的制度，高质量地做好仓储管理。使用适合于仓储物保管的仓储设施和设备，如容器、货架和货仓等，在谨慎操作、妥善处理、科学保管和合理维护等各方面做到合理化仓储。保管人对于仓储物的保管承担严格责任，因其保管不善所造成的仓储物在仓储期

间发生损害、灭失，除非保管人能证明损害是由货物性质、包装不当、超期以及其他免责原因造成的，否则保管人要承担赔偿责任。

⑤ 返还仓储物。保管人应在约定的时间和地点向存货人或仓单持有人交还约定的仓储物。

仓储合同没有明确存期和交还地点的，存货人或仓单持有人可以随时要求提取，保管人应在合理的时间内交还存储物。同样，保管人也可以随时要求存货人提取仓储物。保管人在催告存货人提货期满后，存货人可以提存仓储物。

作为一般仓储合同，保管人在交返仓储物时，应将原物及其孳息、残余物一同交还。

⑥ 危险通知义务。当仓储物出现危险时，保管人应及时通知存货人或者仓单持有人。包括在货物验收时发现不良情况、发生不可抗力损害、仓储物变质、仓储事故，以及其他涉及仓储物所有权的情况。存货人掌握仓储物的状态是存货人具有所有权的权利体现，对于涉及仓储物交易、保险的危险，以及可能造成的进一步损害，存货人应及时掌握信息并采取措施处理，以减少损失。当然，在发生或发现危险时，保管人有义务采取紧急措施处置，防止危害扩大。

(3) 违约责任和免责。

① 违约责任。违约是指存货人或者保管人不能履行合同约定的义务或者履行合同义务不符合合同的约定的不行为或行为。为了限制违约行为，以及为了避免由于一方违约造成另一方的损失，由违约方承担违约责任不仅是合同法律制度的规范，也是当事人协议合同的必要事项。通过法定的和合同约定的违约责任的承担，增加违约成本，弥补被违约方的损失，减少违约的发生，有利于维护市场的稳定和秩序。

违约责任往往以弥补对方的损失为原则，违约方需对对方的损失，包括直接造成的损失和合理预见的利益损失给予弥补。违约责任的承担方式有支付违约金、赔偿损失以及继续履行合同等。

a. 支付违约金。违约金是指合同约定当一方违反合同约定时需向另一方支付的金额。违约金本身是一种对违约的惩罚。违约金产生的前提是合同约定和违约行为的发生，包括发生预期违约，而无论是否发生损失。根据我国《合同法》的规定，当事人可以约定一方违约时应当根据违约情况向对方支付一定数额的违约金，也可以约定因违约产生的损失赔偿额的计算方法。同时规定当违约金过高或者过低时，可以要求法院或仲裁机构予以调整。因而违约金又是一种赔偿处理方法，具有赔偿性。合同违约金的约定可以按照违约的现象进行约定，如未履行的违约金、不完全履行的违约金、迟延违约金等，也可以确定一种违约金的计算方法，当发生违约时通过计算确定具体违约金。

违约金以约定支付的方式进行。对于合同履行中因责任造成对方损失的赔偿，也可以采取违约金支付的方式，这样有利于简化索赔程序。

b. 赔偿损失。当事人一方由于违反仓储合同的约定，不履行合同义务或者履行合同义务不符合约定，使合同对方发生损失的，应该承担对方损失的赔偿责任。赔偿损失的条件为违约和使对方产生损失。这种损失包括违约所造成直接的损失和违约方在订立合同时所能预见的履行合同后对方可以获得的利益。

违约的赔偿责任既是法定的责任也是约定的责任，因为约定的合同的义务未得到履行，出现了损失，才导致赔偿的法律责任。合同中约定违约金时，一方的违约造成超过所支付的违约金的损失时，另一方仍有权要求违约方赔偿超额的损失。

赔偿损失可以采用支付赔偿金的方式，也可以采取其他方式进行，如实物补偿等。

c. 继续履行合同。发生违约行为后，被违约方要求对方或请求法院强制对方继续履行合同的义务的违约责任承担制度。继续履行合同是一种违约责任的承担方式，而无论违约方是否支付了违约金或承担了对方的损失赔偿，其条件为合同还可以继续履行和违约方还具有履行合同的能力。若法律上或者事实上不能履行、继续履行费用过高、被违约方未在合理期限内提出继续履行，违约方可免除继续履行责任。

d. 采取补救措施。发生违约后，被违约方有权要求违约方采取合理的补救措施，弥补违约的损失，并减少进一步损失的发生。如对损坏的仓储物进行修理、将仓储物转移到良好的仓库存放、修复仓储设备，或者支付保养费、维修费、运杂费等。

e. 定金惩罚。定金是《中华人民共和国担保法》规范的一种担保方式。在订立合同时，当事人可以约定采用定金来担保合同的履行。在履行合同前，由一方向另一方先行支付定金，在合同履行完毕，收取定金的一方退还定金或者抵作价款。当合同未履行时，支付定金一方违约的，定金不退还；收取定金一方违约的，双倍退还定金。

定金不得超过合同总金额的20%。同时有定金和违约金约定的，当事人只能选择其中一种履行。

② 免责。免责又称免除民事责任，指不履行合同或法律规定的义务，致使他人财产受到损失，由于有不可归责于违约方的事由，违约方可以不承担民事责任。免责原因有法律规定的免责事项和合同约定的免责事项。但是造成对方人身伤害，因故意或者重大过失造成对方财产损失的不能免责。

a. 不可抗力。不可抗力是指双方当事人不能预见、不能避免并且不能克服的客观情况的发生，包括自然灾害和某些社会现象，如火山爆发、地震、台风、冰雹和洪涝等自然灾害，战争、罢工和国家行为等社会现象。

不可抗力的免责必须是实际发生的不可抗力，对直接由于不可抗力造成的损失和不可抗力致使一方当事人不能履行合同或者不能完全履行合同，免除损失赔偿责任和违约责任。

不可抗力免责的范围仅限在不可抗力的直接影响，当事人未采取有效措施防范、救急所造成的损失扩大部分不能免责。对于延迟履行合同中所遇到的不可抗力不能免责。在发生不可抗力事件后所订立的合同不得引用不可抗力免责。

b. 仓储物自然特性。因仓储物的性质、超过有效储存期造成仓储物变质、损坏的损失，保管人不承担赔偿责任。

c. 存货人的过失。由于存货人的原因造成仓储物的损害，如包装不符合约定、未提供准确的验收资料、隐瞒和夹带、存货人的错误指示和说明等，保管人不承担赔偿责任。

d. 合同约定的免责。基于当事人的利益，双方在合同中约定免责事项，对免责事项造成的损失，不承担互相赔偿责任。如约定货物入库时不验收重量，则保管人不承担重量短少的赔偿责任；约定不检验货物内容质量的，保管人不承担非作业保管不当的内容变质损坏责任。

3. 仓单

（1）仓单的概念和性质。

① 仓单的概念和作用。仓单是保管人在接收仓储物后签发的表明一定数量的仓储物已

经交付仓储保管的法律文书。保管人签发仓单，表明已接收仓储物，并已承担对仓储物的保管的责任以及保证将向仓单持有人交付仓储物。签发仓单是仓储保管人的法律义务，《合同法》规定："存货人交付仓储物时，保管人应当给付仓单"。

仓单的作用表现在：签发仓单表明保管人已接收了仓单上所记载的仓储物；仓单是仓储保管人凭以返还保管物的凭证；仓单是确定保管人和仓单持有人、提货人责任和义务的依据；同时仓单还是仓储合同的证明。

② 仓单的法律特性。

a. 仓单是提货凭证。仓储保管人保证向仓单持有人交付仓储物。在提取仓储物时，提货人必须向保管人出示仓单，并在提货后将仓单交回保管人注销。没有仓单不能直接提取仓储物。

b. 仓单是所有权的法律文书。保管人在查验并接收仓储物后向存货人签发仓单，表明仓储物的所有权并没有转移给保管人，只是将仓储物的保管责任转交给保管人。保管人签发的仓单作为仓储物的所有权文书，并由存货人或其他人持有。

c. 仓单是有价证券。仓单是仓储物的文件表示，仓储保管人依据仓单返还仓储物，持有仓单表示占有仓储物，也就意味着占有了被仓储的财产和该财产所包含的价值。受让仓单就需要支付与该价值对等的资产或价款，因而仓单是表明仓储物价值的有价证券。只不过由于仓单所表示的是实物资产的价值，其价格受实物市场的供求关系的影响，需要根据实物的市场价格确定仓单的具体价值。

d. 仓单是仓储合同的证明。仓单本身并不是仓储合同，当双方没有订立仓储合同时，仓单作为仓储合同的书面证明，证明合同关系的存在。存货人和保管人按照仓单的记载承担合同责任。

③ 仓单的功能。

a. 保管人承担责任的证明。仓单的签发意味着仓储保管人接管仓储物，对仓储物承担保管责任，保证在仓储期满向仓单持有人交还仓单上所记载的仓储物，并对仓储物在仓储期间发生的损害或灭失承担赔偿责任。

b. 物权证明。仓单作为提货的凭证就意味着合法获得仓单，持有人具有该仓单上所记载的仓储物的所有权。仓单持有人因持有仓单所获得的仓储物所有权，仅仅是仓单所明示的物权，并不当然获得存货人与保管人所订立仓储合同中的权利，只有这些权利在仓单中列明时才由仓单持有人享受。相应地，保管人也不能用未在仓单上明示的仓储合同的条款对抗仓单持有人，除非仓单持有人与存货人为同一人。

c. 物权交易。仓储物交给保管人保管后，保管人占有仓储物，但是仓储物的所有权仍然属于存货人，存货人有权依法对仓储物进行处理，可以转让仓储物。

（a）仓单的背书转让。由于仓单大都为记名证券，仓单的转让必须采用背书转让的方式进行。由出让人进行背书，并注明受让人，保持仓单的记名性质。

（b）仓单转让需经保管人签署。仓单通过背书转让，仓储物的所有权发生了转移，被背书人成为仓单持有人。这也就意味着原先同保管人订立仓储合同的存货人将凭仓单提取仓储物的权利转让给了其他人。保管人将向第三人履行仓储合同义务。根据《合同法》第 80 条规定"债权人转让权利的，应当通知债务人"；同时还规定债务人转让义务的，应当经债权人同意。仓单的转让可能仅涉及存货人债权的转让，也可能存在受让人支付仓储费等债务的转让，因而仓单转让需要保管人的认可，经保管人签字或者盖章，仓单受让人才能获得提取仓储物的权利。

d. 金融工具。由于仓单所具有的物权功能，仓单也代表着仓储物的价值，成为有价证券，可以作为一定价值的担保，因而仓单可以作为抵押、质押、财产保证的金融工具和其他信用保证。在期货交易市场上，仓单交易是最核心的部分。

（2）仓单的形式与内容。

仓单由保管人提供。仓储经营人准备好仓单簿，仓单簿为一式两联，第一联为仓单，在签发后交给存货人；第二联为存根，由保管人保存，以便核对仓单。

《合同法》规定仓单的内容包括下列事项：

① 存货人的名称或者姓名、住所；
② 仓储物的品名、数量、质量、包装、件数和标记；
③ 仓储物的耗损标准；
④ 储存场所；
⑤ 储存期间；
⑥ 仓储费；
⑦ 仓储物的保险金额、期间以及保险人的名称；
⑧ 填发人、填发地和填发日期。

（3）仓单业务。

① 仓单的签发。仓单由保管人向存货人签发。存货人要求保管人签发仓单时，保管人必须签发仓单。经保管人签署的仓单才能生效。

保管人对仓储物不良状态的批注必须实事求是，如果仓储物的瑕疵不影响仓储物的价值或质量等级，保管人可以接受存货人的担保而不批注，否则就必须批注，或者拒绝签发仓单。

② 仓单份数。根据《合同法》的规定，保管人只签发一式两份仓单，一份为正式仓单，交给存货人，另一份为存底单，由保管人保管。仓单副本则根据业务需要复制相应份数，但需注明为"副本"。

③ 仓单的分割。存货人将一批仓储物交给保管人时，因为转让的需要，要求保管人签发几份仓单，或者仓单持有人要求保管人将原先的一份仓单分拆成多份仓单以便向不同人转让，这就是仓单的分割业务。仓单的分割条件是仓储物必须能够被分劈，且达成对残损、地脚货的分配协议并对分割后的仓单持有人有约束力，分割后仓单的仓储物总和数与仓储物总数相同。保管人对已签发出的仓单进行分割后，必须将原仓单收回。

④ 仓单转让。仓单持有人需要转让仓储物时，可以通过背书转让的方式进行仓储物转让。仓单转让生效的条件为：背书过程完整，经保管人签署。

a. 背书转让。作为记名单证，仓单的转让采取背书转让的方式进行。背书转让的出让人为背书人，受让人为被背书人。背书格式为：

兹将本仓单转让给×××（被背书人的完整名称）

×××（背书人的完整名称）

背书经办人签名、日期

仓单可以进行多次背书转让，第一次背书的存货人为第一背书人。在第二次转让时，第一次被背书人就成为第二背书人。因而背书过程是衔接的完整过程，任何参与该仓单转让的人都在仓单的背书过程中有记载。

b. 保管人签署。存货人将仓单转让，意味着保管人需要对其他人履行仓储义务，保管人与存货人订立仓储合同的意境和氛围都因仓单的转让而发生了改变，保管人对仓单受让人履行仓单义务，需要了解义务对象的变化，对仓单受让人行使仓单权利，也需要对债务人有足够的信任，需要对仓单的转让给予认可。所以仓单的转让需要保管人的签署，受让人方可凭单提取仓储物。

⑤ 凭单提货。在保管期满或者经保管人同意的提货时间，仓单持有人向保管人提交仓单并出示身份证明，经保管人核对无误后，保管人给予办理提货手续。

a. 核对仓单。

b. 提货人缴纳费用。

c. 保管人签发提货单证并安排提货。保管人收取费用、收回仓单后，签发提货单证，安排货物出库。

d. 提货人验收仓储物。提货人根据仓单的记载与保管人共同查验仓储物，签收提货单证，收取仓储物。如果查验时发现仓储物状态不良，须现场编制记录，并要求保管人签署，必要时申请商品检验，以备事后索赔。

⑥ 仓单灭失的提货。仓单因故损毁或灭失，将会出现无单提货的现象。仓单灭失的提货方法如下：

a. 通过人民法院的公示催告使仓单失效。根据《中华人民共和国民事诉讼法》，原仓单持有人或者仓储合同人可以申请人民法院对仓单进行公示催告。当60天公示期满无人争议后，人民法院可以判决仓单无效，申请人可以向保管人要求提取仓储物。在公示期内有人争议，则由法院审理判决，确定有权提货人，并凭法院判决书提货。

b. 提供担保提货。提货人向保管人提供仓储物的担保后提货，由保管人掌握担保财产，将来另有人出示仓单而不能交货需要赔偿时，保管人使用担保财产进行赔偿。该担保在可能存在的仓单失效后，方解除担保。

⑦ 不记名仓单。在仓单的存货人项不填写真正的存货人或所有人，而只填写通知人或者经手人等非实际仓储物的所有人的仓单属于不记名仓单。

4. 仓储合同的主要条款

仓储合同为不要式合同，没有严格的条款规定，当事人可根据需要商定合同事项，并由双方协议所采用的合同形式。仓储合同的条款有当事人条款、仓储物条款、仓储条款、价款、当事人的权利和义务、违约责任和争议处理条款。

(1) 存货人、保管人的名称和地址。

合同当事人是履行合同的主体，需要承担合同责任，需要采用完整的企业注册名称和登记地址，或者主办单位地址。主体为个人的，须明示个人的姓名和户籍地或常驻地（临时户籍地）。有必要时可在合同中增加通知人，但通知人不是合同当事人，仅仅履行通知当事人的义务。

(2) 仓储物的品种、数量、质量、包装、件数和标记。

指仓储合同当事人双方约定的仓储物的品种、数量、质量、包装、件数和标记。仓储物必须是动产，需存放到仓储地进行保管并进行交接，因而需要明确地将仓储物特定化或者特定种类化。仓储物的品种需采用完整的商品名称或种类名称表达；数量采用公用的计量方法确定并达到最高的精度，用最小的独立封装单元确定件数，如箱装货物以封口的外包装为单位，或者以最小的组成单位，如成捆的管材用具体管材根数表达；商品的质量可以仅用外包装可见质量或者商品本身的质量来表达；标准可以采用国家标准、行业标准或者约定的标准来表达，必要时可以商品的质量检验报告为准；标记应采用外包装上的标记，或者拴挂的标签标记。

（3）交接时间和地点、验收方法。

指仓储合同当事人双方约定的交接时间和地点、验收方法。交接时间显然确定了仓储物的入库时间，保管人必须在此前准备好货位并能进行交接。交接地点表明了运送仓储物入库的具体交接地及责任承担人，但还需明确卸车搬运的承担人。合同中还需明确交接理货的方法、验收的内容、标准、时间和方式。验收内容与质量标准具有较强的相关性，通常针对质量标准进行验收。约定了验收标准，保管人仅对验收事项负责（如约定仅对仓储物的外包装进行验收，当返还仓储物时保管人对外包装的损坏承担责任，而对内容不承担责任，除非是可证明为保管不当造成的损害）。

（4）仓储物的损耗标准。

指仓储合同当事人双方在仓储合同中明确仓储物的损耗标准。仓储物在长期存放和经库内多次作业后，由于挥发、散失、扬尘以及计量方法不同等原因造成的损耗减量，保管人很难承担责任，应该在合同协议中采用免责的方式处理。应当在合同中订立合理损耗的条款，双方约定不追究对方责任的数量的标准，包括重量或者件数的减量。商品损耗标准可以采用国家标准或者行业标准，也可以由双方约定。有约定标准的则适用约定标准。

（5）储存场所。

指仓储合同当事人双方约定的仓储物存放的仓库或货场及其地理位置。根据仓储物的特点，存储场所可以约定得较为笼统或者极为具体明确。对于特殊商品，必要时要明确保管条件和方法。

（6）储存期间。

指仓储合同当事人双方约定的仓储物的储存时间，有三种表示方式。一是用期限表示，如储存3个月，自仓储物入库起算；二是以日期的方式表示，如9月10日至12月10日；三是不约定具体的存放期间，但约定到期方式的确定方法，如提前一个月通知等。保管人根据储存期间计收仓储费，安排库容使用计划，并承担相应的责任，对不能遵守储存期间条款的存货人，保管人有权要求其承担违约责任。

（7）仓储费。

指仓储合同当事人双方确定仓储费的费率、仓储费的计算方法、支付方法和支付时间的条款。仓储费有预付、定期支付和结算等支付方式。《合同法》规定，当事人没有约定支付时间的，在交付仓储物时支付。当事人未约定仓储费的，保管人仍可向存货人要求支付。

（8）仓储物的保险约定。

指仓储合同当事人双方对仓储物的保险约定。仓储物必须进行保险。若存货人已对仓储物进行了保险，必须告知保管人所投保的保险人、保险金额和保险期间。未保险的可以委托保管人进行投保，但仍然由存货人承担保险费。

(9) 违约责任。

指仓储合同当事人双方约定的对违反仓储合同应该承担的责任。合同约定存货人未交付仓储物、未在约定时间交付仓储物的违约责任；保管人不能接收仓储物或者不能在约定时间接收仓储物的违约责任；存货人未在约定时间提取仓储物的超期费用；仓储物在仓储期间造成保管人损失或者其他损害的赔偿；违约金的标准；补救措施等出现违约时的处理方法。违约金是违约责任的主要承担方式，必须在合同中明确，包括各种违约项目及违约金数额标准或者计算方法、支付方式等。

(10) 合同变更和解除的条件。

指仓储合同当事人双方约定的合同变更和解除的条件。合同的订立和履行是合同双方期望发生的结果。但因为客观原因发生重大变化或者根据双方利益的需要，继续履行原合同可能对双方都不利时，可以采用合同变更或解除的方法防止不利局面的发生。当事人在订立合同时应确定发生不利于履行合同时的具体条件和变更或者解除合同的处理方法，即合同变更和解除条款。

(11) 争议处理。

指仓储合同当事人双方有关合同争议的诉讼或者仲裁的约定。包括仲裁地点、仲裁机构，或者合同中选择的诉讼地点。

(12) 合同签署。

合同签署是合同当事人对合同协商一致的表示，是合同成立的表征。一经签署，就意味着合同开始生效。合同由企业法人代表、代表人签名，注明签署时间，法人或者组织还需要盖合同专用章。个人签订合同时只需签署个人完整姓名。

5. 仓储合同的范例

仓储保管合同

存货方：_____ 地址：_____

保管方：_____ 地址：_____

签订地点：_____

签订时间：_____年___月___日

根据《中华人民共和国经济合同法》和《仓储保管合同实施细则》的有关规定，存货方和保管方根据委托储存计划和仓储容量，经双方协商一致，签订本合同。

第一条　储存货物的品名、种类、规格、数量、质量、包装。

(1) 货物品名：_____；

(2) 品种规格：_____；

(3) 数量：_____；

(4) 质量：_____；

(5) 货物包装：_____。

第二条　货物验收的内容、标准、方法、时间、资料。

第三条　货物保管条件和保管要求。

第四条　货物入库手续、出库手续、时间、地点、运输方式。

第五条　货物的损耗标准和损耗处理。

第六条 计费项目、标准和结算方式。

第七条 违约责任。

1. 保管方的责任

（1）在货物保管期间，未按合同规定的储存条件和保管要求储存保管货物，造成货物丢失、短少、变质、污染、损坏的，应承担赔偿责任。

（2）对于危险物品和易腐物品等未按国家和合同规定的要求操作、储存，造成损毁的，应承担赔偿责任。

（3）由于保管方的责任，造成不能按期发货的，应按合同规定赔偿存货方运费和支付违约金_____元。

（4）由保管方负责发运的货物，不能按期发货的，应赔偿存货方逾期交货的损失；错发到货地点，除按合同规定无偿运到规定的到货地点外，还要赔偿存货方因此而造成的实际损失。

（5）其他约定责任。

2. 存货方的责任

（1）由于存货方的责任造成不能按期入库的，存货方应偿付相当于相应储存保管费用_____%的违约金。超过规定储存量储存的，存货方除缴纳保管费外，还应向保管方偿付违约金_____元，或按双方协议办理。

（2）易燃、易爆、易渗漏、有毒等危险货物以及易腐、超限等特殊货物，必须在合同中注明，并向保管方提供必要的保管运输技术资料，否则造成的货物毁损、仓库毁损或人身伤亡，由存货方承担赔偿责任甚至刑事责任。

（3）货物临近失效期或有异状的，在保管方通知后不及时处理，造成的损失由存货方承担。

（4）未按国家或合同规定的标准和要求对储存货物进行必要的包装，造成货物损坏、变质的，由存货方承担责任。

（5）存货方已通知出库或合同期已到，由于存货方（含用户）的原因致使货物不能如期出库的，存货方除按合同的规定交付保管费外，还应偿付违约金_____元。由出库凭证或调拨凭证上的差错所造成的损失，由存货方负责。

（6）按合同规定由保管方代运的货物，存货方未按合同规定及时提供包装材料或未按规定期限提供货物的运输方式、到站、接货人等资料时，应承担延期的责任和增加的有关费用。

（7）其他约定责任。

第八条 保管期限。

从_____年___月___日起至_____年___月___日止。

第九条 变更和解除合同的期限。

由于不可抗力的事故，造成不能履行合同或者不能按约定的条件履行时，遇有不可抗力事故的一方，应立刻将事故情况通知对方，并应在_____天内，提供事故详情及合同不能履行、部分不能履行或者需要延期履行的理由的有效证明文件，此证明文件应由事故发生地区的_____机构出具。按照事故对履行合同影响的程度，由双方协商解决是否解除合同，或者部分免除履行合同的责任，或者延期履行合同。

第十条 解决合同纠纷的方式。

执行本合同发生争议的,由当事人双方协商解决。协商不成的,双方同意由仲裁委员会仲裁(当事人双方不在本合同中约定仲裁机构,事后又没有达成书面仲裁协议的,可向人民法院起诉)。

第十一条 货物商检、验收、包装、保险、运输等其他约定事项。

第十二条 本合同未尽事宜,一律按《中华人民共和国经济合同法》和《仓储保管合同实施细则》执行。

存货方(章)		保管方(章)	
地址		地址	
法定代表人		法定代表人	
委托代理人		委托代理人	
电话		电话	
电挂		电挂	
开户银行		开户银行	
账号		账号	
邮政编码		邮政编码	

有效期限:_____年___月___日至_____年___月___日

本章小结

仓储经营管理是指在仓储经营活动中,运用先进的管理原理和科学的方法,对仓储经营活动进行计划、组织、指挥、协调、控制和监督,充分利用仓储资源,以实现最佳的协调与配合,降低仓储经营的成本,提高仓储经营效益。

仓储经营管理的目标主要依靠仓储经营组织来实现。仓储企业应当根据自身的规模和业务特点,选择合适的仓储经营组织形式,通过制订合理的仓储经营计划、选择适当的仓储经营方法来实现仓储经营管理的目标。

仓储经营管理方法主要有保管仓储、混藏仓储、消费仓储、仓库租赁经营、流通加工、仓储多种经营等。仓储经营决策者应根据市场条件和仓储企业的实际情况,进行正确定位,合理选择经营方法。

仓储商务是仓储经营企业面向社会开展的一种经济交换活动。仓储商务管理就是对参与商务工作的人、财、物等资源的管理,其目的在于创造最大的经济效益。仓储商务管理中的一项重要内容就是仓储合同的管理。

仓储合同主要有一般保管仓储合同、混藏式仓储合同、消费式仓储合同、仓库租赁合同等。仓储合同的订立经过要约和承诺的过程。合同可以采用书面形式、口头形式或者其他形式。仓储合同的当事人都有各自的权利和义务。仓储合同的主要条款有:当事人条款、仓储物条款、仓储条款、价款、当事人的权利和义务、违约责任和争议处理条款等。合同订立后双方当事人必须严格遵守,否则要承担违约责任。

练习与思考

1. 本章介绍的仓储经营组织形式各有何优缺点？适用范围是什么？
2. 制订仓储经营计划的依据是什么？
3. 有哪些常见的仓储经营方法？
4. 仓储商务和仓储商务管理各包含哪些主要内容？
5. 仓储合同有哪些种类？仓储合同的标的是什么？
6. 存货人和保管人分别有什么合同权利和义务？
7. 仓单如何签发？怎样凭仓单提货？仓单灭失时如何提货？
8. 仓储合同一般具有哪些主要条款？

综合案例

华鹏飞的仓储业务经营管理

深圳市华鹏飞现代物流股份有限公司成立于2000年，公司现注册资本2.96亿元，是深圳市重点物流企业，国家AAAA级物流企业，全国甩挂试点企业，于2012年8月在创业板成功上市，股票代码300350。公司总部设立在深圳，拥有上千名员工，50多家分支机构。

仓储业务是华鹏飞综合物流服务的关键业务之一，其为合作伙伴提供高品质仓储物流服务，包括CDC/RDC外包、VMI及其他增值服务。华鹏飞在全国拥有近10万平米的标准仓库，在WMS/BARCODE等信息系统的充分支持下，可以为客户提供优质的仓储服务。

鹏华飞在传统仓储服务的基础上为客户提供个性化的经营服务，在仓储环节上，可以为客户提供产品检验、分拣组合等增值服务，在流通加工环节，可以根据客户的要求对产品进行贴标签、打包、装保护膜等作业。另外，华鹏飞积极拓展物流服务领域、细分物流市场，为客户提供更多的增值服务。

在物流外包方面，华鹏飞积极与客户对接，为其提供CDC仓库，及时将客户生产的产品运到CDC仓库，并提供来货验收、入库扫描并上传系统、存货管理、出货分拣及扫描、信息处理及反馈等服务。同时根据客户的要求，及时将产品配送或交付到客户指定的用户或物流承运商手中。通过物流外包服务，客户将更加专注于研发、生产和销售等核心业务，这更有利于发挥自己的竞争优势。

思考题

1. 解释物流术语CDC、RDC、VMI、WMS的具体含义？
2. 简述华鹏飞的仓储经营理念，查阅相关资料和网络资源后回答。

参考答案

1.（1）CDC：中央配送中心（Central Distribution Center）的缩写。

（2）RDC：区域配送中心（Regional Distribution Center）的缩写。

（3）VMI：是Vendor Managed Inventory的缩写，是一种以用户和供应商双方都获得最低成本为目的，在一个共同的协议下由供应商管理库存，并不断监督协议执行情况和修正协议内容，使库存管理得到持续的改进的合作性策略。

（4）WMS：仓储管理系统（Warehouse Management System）的缩写。仓库管理系统是通

过入库业务、出库业务、仓库调拨、库存调拨和虚仓管理等功能,对批次管理、物料对应、库存盘点、质检管理、虚仓管理和即时库存管理等功能综合运用的管理系统,有效控制并跟踪仓库业务的物流和成本管理全过程,实现更好的企业仓储信息管理。

2. 华鹏飞早期专注于信息产业客户群体,让自己快速成长,上市以后没有在网络上进行大规模扩张,而是结合自身已有的信息系统研发资源与潜在的客户资源,不断提升客户服务的品质,扩大物流服务的细分领域。在仓储经营方面,不断整合资源以满足客户进一步的需求,包括:提供仓储外包、流通加工、仓单质押、分拣组合等服务。

第 6 章

仓库安全工作

> **知识目标**
> 1. 掌握仓库安全工作的含义及其具体内容。
> 2. 了解仓库中危险品的保管、安全生产工作、治安管理的主要内容。
> 3. 了解仓库火灾的基本知识及相关的防范措施。

> **技能目标**
> 1. 能运用仓库安全生产的相关的知识进行案例分析。
> 2. 能运用仓库安全生产的相关知识进行危险品的保管、火灾等突发情况的处理。

6.1 仓库安全生产和劳动保护

安全生产和劳动保护是仓库管理工作中的一个重要方面,它是关系到职工身体健康和生产安全的一个重要问题,也是关系到仓库劳动生产率和经济效益能否提高的关键问题。安全生产和劳动保护工作是我国政府的一项政策性很强的工作。安全生产和劳动保护,是指为在生产过程中保护职工的身体健康和人身安全,预防和消除职业中毒、职业病和伤亡事故而进行的一系列组织工作和技术工作,做好这项工作有着十分重要的意义。安全生产和劳动保护工作需要解决的问题很多,但主要应抓住仓储安全技术、仓储工业卫生和劳动保护制度三个方面的工作。

6.1.1 仓储安全技术

安全技术是在生产过程中,为防止发生违反客观事物规律,防止发生事故而采取的一系列技术管理措施,其中包括已经颁布实施的《中华人民共和国安全生产法》等立法管制条令,以保障劳动者和生产设备的安全;创造合乎科学要求的劳动条件,以保证生产能够安全进行。

1. 仓库机械作业安全

仓库中大量的作业是用机械来完成的。在这个过程中,做好机械操作的安全技术,避免设备事故、人身事故的发生,对保证设备、货物和人身安全有着重要意义。

(1) 仓库装卸、搬运和堆垛的安全技术工作。

装卸、搬运和堆垛是仓储作业中的主要环节。目前虽然大部分仓库的装卸、搬运、堆垛工作都日趋机械化，但仍需要职工付出一定的体力劳动。为了保证职工的身体健康、人身安全和物资不受损失，作业人员必须做好以下几项工作：

① 做好安全生产的教育工作。

② 学习和普及仓储作业技术知识。

③ 严格遵守安全操作规程。

(2) 起重运输机械的安全操作。

起重运输机械是仓库实现装卸、搬运、码垛工作的机械化，减轻体力劳动，提高劳动生产率的重要工具和设备。但是，如果在起重运输机械操作过程中违反安全操作规程或对安全措施检查不够，则会发生人身事故和设备事故。为了保证安全作业，操作人员必须学习和掌握机械设备安全操作技术的基本知识和操作技能。起重运输机械的安全操作要求具体包括以下几方面：

① 起重运输机械操作人员的要求。凡操纵起重运输机械的人员，必须通过专门技术培训，经考试合格并获得上岗证书后，方能独立驾驶。操作人员应该熟悉机械的构造、主要零部件的作用及其关系，熟悉该类机械的运行和保养规则、安全技术规程和起重搬运作业规程等。

② 起重运输机械在运转前的注意事项。在运转起重运输机械以前必须对机械的各个部位、各个操纵机构进行检查，发现有较大问题时，须经过修理才能进行工作。操作人员在操作前对自己的工作任务要十分明确，并要与装卸、搬运人员共同制订工作程序和计划。

③ 起重运输机械在运转中的注意事项。在运转起重运输机械的过程中，不得超过该机械的最大速度和负荷量。在非常特殊的情况下，才能以两台起重机共同提升一个物件，而且这种起吊方式必须在起重设备检查人员的直接指导下进行。一般情况下，不允许这种做法。

吊起物件时，必须使吊钩位于物件重心的正上方，以免物件摇摆。同时应先将物件提升到高于搬运线上所有能遇到的地面障碍物 0.5 m 以上，然后运行。

严格禁止将人与物一同提升或吊运，在吊运物件的下方不得有任何人员。起重机械要以口令和手势作为指挥信号，起重机操作人员只可依照一位指挥人员的指示工作。但有停止信号时，不管信号是谁发出的都应立即停车。禁止经常利用行程限制装置来停车。工作结束后，起重机上不应有悬挂物件，对该机械要进行全面检查、清理，关闭所有控制器，使之恢复到非运转状态，并把机械设备停放到适当的位置。

④ 起重运输机械的保险安全装置的要求。为了保证门式起重机和桥式起重机的操作安全，应按其不同的类型设备设置各种保险装置，包括缓冲器、卷扬限制器、行程限制器、起重量控制器以及防风夹轨器等，应定期检查其性能，确保作业安全。

2. 化工危险品的保管和作业安全

(1) 化工危险品装卸、搬运安全。

危险品装卸、搬运安全是仓库安全作业的重要环节，稍有疏忽或违反操作规程，就会发生严重事故，以致发生中毒、燃烧或爆炸等恶性事故。在危险品作业中必须严格遵守安全操作规程，以保证作业安全。

装卸、搬运危险品时，在操作前预先检查所用工具是否牢固，若有破损应予以修复或更换。如果所用工具曾被易燃物、有机物、酸、碱等污染，须进行清洗后方可使用。

操作人员应根据不同的危险特性，分别穿戴相应的防护服装，尤其对毒害、腐蚀和放射性物品更要注意。这些防护服装包括工作服、橡胶制品的服装、胶靴、手套和防毒面具等。操作前应有专人对防护服装予以检查及对使用效果进行鉴定。作业后及时对用过的防护服装进行清洗、消毒和保管。

在危险品作业中，要轻吊轻放，防止撞击、摩擦、振动；对桶装液体物品，在卸车下垛时，不宜用跳板直接滚动溜放，应在车、垛之下垫以轮胎或其他松软物，予以缓冲，严格按包装的要求操作。包装破漏损坏时，须移至安全地带整修复原；当粉、粒、块状危险品撒落在地面或车上时，应及时清除。

在操作危险品时，不得饮食、吸烟。工作完毕后根据危险品性质和工作情况及时清洗手、脸、漱口或淋浴。操作毒害品时，必须保持现场空气流通；如果发现头晕等中毒现象，应立即到有新鲜空气的环境中休息，脱去防护服装，清洗皮肤沾染部分；中毒严重者应及时送医院诊治。

（2）化工危险品的安全存储措施。

由于危险品具有一般物品所没有的特性，因此在存储危险品时也必须有相应的安全措施。存储大量化工危险品的仓库，应根据物品性质的不同，分区分类隔离存储；个别性质极为特殊的物品，应专仓专储。

3. 电器设备的安全

随着科学技术的发展和仓库机械化水平的不断提高，仓库使用的电器设备也越来越多，如用电力作动力的起重运输机械、轨道输送机、自动化立体仓库的机电一体化设备及其他通风、照明设备等。为此，仓库必须注意电器设备的安全，防止火灾和触电事故的发生。在使用过程中，电器设备要配备过载保护、自动开关；高压线路经过的地方，必须有安全设施和警告标志；电工在操作时要严格遵守安全操作规程，防止触电和人身伤亡事故的发生；高大建筑物和危险品仓库要设有避雷装置，以避免雷击引起火灾。

保证仓库和其他建筑物的安全也是安全技术的一个方面。对于仓库和建筑物的一般要求是坚固耐久，特别是装有桥式起重机的大型仓库要特别坚固。对存放可燃、易燃和易爆物品的危险品仓库，要求有良好的消防器材和设施，要求地坪有足够的承压能力。仓库的建筑结构、仓库与仓库或其他建筑物间的距离等都要符合国家规定的安全防火标准。

6.1.2 仓储工业卫生

仓储工业卫生，是指在仓储作业中，为了改善劳动条件和作业环境，保护职工的健康，消除高温、粉尘、噪声、有毒气体及其他有害因素对职工健康的不利影响，防止有毒、有害物质泄漏而采取的一系列技术措施。主要内容有以下几个方面：

1. 防止粉尘的危害

仓库常常储存着大量粉状的物资，如水泥、石灰、原煤和其他粉状化工产品。这些物资在装卸、搬运过程中容易造成粉尘飞扬，污染仓库和货场。即使是包装的粉状物资，也会因包装不严或破漏而使空气中带有大量的粉尘。这些粉尘被吸入人体后，对肺部的健康有很大危害。粉尘对人体危害性的大小，取决于以下几方面因素。

（1）粉尘的化学成分。

粉尘的化学成分对人体十分有害。粉尘对人体的危害是很严重的。就无毒性的灰尘而言，如含游离二氧化硅的灰尘进入肺部，能对肺组织发生毒化学作用，并引起纤维性病变，致使海绵性的肺组织纤维化，日久肺部变硬以致不能呼吸（硅肺病）。灰尘中含游离二氧化硅越多，越容易引起硅肺病。如果粉尘中含有毒性元素，对人体的危害就更大了，甚至可能引起中毒、死亡。

（2）粉尘颗粒的大小。

粉尘颗粒的大小也是衡量其对人体危害程度的一个因素。粉尘颗粒的大小一般是以其直径来衡量的。由于粉尘颗粒的直径很小，一般以 μm（1/1 000 mm）为单位，颗粒小于 $10\ \mu m$ 的细小粉尘一般肉眼是看不见的。粉尘颗粒对人体危害的影响主要表现为：

① 粉尘越细，越不容易沉降，悬浮于空气中的时间越长，被人吸入的机会就越多。

② 粉尘越细，越容易深入肺部。据实际调查，在硅肺病中，被吸入的粉尘很少有大于 $10\ \mu m$ 的；大于 $30\ \mu m$ 的粉尘颗粒可完全被阻留在鼻腔与气管内；大于 $10\ \mu m$ 的粉尘可阻留在呼吸道中，甚至 $5\sim 10\ \mu m$ 的大部分粉尘也能被阻留在呼吸道中，因而可以随着痰液排出体外。对身体危害最大的是小于 $3\ \mu m$ 的粉尘，它们能深入肺细胞而滞留其中，这样大小的粉尘常占全部粉尘粒子（指空气中）的 80%～90%。

③ 粉尘颗粒越小，其单位质量的总表面积越大。

综上所述，粉尘越细，对人体的生理危害就越大。

（3）空气中粉尘的含量。

粉尘对人体的危害还取决于空气中粉尘的含量。

表示空气中粉尘数量的指标，称为含尘浓度，即每立方米空气中含尘的毫克数（mg/m^2）。空气中含尘浓度越大，危害也越大。

粉尘对人体健康的危害很大，仓库应根据实际情况和现有条件采取一切有效措施，尽可能地为职工创造无尘的作业环境，如实现装卸、搬运设备密闭化，使散装物资输送管道化，增设吸尘、滤尘和通风设备，尽量以机械代替人工操作等。应通过种种可行的措施，来减少空气中粉尘的含量。

2. 防止有毒物质的危害

在化工仓库和危险品仓库中，常常存储着一些有毒的物质。这些有毒物质一旦侵入人体，危害将极大。防止有毒物质的侵害是仓库中劳动保护的一项重要工作，它直接关系到职工的身体健康，所以必须根据安全生产的要求，切实做好对有毒物质的防护工作。要加强对化工危险品仓库的通风排气，对所存储的有毒物质进行妥善保管，经常检查包装是否完整，严格遵守安全操作规程，做好防护用品的正确使用、检查，严防中毒事故。

3. 防止中暑和冻害

为了保护职工的身体健康，工作场所尽可能保持一定的气温，当气温过高或过低时，要采取降温或保暖、取暖的措施，防止职工中暑或冻伤。仓储作业有相当一部分时间是处于露天作业的。盛夏酷暑季节，尤其在南方一些地区，更应加强降温防暑措施；严寒冰冻季节，在华北、东北、西北一些地区，须加强防冻害措施，设立休息取暖场所和为露天作业的职工配备防寒服装。

6.1.3 劳动保护制度

劳动保护制度是保护劳动者生产安全和身体健康的一系列措施。中华人民共和国成立以来，政府颁布了一系列法令，采取了许多重大的技术措施和行政措施，在对重大伤亡事故控制、对慢性职业疾病的预防和治疗等方面取得了很大的成绩。

仓储企业在贯彻执行《安全生产法》的过程中要因地制宜地结合企业的具体情况，制定相应的制度。虽然仓储企业与生产企业的情况不同，各自的制度也不同，但归结起来，都应当包括两个方面的内容：一方面是属于安全生产管理制度的，如安全生产责任制度、工伤事故报告制度等；另一方面是属于安全生产管理规程的，如安全操作规程、设备的安全防护设置和例行检查制度等。

综上所述，仓储安全技术、工业卫生、劳动保护制度三个方面的内容，构成了仓储劳动保护工作的基本内容，这三者是有机联系着的。在实际工作中，必须把三者结合起来，落实到每一项具体的作业中。

6.2 治安保卫管理

6.2.1 仓库治安保卫管理制度

治安保卫工作是仓储长期性的工作，需要采取制度性的管理措施。通过规章制度确定工作要求、工作行为规范、明确岗位责任；通过制度建立管理系统，及时顺畅地交流信息，随时堵塞保卫漏洞，确保及时、有效的保卫反应。

仓库需要依据国家法律、法规，结合仓库治安保卫的实际需要，以保证仓储生产高效率地进行、实现安全仓储、防止治安事故的发生为目的，坚持以人为本的思想，科学地制定治安保卫规章制度。仓库所订立的规章制度不得违反法律规定，不能侵害人身权或者其他合法权益，避免或者最低限度地减少对社会秩序的妨碍，有利于促进安全生产。

为了使得治安保卫规章制度得以有效执行，规章制度需要有相对的稳定性，使每一位员工都清楚地了解，以便按章执行、照章办事。随着形势的发展、技术的革新、环境的变化，也要适应新的需要，对规章制度进行相应修改，使之符合新形势下的仓库治安保卫工作的需要。规章制度的修改意味着新一轮制度学习和贯彻的开始。

仓库治安保卫规章制度既有独立的规章制度，如安全防火责任制度，安全设施设备保管使用制度，门卫值班制度，车辆、人员进出仓库管理制度，保卫人员值班巡查制度等，也有合并在其他制度之中的制度，如仓库管理员职责、办公室管理制度、车间作业制度、设备管理制度等规定的治安保卫事项。

6.2.2 仓库治安保卫工作的内容

仓库的治安保卫工作主要有防火、防盗、防破坏、防抢、防骗、员工人身安全保护、保密等工作。治安保卫工作不仅有专职保安员承担的工作，如门卫管理、治安巡查、安全值班等，还有大量的由相应岗位员工承担的工作，如办公室防火防盗、财务防骗、商务保密、仓库员防火、锁门关窗等。仓库主要的治安保卫工作及要求如下。

1. 守卫要害部位

仓库需要通过围墙或其他物理设施隔离，设置一至两个大门。仓库大门是仓库与外界的连接点，是仓库地域范围的象征，也是仓储承担货物保管责任的分界线。大门守卫是维持仓库治安的第一道防线。大门守卫员负责开关大门，限制无关人员、车辆进入，接待入库等工作。

守卫员的主要职责：对办事人员实施身份核查和登记，禁止入库人员携带火源、易燃易爆物品；检查入库车辆的防火条件，指挥车辆安全行驶、停放，登记入库车辆，检查出库车辆；核对出库货物和物品放行条和实物，并收留放行条，查问和登记出库人员携带的物品，特殊情况下查扣物品、封闭大门。

对于危险品仓库、贵重物品仓库、特殊品存储仓库等要害部位，需要安排专职守卫看守，限制人员接近，防止危害、破坏和失窃等的发生。

2. 巡逻检查

巡逻检查是由专职保安员不定时、不定线、经常地巡视整个仓库区每一个位置的安全保卫工作。一般安排两名保安员同时进行，携带保安器械和强力手电筒。

巡逻员的主要职责：查问可疑人员；检查各部门的防卫工作；关闭确实无人的办公室、仓库门窗、电源；制止消防器材挪作他用；检查仓库内有无发生异常现象、停留在仓库内过夜的车辆是否符合规定等。巡逻检查中如发现不符合治安保卫制度要求的情况，应采取相应的措施处理或者通知相应部门处理。

3. 防盗设施、设备使用

仓库应根据法规规定和治安保卫的需要设置和安装相应的防盗设施。仓库的防盗设施大至围墙、大门，小到门锁、防盗门、窗。仓库配置的防盗设施如果不加以有效使用，就不能实现防盗的目的。承担安全设施操作的员工应该按照制度要求，有效使用配置的防盗设施。

仓库使用的防盗设施主要有视频监控设备、自动警报设备、报警设备，仓库应按照规定使用所配置的设施，专人负责操作和管理，确保设备的有效运作。

4. 治安检查

治安责任人应经常检查治安保卫工作，督促照章办事。治安检查实行定期检查与不定期检查相结合的制度，班组每日检查，部门每周检查，仓库每月检查。及时发现治安保卫漏洞和安全隐患，采取有效措施及时消除。

5. 治安应急

治安应急是仓库发生治安事件时采取紧急措施以防止和减少事件所造成的损失的制度。需要通过制定应急方案，明确应急人员的职责，发生事件时的信息（信号）发布和传递规定，以经常的演练来保证实施。

6.2.3 治安保卫管理组织

治安保卫的管理机构由仓库的整个管理机构组成，高层领导对整个仓库的安全负全责；各部门、机构的领导是本部门的治安责任人，对本部门的治安保卫工作负责；治安保卫的职能机构协助领导管理、指导各部门的安全保卫工作，领导其执行机构。仓库治安保卫执行机构采用由专职保卫机构和兼职安全员相结合的组织方式。

专职保卫机构既执行整个仓库的保卫工作，同时也负责治安管理。专职保卫机构根据仓库规模的大小、人员的多少、任务的繁重程度、仓库所在地的社会环境确定机构设置、人员配备。一般设置保卫部、保卫队、门卫队等。专职保卫机构在仓库高层领导的领导下，制定仓库治安保卫规章制度、工作计划；督促各部门领导的治安保卫工作，组织全员的治安保卫学习和宣传，做好仓库内的治安保卫工作；与当地公安部门保持密切联系，协助公安部门在仓库内的治安管理活动，管理治安保卫的器具，管理专职保卫员工。

治安保卫的兼职制度是实行治安保卫群众管理制度的体现，兼职保安员主要承担所在部门和组织的治安保卫工作，协助部门领导的管理工作，督促部门执行仓库治安保卫管理制度，组织治安保卫学习，组织各项检查工作。

6.3 仓库消防

6.3.1 防火是仓库安全工作的重点

仓库集中存储着大量的流通商品和储备商品，因此，仓库安全工作责任十分重大，仓库安全工作的重点是防火。仓库必须认真贯彻"预防为主、防消结合"的消防方针，严格执行《中华人民共和国消防法》和《仓库防火安全管理规则》。从安全的意义上讲，仓库进行的各项工作，包括经营、保管、维护、保养和管理，都是在确保仓库的设施安全和商品安全。火灾是对仓库安全的最大威胁和破坏。防范火灾的发生是安全工作的重中之重。

6.3.2 引起仓库火灾的原因

在仓库中，火灾发生和扩散的原因很复杂。从技术方面看，它和仓储过程中的火险特征有密切的关系。例如，仓库中对起重搬运、采暖、加热、照明和电气等设备使用和维修不当；对可燃、易燃物品的运输、装卸、搬运、存储保管不善；使用明火不慎（如气割）或违反操作规程等均可能引起火灾。建筑物的耐火等级不合要求或防火间距太小，也会增加火灾的危险性或使火势蔓延扩展。

6.3.3 仓库防火的措施

仓库保管员应当熟悉存储物的分类、性质、保管业务知识和防火安全制度，掌握消防器材的操作使用和维护保养方法，做好本岗位的防火工作。对仓库新职工应当进行仓储业务和消防知识的培训，经考试合格后，方可上岗作业。仓储企业应认真贯彻执行公安部制定的《仓库防火安全管理规则》，对商品的储存和装卸过程、电器管理和火源管理等须严格按照防火规定要求进行管理。

预防火灾是一项系统工程，涉及仓库工作的方方面面。仓库只有在组织领导，建筑设计，电气设备的安装使用，商品的储运、装卸、搬运，堆垛改装，车辆运行，火源控制，库内外环境，报警及灭火方式选择，职工教育培训等方面进行综合治理、部署，采取有效的防火措施，才能防患于未然。

6.3.4 燃烧条件

火是一种燃烧现象。燃烧是可燃物在一定温度条件下的一种快速氧化过程，并伴随着发光、发热的现象。

1. 燃烧必须具备三个必要条件——燃烧三要素

① 要有可燃物质，如火柴、草料、棉花、纸张、油品等。
② 要有助燃物质，一般指空气中的氧气和助氧剂。

③ 要有火源，凡能引起可燃物燃烧的热能源都称为火源，如明火、电气火、摩擦冲击产生的火花、静电产生的火花、雷电产生的火花、化学反应（包括商品本身自燃、遇火燃烧和与性能相抵触的物质接触起火）等。

以上三个条件必须同时具备，并互相结合、相互作用，燃烧才能发生。因此防火和灭火的基本原理和一切防火措施都是为了破坏已经产生的燃烧条件，即主要采取隔离、窒息和冷却的办法，去除造成燃烧的三个条件中的任何一个，使火熄灭。

2. 引起火灾的火源

能引起火灾的火源很多，一般说来可分为直接火源和间接火源两大类。

（1）直接火源。

主要有三种：

① 明火。指生产、生活用的炉火、灯火、焊接火以及火柴、打火机的火焰和香烟头等。
② 电火花。指电气设备产生的电火花，它能引起可燃物起火。
③ 雷电。是瞬间的高压放电，能引起任何可燃物的燃烧。

（2）间接火源。

主要有两种：

① 加热引燃起火。如棉布、纸张等靠近灯泡，木板、木器靠近火炉烟道，都容易被烤焦起火等。
② 商品本身自燃起火。指在既无明火又无外来热源的条件下，商品本身自行发热、燃烧起火。

6.3.5 火灾分类

对火灾的分类大同小异，通常是以可燃物的种类来划分的，共分为四类。不同的火灾应用不同的灭火方法和采用不同的灭火剂进行施救。所以仓库火灾发生时，要确定可燃物质的种类，以便正确地施救。

（1）A类火灾。

普通固体可燃物着火。例如，木材、纺织品、纸类等物所发生的火灾。对这类火灾，水是最好的灭火剂。

（2）B类火灾。

易燃液体或液化固体着火。例如，油类、溶剂、石油制品、涂料等物所发生的火灾。通常对这类火灾使用二氧化碳（CO_2）、干粉、卤化烃、泡沫等灭火剂扑救。

（3）C类火灾。

气体着火。例如，煤气、液化石油气所引起的火灾，应采用干粉、二氧化碳（CO_2）、卤化烃等灭火剂扑救。

（4）D类火灾。

可燃金属着火。例如，镁、磷、钠等金属着火，其燃烧时产生极高温度的火焰，要用不同的专用灭火剂扑救。

近年来，欧美许多国家对电气火灾不另列类，视其性质归并到上述各类火灾中。但切要牢记，不论什么情况下，要扑灭电气火灾首先一定要切断电源。

6.3.6 灭火方法

灭火的过程就是去除其中一个或一个以上燃烧要素的过程，其基本方法可分为三种。

1. 隔离法

隔离法就是将可燃物从燃烧的地方移走，将火与燃烧物分隔开。例如，迅速将燃烧物移到安全地点，移去火源附近的可燃、易燃和助燃物品，拆除与火场毗邻的易燃物，关闭可燃气体及相近的电源。

2. 窒息法

窒息法就是用一种不助燃的物质覆盖在燃烧物的表面，使之与空气中的氧气隔绝，或稀释空气中的氧气，或者关闭火场的门窗、通风筒，停止或减少空气中氧气的供给，使火熄灭。空气中含氧约为21%，如果使含氧的浓度降低到15%以下，燃烧就会停止。用于覆盖燃烧物表面的物质有不燃物质，如砂石（即黄砂）、石棉布、浸过水的毛毯和棉被、泡沫等；不燃气体，如二氧化碳、卤化烃等。

3. 冷却法

冷却法就是要降低燃烧物体的温度，使之低于着火点，火就会熄灭。例如，将水、二氧化碳等直接喷洒在燃烧物上，使其降低温度；用水淋在火源附近的货物或其他可燃物上，使其降温，以防止火的蔓延。

在实际的施救火灾中，往往同时使用几种方法或一种灭火剂（本身能起到多种作用），以取得更好的灭火效果。

6.3.7 灭火剂和灭火器材

1. 水

（1）水的灭火性能。

① 水能吸收大量的热，降低燃烧的温度，是一种良好的冷却剂。每千克15 ℃的水如完全汽化蒸发能吸收大约2 612 kJ的热量。

② 水附在燃烧物表面起到了防火作用，因此用水喷洒在火场周围，能有效地控制火势蔓延。

③ 当水吸热化为蒸汽时，能隔绝空气或冲淡空气中氧气的含量，使火更快地熄灭。如每千克水完全汽化时，能产生1.67 m^2 的水蒸气，当空气中水蒸气的含量达到30%时，燃烧即将停止。

④ 在有压力的情况下，所射出的水具有力学作用，即利用冲击力将火打散分离，因此对灭火能起到一定效果。

（2）水灭火器系统。

水灭火器系统由消火栓、消防水带以及水枪等组成。消防水带与其必要的配件及工具，应存放于消火栓或接头附近的显著部位，以备随时取用。

① 消防水带只用于消防输水，不可移做别用。

② 消防水带用后晾干才可存储，存储时要按规定收卷。

③ 消防水带接上消火栓后，水带不可有扭结。

④ 消防水带破损，不能保持水枪的喷射距离时，应立即更换新带。每个消防水带都应

配置一支水枪和必要的接头。

(3) 水灭火的方法。

① 用水柱灭火。其主要优点是有很强的力学冲击力量和很大的出水量，最适宜用来扑救固体物质和建筑物的火灾。

② 用水花灭火。其主要优点是散开面大，在大面积上进行降温灭火，最适宜用来控制火势，使其不蔓延。水花能扑灭油类火灾，它的作用是将油面上燃烧的灼热层打散，促使油面冷却。

③ 水雾灭火。其主要优点是降温迅速，并能隔绝空气进入火场，所以能有效地控制油类火灾；如果水雾的数量多而细密，甚至可能扑灭初起的油类火灾。

水灭火主要用于 A 类火灾。例如，棉花、木材、纸张、粮食、衣服、布匹、煤炭火灾。因为这类火灾燃烧的特点主要是燃烧深入物质内部，经常会有余烬存在，故应严防死灰复燃，采用窒息灭火时更应引起注意。

水灭火的缺点是导电和损坏货物等，例如纸张等受水侵入后会损坏。

(4) 不能用水扑灭的火灾。

① 不能扑灭碱金属（钾、钠等）火灾（D 类火灾），因为水与碱金属起作用后生成氢，易引起爆炸。

② 不能扑灭碳化钙（电石）火灾，因为水与碳化钙起作用后生成乙炔气，有爆炸危险。

③ 不能扑灭硫酸、硝酸、盐酸等火灾，因为易引起酸的飞溅，引起爆炸和伤人。

④ 不能扑灭易燃液体火灾（B 类火灾），因为易燃液体易浮于水面而扩大燃烧面。

⑤ 不宜扑救电气火灾，因为水是导电的，在未切断电源时，会引起触电事故。

⑥ 不宜扑救精密仪器设备、贵重文物等火灾，因为极易造成物品的损坏。

2. 泡沫

(1) 泡沫的灭火性能。

泡沫的灭火原理是用泡沫来覆盖燃烧物的表面，以阻止可燃气体的蒸发和空气的进入；泡沫又能吸收热量，使可燃物质表面冷却；泡沫中的水分蒸发成水蒸气，可降低氧气浓度。泡沫最适宜于扑灭油类火灾。

(2) 泡沫灭火器。

泡沫主要有化学泡沫和空气泡沫（或称机械泡沫）两类。

化学泡沫是由硫酸铝和碳酸氢钠两种溶液混合而产生的，同时产生二氧化碳，把泡沫从灭火筒中喷射出来。化学泡沫常用于手提式和移动式灭火器件。

空气泡沫一般为专业消防使用。泡沫浓缩液溶解于水后储存于灭火器钢瓶内，利用存储在钢瓶内的压缩空气或氮气将其压出。

(3) 手提式泡沫灭火器的灭火方法。

化学泡沫灭火器有内筒和外筒。内筒盛硫酸铝溶液，外筒盛碳酸氢钠溶液和安定剂，当内外筒中两种溶液混合时，立即起化学反应产生泡沫和二氧化碳，利用二氧化碳的压力把泡沫喷出。所以在使用手提式泡沫灭火器时，一面喷射，一面摇动灭火器，使其反应加速而增加喷射压力。

① 泡沫灭火器的喷嘴应适当靠近火源，太远泡沫会飞走，太近了又会使泡沫不稳定。

② 用泡沫灭火器喷洒时移动不要太快，应让泡沫覆盖在火源上。

③ 搬动时，泡沫灭火器应垂直，以免泡沫溅出。切勿将喷嘴朝向人身，以免喷到人身上。用泡沫灭火器灭火时首先应喷向火焰四周，然后逐步移向火场中央，盖住整个燃烧面。或者从靠近的一侧开始，再逐步向远侧移动。或者先射向场中央，等油面小块泡沫数量相当多之后，再射向火场一侧边沿，将小块泡沫迅速挤成大片。切忌频繁改变射点。泡沫是扑灭油类火灾的优良器材，由于泡沫的密度比油轻，因此在喷射出去后，会覆盖在易燃液体的表面，紧密罩住火源，隔绝空气，并能阻碍油面上蒸气的产生，使火焰熄灭。同时泡沫内含有水分，因此也有冷却作用。但是，要注意不能使用泡沫灭火器来扑灭未切断电源的电气火灾，以免触电。

（4）泡沫灭火器不适于扑灭的火灾。

① 不宜扑灭醇、酮、酯、醚类火灾。因为泡沫中的水会被这些溶液所溶解而破坏稳定性。

② 不能扑灭忌水的化学品火灾。

③ 不宜扑灭电气火灾。如需使用，必须先切断电源，防止泡沫导电而发生触电事故。

④ 不宜与水同时使用，因为泡沫会被水冲走。

3. 二氧化碳（CO_2）

（1）二氧化碳的灭火性能。

二氧化碳是一种惰性气体，不助燃，密度是空气的1.5倍，其灭火原理是能置换空气中的氧气来达到窒息火焰的目的，并有较强的冷却作用。空气中若二氧化碳含量达30%左右，就形成一个无失火危险的环境，并在30~40 s内将火熄灭。它具有不导电、不腐蚀、无余渣、不会损坏物品、可长期保存而不会变质、随时可用的优点，最适宜用来扑灭B类火灾和电气火灾。但在仓库内灭火时要特别注意，如果仓库内有了二氧化碳则氧气含量减少，易使人体缺氧引起窒息。当空气中二氧化碳含量小于3%时，对人体无害；当二氧化碳含量达到5%~6%时，会使人发生耳鸣、呼吸急促、喘气、软弱无力；当二氧化碳含量达到8%~9%时，会导致人的中心器官缺氧而麻痹（中毒）；当二氧化碳含量大于10%时，就会引起人员死亡。

（2）二氧化碳灭火器。

二氧化碳灭火器由容器、瓶头阀和管路等件组成。容器为压力容器，即钢瓶。

（3）二氧化碳灭火器的灭火方法。

① 把二氧化碳灭火器直立于火源上风处，拔掉安全销子。

② 使用时一手持排气喇叭管形把手的隔热部分（千万不要拿非隔热部分，因液化二氧化碳气化时产生低温，温度可达-78 ℃，造成手冻伤），另一只手握紧手把的压柄，用力使压柄下压释放二氧化碳。

③ 由近而远左右喷射，用完后，插回安全销子。

④ 仓库内人员撤离后才能使用二氧化碳灭火，以免人员窒息死亡。

应每隔半年定期检查二氧化碳灭火器的重量和压力，并挂上检验日期的标牌，便于检查。二氧化碳灭火时不能与水同时使用，因为二氧化碳能溶于水中形成碳酸，并导致灭火性能降低。在二氧化碳灭火后，清理现场时，应使仓库内经过充分通风，并证明无危险气体后，才能允许人员进入。

(4) 二氧化碳不适于扑灭的火灾。

① 不能扑救金属钾、钠、镁、铝粉和铝镁合金火灾。因为二氧化碳能与这些物质起化学反应。

② 不能保证扑灭在惰性介质中燃烧的物质（硝酸纤维）火灾。因为这些物质内部有阴燃。

4. 干粉

干粉灭火的化学作用，大体可以认为主要是干粉在火区上分解出二氧化碳、氧化钠、水蒸气等，对燃烧物进行窒息，或者主要是由于燃烧过程链反应受到干扰而灭火。

目前比较典型的化学干粉有碳酸氢钠、碳酸氢钾和磷酸二氢铵等三类。

干粉的灭火性能和方法是：干粉喷射分布在火源的表面上，干粉在火焰中迅速分解，其碱性金属氧化物迅速夺取燃烧反应中的活性基，从而起到扑灭火灾的作用，尤其是初期火灾的灭火效果更好。

一般干粉灭火器由一只容纳 6 kg 碳酸氢钠的筒体和一只装二氧化碳的小钢瓶组成。内容物从喷嘴喷出，约 12 s 便释放完毕。这类灭火器一经使用，最好一次用完。

干粉灭火的优点是不导电、无毒、不腐蚀，有一定的冷却作用，可用于扑救多类火灾。其缺点是干粉用后留有残渣，且会因振动而结块，因潮湿而黏结。现在上海已生产了全硅化干粉，消除了黏结的缺陷。干粉对于扑灭 C 类（气体）火灾特别有效。所以存储含有液化气体的仓库应配备干粉灭火器。

5. 卤化烃

卤化烃是由一个或多个卤族元素取代碳氢化合物中的氢而成的一种化合物。它是一种灭火性能较好的灭火剂，但具有一定的毒性。尤其是在灭火时，受热分解出来的气体毒性更大。目前应用较广泛的是：

① 一溴一氯二氟甲烷（即 1211）。

② 一溴三氯甲烷（即 1301）。

③ 二溴四氯乙烷（即 2402）。

卤化烃的灭火原理，一般认为是破坏燃烧的连锁反应而达到灭火作用。其灭火效能比二氧化碳高几倍，对初始小型火灾最有效。卤化烃对易燃液体和气体是一种高效灭火剂，由于不导电，适用于扑灭电气火灾，也能扑灭和快速抑制 A、B 类初始火灾。但是，对深度火灾效果较差，需使用较大剂量和较长时间才能达到预期效果。

此外，自动喷水灭火设备和水幕设备是固定式现代灭火设施，具有灭火（冷却）效果好、性能稳定、灭火效率高、维修简便、使用周期长、不污染环境等优点，适用于一切用水灭火的场所。水幕设备是能喷出幕帘状水流的管网设备，它的保护对象一般是门、窗、舞台的垂幕等，对一些大的立面、屋顶或成套设备等也适用。在大型建筑内部或在一个大型装置的各部分之间，为了加强防火分隔，也可以安装水幕设备。

本章小结

本章介绍了仓储安全工作的三个重点：仓储安全技术、工业卫生以及劳动保护制度，阐述了每一个重点所包含的具体内容；介绍了仓库治安保卫管理制度、仓库治安保卫工作的内容、治安保卫管理组织等知识；阐述了引起仓库火灾的原因以及仓库防火必须采取的相关措施。

练习与思考

1. 仓储劳动保护工作的基本内容是什么？
2. 仓库主要的治安保卫工作及要求是什么？
3. 仓库防火的措施有哪些？

综合案例

天津港瑞海公司危险品仓库特别重大火灾爆炸事故

2015年8月12日22时51分46秒，位于天津市滨海新区吉运二道95号的瑞海公司危险品仓库运抵区（"待申报装船出口货物运抵区"的简称，属于海关监管场所，用金属栅栏与外界隔离。由经营企业申请设立，海关批准，主要用于出口集装箱货物的运抵和报关监管）最先起火，23时34分06秒发生第一次爆炸，23时34分37秒发生第二次更剧烈的爆炸。事故现场形成6处大火点及数十个小火点，直至8月14日16时40分现场明火才被扑灭。此次事故造成165人遇难（参与救援处置的公安现役消防人员24人，天津港消防人员75人，公安民警11人，事故企业、周边企业员工和周边居民55人），8人失踪（天津港消防人员5人，周边企业员工、天津港消防人员家属3人），798人受伤住院治疗（伤情重及较重的伤员58人、轻伤740人）；304幢建筑物（其中办公楼宇、厂房及仓库等单位建筑73幢，居民1类住宅91幢、2类住宅129幢、居民公寓11幢）、12 428辆商品汽车、7 533个集装箱受损。爆炸后残留的化学品与产生的二次污染物逾百种，对局部区域的大气环境、水环境和土壤环境造成了不同程度的污染。

经国务院事故调查组调查的结果显示：通过调查询问事发当晚现场作业员工、调取分析位于瑞海公司北侧的环发讯通公司的监控视频、提取对比现场痕迹物证、分析集装箱毁坏和位移特征，认定事故最初起火部位为瑞海公司危险品仓库运抵区南侧集装箱区的中部。事发时瑞海公司储存的111种危险货物中，确定至少有129种化学物质发生爆炸燃烧或泄漏扩散，其中，氢氧化钠、硝酸钾、硝酸铵、氰化钠、金属镁和硫化钠这6种物质的重量占到总重量的50%。

通过对向瑞海公司供应硝化棉的河北三木纤维素有限公司、衡水新东方化工有限公司的调查发现，企业采取的工艺为：先制成硝化棉水棉（含水30%）作为半成品库存，再根据客户的需要，将湿润剂改为乙醇，制成硝化棉酒棉，之后采用人工包装的方式，将硝化棉装入塑料袋内，塑料袋不采用热塑封口，用包装绳扎口后装入纸筒内。据瑞海公司员工反映，在装卸作业中存在野蛮操作问题，在硝化棉装箱过程中曾出现包装破损、硝化棉散落的情况。

对样品硝化棉湿润剂的挥发性进行分析测试，结果表明：如果包装密封性不好，在一定温度下湿润剂就会挥发散失，且随着温度升高而加快散失速度；如果包装破损，在高温环境中，2小时内乙醇湿润剂就会全部挥发散失。

事发当天最高气温达36℃，实验证实，在气温为35℃时集装箱内温度可达65℃以上。以上几种因素的耦合作用引起了硝化棉湿润剂的散失。在高温环境作用下，湿润剂加速分解反应，产生了大量热量。而集装箱散热条件差，于是热量不断积聚，硝化棉温度持续升高，达到自燃温度后便发生了自燃。

最后事故调查组认定此次事故的直接原因是：瑞海公司危险品仓库运抵区南侧集装箱内的硝化棉由于湿润剂散失出现局部干燥，在高温（天气）等因素的作用下加速分解放热，积热自燃，引起相邻集装箱内的硝化棉和其他危险化学品长时间大面积燃烧，导致堆放于运抵区的硝酸铵等危险化学品发生爆炸。从事故性质上看天津港"8·12"瑞海公司危险品仓库火灾爆炸事故是一起特别重大生产安全责任事故。爆炸后的场景如图6-1、图6-2、图6-3所示。

图6-1 爆炸后的部分明火现场

图6-2 爆炸后的消防救援

思考题

1. 天津港"8·12"瑞海公司危险品仓库特别重大火灾爆炸事故的原因是什么？造成的损失有多大？
2. 为何说此次事故是一起特别重大生产安全责任事故？
3. 此次事故对我们仓储安全工作有什么启示？

参考答案：

1. 事故的直接原因是瑞海公司危险品仓库运抵区南侧集装箱内的硝化棉由于湿润剂散

图 6-3 受损的汽车现场照片

失出现局部干燥,在高温(天气)等因素的作用下加速分解放热,积热自燃,引起相邻集装箱内的硝化棉和其他危险化学品长时间大面积燃烧,导致堆放于运抵区的硝酸铵等危险化学品发生爆炸。根本原因是瑞海公司对危险品仓库管理不到位,对储存物品的安全生产责任落实不到位。此次事故造成重大人员伤亡(造成 165 人遇难、8 人失踪、798 人受伤),重大财产损失(304 幢建筑物、12 428 辆商品汽车、7 533 个集装箱受损)、较严重的环境污染(爆炸后残留的化学品与产生的二次污染物逾百种,对局部区域的大气环境、水环境和土壤环境造成了不同程度的污染)。

2. 生产安全事故是指生产经营单位在生产经营活动中发生的造成人身伤亡或者直接经济损失的事故。当然不可预见、不可抗拒、不可避免的自然或生产经营以外的人为破坏不属于生产安全事故。生产安全事故可能发生在生产、经营、储存、装卸及运输活动中,该案例事故发生在仓储保管过程中,它的产生是由于包装不当、装卸作业中的野蛮操作、储存环境与所储存物品的性质不匹配以及未采取必要的安全措施等诸方面因素导致的,造成了人员、财产的重大损失,因此该案例事故符合特别重大生产安全责任事故的特征,故应认定为特别重大生产安全责任事故。

3.(1)仓储过程中首先应该知悉所存储物品的性质(包括物流性质、化学性质),物品存储所需要的环境要求。

(2)选择适宜的物品存储环境,确保物品的物理、化学属性稳定。尤其在化学品储存中,更应该实时监控环境温度、湿度等储存环境介质的变化。

(3)严格包装、搬运、装卸的作业流程和操作规程,在危险品作业时必须严格遵守安全操作规程,以确保作业安全。

(4)要加强监管、明确责任,在仓储、运输、包装、装卸等物流环节中要做到责任到人、监管机制到位,对于违规作业行为及时采取纠正措施,制定重点环节或关键环节的质量控制策略,做到责任明确化、作业标准化、管理规范化。

第 7 章

仓储成本管理

> **知识目标**
>
> 1. 了解仓储成本的概念、仓储成本的构成。
> 2. 理解仓储成本管理的目的和降低仓储成本的途径。
> 3. 掌握仓储成本管理经济核算的原则和内容及两种基本的仓储成本经济指标的分析方法。

> **技能目标**
>
> 运用仓储成本的概念及基本知识进行案例分析。

7.1 仓储成本与仓储成本管理

7.1.1 仓储成本分析的意义与目的

1. 仓储成本及仓储成本分析的意义

仓储成本是指仓储企业在生产经营中各种要素投入的以货币计算的总和。其中一部分是仓库建筑和设备的投资与维护费用,另一部分是仓储保管作业中的劳动消耗。

企业仓储成本是物流总成本的重要组成部分,物流总成本的高低常常取决于仓储管理成本的大小。企业物流系统所保持的库存水平,对企业生产经营起着重要的作用。在物流管理初期,人们早已清醒地认识到,降低仓储成本是继降低制造成本和扩大销售之后的"第三利润源泉"。

仓储成本分析是指以会计核算资料为基础,结合业务核算和统计核算资料,采用多种分析计算方法,对仓储成本的静态结构和动态变化进行分析研究,揭示其降耗增效的机会和规律。通过仓储分析,最大限度地利用仓储设施和设备,用尽量少的人力、物力、财力把库存管理好,把库存控制在最佳数量,为客户获取最大的供给保障,准确确定仓储成本和产品价格。此外,通过仓储成本分析开发出的信息资料,是正确核算仓储成本、制定仓储服务收费价格等策略的依据。

2. 仓储成本分析的目的

（1）仓储经营管理。

仓储经营管理是独立经营的仓储企业的生命，也是非独立经营的附属仓储（如独立核算）必须考虑的管理项目。经营管理的核心是通过对仓储成本的分析，通过对不同经营方案的比较，选择成本最低、收益最大的方案，制订经营计划，开展经营。

（2）仓储产品定价。

对社会提供仓储产品的仓储企业，在与仓储产品需求方交换仓储产品时，需要确定产品的价格，即仓储费。仓储费指定的前提就是仓储所要花费的成本。

（3）仓储设备改造的依据。

设施和设备改造是为了提高仓储能力和仓储效率，但是设施设备的投入必须获得相应的产出回报，这种回报也只有在准确的成本核算和预测的基础上才能保证。

（4）仓储企业发展的决策依据。

任何企业都在追求不断发展，但是企业的发展必须以增加的收益大于增加的投入为原则，收益由市场确定，而投入却受经营成本的约束。只有在有效成本控制的基础上才能保证预定的发展目标。

（5）仓储企业劳动管理的依据。

劳动力成本本身就是仓储成本的重要组成部分，但是劳动力成本与其他成本之间既可能存在着替代关系，也可能有互补关系。因而确定劳动量的使用的决定因素是收益，以能够获得降低总成本或者增加总收入为原则确定劳动力的使用量。

同时成本因素也是劳动考核、岗位设置的依据和决定劳动报酬的参考依据。

7.1.2 仓储成本的构成

仓储成本是因为储存或持有存货而产生的，是由投入仓储保管活动中的各种要素的费用构成的，它与所持有的平均库存量大致成正比。仓储成本的主要项目如下。

1. 固定资产折旧和租赁费

独立经营的仓库以自己拥有所有权的仓库和设备对外承接仓储业务，附属仓库一般都进行相对独立的核算。两类仓库都需要按年提取折旧费进入当期仓储成本。固定资产主要指建筑物、堆场、道路、运输工具、仓储机械设备等高值投资，这些投资在仓库建设时一次性投入，通过逐年折旧方式收回。固定资产折旧年限一般在5~20年。

企业仓储与设施不足时，可以向社会租赁仓库及设备设施。对外承租的固定资产每年需要交纳租赁费，例如仓储企业所使用的铁路线和码头不属于仓储企业，则应按协议规定来支付这些设施的租赁费用。固定资产折旧和租赁费是仓储企业的固定成本，与仓储业务量间呈反比关系，即仓储业务量增加时，单位平均固定成本减少；当仓储业务量减少时，单位平均固定成本增加。二者之间的关系如图7-1所示。

2. 设备维修费

主要指用于大型设备设施的定期大修理费用。每年的大修理基金从仓储经营收入中提取，提取额度为设备投资额的3%~5%，专项用于设备大修理费用。大修理费属于仓储固定成本。

3. 工资和福利费

指发给仓储企业内各类人员的工资、奖金和各种补贴，以及由企业缴纳的住房公积金、医疗保险、养老保险等费用。福利费可按实发工资的一定标准计算提取。计提的工资和福利费都要进入当期的仓储成本。其中仓储管理人员的工资和福利费列入管理费用，属于固定成本；一般人员的工资和福利费是直接人工费，属于变动成本。

4. 仓储保管费

为存储货物而开支的有：① 仓储生产经营耗用的能源费、水费；② 仓库的货架货柜、装卸搬运生产所使用的工具等低值工具的耗费；③ 绑扎、衬填、苫盖、包装等材料的耗费；④ 进出仓短途搬运装卸费、盘点倒垛费、加工费、重型机械使用费等耗费；⑤ 因保管不善等原因造成的物品残损费。

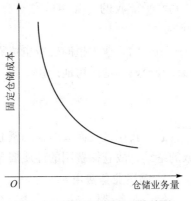

图 7-1 仓储业务量与固定仓储成本的关系

仓储保管发生的费用较多，多数属于与仓库业务量有关的变动成本或固定成本，有的属于两者皆有的混合成本。这时应配合相应的数学模型进行分解，使其归类到两种不同的成本类型中去，以利分析计算之用。

5. 管理费用、财务费用和营销费用

管理费用是仓储企业为组织和管理仓储经营业务所发生的费用。包括行政办公费、公司经费、工会经费、职工教育费、排污费、绿化费、信息咨询费、审计费、土地使用费、业务费、劳保费以及坏账准备金等。附属仓储企业分摊的管理费包括仓储设备的保险费，公司分摊到仓储企业的管理费，仓储部门管理人员的工资福利费和办公费、人员培训费、水电费等。

财务费用主要指仓储企业使用投资基金所要承担的利息，即资本成本。当资金为借款时，直接支付利息。如果使用自有资金，也应当对资金支付利息，让利息进入经营成本。

营销费用包括企业宣传、业务广告、仓储促销、交易费用等仓储经营业务活动的费用支出。

以上 3 种费用在财务会计核算中都为期间费用，在仓储成本分析中都属于固定成本。

6. 保险费

保险费是仓储企业为应对意外事故或者自然灾害造成存储物损坏所要承担的赔偿责任进行保险所支付的费用。保险费一般是根据风险评估或承担的程度直接加以征收。风险的评估或承担的风险取决于存储物和存储设施这两方面的性质。例如，存储物丢失或损坏的风险高以及易燃的危害性存储物将会导致相对较高的保险费。保险费用还受到存储设施内的预防措施的影响，例如保安摄像机和自动喷水灭火系统等。一般来说，如果没有专门约定，仓储物资的财产险由客户承担，仓储保管人仅承担责任险投保。

7. 税费

许多国家将存储物列入应税财产，高水平库存导致了高税费的开支。

在一般情况下，税金是根据一年内某个特定日子的存储物水平或某一段时间内的平均存储物水平征收的。有些地方对存储物税金不做任何评估，按存储物价值的百分比来确定税金。

由仓储企业承担的税费也可看作费用支出。包括仓储营业税或企业所得税在仓储中的分摊以及仓库场地的房地产税。

7.1.3 仓储费用的构成

仓储费用是仓储成本在物资仓储过程中所表现出来的具体费用，它是生产过程在流通领域的继续，故仓储费用的性质属于生产性流通费用。

1. 储运业务费用

储运业务费用是指物资储运企业在经济活动过程中相关劳动的货币表现。储运业务费用主要是由仓储费、进出库费、待运费、机修费、验收费、港办费、装卸费和管理费组成。

2. 仓储费

仓储费指物资在储存和保管过程中所发生的相关的费用。主要包括仓库管理人员的工资，存储物在保养过程中的毡垫、防腐、防锈及倒垛等维护保养费，固定资产折旧费以及低值易耗的摊销、修理费、劳动保护费、动力照明费等。

3. 进出库费

进出库费是指存储物进出库过程中发生的费用。进出库费主要包括进出库过程中装卸搬运和验收等所开支的工人工资、劳动保护费以及大修理费、照明费、材料费、燃料费及管理费等。

4. 货物挑选、分拣、整理、包装等的费用

包括仓储企业代货主进行货物的挑选、分拣、整理、修补、包装、组装托盘、熏蒸、化验、计量、刷标、挂标签、更换包装、代办保险、代办运输、货物捆扎、分装、简单装配以及加工等所收取的费用，以及开展国内外合资、合作经营，开展"三来一补"业务和技术合作项目的收入等。根据不同的货物品种、不同的规格要求、不同的加工项目确定其收费标准。

5. 集装箱作业费

指仓储企业代货主进行集装箱进出口货物的交接，进口后与出口前的集装箱运输、装卸、拆箱、装箱、存箱、洗箱和修箱等各项作业的收入。包括拆装箱费、存箱费、修箱费，也包括集装箱运输的佣金和劳务费。如果仓储企业拥有集装箱，可供用户租用，则还可收取租箱费。

7.1.4 仓储成本管理

1. 仓储费用管理

（1）仓储费用管理。

物资在存储过程中所消耗的衬垫材料在仓储费用中占很大比重。因此，降低仓储费用的最大潜力在于节约衬垫与毡盖材料以及有关人工费用的支出，寻找既能节省这部分费用的开支，又能保证物资保管质量的物资保管方法，开展技术革新和技术改造，充分挖掘仓储设备的潜力。同时在仓储费用管理上也要实行分类管理，加强班组经济核算，促使仓储费用不断降低。

(2) 装卸搬运费用管理。

物资进出库主要依靠装卸搬运作业来完成。装卸搬运机械的设备折旧费用在进出库费用中占的比例较大。因此，仓储部门应首先注意在选择使用机械设备时的经济性和实用性，应禁止那种不顾实际需要无端增大仓储设备折旧的做法。

(3) 仓储人工费用的管理。

仓储人工费用的支出主要包括仓储管理人员以及仓储生产人员的工资、奖金。仓储人工费用的管理应着眼于尽量减少非生产人员的工资支出，因为这部分费用支出与仓储作业量没有直接关系。同时，应不断提高劳动生产率，不断降低储运成本中的劳动消耗部分。此外，选择合理的劳动组织形式、工资形式对于降低人工费用也有重要影响。

(4) 仓储其他费用的管理。

在仓储中，还有诸如油料、燃料、电力以及低值易耗品等比较微小的费用，这部分费用在整个物流费用成本中所占的比例较小，但是不能忽视，应注意不断降低这部分的费用。

2. 降低仓储成本的途径与方法

(1) ABC 分类控制法。存储物的 ABC 分类控制法，是运用数理统计原理，根据"关键的少数和一般的多数"理论，将存储物分为 A、B、C 3 类。A 类在品种上占总数的 5%～10%，但资金占用较多，一般占储存总数的 70% 以上，应进行重点管理。B 类为一般存货，品种数占 20% 左右，资金占用也是 20% 左右，应进行常规管理。C 类的品种数量繁多，约占总数的 70% 以上，资金占用比例则只有 10% 左右，不必花费太多精力，一般凭经验管理即可。

采用 ABC 分类控制库存方法时，对于 A 类存储物，由于其占用资金较大，应严格按照最佳库存量的方法，采取定期订货方式，设法将库存降到最低限度，并对库存变动实行经常或定期检查，严格盘存。C 类存储物虽然品种数量较多，但占用的资金不大，一般按订货点组织订货，在库管上定期盘点，适当控制库存。对 B 类存储物，可进一步分类，对金额偏高的可参照 A 类存储物管理，金额偏低的则参照 C 类存储物管理。

(2) 加速周转，提高仓容利用率。存储物周转速度加快，能使企业的资金循环周转加快、资本增值加快、货损货差变小、仓库吞吐能力增强，成本下降。

(3) 充分利用现代仓储技术和设备。如采用计算机定位系统、存取系统、监控系统等计算机管理技术，仓储条码技术，现代化货架，专业作业设备、叉车，新型托盘等。

(4) 加强劳动管理，降低管理成本。人工费是仓储成本的重要组成部分，加强管理能避免人力浪费和劳动效率低下。经营管理费用的支出虽然不能产生直接的收益和回报，但也不能完全取消。加强管理是很必要的。

(5) 加强企业成本管理的核算，降低仓储服务产品的价格，以提高企业的市场竞争能力。仓储服务成本是制定仓储服务价格的主要依据。通过对仓储服务产品成本的科学管理，在逐步提升服务质量的前提下，使仓储服务成本降至最低，便可在社会平均利润率的基础上降低其产品价格，企业就可能取得更大的市场份额。

(6) 充分利用电子商务下仓储管理信息化、网络化、智能化的优势，有效地控制进销存系统，使物流、资金流、信息流保持一致。运用物流、资金流、信息流的动态资料辅助决策，能有效降低库存的成本费用，提高仓储服务的效率。

7.2 仓储成本管理中的经济核算

7.2.1 仓储成本管理中经济核算的内容

仓储活动的经济核算是对仓储经营活动的物化劳动消耗与经营成果进行核算。通过核算和对比分析，力求以较少的经营开支，取得较大的经济效益。核算的内容包括如下几个方面。

1. 仓储经营成果的核算

仓库的基本职能是保管货物。在同等条件下，如果保管的货物越多，保管质量越好，劳动消耗与财产耗费就越少，经营成果也就越大。

2. 仓储劳动消耗的核算

仓储劳动消耗包括活劳动消耗和物化劳动消耗。活劳动消耗是核算工资、奖金等支出的依据，它的考核目标是提高劳动生产率。物化劳动消耗是核算仓储经营中物质资料的消耗，包括固定资产的折旧，货物在保管、养护、包装和进出库装卸等过程中所使用的材料、能源及家具、管理费用等的消耗。仓储劳动消耗是以仓储成本来核算的，因此仓储成本核算是仓储活动经济核算的一项重要的内容。仓储成本在核算时，一般以吨保管成本为核算单位，为此必须按照财务制度的规定正确处理生产费用的分摊和折旧的计算及成本的划分范围。

3. 资金的核算

为了使仓储业务正常运转，企业需要备有一定的流动资金，用于支付日常的易耗材料的添置，例如仓库需要有一定数量的货物毡垫、养护、包装、劳保等材料。除此之外，设施和设备使用的折旧期较长，在折旧费全部返回之前，投入的资金也被占用。因此，企业在经营过程中，始终存在被占用的资金。资金核算就是要在完成同样的业务量并保证仓储质量的情况下，使企业被占用的资金最少。

进行资金核算，首先应确定当前固定资产的价值和与生产经营相适应的流动资金的需要量。为了提高固定资产投资资金利用率，对于基建投资应按规定及时组织验收并尽快投入使用；对于设备应根据需要进行购置，购进的设备应尽快调试并投入运行。在国外，为了提高固定资产投资资金的利用率，往往采用加速折旧的方法。对于企业流动资金的核定，应根据仓储业务量最低需要的日常流动资金额确定。当然，最低需要的数额与仓储企业的管理水平有密切的关系，随着管理水平的提高，企业能逐步找到最佳的日常使用材料的储备数量，这一数量同时也保证资金占用较低。

4. 盈利核算

企业的生存靠盈利，因此企业经营所追求的目标是获取最大利润，从而进行扩大再生产，并提高职工的待遇，国家也将从盈利中增加税收。在非垄断的市场经济中，企业获利并不能靠提高仓储价格来实现，因为这样会失去市场。应该主要靠改进仓储服务来提高仓储质量，并通过可以信赖的宣传媒体，使用户了解企业。当然，根据市场的需求情况，制定出合理的仓储价格也是非常重要的。为了了解企业的盈利情况，必须对一些盈利指标进行考核，例如考核企业的成本盈利率、资金盈利率和仓储收入盈利率等。

7.2.2 仓储活动的经济核算指标

仓储活动的经济核算指标应该包括数量方面的指标、质量方面的指标、费用方面的指标及效益方面的指标等。

1. 商品存储量指标

表明商品存储量的指标有仓库单位面积货物存储量,具体的计算公式为

$$仓库单位面积货物存储量=\frac{核定存储量(t)}{仓库有效面积(m^2)}$$

核定存储量可以通过实测统计确定,仓库有效面积指仓库建筑面积扣除办公、通道等不能用于存储物的面积后的仓库存货面积。

2. 商品存储质量指标

表明商品存储质量的指标有以下几个。

(1) 账物相符率。

账物相符率是指仓库账册上的货物存储量与实际仓库中保存的货物数量之间的相符合程度,一般在对仓储货物盘点时,逐笔与账面数字核对。统计时所用公式为

$$账物相符率(\%)=\frac{账物相符笔数}{库存货物总笔数}\times 100\%$$

账货相符率指标反映仓库的管理水平,是避免企业财产损失的重要手段。

(2) 收发货差错率。

$$收发货差错率(‰)=\frac{收发货差错累计数}{收发货累计总笔数}\times 1\,000‰$$

这是仓储管理的质量指标,用于衡量收发货的准确性,保证仓储的服务质量。仓库收发差错率一般应控制在0.5‰以下。

(3) 货物保管损失。

货物保管损失是一项直接损失,一般以吨保管损失费用计,其计算公式为

$$保管损失(元/t)=\frac{保管损失金额(元)}{平均储存量(t)}$$

(4) 货物自然损耗率。

货物自然损耗率主要指对那些易挥发或破碎的货物制定一个损耗限度,并力争将自然损耗降到最低。损耗率的计算公式为

$$货物损耗率(‰)=\frac{货物损耗量}{货物保管量}\times 1\,000‰$$

3. 仓储费用指标

表明仓储费用的指标有两个。

(1) 平均储存费用。

是指保管每吨货物一个月平均的费用开支。保管费是指前述的仓储成本中的各项费用的总和。计算公式为

$$平均储存费用=\frac{每月储存费用总额(元)}{月平均储存量(t)}$$

平均储存费用是仓库经济核算的主要经济指标之一。它可以综合地反映仓库的经济成

果、劳动生产率、技术设备利用率、材料和燃料节约情况等，同时也反映了企业的管理水平。

（2）成本指标。

成本指标是指标体系中的一项经济指标，反映劳动生产率的高低，技术设备的利用率，材料、燃料的消耗及仓储管理水平的高低等。为有效地控制成本开支，必须明确保管费用的开支项目和范围，对于那些日常性的消耗品开支可以采用包干使用的方法。仓库的保管费用应包括：生产性费用（如装卸、搬运和堆码的劳务费，库场建筑、设备的折旧和修理费，小型机具、毡垫材料等低值消耗品分摊费，燃料、电力等能耗费），管理性费用（如经营管理人员的劳务费用、安全管理费用、办公费用等），以及一些代理业务的必要开支。保管成本的计算方法为

$$保管成本 = \frac{当月保管费用（元）}{当月平均货物储存量（t）}$$

4. 劳动效率指标

表明劳动效率的指标有两个。

（1）平均收发货时间。

平均收发货时间是指仓库收发每一票货所用的平均时间，这是一项提高仓储劳动效率、改进服务质量的指标。一般仓库的收发货时间控制在一个工作日之内，而对于大批量、难以验收的收发货业务可适当延长时间。

收发货时间的界定为，收货时间自单证和货物到齐开始计算，经验收入库，至将入库单交保管会计登账为止；发货时间自仓库接到发货单开始，经备货、包装、填单，直至办妥出库手续为止。

（2）每人平均劳动生产率。

每人平均劳动生产率即职工的平均劳动工作量。它反映了物料仓储及进出库数量与劳动力消耗的比值。仓库劳动生产率可分为保管员劳动生产率、装卸工人劳动生产率及全员劳动生产率。人均劳动生产率的计算方法为

$$人均劳动生产率 = \frac{保管（装卸）货物数量}{保管（装卸）人员数}$$

5. 资金使用指标

资金利用率是表明资金使用的指标，是指仓库企业所得净利润与全部资金占用之比，反映了仓库资金使用效果。计算公式为

$$平均储存费用 = \frac{利润总额}{固定资产平均占有 + 流动资金平均占用} \times 100\%$$

6. 利润指标

仓储企业的利润指标主要有6个。

（1）利润总额。

利润总额是经济核算的重要指标，反映了企业利润的实现情况，是企业经济效益的综合指标。计算公式为

$$利润总额 = 报告期仓储总收入额 - 周期仓储总支出额$$

或者

$$利润总额 = 仓库营业收入 - 储存成本和费用 - 税金 +$$

其他业务利润+营业外收支净额

（2）收入利润率。

收入利润率是仓储企业实现利润与实现的收入之比。计算公式为

$$收入利润率 = \frac{利润总额}{仓储营业收入} \times 100\%$$

（3）人均实现利润。

人均实现利润是指报告期内实现的利润总额与企业仓储全员人数之比，反映了企业的生产效果。计算公式为

$$人均实现利润 = \frac{报告期利润总额}{报告期平均全员人数}$$

（4）每吨货物利润。计算公式为

$$每吨货物利润 = \frac{报告期利润总额（元）}{报告期货物储存总额（t）}$$

（5）仓储费率。

物料仓储费率由储存费率、进出库装卸搬运费和其他业务费率构成。储存费率可根据货物的种类、数量、作业的难易程度、货物的价值等因素综合考虑制定，以货物储存的（吨·天）作为储存费率的单位。在储存过程中需要其他辅助材料（如毡垫、托盘等）时，另外增加辅助材料的使用费。对于长期储存的仓库，一般采用固定的仓储费率；对于中转型仓库，为了加速库场的周转，一般采用递增费率的方法。

仓储企业一般都根据业务的不同制定不同的作业费率。如进出库场的装卸、搬运费率及设备使用费率和劳动力费率。

（6）其他费率。

对于因物料保管及客户要求所进行的对仓储物的加工等作业，其作业费率根据加工项目、数量及难易程度分别制定，一些特殊的加工可以采用协议或合同的方式规定。

7.3 仓储成本管理中的经济效益分析

仓储成本经济效益分析的实质就是仓储经济指标的分析，它包括仓储营运能力和仓储获利能力分析。对这两个指标的分析，能较全面地反映仓储成本和效益，为仓储成本管理和决策提供依据。

7.3.1 仓储经济效益分析的项目

仓储经营的基本动机就是追求利润最大化。所以，必须对仓储经营能力的各个方面，包括运营能力、偿债能力、获利能力及对社会贡献能力的全部信息予以详尽地了解与掌握，以便及时发现问题，采取对策，规划和调整市场定位目标、策略，消除影响仓储经济效益增长的不利因素，进一步发掘潜力，优化投资组合，为经济效益的持续增长及成本的持续降低奠定基础。

尽管不同的利益主体在进行经济效益分析时有着各自的侧重点，但就仓储而言，经济效益分析的内容可以归纳为营运能力分析、偿债能力、获利能力分析和社会贡献能力分析4个

方面。其中营运能力分析是经济效益目标实现的物质基础，偿债能力是经济效益目标实现的稳健性保证，获利能力既是营运能力与偿债能力共同作业的结果，也对营运能力与偿债能力的增强发挥着强大的推动作用。三者相辅相成，构成仓储经济效益分析的基本内容。社会贡献能力连接仓储目标与社会责任，是评价物流经济效益与社会经济效益是否协调增长的重要经济指标。

7.3.2 营运能力分析

仓储的营运能力可概括为仓储基于外部市场环境的约束，通过内部人力资源和作业资源的配置组合而对实现经济效益目标所产生作用的大小。营运能力的大小无疑对获利能力的持续增长与偿债能力的不断提高产生决定性影响。

1. 人力资源分析

人作为仓储作业的主体和仓储获利的原始创造者，其素质水平的高低对仓储营运能力的形成具有决定性的作用。而分析、评价仓储人力的着眼点首先在于如何充分调动经营管理者的积极性、能动性，通过员工作业经营效率的提高奠定仓储营运能力持续、稳定增长的基础。人力资源分析通常采用劳动效率指标。

劳动效率是指仓储服务营业净额与平均员工人数（可以视不同情况具体确定）的比值，公式为

$$劳动效率 = \frac{仓储服务营业净额}{平均员工人数}$$

式中，仓储服务营业净额＝营业收入－营业折扣与折让

对仓储劳动效率进行考核评价主要采取比较的方法。例如，将实际劳动效率与本企业仓储计划水平、历史先进水平或同行业平均先进水平等指标进行对比，进而确定实际劳动效率与计划、历史先进水平或同行业平均先进水平的差异程度，分析原因，以采取适宜对策，进一步发掘仓储人力资源劳动效率提高的潜能。单就劳动效率指标而言，指标越高，说明人力资源的利用越好。

2. 作业资源分析

仓储拥有或控制的作业资源表现为各项资产的占用。因此，作业资源的营运能力实际上就是物流的总资产及其各个构成要素的营运能力。

（1）总资产周转率。

仓储的总资产营运能力集中反映在总资产的营业水平，即周转率方面。总资产周转率是指营业收入净额与平均资产总额的比值。

$$总资产周转率 = \frac{营业收入净额}{平均资产总额}$$

总资产周转率也可以用周转天数表示。

$$总资产周转天数 = \frac{计算期天数}{总资产周转率} = \frac{计算期天数 \times 平均资产总额}{营业收入净额}$$

资产平均周转额应按分析期的不同分别加以确定，并应当与分子的营业收入净额在时间上保持一致。如

$$月平均占用额 = \frac{月初资产占用额 + 月末资产占用额}{2}$$

$$季平均占用额 = \frac{\frac{1}{2}季初资产占用额 + 第一月末资产占用额 + 第二月末资产占用额 + \frac{1}{2}季末资产占用额}{3}$$

$$年平均占用额 = \frac{\frac{1}{2}年初资产占用额 + 一季末资产占用额 + 二季末资产占用额 + 三季末资产占用额 + \frac{1}{2}年末资产占用额}{4}$$

如果资金占用的波动性较大,应采用更详细的资料进行计算,如按照各月份的资金占用额计算。如果各期资金占用额比较稳定,波动不大,上述季、年的平均资金占用额也可以直接用 $\frac{(期初资产占用额 + 期末资产占用额)}{2}$ 来计算。

总资产周转率综合反映了仓储整体资产的营运能力,一般来说,周转次数越多或周转天数越短,表明其周转速度越快,营运能力也就越大。

为了更加深入地剖析总资产的周转情况及其快慢的影响因素,必须进一步分析流动资产与固定资产的周转情况。在此,必须指出的是,营业收入直接来源是流动资产的周转额,而固定资产作用是对流动资产有效规模的推动及对流动资产价格转换能力与转换效率(即流动资产周转速度和流动资产利润率)的影响。所以,对仓储流动资产的考核应着眼于营业收入实现状况,而对固定资产则侧重于其利用效率的考核。

(2)流动资产周转率。

仓储流动资产营运能力的大小主要体现为流动资产营业率,在流动资产周转速度方面,公式为

$$流动资产周转率(次数) = \frac{营业收入净额}{流动资产平均占用额}$$

流动资产平均占用额的计算方法与资产占用总额的方法相同(其中的应收账款应按剔除坏账准备后的净额计算)。

流动资产周转率分析,主要在于说明以下几个问题:

① 流动资产实现营业的能力,即周转额的大小。在一定时期内,流动资产周转速度越快,表明计算期内实现的周转额越多,对经济效益目标的贡献程度越大。

$$流动资产利润率 = 营业利润率 \times 流动资产周转率$$

② 流动资产投资的节约与浪费情况。流动资产占用额与流动资金周转速度有着密切的制约关系。在营业额既定的条件下,流动资产周转速度越快,流动资产的占用额就越少。反之,则越多。

$$流动资产相对节约或浪费额 = 分析期实际销售额 \times (分析期流动资产实际占用率 - 基期实际或分析期计划流动资产占用率)$$

正值表示浪费,负值表示节约。其中,

$$流动资产占用率 = \frac{流动资产平均占用额}{销售收入净额} = \frac{1}{流动资产周转率(次数)}$$

该指标一般按年度水平计算。

流动资产周转率也可以用周转天数表示,公式为

$$流动资产周转天数 = \frac{计算期天数}{计算期流动资产周转次数}$$

$$计算期天数 = \frac{流动资产平均占用额}{营业收入净额}$$

周转天数缩短，表明周转速度加快，反之则表示周转速度减缓。为了对流动资产的周转状况做出更加详尽的分析，并进一步揭示影响流动资产周转速度变化的影响因素，在对流动资产总体周转情况分析的基础上，还可以对各构成要素，如应收账款、存货等的周转率进行考察，以查明流动资产周转率升降的原因所在。

（3）应收账款周转率。

应收账款周转率是指商品或产品赊销收入净额与应收账款平均余额的比值，它反映应收账款流动程度的大小。

$$应收账款周转率（次数）= \frac{赊销收入净额}{应收账款平均余额}$$

式中，赊销收入净额=营业收入-现销收入-营业折扣与折让

$$应收账款周转天数 = \frac{计算期天数}{应收账款周转次数}$$

$$= \frac{计算期天数 \times 应收账款平均余额}{赊销收入净额}$$

应收账款周转率反映了仓储应收账款变现速度的快慢及管理效率的高低，周转率高表明：

① 收账迅速，账龄期限较短。

② 资产流动性较大，短期偿债能力强。

③ 可以减少收账费用和坏账损失，从而相对增加物流流动资产的投资收益。

同时借助应收账款周转天数与物流信用期限的比较，可以更好地评价客户的信用程度及仓储原定信用条件的合理性。

利用上述公式计算分析应收账款周转率时需要注意以下几个问题：

① 公式中的应收账款包括会计核算中的"应收账款"与"应收票据"等全部赊销账款在内。

② 应收账款余额应为扣除坏账准备后的净额，否则水分较大。

③ 如果应收账款余额的波动性较大，应尽可能使用更详尽的计算资料，如按各月份应收账款余额来计算其平均占用额。

④ 对分子、分母的数据，应注意其时间的对应性。

（4）存货周转率。

存货周转率是指销货成本与平均存货额的比值。

$$存货周转率（次数）= \frac{销货成本}{平均存货额}$$

$$存货周转天数 = \frac{计算期天数}{存货周转率（次数）} = \frac{计算期天数 \times 平均存货额}{销货成本}$$

式中的销货成本是指营业进价成本或营业制造成本。

存货周转率的快慢，不仅反映出采购、储存、作业、营业各环节管理工作状况的好坏，

而且对仓储物流的偿债能力及获利能力产生决定性的影响。一般来讲，存货周转率越高，表明分析期变现速度越快，周转额越大，资产占用水平越低，成本费用越节约。因此，通过存货分析，有利于找出存货管理存在的问题，尽可能降低资金占用水平，提高存货投资的变现能力和获利能力。

在计算存货周转率时应注意以下几个问题。

① 分子采用销货成本而不是营业收入净额，这主要是为了剔除毛利对周转率的虚假影响，因为存货是按成本计价的，分子、分母应当保持口径一致。

存货周转率通常能够反映仓储存货流动性的大小和存货管理效率的高低。但存货周转率过高也可能意味着仓储存货不足而引起脱销。反之，在存货周转率过低时，应当进一步分析存货的质量结构，弄清存货中是否包含有实际价格远低于账面价值的即将报废或已损坏的原材料、商品、产品等。

② 为了进一步判明存货的内部结构，还可以分别就原材料、半成品、产成品及库存商品计算周转率，借以分析各构成部分对整个存货周转率的影响。

③ 在其他条件不变的前提下，存货周转得越快，所实现的周转额就越大，利润数额、水平相应也越高。所以该指标也可以衡量仓储物流的获利能力，当然也可以作为分析偿债能力的辅助指标。

④ 采用不同的存货计价方法，对存货周转率具有较大的影响，因此，在计算、分析时应保持口径一致。当存货计价方法变动时，应对此加以说明，并计算这一变动对周转率的影响。

3. 固定资产分析

严格地讲，仓储服务收入并不是由固定资产的周转价格带来的，仓储服务收入只能直接来自于流动资产的周转。而且固定资产要完成一次周转必须经过整个的折旧期间，因此，用营业收入除以固定资产占用额来反映固定资产的周转速度有很大的缺陷，即它并非固定资产的实际周转速度。但如果从固定资产对推动流动资产周转速度和周转额的作业来看，固定资产又与仓储的营业收入有着必然的联系，即流动资产投资规模、周转额的大小及周转速度的快慢在很大程度上取决于固定资产的作业经营能力及利用效率。因此，结合流动资产的投资规模、周转额、周转速度来分析固定资产的营运能力还是非常有价值的。

考核固定资产营运能力主要采用以下指标。

$$\text{固定资产营业率} = \frac{\text{营业收入净额}}{\text{固定资产平均占用额}}$$

$$= \frac{\text{流动资产平均占用额}}{\text{固定资产平均占用额}} \times \text{流动资产周转率}$$

上式中的固定资产平均占用额按固定资产原值计算，否则会因折旧方法或折旧年限的不同而产生人为的差异，导致该指标缺乏可比性。

可见，固定资产营运能力分析在于说明仓储是否以相对节约的固定资产投资推动尽可能快的流动资产规模基期周转速度，最终通过流动资产投资规模的扩大和周转速度的加快，为仓储实现更多的营业收入。该指标越高，说明固定资产的营运能力越高，反之就越低。

7.3.3 获利能力分析

对效益的不断追求是仓储资金运动的动力源泉与直接目的，也是仓储成本控制的根本所在。因此，所谓获利能力实际上就是指仓储的资金增值能力，通常体现为仓储收益数额的大小与水平的高低。

一般来说，仓储获利能力的大小是由其经常性的经营理财业绩决定的。那些非经常性的事项以及其他特殊事项虽然也会对仓储损益产生某些影响，但不能反映出仓储真实水平的获利能力。在分析仓储获利能力时，应尽可能剔除那些非经常性因素对仓储获利能力的虚假影响。其主要分析指标如下。

1. 服务利润率

仓储服务利润率是指利润与营业收入净额比值。

从利润表来看，仓储物流的利润可以分为 5 个层次：营业收入毛利、经营利润、营业利润、利润总额以及利润净额。其中利润总额或利润净额包含着非营业利润因素，所以能够更直接反映营业获利能力的指标是毛利率、经营利润率和营业利润率。由于仓储服务是主营业务活动，因此，经营利润数额、水平的高低对仓储的总体获利能力有着举足轻重的影响。同时，通过考查经营利润占整个利润总额比重的升降，可以发现仓储经营理财状况的稳定性、面临的危险或可能出现的转机迹象。因此经营利润和仓储营业收入净额之比是营业利润率中的主要指标。

2. 成本利润率

成本利润率是指利润与成本的比值。

同利润一样，成本也可以分为几个不同的层次：经营成本（经营费用+营业税金及附加）、营业成本（经营成本+管理费用+财务费用+其他业务成本）、税前成本（营业成本+营业外支出）和税后成本（税前成本+所得税）。因此，在评价仓储成本开支效果时，必须注意成本与利润之间层次上的对应关系，即经营利润与经营成本（经营成本利润率）、营业利润与营业成本（营业成本利润率）、税前利润与税前成本（税前成本利润率）和利润净额与税后成本（税后成本净利润率）彼此对应。这不仅符合收益与成本的匹配关系，而且能够有效地揭示出仓储各项成本的使用效果。其中经营成本利润率（经营利润/经营成本）最具有代表性，反映了仓储主要成本的利用效果，是仓储加强成本管理的着眼点。在各项收益及税率不变的条件下，如果经营成本利润率很高而税前成本利润率却很低，通常表明仓储的管理费用、财务费用及营业外支出开支过多，仓储管理应对这些成本进行深入分析，查明原因，堵塞超支、浪费的漏洞。反之，若经营成本利润率与税前成本利润率均很低且水平差异不大，则意味着仓储成本过高，应采取措施加强控制。当经营成本利润率与税前成本利润率均比较高时，说明成本管理取得了良好的经济效益。为了对各项具体成本的使用状况加以深入评价，还可以根据各项成本利润率指标的内在关系进行更具体的分解、考查。

3. 资产利润率

资产利润率是指利润与资产平均占用额的比值。

从静态角度来看，仓储资产获利能力的大小主要反映为资产利润率的高低。通过资产利润率分析，有助于评价仓储经营理财业绩的高低，揭示影响资产利润率提高的因素所在。对资产获利能力可以从三个相互联系的方面进行。

（1）总资产利润率。

与仓储总资产运用直接对应的是息税前利润总额、利润总额与利润净额。因此，评价总资产获利能力的指标有 3 个：总资产息税前利润率、总资产利润率和总资产净利润率。

$$总资产息税前利润率 = \frac{息税前利润总额}{平均总资产额}$$

$$总资产利润率 = \frac{利润总额}{平均总资产额}$$

$$总资产净利润率 = \frac{利润净额}{平均资产总额}$$

总资产息税前利润率主要是从仓储物流各种资金来源（资本+负债）的角度对资产的使用效益进行评价的。因此，这项指标的是所有者非常关心，同样也是债权人评价仓储物流资产获利能力的重要指标。在债权人看来，只要仓储的总资产息税前利润率大于负债利息率，其债务本息的偿还还是能够得到保证的。对所有者来讲，仓储仅仅提高总资产息税前利润率是远远不够的，因为较高的总资产息税前利润率只能保证降低或避免不能偿付债务本息的风险，但能否使资本得到保值增值以及程度如何无法从总资产息税前利润率上得到回答。从所有者角度，在分析了总资产息税前利润率的基础上，更需要对总资产利润率与总资产净利润率进行考察。

（2）流动资产利润率。

流动资产投资及其周转是仓储利润的主要来源。因此，分析流动资产的利润率有助于揭示仓储利润增长是否具有稳定的基础。

仓储物流的流动资产主要用于仓储各项正常的营业活动，因此考核流动资产获利能力的指标主要有两项：流动资产经营利润率和流动资产营业利润率，其中最重要的是流动资产经营利润率。

$$流动资产经营利润率 = \frac{经营利润}{流动资产平均占用额}$$

$$流动资产营业利润率 = \frac{营业利润}{流动资产平均占用额}$$

（3）固定资产利润率。

如同营运能力分析中所提到的，单独考核流动资产的获利能力也不是完全适当的。因此，对流动资产获利能力的分析、考核必须结合固定资产进行。

$$固定资产经营利润率 = \frac{经营利润}{固定资产平均占用额}$$

$$= \frac{流动资产平均占用额}{固定资产平均占用额} \times 流动资产经营利润率$$

$$固定资产营业利润率 = \frac{营业利润}{固定资产平均占用额}$$

$$= \frac{流动资产平均占用额}{固定资产平均占用额} \times 流动资产营业利润率$$

4. 净资产利润率

净资产利润率是利润净额与净资产的比值。

如果分子用利润总额计算，则称为总资本利润率。

仓储物流筹资、投资的最终目的是实现所有者财富最大化，从静态角度讲，首先就是最大限度地提高净资产利润率。因此，净资产利润率不仅是仓储获利能力指标的核心，而且是整个经济效益指标体系的核心。

净资产作为一个有机的整体，不应当单独地考核其中某一构成部分的收益水平，因为在所有者看来，无论是实收资本、资本公积金，还是留存效益，都是其完整的权益所在，否则对指标数值会产生一些虚假的影响。因此，所谓净资产，是就净资产利润率整体而言的。

$$净资产利润率 = 总资产息税前利润率 + \frac{负债}{净资产净利率} \times \left(总资产息税前利润率 - 负债综合利息率 \right)$$

$$净资产净利率 = 净资产利息率 \times (1 - 所得税率)$$

从公式可以看出，在税率不变的前提下，净资产利润率、净利率取决于三方面因素：资产获利能力、产权比率和负债利息率，其中资产获利能力又与资产营运能力（周转率）密切关联。因此，如果仓储净资产净利率建立在良好的营运能力、偿债能力及获利能力的前提之上，那么这种净资产利润率、净利率的基础便是稳定可靠的，否则，就是不稳定、不可靠的。

5. 资产保值增值率

无论从所有者，还是从债权人方面考虑，物流的经营决策者都必须尽可能使所有者的资产得以保全并使之不断增值，从而降低风险，维护所有者权益，提高物流的市场价值。

所谓资产保值增值率是指所有者权益的期末总额与期初总额的比值。

$$资本保值增值率 = \frac{期末所有者权益总额}{期初所有者权益总额}$$

如果资产保值增值率大于100%，说明所有者权益增加，否则意味着所有者权益遭受损失。

公式中的所有者权益包括实收资本、资本公积金和留存收益，即仓储的权益资本或净资产。上市物流股票市价的升降尽管也对投资所有者的权益产生影响，但由于这种影响发生在仓储物流外部并主要属于投资者个人的事情，所以从物流角度，在计算资本保值增值率时不考虑此类因素。

影响资本保值增值率变动的因素主要有3个：一是经营的盈亏，二是剩余收益支付率的变动，三是仓储通过增减资本调整资本结构。在前两种情形下，通过期末与期初净资产总额比较无疑可以准确地判断仓储净资产的增值保值状况。但在第三种情形下，用期末和期初净资产总额的升降变动来衡量资本的增值保值水平会产生一定程度的不可比性。对此，仓储可能通过计算单位或单位净资产的增值保值率加以弥补。

本章小结

仓储成本是因为储存或持有商品而产生的，与所持有的平均库存量大致成正比。

仓储费用是仓储成本在物资仓储过程中所表现出来的具体费用，它是生产过程在流通领域的继续，所以仓储费用的性质属于生产性流通费用。仓储费用主要包括储运业务费用、仓储费、进出库费以及货物挑选、分拣、整理、包装等的费用。

仓储成本经济效益分析的实质就是仓储经济指标的分析，包括仓储营运能力和仓储获利能力分析。对这两个指标的分析，能较全面地反映仓储成本和效益，为仓储成本管理和决策提供依据。

练习与思考

1. 简述仓储成本、仓储费用、仓储费率的含义及其构成。
2. 谈谈如何降低仓储成本。
3. 仓储成本管理中经济核算的内容有哪些?
4. 仓储经济效益分析的项目有哪些?各有哪些具体指标?

综合案例

太古冷链物流仓库节能设计与运营成本控制

冷藏业务是太古集团核心发展的业务之一,以仓储量计算,为全球第三大冷链物流运营商。在全球各地(美国、澳大利亚、中国内地、越南及斯里兰卡等)拥有超过50座冷库,致力为客户提供先进的冷藏设施及服务。太古冷链物流有限公司成立于2010年,目前在中国的广州、上海、廊坊、宁波、南京、厦门和成都建有七座冷库并都在运营中。太古冷藏的冷链物流网络将服务华东、华北、华南、华中、西南等全国重要区域,辐射范围涉及全国三分之二的人口。太古冷链物流总部设在上海,是其他分布的联络中心。

随着我国冷库数量的不断增加,冷库的能耗总量和运营成本也在逐年上升。在我国的冷库建设中,大多数企业主要关注初期投资成本和眼前利益,冷库设计也仅限于满足基本的使用需求,对冷库的节能环保和运营成本则较少考虑,这造成我国很多冷库具有高耗能、高运营成本的特征。太古冷库则注重前期的仓库节能设计,注重仓库运营的过程控制,把冷库运营成本控制在预设范围内,实现了良好的投资回报。其具体的做法如下:

一、冷库在规划阶段

1. 工厂合理选址。合理的地理位置能够让储运更方便,在设计阶段,需对冷库的运行模式做到心中有数,先模拟冷链运行时可能碰到的问题,再进行设计改进。

2. 设计规范化,并服务于运营过程。在设计过程中,需要模拟冷库的运行模式,将模拟过程运用到日后的操作过程中,真正做到设计服务于运营,运营以设计为基础。

3. 整体建筑的保冷隔气设计要完善。围护结构、隔热层的传热量占冷库总负荷的20%~30%,所以减少围护结构的热负荷可以达到节能的目的。如果增加围护结构保温层厚度,就会增加初期的投资,所以这就要求在冷库建设时,根据冷库使用年限确定最佳围护结构保温层厚度,做到设计和日后的运用相匹配。

4. 采用新技术和高能效设备。应选择切实有效的高能效设备,同时注重设备投资回报率,在设备投入前需进行大量的咨询和分析,确保设备的运用能够减少运行成本。

5. 选择合理的仓储设备,如:叉车、货架。太古的冷库是高架库,若选择的货架过高,那么叉车就无法放货,也将导致库存量降低。因此选择合理的仓储设备也可以降低仓储成本。

6. 充分利用可再生资源。如太阳能、地热热泵等。使用再生能源好处很多,在减少能源消耗的同时,也可以减少对环境的影响,所以应积极考虑采用。

7. 充分利用余热进行换热,减少额外加热费用和成本。通过熟悉冷库的整套设备系统,了解冷库的用热系统,用制冷系统排出的热量加热设备,减少额外成本。

实践证明，在严格保证货物存储温度合适，且暂时库存率<50%的前提下，太古冷库的单位耗能为0.78千瓦时，若满库，太古仓库的单位耗电为0.39千瓦时，远低于冷却物单位耗能耗电参考值。

二、在运营管理方面

1. 在保证存储货品质量的前提下，采用错峰操作，保证经济有效地使用供电。冷库仓储的基础是保证货品的存储质量，在该前提下，科学减少用电高峰期间设备的运行，从而节省电费，降低运营成本。

2. 实现完善的设备维护措施，真正做到预防性维护。预防重于维修，加大对设备的巡检力度，并做到有问题及时处理，不拖延、不滞后。让所有的问题都在初始阶段得以处理和解决。

3. 严格执行设备检查机制，保证设备的高效运行。制定严格的巡查制度，并不断总结和更新最优运行的状态参数。同时各工厂之间不断沟通操作模式以及优化运行参数，确保设备在最优状态下工作。

4. 不断改进操作流程，减少人员成本，提高工作效率。各部门之间不断沟通，将操作和能耗挂钩，不断改进操作流程。

5. 合理使用冷库，提高库房利用率。

思考题

1. 简述冷库节能设计与运营成本的关系。
2. 简述太古冷库成本控制有哪些措施。

参考答案

1. （1）节能设计优劣与运营成本高低呈正相关。
（2）节能设计有利于运营成本的控制，运营以设计为基础。
（3）设计要重视投资回报，充分考虑运营成本，成为后续经营成本控制的基础环节。

2. 冷库在规划阶段应充分考虑选址、冷库操作流程、冷库设备性能、利用可再生资源、余热转化利用。在运营管理方面，应重视操作流程的持续改进、重视设备运行检修维护的预防措施、重视运行数据的采集和运用。

第 8 章

配送及配送中心

知识目标

1. 了解配送的发展趋势；配送中心的设置与管理。
2. 理解配送及配送中心的含义；配送中心的配送作业流程及环节。
3. 掌握配送与配送中心的作用及其分类；配送的模式及其特点。

技能目标

运用配送管理的相关知识进行配送案例分析。

8.1 配送概述

8.1.1 配送的概念

在现代商品流通中，流通经济活动包含商流活动、物流活动以及资金流活动。其中，在物流活动过程中，人们通常把面向城市内和区域范围内需求者的运输称为"配送"，也就是说，"少量货物的末端运输"是配送。这是一种广义上的概念，是相对于城市之间和物流据点之间的运输而言的。然而随着物流业的发展，人们对配送的理解与认识也在发生变化，相应地，配送的内涵也在不断发生变化。

1985年年底，日本政府颁布的《日本工业标准（JIT）物流用语》中将配送定义为"将货物从物流据点送交到收货人"。

1998年4月，早稻田大学教授西泽修博士在专著《物流ABC指南》中对配送作了更为详细的解释："从发货地到消费地之间，所有进货品、半成品、发货品及库存品都是有计划、统一地进行管理和实施。配送是费用最低、服务最好的送货方式，为了最有效地将原材料和产品送达，把采购、运输、仓库的功能有机地组合在一起。"

2001年4月，我国国家质量技术监督局在颁布的《中华人民共和国国家标准——物流术语》中，对配送的定义为"在经济合理区域范围内，根据客户要求，对物品进行分拣、加工、包装、分割、组配等作业，并按时送达指定地点的物流活动"。

从配送定义的发展，可以看到配送涉及的活动越来越多，几乎包括了所有的物流功能要素，是物流在小范围内全部活动的体现，而且配送的范围越来越广，已不限于区域和距离。一般来说，配送集装卸、包装、储存、运输于一身，通过这一系列活动达到将物品送达客户的目的；而特殊的配送则还要进行加工活动，包含的面更广。

配送是"配"和"送"的有机结合体。配送与一般送货的重要区别在于，配送往往在物流据点有效地利用分拣、配货等理货工作，使送货达到一定规模，以利用规模优势取得较低的送货成本。同时，配送以客户为出发点，以满足"按客户的订货要求"为宗旨。为此，完善配送对于物流系统的提升、对生产企业和流通企业的发展，以及整个经济社会效益的提高，具有重要的作用。

8.1.2 配送的分类

在不同的市场环境下，为适应不同的生产需要和消费需要，配送是以不同的形式进行的，从而表现出不同的形态。根据配送形态上的差异情况，配送可分为如表 8-1 所示的类型。

表 8-1 配送的种类

分类方法	种类
按结点差异分类	配送中心配送
	仓库配送
	商业门店配送
	生产企业配送
按配送对象的种类和数量分类	单品种大批量配送
	多品种、小批量配送
	配套、成套配送
按时间和数量差别分类	定时配送
	定量配送
	定时定量配送
按时间和数量差别分类	定时定路线配送
	即时配送
按配送组织的专业程度不同分类	综合配送
	专业配送
按经营形式不同分类	销售配送
	供应配送
	销售——供应一体化配送
	代存代供配送
按加工程度不同分类	加工配送
	集疏配送

1. 按结点差异进行分类

（1）配送中心配送。

这类配送的主体是专门从事配送业务的配送中心。配送中心的专业性强，和客户有较稳定的配送关系，一般实行计划配送，很少超越自己的经营范围，需配送的商品通常有一定的库存量。配送中心的设施及工艺流程是根据配送需要专门设计的，所以配送能力强、配送品种多、配送数量大，可以承担企业主要物资的配送及实行补充性配送等。在实施配送较为普遍的国家，配送中心配送是配送的主要形式，不但在数量上占主要部分，而且是某些小配送单位的总据点，因而发展较快。

配送中心配送是一种大规模的配送形式，覆盖面宽。配送中心必须有配套的、实施大规模配送的设施，如配送中心建筑、车辆和路线等，一旦建成就很难改变，灵活机动性较差、投资较高。因此，这种配送形式有一定的局限性。

（2）仓库配送。

这类配送的主体是仓库，是以仓库为结点进行的配送，是传统仓库职能的扩大化。一般情况下，仓库配送是利用仓库原有的设备、设施（如装卸、搬运工具，库房、场地等）开展业务活动。由于传统仓库的设施和设备不是按照配送活动的要求专门设计和配置的，所以在利用原有设施和设备时，必须对其进行技术改造。仓库配送形式有利于挖掘传统仓库的潜力，所花费的投资不大，所以是发展配送起步阶段可选择的形式。

（3）商业门店配送。

这种配送的主体是商业或物资的经营网点（即商店）。这些商店承担零售业务，规模一般不大，但经营品种比较齐全。除日常经营的零售业务外，还可以根据客户的要求将商店经营的品种配齐，或代客户外订、外购部分本商店平时不经营的商品，与商店经营的品种一起配齐送给客户。由于商业零售网点的数量较多，配送距离较短，所以比较机动灵活，可承担生产企业非主要生产物资的配送以及对客户个人的配送。

（4）生产企业配送。

这类配送的主体是生产企业，是以生产企业成品库为据点开展的配送活动。这些企业可以直接从本企业开始进行配送，而不需要将产品发运到配送中心进行配送。由于具有直接、避免中转的特点，节省了物流费用，故有一定的优势。但这种配送形式的适用范围有限，主要是需要量比较大的产品，在品种、规格和质量等要求相对稳定的条件下可运用此类配送；此外，一些地方性较强的生产企业中应用较多，例如就地生产、就地消费的食品、饮料、百货等；在生产资料方面，某些不适于中转的化工产品及地方建材也常常采用这种配送方式。

2. 按配送对象的种类和数量分类

（1）单品种大批量配送。

一般来讲，客户需要量较大的商品，单独一个品种或几个品种就可以达到较大运输量时，实行整车运输。这种情况下往往不再需要与其他商品搭配，可由专业性很强的配送组织进行大批量配送。这样的配送活动即为单品种大批量配送。比如"工业配煤"就属于此类配送。

（2）多品种、小批量配送。

在现代社会，生产消费和市场需求纷繁复杂，不同的消费者的需求状况差别很大。有些生产企业，其产品所消耗的物资除了需要少数几种主要物资外，绝大多数属于次要物资，品种数量多，单品种需要量不大。此外，零售商店补充一般生活消费品时，也要求多品种、少批量的配送。因此，相应的配送体系要按照客户的要求，将所需要的各种物资选好、配齐，少量而多次地运达客户指定的地点。这种配送作业难度较大，技术要求高，使用的设备复杂，因而操作时要求有严格的管理制度和周密的计划进行协调。

配送的特殊作用主要反映在多品种、少批量的配送中，因此，这种配送方式在所有配送方式中是一种高水平、高技术的方式。同时，这种配送方式符合现代社会中的"消费多样化""需求多样化"等新观念，是许多发达国家推崇的配送方式。

（3）配套、成套配送。

这种配送方式是指按照企业的生产需要，尤其是装配型企业的生产需要，依照企业的生产计划，将各种零配件、部件、成套设备定时送达企业，生产企业随即可将这些成套的零部件送入生产线以装配出产品。在这种配送方式中，配送组织承担了生产企业大部分的生产供应工作，使生产企业专注于生产。这种方式与多品种、少批量配送效果相似。

3. 按时间和数量差别分类

按照配送时间及数量的不同，可以把配送分为以下 5 种形式。

（1）定时配送。

这种配送方式是根据与客户签订的配送协议，按规定的时间间隔进行配送。在物流实践中，定时配送的时间间隔长短不等，短的数小时配送一次，长的可间隔达数天一次。每次配送的品种及数量可按计划进行，也可在配送之前用已商定的联络方式进行通知。这种配送方式时间固定，对配送组织而言，便于安排工作计划，便于计划使用设备；对客户而言，易于安排接运人员和接运作业。但是，由于允许客户临时调整配送的品种及数量，在品种、数量变化较大的情况下，也会给配送作业带来一定的困难，如配货、装货难度大，运力安排出现困难。目前，在一些国家定时配送有两种表现形式，一种是日配，一种是看板供货。

① 日配。这是定时配送中广泛实行的一种方式，尤其是对城市内的配送，日配居多。日配的时间要求大体是：上午的配送订货下午送达，下午的配送订货第二天早上送达，即实现送达时间在订货的 24 h 之内；或者是客户下午的需要保证上午送达，上午的需要保证前一天下午送达，即实现在实际投入使用前 24 h 之内送达。对企业来说，日配方式广泛而稳定地开展，就可以使客户基本无须保持库存，以日配方式代替传统库存方式，满足生产或销售经营的需要。

日配送方式较适合于以下几种情况：新鲜食品配送，如蔬菜、水果、肉类、蛋类和点心等；小型商店（超市）配送，快进快售，实现快速周转；由于条件所限，不能保持较长时期库存的客户的配送，如采用"零库存"方式的生产企业；位于黄金地段的商店以及缺乏储存设施的客户。

② 看板供货。这是使物资供应与产品生产同步运转的一种方式。看板供货要求配送企业根据生产节奏和生产程序准时将货物运送到生产场地。这种配送方式比日配方式和其他定时配送方式更为精细、准确，每天至少配送一次，以保证企业生产的不间断。采用这种配送方式配送的货物无须入库，直接运往生产场地，供货时间恰好是客户生产所用之时，与日配方式比较，连货物"暂存"也可取消，可以绝对地实现"零库存"。

看板配送作业要求有较高的物流系统和各种先进的物流设备来支撑，要求反应迅速，因而对多客户进行周密的共同配送计划是不大可能的，即使时间要求不那么精确，也难以集中多个客户的需求进行共同配送。重复大量生产的装配型企业所需配送的物资是重复、大量而且稳定的，因而往往是一对一的配送。

(2) 定量配送。

这种配送方式按规定的批量在一个指定的时间范围内进行配送。这种配送方式计划性强，每次配送的品种及数量固定，因此备货工作较简单，可以按托盘、集装箱及车辆的装载能力规定配送的数量，配送效率较高，成本较低。由于时间限定不严格，可以将不同客户所需商品凑足整车后配送，提高车辆利用率。对客户来讲，每次接货都处理同等数量的货物，有利于人力、物力的准备。

(3) 定时定量配送。

这种配送方式按规定的配送时间和配送数量进行配送。这种方式兼有定时、定量两种方式的特点，但特殊性强、计划难度大，对配送组织的要求比较严格，需要配送组织有较强的计划性和准确度。所以适合采用的对象不多，相对来说，该种配送方式比较适用于生产和销售稳定、产品批量较大的生产制造型企业和大型连锁商场的部分商品的配送以及配送中心采用。

(4) 定时定路线配送。

这种配送方式是指通过对客户的分布状况进行分析，设计出合理的运输路线，再根据运输路线安排到达站的时刻表，按照时刻表沿着规定的运输路线进行配送。这种配送方式有利于配送组织计划、安排运力，适用在配送客户较多的地区。

(5) 即时配送。

即时配送是根据客户提出的时间要求和供货数量、品种及时地进行配送的形式，是一种灵活性很高的应急配送方式。这种配送方式对配送组织的要求比较高，通常只有配送系统完善、具有较高的组织能力和应变能力的专业化的配送中心才能开展这一业务。和看板配送一样，即时配送可以实现"零库存"管理，即从理论上讲，可以用即时配送代替保险储备，但在实践中，要注意因经常采用即时配送所带来的额外成本上升问题。

4. 按配送组织的专业程度不同分类

(1) 综合配送。

综合配送指在同一配送网点中组织不同领域和部门的产品配送，所配送的产品种类较多，由于综合性较强，故称这一类配送为综合配送。综合配送可以使客户在一次配送服务中获得所需的大部分甚至是全部产品，充分满足客户的需求，减少客户因组织进货所带来的成本负担，只需和少数几家甚至是一家配送组织合作就可以获得所需的全部物资。因此，综合配送是一种对客户服务意识较强的配送形式。

(2) 专业配送。

专业配送是指按产品的性能和形状不同，对产品进行分类，借以划分业务范围，对某一产品领域进行专门配送。专业配送的优势在于便于配送组织针对配送产品的行业特点进行专业化配送，可以优化配送设施、优化配送机械及配送车辆、制定适应性较强的工艺流程，从而大大提高配送各环节的工作效率。现已形成的专业配送形式主要有以下几种。

① 中、小件杂货配送：配送的产品多为标准规格包装的不同类别的中、小件产品，如小型零部件、五金家电、工具、中小包装的建材产品、仪表仪器、土产品以及书籍等，由于

涉及不同的行业领域，也可以将其看作一种综合性配送，是应用较广泛的一种配送形式。

② 金属材料的配送：配送的产品包括各种金属原材料及金属制成品。

③ 化工产品的配送：配送的产品包括各种形态（固态、液态、气态）的化工产品。

④ 燃料煤：配送的产品包括煤炭和各种煤制品，产品多以散堆为主，批量大且容易散失，但装卸工具专业化强，配送频率较高。

⑤ 燃料油的配送：配送的产品包括各种燃油产品。由于产品形态比较特殊，运送的危险性较大，因而对配送的专业化水平要求较高。

⑥ 水泥的配送：配送的产品包括各种包装形式的水泥。

⑦ 木材的配送：配送的产品包括原木及其初级加工产品，因包装形式和操作要求不严格，通用性较强。

⑧ 平板玻璃的配送：配送的产品包括各种规格的平板玻璃及制品。

⑨ 生鲜食品的配送：配送的产品包括各种保质期较短的食品。

5. 按经营形式不同分类

（1）销售配送。

这种配送方式是指配送组织是销售型企业，或者是指销售型企业作为营销战略所进行的促销型配送。用配送方式进行销售是扩大销售量、扩大市场占有率从而获取更多利润的重要方式。由于是在送货服务前提下进行的活动，所以也容易受到客户的欢迎。各种类型的商店配送多属于销售配送。

（2）供应配送。

这种配送方式是指企业为了自己的供应需要所采取的配送，是由企业或企业集团组建配送据点，集中组织大批量进货，以便取得批量优惠，然后向本企业配送或本企业集团若干企业配送。用这种配送方式进行供应，可以保证供应水平，提高供应能力，降低供应成本。尤其是大型企业或企业集团或联合公司，由于一次配送量大，可以取得更多的优惠，因此更宜采用这种配送方式。例如，连锁商店就常常采用这种配送方式。

（3）销售—供应一体化配送。

这种配送方式是指对于基本固定的客户和基本确定的配送产品，企业可以在自己销售的同时，承担客户有计划地供应活动，企业既是销售者同时又成为客户的供应代理人。这样，某些客户就可以减少自己的供应机构，而委托销售者代理。采用这种配送方式，对销售者来说，可以获得稳定的客户和销售渠道，扩大销售量，有利于企业的持续稳定发展；对客户来讲，能够获得稳定的供应，而且可以大大节约本身为组织供应所耗用的人力、物力以及财力。

（4）代存代供配送。

这种配送方式是指客户将属于自己的货物委托给配送组织代存、代供，有时还委托代订，然后组织配送。这种配送在实施时不发生商品所有权的转移，配送组织只是客户的委托代理人，商品所有权在配送前后都属客户所有，所发生的仅仅是商品物理位置的转移。配送组织依靠提供代存、代供服务而获取收益，而不能获得商品销售的经营性收益。在这种配送方式下，商物是分流的。

6. 按加工程度不同分类

（1）加工配送。

加工配送是指与流通加工相结合的配送，在配送据点中设置流通加工环节，或者是流通加工中心与配送中心建立在一起。当社会上现成的产品不能满足客户的需要，或者是客户根据本身的工艺要求，需要使用经过初步加工的产品时，可以在加工后通过分拣、配货再送货到户。通过加工配送，流通加工与配送相结合，减少了流通加工的盲目性。如此，配送组织不仅可以通过销售经营、送货服务赚取收益，还可以通过加工增值取得收益。

（2）集疏配送。

集疏配送是指不需要经过流通加工，而与干线运输相配合的一种配送方式。如大批量进货后的小批量、多批次发货，零星集货后以一定批量送货等。

8.2 配送的功能及发展趋势

8.2.1 配送的功能

发展配送，对于物流系统的完善、流通企业和生产企业的发展以及整个经济社会效益的提高具有重要的作用。

① 配送可以降低整个社会物资的库存水平。发展配送，实行集中库存，整个社会物资的库存总量必然低于各企业分散的库存总量。同时，配送有利于灵活调度，有利于发挥物资的作用。此外，集中库存可以发挥规模经济优势，降低库存成本。

② 配送有利于提高物资效率，降低物流费用。采用配送方式，批量进货，集中发货，以及将多个小批量集中一起大批量发货，都可以有效地节省运力，实现经济运输，降低成本，提高物流经济效益。

③ 对于生产企业来讲，配送可以实现低库存。实行高水平的定时配送方式之后，生产企业可以依靠配送中心准时配送或即时配送而不需保持自己的库存，这就可以实现生产企业的"零库存"，节约储备资金，降低生产成本。

④ 配送可以成为流通社会化、物流产业化的战略选择。实行社会集中库存、集中配送，可以从根本上打破条块分割的分散流通体制，实现流通社会化、物流产业化。

8.2.2 配送模式

配送模式是企业对配送所采取的基本战略和方法。根据国外和我国配送发展的理论与实践，主要有以下几种配送模式。

1. 自营配送模式

自营配送是指配送的各个环节由企业自身筹建并组织管理，实现对企业内部及外部的货物配送的模式。这是目前国内生产、流通或综合性企业所广泛采用的一种配送模式。其配送活动根据其在企业经营管理中的作用一般分为企业对外的分销配送和企业内部的供应配送。这种配送模式有利于企业供应、生产和销售的一体化作业，系统化程度相对较高。既可满足企业内部原材料、半成品及成品的配送需要，又可满足企业对外进行市场拓展的需要。但这种配送模式糅合了传统的"自给自足"和"小农意识"，形成了新型的"大而全""小而全"，从而造成了投资规模增加、资源浪费等问题。因此，这种配送模式一般只适用于规模较大的集团企业。目前较典型的自营配送模式是连锁企业的配送，这类企业基本上都是通过组建自己的配送中心来完成对内部各场、店的统一配送和统一结算的。

2. 共同配送模式

这是一种配送组织间为实现整体的配送合理化，以互惠互利为原则，互相提供便利的配送服务的协作型配送模式。共同配送模式是一种现代化的、社会化的配送模式，可以实现配送资源的节约和配送效率的提高，是现代社会中采用较广泛、影响面较大的一种配送模式。

3. 互用配送模式

互用配送模式是几个企业为了各自利益，以契约的方式达成某种协议，互用对方配送系统进行配送的模式。其优点在于企业不需要投入较大的资金和人力，就可以扩大自身的配送规模和范围，但需要各参与企业有较高的管理水平以及组织协调能力。

互用配送模式与共同配送模式都是一种协同配送，有一定的相似之处，但二者仍然有明显的区别。

① 共同配送模式旨在建立配送联合体，以强化配送功能为核心，为社会服务；而互用配送模式旨在提高企业的配送能力，以为企业自身服务为核心。

② 共同配送模式的合作对象是经营配送业务的企业，而互用配送模式的合作对象既可以是经营配送业务的企业，也可以是非经营配送业务的企业。

③ 共同配送模式的稳定性较强，而互用配送模式的稳定性较差。

4. 第三方配送模式

第三方是为交易双方提供部分或全部配送服务的外部服务提供者。第三方配送模式是指交易双方把原本需要自己完成的配送业务委托给第三方来完成的一种配送模式。企业将其非优势所在的配送业务外包给第三方来运作，不仅可以享受到更为精细的专业化配送服务，而且还可以将精力专注于自己擅长的业务领域，充分发挥在生产制造领域或销售领域方面的专业优势，增强主业务的核心竞争力。但是，企业将配送业务外包后，对配送业务的控制力减弱，容易受制于第三方配送组织。特别是我国专业化、社会化配送还没有广泛形成，这使得企业在采用第三方配送模式时会承担一定的风险。但随着物流产业的不断发展以及第三方配送体系的不断完善，第三方配送模式逐步得到社会各方广泛的关注，在配送领域发挥着积极的作用。

配送模式各有特色，企业应从配送对企业的重要性和自身经营配送的能力等角度，根据实际需要，决定企业是自营配送还是采用其他配送模式，或者某些环节使用企业自营配送，另一些环节采用其他配送模式，所有这些并无定式。

8.2.3 配送发展趋势

1. 配送的兴起

第二次世界大战后，发达国家曾暴露出这样的问题：物流分散，生产企业自备车辆多、道路拥挤及停车时间长，使得企业收集和发送货物的效率明显下降。在日本，每辆车的运行次数由1960年的每辆每天4.2次减少到1972年每辆每天的2.1次；在美国，以商品零售价格为基数进行计算，流通费用所占的比例达59%，其中大部分为物流费用。流通落后的问题，严重阻碍了生产的进一步发展。

在这一背景下，配送首先在变革和发展仓库业的基础上开展起来。很多传统仓库转变成了商品流通中心，其功能由货物"静态储存"转变为"动态储存"，其业务活动由原来的单纯保管、存储货物变成了向社会提供多种服务，并且把保管、存储、加工、分类、拣选和输送等连成了一个整体。从服务方式看，变革以后的仓库可以做到主动为客户提供"门对门"的服务，可以把货物从仓库一直运送到客户的仓库、车间生产线或营业场所。这样，配送就形成和发展起来了。

配送的产生与发展大概经历了以下 3 个阶段。

（1）萌芽阶段。

配送的雏形最早出现于 20 世纪 60 年代初期，在这一阶段，物流活动中的一般性送货开始向备货、送货一体化方向转化。从形态上看，初期的配送只是一种粗放型、单一性的活动。这时的配送活动范围很小，规模也不大。在这一阶段，企业开展配送活动的主要目的是促进产品销售和提高市场占有率。因此，配送主要是以促销手段的职能来发挥作用的。

（2）发育阶段。

20 世纪 60 年代中期以后，随着经济发展速度的加快，市场竞争日趋激烈，货物运输量急剧增加，配送得到了进一步发展，不但配送的货物种类日渐增多（除了种类繁多的服装、食品、药品、旅游用品等日用工业品外，还包括不少生产资料产品），而且配送的范围也在不断扩大。例如美国已经开展洲际配送。在日本，配送的范围也由城市扩大到了省际。从配送形式和配送组织上看，这个时期曾试行了"共同配送"，并且建立起了配送体系。

（3）成熟阶段。

20 世纪 80 年代以后，受多种社会及经济因素的影响，配送有了长足的发展，以计算机等高科技手段为支持，逐步形成了系列化、多功能化的物流活动形式。在这一时期，配送发展的显著特点有以下几点。

① 技术水平显著提高。技术不断更新和劳动手段日益先进是成熟阶段配送的显著特征。各种先进技术特别是计算机的应用，使配送基本上实现了自动化。发达国家的配送普遍采用了诸如自动分拣、光电识别、条码等先进技术，并建立了配套体系和配备了先进的设备，如分拣机、无人搬运车等，大大提高了配送的作业效率和准确性。据介绍，有的工序因采用先进技术和先进设备，作业效率提高了 5~10 倍。

② 集约化程度明显提高。进入 20 世纪 80 年代以来，随着市场竞争的日趋激烈及企业兼并速度的明显加快，配送组织的数量逐步减少。但是，其总体实力和经营规模不断增长，配送的集约化程度不断提高。根据有关资料，1986 年美国 GPR 公司共有送货点 3.5 万个，1988 年经过合并后，送货点减少了 94.85%，仅剩 0.18 万个。此间，美国通用食品公司用新建的 20 个配送中心取代了以前建立的 200 个仓库，以此形成了规模经营优势。由于配送组织相对集中，配送系统处理货物的能力有了很大的提高。根据有关资料，在日本，发达的配送组织人均搬运作业每小时可达 500 个托盘，分拣能力已达 1.45 万件。

③ 配送方式日趋多样化。进入 20 世纪 80 年代以来，经济发展环境不断变化，生产和市场需求日趋多样化，不但配送规模和配送范围明显在扩大，配送作业的方式也逐渐多了起来。在配送实践中，除了独立配送、直达配送等一般配送方式外，又推出了许多新的配送方式，如"共同配送""即时配送""交货代理配送"等。

④ 配送区域进一步扩大。近几年，实施配送制的国家已不再限于发达国家，许多发展中国家也适应流通社会化的要求实行了配送制，并且积极开展配送。就发达国家而言，20 世纪 80 年代以后，配送的活动范围已经扩大到了省际、洲际和全球。例如，以商贸立国的荷兰，其配送的范围就已经扩大到了欧盟诸国。

⑤ 服务质量进一步提高。在激烈的市场竞争中，配送组织必须保持高质量的服务，否则就可能被市场淘汰。配送服务质量的两大要求为准确和快速，即不出现差错和尽可能地缩短供货周期。

2. 配送的发展趋势

配送由一般送货形态发展而来，通过现代物流技术的应用来实现商品的集货、储存、分拣和输送。因此，配送过程集成了多种现代物流技术。建立现代化的高效率配送系统，必须以信息技术和自动化技术等先进技术为手段，以良好的交通设施为基础，不断优化配送方式，而配送现代化又必然推动物流新技术的应用和开发，促进科学技术的不断进步。

（1）现代配送的共同化、集约化发展趋势。

共同配送最早产生于日本。其实质就是在同一个地区，许多企业在物流运作中相互配合、联合运作，共同进行理货、送货等活动的一种组织形式。配送的集约化、共同化突破了单个企业的个别化配送模式，出现了整个产业、整个行业的组团式配送活动或配送企业。这克服了不同企业之间的重复配送或交错配送，提高了车辆使用效率，减少了城市交通拥挤和环境污染，都带来了良好的社会效益和经济效益。

（2）现代配送的区域化趋势。

配送的区域突破了一个城市的范围，发展为区间、省间甚至是跨国、跨洲的更大区域范围的配送，即配送范围向周边地区、全国乃至全世界辐射。配送区域化进一步带动国际物流，使配送业务向国际化方向发展。

（3）现代配送的产地直送化趋势。

配送产地直送化将有效地缩短流通渠道，优化物流过程，大幅降低物流成本。特别是对于批量大、需要量稳定的货物，产地直送的优势将更加明显。

（4）现代配送的信息化趋势。

配送信息化就是直接利用计算机网络技术重新构筑配送系统。例如建立 EDI 系统，快速、准确、高效地传递、加工和处理大量的配送信息；利用计算机技术，建立计算机辅助进货系统、辅助配货系统、辅助分拣系统、辅助调度系统及辅助选址系统等。信息化是其他先进物流技术在配送领域应用的基础。

（5）现代配送的自动化、机械化趋势。

配送作业的自动化与机械化突破了体力劳动和手工劳动的传统模式。出现了大量自动化程度相当高的自动化立体仓库，采用了如自动装卸机、自动分拣机、无人取货系统和搬运系统等自动化物流设施，为高效、快速、优质的配送服务提供了技术基础。

（6）现代配送的条码化、数字化及组合化趋势。

为适应配送信息化和自动化的要求，条码技术在配送作业中得到了广泛应用。将所有的配送货物贴上标准条码，同时尽可能归并为易于自动机械装卸的组合化货物单元，利用这些技术可以使分拣、配货的速度大幅度的提高。

（7）现代配送的多种配送方式组合最优化趋势。

多种配送方式和手段的最优化组合，将有效地解决配送过程、配送对象、配送手段的复杂化问题，从而寻求到配送的最大利益和最高效率。小批量快递配送、准时配送、分包配送、托盘配送、分销配送、柔性配送、往复式配送、巡回服务式配送、按日（时）配送、定时定路线配送、厂到家的配送、产地直送等配送方式正随着现代物流业的发展在实践中不断得到优化。

8.2.4 电子商务条件下的配送模式

1. 电子商务配送定义

电子商务（E-business 或 E-commerce）是在互联网环境下，基于浏览器/服务器的应用方式，实现消费者的网上购物、企业之间的网上交易和在线电子支付的一种新型的交易方式。电子商务与传统商务的本质区别在于它以数字化网络为基础进行商品、货币和服务交易，以达到减少信息社会的商业中间环节、缩短周期、降低成本、提高经营效率、提高服务质量的目的，使企业有效地参与竞争。

电子商务下的物流配送是指物流配送企业采用计算机技术和现代化的硬件设备、软件系统及先进的管理手段，针对社会需求严格地、守信用地按客户的订货要求，进行一系列分类、编配、整理、分工、配货等理货工作，定时、定点、定量地交给没有范围限度的各类客户，满足其对商品的需求。

电子商务配送是信息化、现代化、社会化的物流配送，其定位在为电子商务的客户提供服务，根据电子商务的特点，对整个物流配送体系实行统一的信息管理和调度，按照客户订货要求，在物流基地进行理货工作，并将配好的货物送交收货人的一种物流方式。

2. 电子商务下的配送与传统配送的比较

电子商务下的物流配送主要利用电子商务的信息系统来进行操作，它与传统意义上的物流配送有很大的不同，主要体现在以下几点。

① 物流配送虚拟化。虚拟性是电子商务配送的一个重要特点，指在信息网络构筑的虚拟空间中进行的配送活动，通过对配送活动的现实虚拟，生成各种虚拟的环境。电子商务系统网络化的虚拟企业将散置在各地的分属不同所有者的仓库通过网络系统连接起来，使之成为"虚拟仓库"，并进行统一管理和调配使用，服务半径和货物集散空间都放大了，改变传统的配送企业需要置备大面积仓库的模式，而这样的企业在组织资源的速度、规模、效率和资源的合理配置方面都是传统的配送所不可比拟的，相应的物流观念也必须是全新的。

② 物流配送网络化。物流配送系统的计算机网络，包括物流配送中心与供应商、下游客户联系以及企业内联网。传统的配送过程是由多个业务流程组成的，受人为因素和时间影响很大。网络的应用可以实现整个过程的实时监控和实时决策。新型配送的业务流程都由网络来连接，当网络的任何一个神经末端收到一个需求信息的时候，该系统都可以在极短的时间内做出反应，并可以拟定详细的配送计划，通知各环节开始工作。这一切都是由计算机根据事先设计好的程序自动完成的。

③ 物流配送高效性。网络环境简化了物流配送过程，配送的持续时间大大缩短，对配送速度提出了更高的要求。在传统的配送管理中，由于信息交流的限制，完成一个配送过程的时间比较长，但这个时间随着网络系统的介入会变得越来越短，任何一个有关配送的信息和资源都会通过网络管理在几秒之内传到有关环节。

④ 物流配送柔性化。柔性化原是生产领域为实现"以客户为中心"而提出的，但要真正做到柔性化即真正根据客户需求的变化来灵活调节生产工艺，没有配套的柔性化物流配送系统是不可能实现的。20 世纪 90 年代以来，生产领域提出的 FMS、CIMS、MRP、ERP 等概念和技术的实质就是将生产、流通进行集成，根据需求端的需求组织生产，安排物流活动。柔性化物

流正是适应生产、流通与消费的需求而发展起来的新型物流特征。它要求物流配送中心根据消费需求"多品种、小批量、多批次、短周期"的特点，灵活组织和实施物流作业。

3. 电子商务配送系统的构成

一般来说，电子商务配送系统主要由管理系统、作业系统和网络系统几部分组成。

（1）管理系统。

管理系统是由配送系统的计划、控制、协调和指挥等所组成的系统，它是整个配送系统的支柱。管理系统包括配送系统的战略目标、能力及配送需求预测、创造以及配送过程管理及网络管理等。

（2）作业系统。

作业系统是配送实物作业过程所构成的系统。在电子商务时代，配送实物作业应根据管理系统下达的信息指令来进行。作业系统主要包括货物的接收、装卸、存货、分拣、配装及送货和交货等。

（3）网络系统。

网络系统是由接受、处理信息以及订货等所组成的系统。目前在配送中应用较多的电子商务网络系统主要有：

① POS 系统（销售试点管理系统）。即企业收集、处理和管理配送试点上的各种配送信息和用户信息的系统。

② VAN 系统（增值网）。即利用电信的通信线路将不同企业的不同类型的计算机连接在一起，构成共同的信息交流中心。

③ EOS 系统（电子订货系统）。即利用企业内终端计算机按货架或台账输入欲订购的货物，经网络传递到总部配送中心或供应商，完成订购手续，并验收货物。

④ MIS 系统（管理信息系统）。负责货物的进、存及配送管理，并进行配送经营的辅助决策工作，如货物的自动补给系统等。

⑤ EDI（电子数据交换系统）。即在不同的计算机应用系统之间依据标准文件格式交换商业单证信息。对于配送企业以及需要进行配送的企业来说，在互联网上进行配送单证信息的传输不仅可以节约大量的通信费用，而且也可以有效地提高工作效率。

4. 电子商务配送的意义和作用

电子商务配送的发展具有以下几个方面的意义和作用。

（1）对于配送企业的意义和作用。

对于配送企业来说，电子商务配送的意义和作用主要表现在以下几点。

① 电子商务配送将会大幅度地提高配送企业的配送效率。首先，配送企业通过电子商务技术在配送中的应用及信息传递与处理技术的应用，可以提高单证的传递效率；二是计算机辅助决策系统的建立和完善可以提高配送决策的效率和准确性；三是计算机与其他自动化装置操作控制系统的建立可提高各作业环节的效率，如无人搬运与自动分拣系统等；四是通信与计算机系统的建立和完善可以使配送企业能有效地对配送活动进行实时监控，促进配送作业环节的合理衔接，减少失误，更好地完成配送的职能。

② 电子商务配送将会大幅度地提高货物供应的保证程度，降低客户因缺货而产生的风险，提高配送企业的客户满意度。

③ 电子商务配送将会大幅度地提高配送企业的经济效益。一方面，货物供应保证程度

和客户满意度的提高,将会提高配送企业的信誉和形象,吸引更多的客户;另一方面,将会使企业更科学合理地选择配送的方式及配送线路,保持较低的库存水平,降低成本。

④ 电子商务配送有利于提高配送企业的管理水平。

(2) 对于客户的意义和作用。

对于客户来说,电子商务配送的意义和作用主要表现在以下几点。

① 对于需求方客户来说,电子商务配送可降低客户的库存,甚至可实现客户的零库存,减少客户的库存资金,改善客户的财务状况,实现客户经营成本的降低。

② 对于供应方客户来说,如果供应方式是自身配送模式,电子商务配送可提高其配送效率,降低配送成本。如果供应方采取委托配送模式,可节约在配送系统方面的投资和人力资源的配置,提高资金的使用效率,降低成本开支。

(3) 对于物流系统的意义和作用。

对于物流系统来说,电子商务配送的意义和作用主要表现在以下几点。

① 完善了整体物流系统。配送是构成整体物流系统的一个重要系统,处于物流活动末端,其完善和发展将会使整个物流系统得以完善和发展。

② 强化了整体物流的功能。

③ 提高了整体物流的效率。

8.3 配 送 中 心

8.3.1 配送中心的定义和种类

1. 配送中心定义

王之秦教授在《现代物流学》中对配送中心的定义为:配送中心是从事货物配备(集货、加工、分货、选货、配货)和组织对用户的送货,以高水平实现销售或供应的现代流通设施。配送中心是以组织和实施配送性供应或销售为主要职能的流通型结点,是构建配送业的最主要的组织形式之一。这种全方位、多功能的现代物流生产实体,聚合了物流、商流、信息流、资金流等诸多活动,以经济有效的运作模式,充分发挥社会资源的作用,为生产者和消费者提供高水平、低成本的服务,从而促进经济的良性循环。

配送中心应基本符合下列要求:

① 主要特定的用户服务。
② 物流功能健全。
③ 完善的信息网络。
④ 有一定的辐射范围。
⑤ 多品种、小批量。
⑥ 以配送为主,存储为辅。

配送中心由于具有人才优势、技术优势和信息优势,可以采用更先进的物流技术和管理方式,取得规模经济效益,从而达到了物流合理化,即争取在产品从供应方到需求方的全过程中,做到环节最少、时间最省、路程最短、费用最小。

2. 配送中心的分类

不同种类与行业形态的配送中心,其作业内容、设备类型、营运范围可能完全不同,但是系统规划分析的方法与步骤有共同之处。配送中心的发展已逐渐由以仓库为主体向信息化、自动化的整合型配送中心发展。企业的背景不同，其配送中心的功能、构成和运营方式就会有很大区别，因此，在规划配送中心时应充分考虑到企业需求。随着经济的发展和流通规模的不断扩大，配送中心不仅数量增加，也由于服务功能和组织形式的不同演绎出许多新的类型。标准不同，分类的结果也不一样。

按照不同标准，配送中心可以分为以下几种类型。

（1）供应配送中心。

这是专门为某个或某些客户（例如联营商店、联合公司）组织供应的配送中心。在实践中，这种类型的配送中心与生产企业或大型商业组织建立起相对稳定的供需关系，专门为其提供原材料、零部件和其他商品。这种类型配送中心的主要特点是：配送的客户数量有限且稳定，客户配送的要求范围也比较确定，属于企业型客户。我国上海地区6家造船厂的钢板配送中心就属于供应型配送中心。

（2）销售配送中心。

这是以销售经营为目的、以配送为手段的配送中心。销售配送中心大体有3种类型：第一种是生产企业为了将本身产品直接销售给客户，因此在一定的区域建立的配送中心。在国外这种配送中心很多。第二种是作为流通企业本身经营的一种方式，企业建立配送中心，可以扩大销售。我国目前拟建的配送中心大多属于这种类型。第三种是流通企业和生产企业联合的协作性配送中心。比较起来，国外和我国的发展趋向都以销售配送中心为主要发展方向。

（3）专业配送中心。

专业配送中心大体上有两个含义：一是配送对象、配送技术属于某一专业领域，但在该专业范畴有一定的综合性，综合这一专业的多种物资进行配送，如多数制造业的销售配送中心。我国目前在石家庄、上海等地建的配送中心大多采用这一形式。专业配送中心的第二个含义是，以配送为专业化职能，基本不从事其他经营活动的服务性配送。

（4）柔性配送中心。

这是在某种程度上与上一种专业配送中心相对的配送中心。这种配送中心不向固定化、专业化方向发展，能够随时变化，对客户要求有很强适应性，不固定供需关系，不断发展配送客户和改变配送客户。

（5）城市配送中心。

这是以城市范围为配送范围的配送中心。城市范围一般处于汽车运输的经济里程，汽车配送可直接送抵最终用户。由于运距短、反应能力强，这种配送中心往往和零售经营相结合，在从事多品种、少批量、多客户的配送上占有优势。

（6）大区域型配送中心。

这是以较强的辐射能力和库存准备，向相当广大的一个区域进行配送的配送中心。这种配送中心规模较大，客户和配送批量也较大，配送目的地既包括下一级的城市配送中心，也包括营业所、商店、批发商和企业客户，虽然也从事零星配送，但不是主体形式。该类型配送中心在国外十分普遍。

（7）储存型配送中心。

这是有很强储存功能的配送中心。一般来讲，买方市场下，企业成品销售需要有较大库存支持。卖方市场下，企业原材料、零部件供应需要有较大库存支持。大范围配送也需要较大库存支持。我国目前拟建的配送中心都采用集中库存形式，库存量较大，多为储存型配送中心。

(8) 流通型配送中心。

这是基本上没有长期储存功能，仅以暂存或随进随出方式进行配货、送货的配送中心。这种配送中心的典型方式是，大量货物整进并按一定批量零出，采用大型分货机，进货时直接进入分货机传送带，分送到各客户货位或直接分送到配送汽车上，货物在配送中心里仅作少许停滞。

(9) 加工配送中心。

从提高原材料利用率、提高运输效率、方便客户等多重目的出发，许多材料都需要配送中心的加工职能。

8.3.2 配送中心的功能和作用

1. 配送中心的功能

一般的仓库只重视商品的储存保管，传统的运输只是提供商品运输配送而已，而配送中心是重视商品流通的全方位功能，同时具有商品储存的功能。配送中心的功能全面完整，把收货验货、储存保管、装卸搬运、拣选、流通加工、配送、结算和信息处理有机地结合起来，通过发挥配送中心的各项功能，大大地压缩整个连锁企业的库存费用，从而降低整个物流系统的成本，提高企业的服务水平。配送中心一般具备如下一些功能。

(1) 集货功能。

为了能够按照客户要求配送货物，尤其是多品种、小批量的配送，必须集中客户需求规模数量和品种的备货，从生产企业取得种类、数量繁多的货物。这是配送中心的基础职能，是配送中心取得规模优势的基础所在。一般来说，集货批量应大于配送批量。

(2) 存储功能。

存储在配送中心创造着时间效用。配送中心依靠集中库存来实现对多个客户的服务，存储可形成配送的资源保证，可有效地组织货源，调节商品的生产与消费、进货和销售之间的时间差。这是配送中心必不可少的支撑功能。为保证正常配送特别是即时配送的需要，配送中心应保持一定量的储备。同时，为对货物进行检验保管，配送中心还应具备一定的检验和存储设施。

(3) 分拣、理货功能。

分拣是配送中心区别于一般仓库的标志。为了将多种货物向多个客户按不同要求、种类、规格、数量进行配送，配送中心必须有效地将储存货物按客户要求分拣出来，并在分拣基础上，按配送计划进行理货。这是配送中心的核心功能之一。为了提高分拣效率，应配备相应的分拣装置，如货物识别装置、传送装置等。

(4) 配货、分放功能。

将各客户所需的多种货物，在配货区有效地组合起来，形成向客户发送的配载，这也是配送中心的核心功能之一。分拣职能和配货职能作为配送中心不同于其他物流组织的独特职能，作为整个配送系统水平高低的关键职能，已不单纯是完善送货、支持送货的准备，是配送企业提高服务质量和自身效益的必然延伸，是送货向高级形式发展的必然要求。

（5）送货功能。

虽然送货过程已超出配送中心的范畴，但配送中心仍对送货工作的指挥管理起决定性作用，送货属于配送中心的末端职能。配送运输中的难点是，如何组合形成高效最佳配送路线，如何使配装和路线有效搭配。

（6）流通加工功能。

配送中心为促进销售，便利物流或提高原材料的利用率，按客户要求并根据合理配送的原则而对商品进行下料、打孔、解体、分装、贴标签和组装等初加工活动，因而具备一定的加工能力。流通加工不仅提高了配送中心的经营和服务水平，也提高了资源的利用率。

（7）信息功能。

配送中心除了具有上述功能外，还能为配送中心本身及上下游企业提供各式各样的信息情报，以供配送中心营运管理政策制定、商品路线开发、商品销售推广政策制定参考。例如，哪一个客户订多少商品？哪一种商品比较畅销？从 EIQ 分析资料中可以很快获得答案，甚至可以将这些宝贵资料提供给上游的制造商及下游的零售商当作经营管理的参考。配送中心不仅实现物的流通，而且也通过信息来协调配送中各环节的作业，协调生产与消费等。配送中心在干线物流与末端物流之间起衔接作用，这种衔接不但靠实物的配送，也靠信息的衔接。配送中心的信息是全物流系统中重要的一环。

2. 配送中心的作用

配送中心由于实现了统一进货、统一定价、统一配送、统一调拨的作业管理，因而对企业经营业务的发展和经济效益的提高，起到了良好的作用，具体表现在以下几点。

（1）配送中心的活动有力地支持了市场营销体系。

配送中心的设置协调了商品的生产与消费、进货与销售之间的矛盾。配送中心的活动作为物流的一个重要内容，是生产营销系统的延伸，如在向各连锁店供货时，可进行小批量的商品包装、装卸和发运，因而配送中心如同生产过程的延伸。而配送中心的活动都以满足客户的需求为目标，体现了市场营销活动的内涵。

配送中心不是以储存为目的的，但它可以保持一定的库存，起到蓄水池的作用。特别是在销售高峰期间，配送中心的库存对确保销售起到了有力的支撑。配送中心以集中库存形式取代以往一家一户的库存结构方式，这种集中库存比起传统的"前店后库"，大大降低了库存总量，增加了供销的调控能力。

（2）配送中心实现了物流系统化和规模经济的有机结合。

物流系统化，是指把物流各个环节视为一个大系统进行整体设计和管理，以最佳的结构、最好的配合，充分发挥其系统功能的效率，实现整体的物流合理化。其作用主要表现在以下几点。

① 合理经济地组织商品的运输。配送中心通过集中配送运输的方式，实现多品种、小批量、快周转的商品运送，从而降低物流的整体成本，提高流通社会化的水平，实现规模经济所带来的规模效益。

② 合理经济地组织商品的配送。配送中心通过集中配送的方式，有利于获取规模效应。例如，连锁超市公司通过电子订货系统，把几百家门店的零星要货信息汇总，由供应商集中送货到配送中心，并在那里采取"集零为整"和"化整为零"的策略，从而大大降低了商品的库存成本和进行装卸搬运作业的劳动量。

③ 密切了与供货方的关系，实现双赢。配送中心集中订货的批量大，使供货方赢得了大量的利润，而供货方集中送货又节省了运输费用；同时配送中心通过集中大批量的订货也可以享受优惠的价格折扣。

④ 配送中心在供应链上起到了重要的调节作用。配送中心是供应链上的一个重要的功能结点，在供应链上起到了一个蓄水池的调节作用。在原材料的供应上，通过统一采购和零星配发，协调原材料和生产制造的一致性；通过对生产制造的协调，加强了制造和销售的紧密关系，在信息共享条件下达到了对市场变化的迅速响应。

(3) 配送中心完善了连锁经营体系。配送中心为各连锁店的销售活动创造了种种优势，使整个连锁经营体系的成本大大下降，实现了规模经济效益。配送中心对整个连锁经营体系的作用表现在：

① 统一进货，有利于严把质量关。

② 加速商品周转，减少商品损耗，降低交易费用、库存费用、流通费用。

③ 扩大配送中心的拆零、分拣能力，改善了门店的存货水平，有利于实现零星商品无库存、少库存经营。

④ 保证各个连锁店管理逐步向"只管销售"方向发展，使分店专心于店铺销售额和利润的增长，不断开发外部市场，拓展业务。

此外，配送中心的设置可以提高物流系统的效率。因为在现代物流中，商品的物理、化学性质是非常复杂的，采取的交通运输方式不同，市场的地理和气候环境也具有多样性，这些都对商品的包装、保管、加工、运输等提出了更高的要求。传统的以产品或部门为单位的配送体系明显地存在着效率低下的缺点，只有建立配送中心，提供更加专业化、更加优质的服务，才有可能降低物流成本，提高效率。

8.3.3 配送中心的配送流程

不同类型的配送中心的业务流程的方式也不同，通常可分为一般的作业流程、不带储存库的作业流程、加工配送型作业流程和批量转换型作业流程。

1. 一般作业流程

配送中心的一般作业流程指的是配送活动的典型作业流程模式。在市场经济条件下，客户所需要的货物特性和配送服务形态不一样，使得配送中心的种类很多，因此内部结构和运作方式也不相同。一般来说，中、小件品种、规格复杂的货物具有典型的意义，所以，配送中心的一般作业流程多以中、小件杂货配送流程为代表。这种类型的配送活动服务对象繁多，配送作业流程复杂，因而将这种配送活动流程确定为通用的、一般的作业流程。

这种配送中心应当满足的要求是：由于品种多，为保证配送需要有一定的储存量。它属于有储存功能的配送中心。理货、分类、配货、配装的功能要求较强，但一般来说，很少有流通加工的功能。在实际应用中，配送固体化工产品、小型机电产品、日用百货、五金工具、书籍等可以采取这种作业流程。这种配送中心的一般作业流程如图 8-1 所示。

2. 不带储存库的作业流程

这种类型的配送中心专以配送为职能，而将存储场所，尤其是存储大量货物的场所转移到配送中心之外的其他地点，如专门设置补货型的存储中心。这种类型的配送中心不单设储存区，只有满足一时配送之需的备货暂存，而无大量库存。

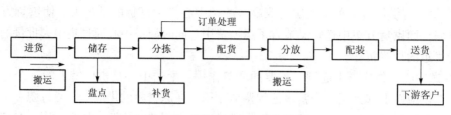

图 8-1　配送中心一般作业流程

配送中心的这种作业流程和一般作业流程大致相同，主要工序及主要场所都用于理货、配货。区别在于大量的储存位于配送中心外部而不在其中。这种类型的配送中心，由于没有集中储存的仓库，占地面积比较小，也可以节省仓库、现代货架等设施和设备的巨额投资。至于补货仓库，可以采取外包的形式及协作的方法来解决，也可以自建补货中心。在实际运作过程中，若干个配送中心可以联合，在若干配送中心的基础上共同建立一个更大规模的集中储存型补货中心。在当地信息台比较完善、信息资源丰富、市场比较发达的条件下，还可以采取虚拟库存的方法来解决。这种配送中心的作业流程如图 8-2 所示。

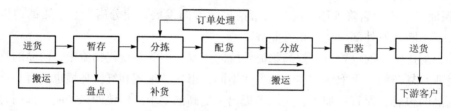

图 8-2　不带储存库的作业流程

3. 加工配送型作业流程

伴随着加工方式的不同，加工配送中心的流程也有所区别。在这种类型的配送中心里，进货是大批量、单一品种的产品，根本无须分类存放。储存后按客户的要求加工，无特定加工标准。由于加工后便按客户要求分放、配货，所以这种类型的配送中心不单设分货、配货和拣货环节。有时候加工、分货、配货和拣货环节合并为一道工序。在加工配送型配送中心里，加工是主要作业环节，配送中心加工场地及加工后分放货物暂存区的区域面积较大。这种配送中心的作业流程如图 8-3 所示。

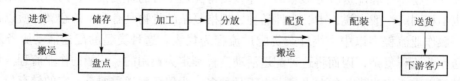

图 8-3　加工配送型作业流程

4. 批量转换型作业流程

批量转换型配送中心一般是将批量大、品种单一的进货转换成小批量发货的配货中心。在这种类型的配送中心里，产品换装、分包是主要作业环节。如不经加工的煤炭配送和不经加工的水泥、油料配送的配送中心大多属于这种类型。

配送中心的这种流程非常简单，基本不存在分类、拣选、分货、配货、配装等工序，但由于大量进货，储存能力较强，储存及装货作业是主要配送作业环节。这种配送中心的作业流程如图 8-4 所示。

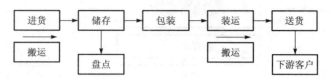

图 8-4　批量转换型作业流程

上述 4 种作业流程，由于配送服务对象和配送货物品质的不同，配送服务水平的目标定位和设施条件也存在差异，因此配送作业流程应根据具体情况进行设计，但总的原则是有利于实现这两个主要目标：一是降低企业的物流总成本；二是缩短补货时间，提供更好的服务。

8.4　配送中心作业管理

在自动化物流配送中心的运转中，不论是机械化的物流系统，还是自动化或智能化的物流系统，如果没有正确有效的作业方法配合，那么不论多么先进的系统和设备，也未必能取得最佳的经济效益。综合上述配送中心的作业流程，可以将物流配送中心的作业环节归纳为以下的几项。

8.4.1　订单处理

1. 订单处理作业的一般流程

订单处理作业是指从接到客户订货开始到准备着手拣货为止的作业阶段，是配送中心顺利实施业务活动的第一步。订单处理是与客户直接沟通的作业阶段，对后续的拣选作业、调度和配送产生直接影响。订单处理有人工和计算机两种形式，目前主要是电子订货。它是一种借助计算机信息处理，以取代传统人工书写、输入和传送的订货方式。如图 8-5 所示，订单处理将订货信息转为电子信息由通信网络传送，故称电子订货系统。具体订单处理的一般流程包括几下几点。

① 订单准备。即将客户所需产品的订货单在指定时间内进行集和整理。
- 确认订单需求品的数量及日期。
- 确认订单形态，根据不同的客户和商品采取不同的交易和作业处理方式。
- 确认订货的价格。
- 确认包装加工。
- 确认订单的号码。
- 建立和维护客户主档。客户主档应包含订单处理和物流作业的相关资料。
- 查询存货，确认有效库存是否能够满足客户需求。若商品缺货，立即补货。

② 订单传递。即将准备好的订单传递到相关职能部门。

③ 订单登录。即将客户的正式订单输入订单处理系统。

④ 按订单供货。即配送中心的备货、理货、加工、储存、运输等业务部门按客户订单的要求，各自保质保量地完成任务，确保货物及时准确地送达顾客手中。

⑤ 订单处理状态追踪。配送中心为客户提供货物后，并不等于配送服务即告完结。客户对配送商品的质量、数量等方面的满意情况如何，客户对配送服务的满意度多大，客户使

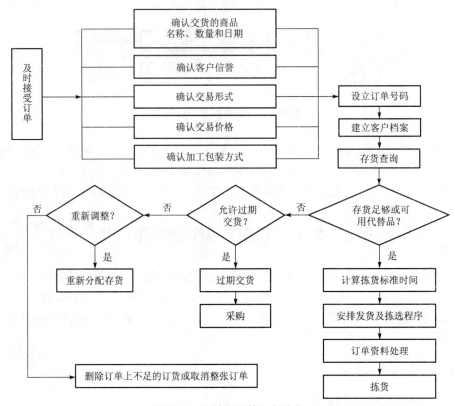

图 8-5 订单处理的一般流程

用配送产品后对产品、服务的意见和建议，客户今后的产品配送情况等都是订单处理状态追踪的内容。配送中心要建立动态的订单管理系统，及时了解、反馈客户的各种情况，争取与客户建立长期的配送关系。

2. 订单处理的合理化

配送中心订单处理周期效率的高低对于配送企业的竞争力和利润有着重要影响。改善订单处理过程、缩短订单处理周期、提高订单满足率和准确率、提供订单处理全程跟踪信息可以大大提高服务水平与客户满意度，同时也能够降低库存水平和物流总成本，使企业获得竞争优势。订单处理合理化的关键点在于：

时间因素：减少订单处理过程的时间耗用，在保证时间耗用稳定性的前提下，努力减少时间的耗费。

供货准确性因素：按照客户订单的内容提供准确品种、数量、质量的产品，并运送到正确的交货地点。

成本因素：包括库存设置的地点和数量、运送批量和运输路线的调控等。

信息因素：通过完善的物流信息系统，向客户以及企业内部的生产、销售、财务及仓储运输等部门提供准确、完备、快速的信息服务。

8.4.2 拣货作业

1. 拣货作业的含义

拣货作业是指按订单拣选客户所需商品的业务活动。在配送中心的作业中，最费人手的作业之一就是按订单拣选商品。按订单拣选商品的作业内容各种各样，千差万别，各种配送中心的拣选内容和方法也不相同。一般在多品种、小批量的配送中心，有3 000～5 000种按订单拣选的商品；而像汽车零件那样的配送中心，其库存品种有10万种以上。因此，按订单拣选商品的拣货作业要投入仓库作业50%以上的人力，占配送中心全部作业时间的30%～40%，是决定配送中心经营效率能否提高的重要环节。

2. 拣货作业的方法

配送中心的作业内容不同，拣选商品的方法也不同。

① 按一次作业的订单数量划分，可分为以下几种。

- 单一拣选法。即每次作业只拣选一张订单所需的货物，待该单所需货物全部拣选配齐后，再进行下一张订单货物的拣选。
- 批量拣选法。即先将要进行拣选商品的客户订单汇总，然后按各种拣选商品的总量实施拣选，之后再按不同的客户进行分货，直至配齐所有客户的订货。
- 混合拣选法。即将单一拣选和批量拣选搭配使用。对于品种少、数量大的订单实施单一拣选；对于多品种、小批量的订单实施统一汇总的批量拣选。

② 按配货人员的作业方法划分，可分为以下几种。

- 人工拣选法。即配货作业人员亲自到货架上将订单上的商品取出运到配货场地。
- 机械拣选法。即配货人员利用回转货架或自动分拣机等机械设备将货物取出运到指定地点。

③ 按拣选商品时的作业程序划分，可分为以下几种。

- 一人拣选法。即一个人按照一张订单的要求，进行拣货、配货。
- 分程传递法。即数人分拣，首先决定个人所分担的货物种类和货架范围，然后拣选货单中仅是自己所承担的货物品种，拣选完毕后，将货单依次转交下一个配货人员。
- 分类拣选法。即先将不同形状、不同尺寸、不同重量的货物分类保管，然后按商品类别进行拣选、配货。
- 区间拣选法。即先确定个人所分担的货物种类和货架区间，然后分头从个人所在区间的货架上进行自己所承担货物的拣选，之后进行汇总，按单配货。

④ 按常用的组合拣选作业划分，可分为以下几种。

- 摘果拣选法。即像从果树上摘取水果那样，配货人员将各个客户的货物从货架上取出，一次配齐一张订单。
- 播种拣选法。每张订单准备一个配货箱置于理货场，然后，配货作业人员取来货物，按每张订单所需数量投入配货箱。
- 总量拣选法。先将一天（或半天）的订单货物汇总起来进行拣选，然后再按不同订单将拣选出来的货物分开配齐。

上述的各种商品拣选方法各有利弊，配送中心要根据自身的情况和各种拣选方法的特性，综合评价，选择使用。

3. 拣货设备

由于多品种、少批量需求的影响，配送中心经营的商品种类年年增加，零星要货占商品订货单的70%，而这部分商品的销售额不超过30%，且拆零的工作量增幅很大，像食品行业拣选的作业量要占据整个工作量的80%。为提高配送效率，配送中心要对机械化拣选作业投入大量的人力、财力和物力。目前,拣货设备大多采用货架拣选式叉车系统、拣选重力式货架系统或者电子标签拣选系统。

(1) 货架拣选式叉车系统。

通常,配送中心会将计算机信息系统打印出的商品配送线路图提供给配货人员拣选商品用,同时打印出各库配货汇总表供复核用。商品入库时使用旋转侧移式叉车将整托盘商品放入高层货架上,拣货时用拣选叉车深入货架,拣选叉车的货叉上设置载人和载货平台,操作人员在平台上操纵叉车,到达一定的货格位置后人工拣货,把商品搬到平台的托盘上。

采用这种拣选系统的特点是投资少,货架走道宽度小(仅1.7 m),而普通货架走道宽 2.5 m 以上。

(2) 拣选重力式货架系统。

这是一种应用较为普遍的货架拣选设施,适用于纸箱包装和开箱拆零的人工拣选。轻型的重力式货架,高度人手可取,可放6~10只纸箱,几个单位可按需要的长度连接起来。货架以带坡度(约4°)的滚轮轨道作为货箱的支撑架,货箱两侧有导向条,作为箱间的分隔。拣选人员在货架前面拣货,开箱拆零;当第一箱商品取完后,拿走空箱,后面一个箱子自动向前移动补充。

采取这种拣选方式的优点是:① 先进先出,保证商品质量;② 节约仓间面积,减轻配货人员的往返距离和时间。如一个储存1 200箱商品的仓间,采用普通货架,面积为78 m^2,配货人员的步行距离是43 m;采用拣选重力式货架,面积为72.6 m^2,步行距离为11 m,分别为前者的93%和25%。③ 拣选商品平面集中,拣选方便,省时、省力、减少差错。④ 货架前面拣选,后面补充,存取分开,可同时作业,互不干扰。⑤ 在货架一侧设置一条出货输送带,便于实行分段拣选的流水作业,提高拣选的工作效率。

(3) 电子标签拣选系统。

在现代化配送中心里,拣选货架已与计算机配套使用。在重力式货架的每一货格上安装电子数字显示器,客户订货单输入计算机后,供货指示灯和数字显示器立即显示出所需商品在货架的具体位置和数量,操作人员只要按指令取货即可。几个人可同时作业,实现"无单拣选",结算、抄单和库存管理等工作均可由计算机系统完成。

8.4.3 补货作业

与拣货作业息息相关的是补货作业。补货作业的目的是保证拣货区有货可拣。通常以托盘为单位,从货物保管区将货物移至拣货区,然后将此移库作业做库存信息处理。

1. 补货类型

补货作业必须满足两个前提,即"确保有货可配"和"将待配商品放置在存取都方便的位置"。为此,常见的补货类型有以下几种。

(1) 流动补货。

即将货物从保管区移至流动式货架,由流动式货架向商品拣选作业区进行补货,如图8-6所示。

(2) 移动补货。

即将货架的上层作为储存区,下层为拣货区,商品由上层货架向下层货架补货,如图8-7所示。

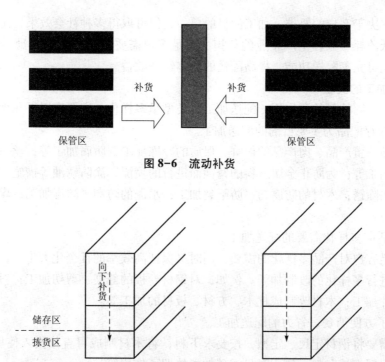

图 8-6 流动补货

图 8-7 移动补货

2. 补货方式

补货作业的发生与否主要看拣货区的商品存量。应尽量避免出现拣货中途发现要拣选的商品存量不足的局面。常用的补货方式有批次补货、定时补货和随机补货 3 种。

（1）批次补货。

即在每天或每次拣选之前，计算所需货品的总拣选量，再查看拣货区现存货品量，计算差额并在拣货作业开始前补足货品。这种一次补足的补货方式，比较适合于一天内作业量变化不大，紧急追加订货不多，或是每次拣取量大、需事先掌握的情况。

（2）定时补货。

即将每天划分为若干个时段，补货人员在时段内检查拣货区货架上商品的存量，如果发现不足，马上予以补足。这种定时补足的补货方式，较适合于分批拣货时间固定、处理紧急追加订货时间也固定的情况。

（3）随机补货。

这是一种指定专人从事补货作业的方式，这些人员随时巡视拣货区，发现不足随时补货。这种方式较适合于每批次拣货量不大，紧急追加订货较多，以至于一天内作业量不易事先掌握的情况。

8.4.4 配送加工作业

1. 配送加工概述

配送加工是配送企业在配送系统内，按客户要求设立加工场所而进行的加工活动，如卷板展平、开片、下料、原木锯材、配煤加工、玻璃集中套裁等，力求把货物变为客户所需要的尺寸、规格或成分等。配送加工是流通加工的一种，但配送加工有不同于一般流通加工的特点，它只取决于客户的要求，加工的目的单一，但可取得多种社会效果，比如可以提高运输效率、降低消耗、减轻生产企业的负担、满足客户需要、提高配送质量、增加配送效益等。同时，也可完善配送功能，提高配送的总体经济效益。

2. 配送加工的类型

由于具有不同的目的和作用，配送加工的类型呈多样化，主要有以下几种。

（1）以保存产品为主要目的的配送加工。

如水产品、蛋产品、肉产品的保鲜、保质的冷冻加工、防腐加工等；丝、麻、棉织品的防虫、防霉加工等；为防止金属材料的锈蚀而进行的喷漆、涂防锈油等措施，运用手工、机械或化学方法除锈；木材的防腐朽、防干裂加工；水泥的防潮、防湿加工；煤炭的防高温自燃加工等。

（2）为适应多样化需要的配送加工。

为了满足客户对产品多样化的需要，同时又保证高效率的社会化大生产，可将生产出来的标准产品进行多样化的改制加工。例如，对钢材卷板的舒展、剪切加工；对平板玻璃按需要的规格开片加工；木材改制成枕木、方材、板材的加工等。

（3）为了方便消费、省力的配送加工。

如根据需要将钢材定尺、定型，按要求下料；将木材制成可直接投入使用的各种型材；将水泥制成混凝土拌和料，使用时只需稍加搅拌即可使用等。

（4）为提高产品利用率的配送加工。

例如，钢材的集中下料可充分进行合理下料、搭配套裁、减少边角余料，从而达到加工效率高、加工费用低的目的。

（5）为提高物流效率、降低物流损失的配送加工。

例如，自行车在消费地区的装配加工可防止整车运输的低效率和高损失；造纸用木材磨成木屑的配送加工，可极大地提高运输工具的装载效率；集中煅烧熟料、分散磨制水泥的配送加工，可有效地防止水泥的运输损失，减少包装费用，也可以提高运输效率；天然气的液化加工，使很难输送的气态物转变为容易输送的液态物，亦可提高物流效率。

（6）为衔接不同输送方式、使物流更加合理的配送加工。

例如，散装水泥中转仓库把散装水泥装袋、将大规模散装水泥转化为小规模散装水泥的配送加工，就衔接了水泥厂大批量运输和工地小批量装运的需要。

（7）为实现配送进行的配送加工。

如混凝土搅拌车可根据客户的要求，把沙子、水泥、石子、水等各种不同材料按比例要求装入可旋转的罐中。在配送路途中，搅拌车边行驶边搅拌，到达施工现场后，混凝土已经均匀搅拌好，可直接投入使用。

3. 配送加工方式

（1）食品的配送加工。

- 冷冻加工。为解决鲜肉、鲜鱼在流通中保鲜及搬运装卸的问题，采取低温冻结方式的加工称为冷冻加工。这种加工方式也用于某些液体商品、药品。
- 分选加工。农副产品规格、质量差异较大，为获得一定规格的产品，采取人工或机械分选方式的加工称为分选加工，它广泛用于果类、瓜类、谷物、棉毛原料等。
- 精制加工。对农、牧、副、渔等产品，在产地或销售地设置加工点，去除无用部分，甚至可以进行切分、洗净、分装等深加工，这称为精制加工。这种加工不但大大方便了购买者，而且可以对加工的淘汰物进行综合利用。比如，鱼类的精制加工所剔除的内脏可以制成某些药物或制作饲料，鱼鳞可以制作高级黏合剂，头尾可以制作鱼粉等；蔬菜的加工剩余物可以制作饲料、肥料等。

- 分装加工。许多生鲜食品零售起点较小，而为保证高效输送出厂，包装往往较大，也有一些采用集装运输方式运达销售地区。为了便于销售，在销售地区按所要求的零售起点进行新的包装，即大包装改成小包装、散装改小包装、运输包装改销售包装，这种方式称分装加工。

(2) 钢板剪板及下料加工。

热连轧钢板和钢带、热轧厚钢板等板材最大交货长度常可达 7～12 m，有的是成卷交货。对于钢板来说，大、中型企业由于消耗批量大，可设专门的剪板及下料加工设备，按生产需要进行剪板、下料加工；但是，对于使用量不大的企业和多数中小型企业来讲，单独设置剪板、下料的设备，有设备闲置时间长、人员浪费大、不容易采用先进方法的缺点，而钢板的剪板及下料加工可以有效地解决上述问题。剪板加工是在固定地点设置剪板机进行下料加工，或设置各种切割设备将特大规格钢板裁小，或切成毛坯，降低销售起点，便利客户。我国原在北京大兴县设置的剪板厂，就是专门对进口卷板进行剪板加工，然后将小规格钢板进行销售的流通加工形式。集中下料加工目前专设于流通配送部门的还少见，主要是大型企业、公司集中安装设备进行此项工作。

钢板剪板及下料的配送加工有如下几项优点：第一，由于可以选择加工方式，加工后钢材的晶相组织较少发生变化，可保证原来的交货状态，从而有利于进行高质量加工。第二，加工精度高，可减少废料、边角料，也可减少再进行机械加工的切削量，既可提高再加工效率，又有利于减少消耗。第三，由于集中加工可保证批量及生产的连续性，可以专门研究此项技术并采用先进设备，从而大幅度提高效率和降低成本。第四，客户能简化生产环节，提高生产水平。

与钢板配送加工类似的还有圆钢、型钢、线材的集中下料、线材冷拉加工等。

(3) 木材的配送加工。

- 磨制木屑、压缩输送。这是一种为了实现流通的加工。木材是容重轻的物资，在运输时占有相当大的容积，往往使车船满装但不能满载，同时，装车、捆扎也比较困难。从林区向外输送的原木中有相当一部分是造纸材，美国在林木生产地就地将原木磨成木屑，然后采取压缩方法使之成为容重较大、容易装运的形状，之后运至靠近消费地的造纸厂，取得了较好的效果。根据美国的经验，采取这种办法比直接运送原木可节约一半的运费。

- 集中开木下料。在流通加工点将原木锯截成各种规格锯材，同时将碎木、碎屑集中加工成各种规格板，甚至还可进行打眼、凿孔等初级加工。过去用户直接使用原木导致加工复杂、加工场地大、加工设备多，更严重的是资源浪费大，木材平均利用率不到 50%，平均出材率不到 40%。实行集中下料后，按客户要求供应规格料，可以使原木利用率提高到 95%，出材率提高到 72% 左右，取得了相当大的经济效果。

(4) 平板玻璃的配送加工。

平板玻璃的"集中套裁，开片供应"是重要的配送加工方式。这种方式是在城镇中设立若干个玻璃套裁中心，负责按客户提供的图样统一套裁开片，向客户供应成品，客户可以将其直接安装到采光面上。在此基础上,还可以逐渐形成从工厂到套裁中心的稳定、高效率、大规模的平板玻璃"干线输送",以及从套裁中心到用户的小批量、多户头的"二次输送"的现代物流模式。

这种方式的好处是:第一,平板玻璃的利用率可由不实行套裁时的 62%～65% 提高到 90% 以上。第二,可以促进平板玻璃包装方式的改革。从工厂向套裁中心运输平板玻璃,如果形成固定渠道便可以进行大规模集装,这样不但节约了大量包装用木材,而且可防止运输途中大量破损。第三,套裁中心按客户需要裁制,有利于玻璃生产厂简化规格,搞单品种大批量生产,不但能提高工厂生产率,而且可以简化工厂切裁、包装等工序,使工厂能集中力量解决生产问题。第四,现场切裁玻璃劳动强度大,废料也难以处理,搞集中套裁可以广泛采用专用设备进行裁制,废玻璃相对数量少且易于集中处理。

8.4.5 配装作业

为了充分利用货车的容积和提高运输效率,配送中心常常把同一条送货路线上不同客户的货物组合、配装在同一辆载货车上,在理货和配货流程中还需完成组配或配装作业。配装作业把多家客户的货物混载于同一辆车上进行配载,不但能降低送货成本,而且可以减少交通流量、改变交通拥挤状况。所以,配装也是配送系统中有现代特点的功能要素,是现代配送不同于以往送货的重要区别之处。

8.4.6 送货作业

送货是配送活动的核心,也是备货和理货工序的延伸。在物流中,送货的现象形态实际上就是货物的运输,因此,常常以运输代表送货。配送中的运输需面对众多的客户,而且要多方向运动,因此,在送货过程中,常常进行三种选择:运输方式、运输路线和运输工具的选择。按照配送合理化的要求,必须在全面计划的基础上,制定科学的、距离较短的货运路线,选择经济、迅速、安全的运输方式,选用适宜的运输工具。通常,配送中心送货都把汽车作为主要的运输工具。(详见第 11 章配送运输)

8.4.7 回收退货作业

1. 商品退货的含义

商品退货,是指配送中心按配送合同将货物发出后,由于某种原因,客户将商品退回公司。商品退货会即时减少公司的营业额,降低利润,因此企业要检讨商品竞争力,了解导致商品退货的原因,加强营业管理,提高营运绩效。

通常发生退货或换货的原因主要有以下几种。

(1) 依照协议退货。

对超市与配送中心订有特别协议的季节性商品、试销商品、代销商品等,协议期满后,剩余商品配送中心将给予退回。

(2) 有质量问题的退货。

对鲜度不佳、数量不足等有瑕疵的商品,配送中心也将给予退换。

(3) 搬运途中损坏退货。

对于由于包装不良、在搬运中受到剧烈振动、破损或包装污损的商品,配送中心将给予退回。一般的食品或药品都有相应的有效期限，如面包、卤味、速食类以及加工肉食等。通常配送中心与供应商定有协约，商品的有效期一过，就予以退货或换货。在消费者意识高涨的今天，过期商品绝对要从货架上卸下，不可再卖。过期商品的处理要花费大量的时间、费用和人力，无形中增加了营运成本。为此，配送中心必须做到适量订货，事前通过准确分析商品的需求，实施多次少量配送，从而减少过期商品的产生；同时要特别注意进货时商品的生产日期，做到先进先出。

（4）次品回收。

在设计、制造过程中存有问题，但在销售后才由消费者或厂商自行发现，存有重大缺失的商品，必须立即部分或全部回收。此种情况虽不常发生，但是不可避免的。

（5）商品送错退回。

凡是有效期已超过 1/3 以上以及商品条码、品项、规格、重量、数量与订单不符的商品，都必须换货或退回。

2. 做好商品退换货工作的意义

（1）做好商品的退换货工作可以满足客户的需要，吸引大量订单。

（2）做好商品的退换货工作可以建立良好的企业形象。

（3）做好商品的退换货工作可以提高资源的利用率。

3. 退货作业流程

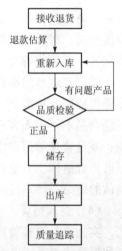

图 8-8　退货作业流程

为规范商品的退换货工作，配送中心要制定一套符合企业标准流程作业的退货作业流程，以保证退货业务的顺利进行。退货作业流程如图 8-8 所示。

（1）接收退货。

配送中心的销售部门接到客户传来货物退回的信息后，要尽快将退货信息通知质量管理及市场部门，并主动会同质量管理部门人员确认退货的原因。若客户退货原因明显为公司的责任，如货号不符、包装损坏、产品品质不良等，应迅速整理好相关的退货资料并及时帮助客户处理退货，不允许压件不处理。若销货退回的责任在客户，则销售人员应会同质量管理部门人员向客户说明判定责任的依据、原委及处理方式，如果客户接受，则请客户取消退货要求，并将客户销退的相关资料由质量管理部门储存管理；如果客户仍坚持退货，销售、质量管理部门人员须委婉地向客户做进一步的说明，若客户仍无法接受，再会同市场部门做深层次的协商，以"降低公司损失至最小，且不损及客户关系"为原则加以处理。

配送中心接收客户退货时，销售部门要主动告知客户有关退货受理的相关资料，并主动协助客户将商品退回销售部门。若该批退货商品经销售部门与客户协商需补货时，销售人员要将补货订单及时传递给采购或库存部门，迅速拟定补交货计划，以提供相应货号、数量的商品给客户，避免客户因停工而使效益受到影响。如果客户的生产、经销需求比较迫切，要依据客户的书面需求或电话记录并经主管同意后，由相关部门安排进行商品更换，销售部门不应私下换货。

（2）重新入库。

对于客户退回的商品，配送中心的销售部门要进行初步的审核。通常配送中心受理客户提出的退货要求后，企业的信息系统会根据相关信息生成销货退回单。销货退回单上将记载货品编号、货品名称、货品规格型号、货主编号、货主名称、仓库编号、区域、储位、批次、数量、单位、单价及金额等信息，销售人员接到退货后，将退货商品的名称和数量与销货退回单进行初步核对，在确保退货的基本信息没有出现误差后，由企业的仓储部门将退货商品重新入库。

（3）重验商品品质。

配送中心将客户退回的商品重新入库时，要通知质量管理部门按照新品入库验收标准对退回的商品进行新一轮的检查，以确认退货的品质状况。对符合标准的商品进行储存备用或分拣配送；对于有问题的商品，在清点数量与"销货退回单"标志相符后，将其标以"拒收标签"后隔离存放。

质量管理部门在确认退货的品质状况后，应通知储存部门安排拣货人员进行重新挑选，或降级使用或报废处理，使公司减少库存呆滞品的压力；储存部门要进行重新挑选并确保有问题商品不再流入客户的生产线及经营之中，并于重新挑选后向质量管理部门申请库存重验；质量管理部门需依据出货"抽样计划"加严检验方式重验有问题商品的品质，合格产品可加合格标志后重新安排到正品仓库内储存，并视客户需求再出货，凡未经质量管理部门确认的商品一律不得再出货。

（4）退款估算。

实施商品退换货虽然能满足客户的各种需要，但给配送中心的日常配送工作带来不便，例如退换货打乱了已经制订完毕的购销计划，增加了配送车辆的安排，变更了分拣、备货等工作的具体环节，给配送中心的工作添加了许多变量。同时，由于销货和退货的时间不同，同一货物价格可能出现差异，同质不同价、同款不同价的问题时有发生，故配送中心的财务部门在退货发生时要进行退回商品货款的估价，将退货商品的数量、销货时的商品单价及退货时的商品单价信息输入企业的信息系统，并依据销货退回单办理扣款业务。

（5）质量管理部门的追踪处理。

退货时，客户常常出现抱怨。质量管理部门应追踪销货退回的处理情况及成效，并及时通知客户。与此同时，质量管理部门应冷静地接受客户抱怨，并抓住抱怨的重点，分析事情发生的原因，找出解决方案。在问题解决后，还要对客户加强后续服务，使客户对企业拥有良好的印象。最后，质量管理部门还要对客户抱怨以及销货退回处理状况进行记录，作为今后配送工作改善及查核的参考。

8.5 配送中心的设置与管理

8.5.1 配送中心的规划与设置原则

在现代物流系统中，配送中心是物流经营或运转所依托的生产力。这种生产力的建设是否符合经营的需要，是否能够满足服务方面、成本方面的要求，在一定程度上取决于配送中心的规划与设计。因此，配送中心的规划与设计也是非常重要的，它必须体现出专业化、现代化和合理化。

配送中心的规划与设计是对拟建配送中心的长远的、总体的发展计划，配送中心一旦建成就很难再做大的改动。所以，在规划设计配送中心时，必须切实掌握以下几个原则。

1. 动态性原则

在进行配送中心的规划与设计时,无论是建筑设施的规划和机械设备的选择,还是信息处理系统的设计,都要考虑到使其具有较强的应变能力和柔性化程度,绝不能将环境条件和影响因素绝对化,因为许多与配送中心相关的因素是不断变化的。

① 客户是变化的。客户的需求、潜在客户的数量是变化的,选择该配送中心的客户数量也随客户对市场的选择而变化。

② 交通的基础条件以及交通管制的办法会有变化。

③ 在市场经济条件下,成本和价格因素也会发生变化,有时变化的幅度还很大。所以,在规划配送中心时应该以发展的目光考虑配送中心的布局,尤其应该对城市的发展规划充分地调查与咨询。同时,对配送中心的规划设计应该具有一定的弹性机制,以便将来能够适应环境变化的需要。

2. 统筹原则

配送中心的层次、数量、规划与生产力布局、消费布局、环境以及人的因素等密切相关、相互交织且互相制约,所以规划一个非常合理的配送中心,必须统筹兼顾、全面安排,既要进行微观的考虑,又要进行宏观的统筹。对于配送中心的布局,运用统筹分析的方法求得整体优化,把定性分析、定量分析和个人经验结合起来,注意从宏观(总体方案)到微观(每个部门、库房、设施),再从微观到宏观过程的协调。例如,应从总体布局开始,然后再进行详细布置;而详细布置方案又要反馈到总体布置方案中去评价,评价后再加以修正甚至重新布置。最后要重视人的因素和作业地点的设计,充分考虑人与环境的关系,对环境进行综合设计,努力为人创造一个良好、舒适的工作环境。因此,只有全面、科学、统筹地考虑各种因素,才能创造一个设施完整、功能齐全、服务优质的配送中心。

3. 价值工程原则

在激烈的市场竞争中,用户对配送的要求会越来越高。在满足高质量服务的同时,又必须考虑物流成本,这也是竞争原则在成本方面的具体体现。在配送中心的布局与选址问题上,可以将总投资最低、营运成本最低、配送费用最低作为求解目标,建立数学模型或利用线性规划方法求得最优解;建造配送中心耗资巨大,所以必须对建设项目进行可行性研究,并做多个方案的技术、经济比较,力求以最少的投资取得最大的企业效益与社会效益;此外,配送中心承担着对客户进行运输商品的任务,运输是配送活动的重要组成部分,因此低运费原则也是非常重要的。由于运费和运距有关,所以低运费原则常常被简化为最短运输距离的问题,可以用各种数学的方法求解出配送中心与预计供应点、与预计客户的最短理论距离或最短实际距离,作为配送中心布局的参考。

4. 软硬件相结合的原则

近年来,随着科学技术的迅速发展,在物流领域出现了许多先进的实用技术。在规划设计配送中心时,是否采取某种先进技术,不能一概而论,而应对经济、技术、使用条件、成本等方面进行综合论证,认真做出选择。一般来说,配送中心软硬件设备系统的水平常常被看作配送中心是否先进的标志。配送中心必须合理配置物流设备,以适用的设备、适当的投资规模,实现预定的物流作业活动功能。

根据我国的现实情况,对于配送中心的建设,应贯彻软件先行、硬件适度的原则。

既要瞄准国际先进水平,加强计算机管理信息系统与控制软件的管理和研究开发,又要根据实际情况,选择足以满足物流作业要求的物流设施和机械设备等硬件。例如,在仓库机械化方面,可以使用叉车或者与货架相配合的高位叉车。在作业面积受到限制,一般仓库不能满足使用要求的情况下,也可以考虑建设高投资的自动化立体仓库。所以,在考虑配送中心的技术设施时,应从经济性、合理性和配送中心规模的适应性等多方面来进行分析研究。

5. 竞争原则

配送活动是接近客户的服务性很强的活动。因此,客户的选择必将引起配送服务的竞争。如果不考虑这种市场机制,而单纯从路线最短、成本最低、速度最快等角度考虑问题,一旦布局完成,便剥夺了客户的选择,会导致垄断的形成和配送服务质量的下降。为了充分体现竞争的原则,配送中心的规划应体现多家竞争。这样,每一个配送中心只能占领局部市场。所以在进行配送中心规划时要从局部市场角度进行规划。在市场有限的情况下,过多设置和布局配送中心,会导致过度竞争和规模不足。

8.5.2 配送中心的布局

1. 配送中心的影响因素

地址选择的好坏直接影响到企业物流系统的效率。配送中心的选址是一个复杂的过程,需要经过多次的反复过程,才能选出满意的地点。总的来说,影响配送中心选址的因素可分为两类,即成本因素和非成本因素:成本因素是指与直接成本有关的,可用货币单位衡量的因素;非成本因素是指与成本无直接关系,但能够影响成本和企业未来发展的因素。成本因素和非成本因素又包含若干内容。

(1) 成本因素。

- 运输成本。对配送中心的上下游企业来讲,配送中心离他们的远近,配送中心与他们之间的运输手段、运输方式(整车运输还是零担运输)等对他们有直接的影响。通过合理选择地址,可以使运输距离最短;在靠近码头、铁路等交通网络比较发达的地方选址,可以使运输成本尽量降低,服务更好。

- 营运成本。营运成本是指配送中心建成后所需花费的各种可变费用,主要包括所选地区的动力和能源成本、劳动力成本、利率、税率和保险、管理费用和设备维修保养费等。

- 建筑成本和土地成本。不同的选址方案在对土地的征用、建筑要求等方面有不同的要求,从而可能导致不同的成本开支,而且各个国家和地区对配送中心的土地征用有不同的规定。一般来说,在配送中心的选址过程中,应尽量避免占用农业用地和环保用地。

- 固定成本。固定成本主要指配送中心进行运作所需的设备支出,包括装卸设备成本、仓储设备成本和运输设备成本等。

- 租金。配送中心一般占地比较大,租金费用占去配送中心投资的很大一部分,而且每年都要支付。因此,在综合考虑其他条件时,还要考虑租金,如在黄金地段,各项条件均好但租金很高。

(2) 非成本因素。

- 交通因素。在配送中心选址时,一方面,要考虑现有交通条件,如配送中心是否靠近现有的交通枢纽;另一方面,交通也要同时作为布局的内容,只布局配送中心而不布局交通，有可能会使配送中心的布局失败。配送中心的进出货需要大量的运输过程，因此，配送中心的设立还要考虑是否会引起当地交通条件的恶化。

- 环保因素。有些商品具有很大的环境污染，这一类商品的配送中心应远离城镇居住区；配送中心的作业比较繁忙，容易产生许多噪声，所以应该远离闹市或居民区；同时也要考虑运输车辆对环境的污染。
- 政策环境因素。政策环境条件也是配送中心选址的评估重点之一，主要包括企业优惠措施（土地提供、减税）、城市规划（土地开发、道路建设规划）以及地区产业政策等。同时，经营者建立配送中心之前，一定要到相关部门进行咨询，查清所选地区在未来是否会作为他用，因为有些地区出于改善交通或保护环境的目的，会立法限制配送中心的设立。
- 气候因素。不同的货物对气候的要求不同，在考虑选址时除了详细了解当地的自然气候环境条件，例如自然环境中的湿度、盐分、降雨量、风向、风力、地震、山洪和泥石流等，还要充分考虑配送中心所储存的货物的特性，比如粮油配送中心应选择在气候比较干燥的地区。
- 货流量情况。配送中心设立的根本目的是降低社会物流成本，如果没有足够的货流量，配送中心的规模效益便不能发挥出来，所以配送中心的建设一定要以足够的货流量为条件。同时也要考虑货物的流向。对于供向物流来说，配送中心主要为生产企业提供服务，应当选择靠近生产企业的地点，便于降低生产企业的库存，为其及时提供服务；对于销向物流来说，配送中心的主要职能是将产品集结、分拣、配送到客户手中，故应选择靠近客户的地方。
- 客户需求。配送中心服务对象的分布及客户对配送服务的要求都是配送中心选址时需要考虑的，必须在对现有数据和信息进行充分分析的基础上，预测一段时间内这些因素的发展变化。因为客户分布状况的改变和客户对配送服务要求的提高都将会给配送中心的经营和管理带来影响。

2. 配送中心布局形态

与配送中心的选址同时进行的另一项工作是配送中心宏观的合理布局。配送中心的布局一般情况下分为以下几种形式。

（1）辐射形。

配送中心位于众多客户中，商品由配送中心向四周配送，形成辐射状，如图8-9所示。

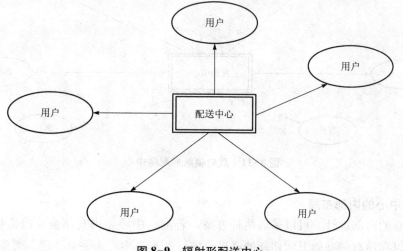

图8-9　辐射形配送中心

以这种形式布局的配送中心要具备以下条件：① 配送中心附近是客户相对集中的经济区域；② 配送中心靠近主要运输干线，利用干线运输将货物运达配送中心，然后再配送到各个客户。

（2）扇形。

商品从配送中心向一个方向配送，形成扇形，如图 8-10 所示。

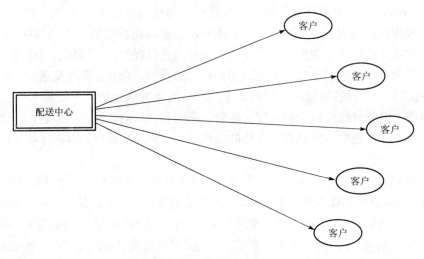

图 8-10　扇形配送中心

扇形配送中心的特点是：商品有一定的流向，配送中心位于主要运输干线的中途或终端，配送中心的商品配送方向与干线运输方向一致或在运输干线侧面。

（3）双向辐射形。

当客户集中在配送中心的两侧时，商品从配送中心向两个相反方向配送，形成双向辐射形，如图 8-11 所示。以这种布局出现的配送中心要靠近主要运输干线，配送中心的商品向运输干线两侧配送。

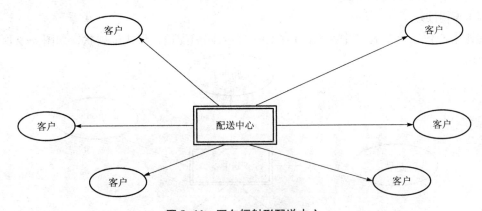

图 8-11　双向辐射形配送中心

3. 配送中心的内部布局

配送中心的内部设计，可以采取两种方案。若配送中心是由仓储企业改造扩建而成的，中心内部可以在原有的基础上增建新的必备设施；若配送中心为完全新建，则该中心不仅要具备装卸搬运、保管等与商品活动完全适应的作业性质和功能，还必须满足提高经济效益、能灵活适应作业量的变化和商品形状变化等要求。

(1) 配送中心内设施场地的布局。

客户对配送商品的需求量、需求种类是配送企业首先要关注的问题，因此在设计规划配送中心的内部结构时，需进行下列分析。

- 商品数量分析，即对不同品种商品数量进行分析，"以何种商品，多大的作业量"为对象作为实施计划的前提条件。具体分析顺序是：① 对商品的类别，按照商品出、入库的顺序进行整理，将相同或相似的货物分为一组；② 确定不同种类商品的作业量；③ 以作业量的大小为顺序制作坐标图，如图8-12所示。

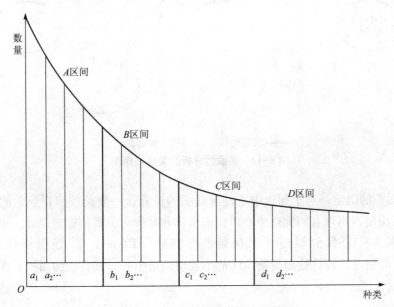

图8-12　不同种类商品的作业量

图中横轴为流通商品种类，纵轴为流通商品数量。根据曲线图分析可知，曲线斜度大的区间（A）商品品种少，数量大，是流通快的商品群；曲线倾斜缓慢的区间（B、C、D）商品品种多、数量少，是流通慢的商品群。

- 物流分析。按照全面分析的作业量和出、入库次数等资料，编制产品流程的基本计划，即按照作业设施的不同，标示流程路线图，同时计入货物数量比率。
- 进行设施的关联性分析。进行配送中心设计时，设施的选用、布局及评价项目等总称为关联性分析。关联性分析不仅包括收货场所、验货场所、保管场所、流通加工场所及配送场所等配送中心内部设施，还包括办公室、土地利用情况及道路等辅助设施。这些设施中，关联性密切的设施应相互靠近配置。

进行关联性分析的顺序如下：

第一，列举必要的设施，包括正门、办公室、绿化地、杂品仓库、退货处理场所、福利保健场所、配送中心的建筑物及其具体的各项内部设施。

第二，绘制关联线路图。对于各相互关联的设施位置关系，根据前项评价，按照互相之间的关联性进行设计，如图8-13所示。

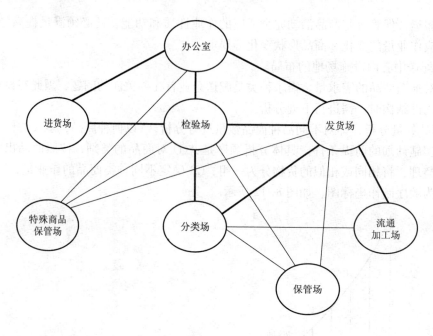

——— 关联性强；——— 关联性弱

图 8-13 关联性分析的关联线路图

- 设施面积的确定。对于配送中心设施面积的计算，一般是按照作业量的大小，根据经验性数据来决定，用现有的配送中心单位面积作业量作为主要依据来设计。单位面积作业量的经验数据为：① 保管设施（库存剩余货物量）$1\ t/m^2$；② 处理货物的其他设施 $0.2\ t/m^2$。一般而言，每日处理货物 50 t 的小规模配送中心，其各设施面积及作业量的计算如表 8-2 所示。

表 8-2 小规模配送中心各设施的面积及作业量表

设施名称	每日作业量/t	单位面积作业量/(t·m⁻²)	设施面积/m²
收货场	25	0.2	125
验收场	(25)	收货兼验收	
分类场	15	0.2	75
保管场	35	1.0	35
流通加工场	2.5	0.2	12.5
特殊商品存放场	2.5	0.2	12.5
发货场	25	0.2	125
办公室			30
合计			415

注：作业量，入库量 25 t，出库量 25 t，保管时间 7 d（5 t/d）。

按照上述方法计算出各项设施的面积，再结合它们之间的相互位置，即可制定出配送中心内部布局方案图，如图 8-14 所示。

配送中心内部的设计，除上述因素外，还要详细考虑装卸路线、保管场所、剩余面积、

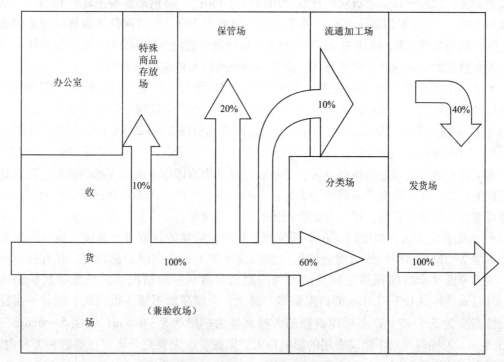

图 8-14 配送中心内部布局方案图

人员配置、经济效益等条件。

另外,配送中心的作业不可能像在工厂的作业过程那样划分,往往一些设施是兼用的,只用理论方法无法解决所有问题。所以,在采用科学方法确定设计方案的同时,还要听取现场工作人员的意见,根据实际情况研究、修正后,才能确定出最优的设计方案。

(2) 配送中心内车流的布置。

配送中心的车流量很大,如日本东京流通中心,其日车流量达 8 000 辆次。一个日处理量达 10 万箱商品的配送中心,每天的车流量达 250 辆次,并且大多集中在几个时间段(即高峰时间)。因此,道路、停车场地及车辆运行线路的设计显得尤为重要。可以说,配送中心总体设计的成败,很大程度上取决于车流规划的合理与否。配送中心的设计必须包括车辆行驶线路图。

为了保证配送中心内车辆行驶秩序井然,一般采用"单向行驶、分门出入"的原则。不少配送中心还规定了大型货车、中型货车、乘用小车的出入口以及车辆行驶线路。配送中心内部的车道必须是继承环状,不应出现尽端式回车场,并结合消防道路布置。

配送中心的主要道路宽度较大,通常为 4 车道,甚至 6 车道;考虑到大型货车、集装箱车进出,最小转弯半径不小于 15 m;车道均为高级沥青路面,并标有白色界线、方向、速度等标记。

(3) 配送中心内部的设施构造。

● 建筑物。配送中心在总体设计时,一般建筑物的覆盖率在 60% 左右。从装卸货物的效率看,建筑物最好是平房建筑。但在城市,由于土地紧张和受地价的限制,采用多层建筑的情况较多。若建造钢骨架平房建筑物的建筑费费用指数为 100,则多层建筑物的建筑费标准大致如下：二层钢骨架建筑物的建筑费用指数为150；二层钢筋混凝土建筑物的建筑费用指数为180；三层钢筋混凝土建筑物的建筑费用指数为200；三层钢骨架钢筋混凝土建筑物的建筑费费用指数240；而建造4～7层钢骨架建筑物的费用指数为270。对建筑费用影响较大的因素有地面负荷强度、天棚高度、立柱间隔距离以及建筑物的通道等。

- 地面负荷强度。地面负荷强度是由保管货物的种类、比重、货物码垛高度和使用的装卸机械等决定的。一般地面负荷强度规定如下：① 平房建筑物平均负荷 $2.5 \sim 3.0 \text{ t/m}^2$；② 多层建筑物一层平均负荷 $2.5 \sim 3.0 \text{ t/m}^2$、二层平均负荷 $2.0 \sim 2.5 \text{ t/m}^2$、三层以上平均负荷 $1.0 \sim 2.0 \text{ t/m}^2$。

多层建筑物二层以上的地面负荷，是指通过建筑物墙体而由地基支撑的负荷。随着建筑物层数的增多，各层地面所承载的能力是逐渐减小的。当然，在确定地面承受能力时，不仅要考虑地面上货物的重量，还要考虑所用机械工具的重量。

- 天棚高度。天棚高度是指在全部装满货物时，货物的计划堆放高度，或者说是在考虑最下层货物所能承受的压力时，堆放货物的高度加上剩余空间的总高度。在有托盘作业时，还要考虑叉车的扬程高度及装卸货物的剩余高度。一般情况下，托盘货物的高度为 $1.2 \sim 1.7 \text{ m}$，其中 $1.3 \sim 1.4 \text{ m}$ 的高度最多。总之，天棚高度不能一概而论。通常平房建筑的天棚高度为 $5.5 \sim 7 \text{ m}$；多层建筑物的天棚高度为一层 $5.5 \sim 6.5 \text{ m}$；二层 $5 \sim 6 \text{ m}$；三层 $5 \sim 5.5 \text{ m}$。天棚高度对于建筑费用的影响很大。因此，事先要充分研究作业的种类和内容，确定好合理的天棚高度。

- 立柱间隔距离。配送中心建筑物的立柱间隔不当，会使作业效率和保管能力下降。因而要充分研究建筑物的构造及经济性，以求出适宜的立柱间隔距离：一般情况下，若是钢筋混凝土结构，横向为 $6 \sim 12 \text{ m}$，纵向为 $9 \sim 12 \text{ m}$；若是钢结构，横向为 $6 \sim 12 \text{ m}$，纵向为 $9 \sim 21 \text{ m}$。

- 建筑物的通道。配送中心的通道是根据搬运方法、车辆出入频度和作业路线等确定的。建筑物内部通道的设置与内部设施的功能、效率、空间使用费等因素有关，所以应根据货物的品种和批量的大小以及所选定车辆的出入频度和时间间隔等因素来决定通道的宽度和条数。

通道宽度的标准一般为：人行道 $0.5 \sim 0.6 \text{ m}$；手推车道 1 m；叉车道（直角装载时）重型平衡叉车 $3.5 \sim 4.0 \text{ m}$，伸长货叉型叉车 $2.5 \sim 3.0 \text{ m}$，侧面货叉型叉车 $1.7 \sim 2.0 \text{ m}$；巷道起重机通道，起重机直行 1.5 m，起重机垂直作业 $2.5 \sim 4.0 \text{ m}$。

（4）货车停车场。

各种车辆都必须有停车场。车辆停放时占用的面积如下：

- 停车场面积。一般情况下，当车辆停止时，车与车之间的间隔距离为 $0.5 \sim 1.0 \text{ m}$。停车场总面积=车体实际投影面积×1.56倍。

- 货车车道宽度。单线车道宽度 3.5 m；双线车道宽度 7 m。

- 货车回转区宽度。2 t 车 11 m；4 t 车 13 m；5 t 车（加长）18 m；11 t 车 20 m；货柜车 33 m。

- 站台高度。2 t 车 0.7 m；4 t 车 0.9 m；5 t 车（加长）1.1 m；11 t 车 1.3 m；集装箱车 1.4 m。

- 遮雨棚高度与宽度。遮雨棚距站台高度为 3 m 以上，遮雨棚宽度为 5 m 以上。

8.5.3 配送中心的选址程序和方法

1. 配送中心选址的基本流程

配送中心选址的基本流程包括确定选址任务、列出影响选址的因素、明确选址目标、确定多个备选地址、确定选址评价方法和最终确定配送中心的地址六个基本环节。配送中心选址的基本流程如图 8-15 所示。

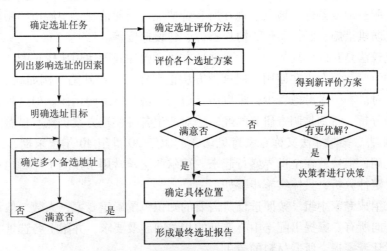

图 8-15 配送中心选址的基本流程

(1) 确定选址任务。

在一个新地点设置一个配送中心应该符合组织的发展目标和生产运作战略,能为企业带来收益。只有在此前提下,才能开始进行选址工作。

(2) 列出影响选址的因素。

影响配送中心选址的因素很多,组织必须对诸多因素进行主次排列、权衡取舍,寻找关键成功因素。关键成功因素指的是那些投资者必须坚持而绝对不能妥协的因素,这些因素决定了选址决策是否能够成功。

(3) 明确选址目标,即列出组织的选址要求。

(4) 确定多个备选地址。

配送中心的选址是在明确配送中心自身定位的基础上,对以上各类条件和因素进行充分论证与分析,根据选址要求和目标进行地址的预选,并确定多个备选地址以供选择。

(5) 确定选址评价方法。

确定选址评价方法以对初步拟定的候选方案进行分析,所采用的分析方法取决于各种要考虑的因素是定性的还是定量的,有时要综合多种评价方法以确定最佳评价方案。

(6) 最终确定配送中心的地址。

根据评价方法进行评价,确定最终方案并形成最终报告。提交企业最高决策层批准。

2. 配送中心选址常用的方法

近 30 年来,选址理论发展迅速,各种不同的选址方法层出不穷。特别是计算机的广泛应用,促进了物流系统选址问题的研究,为不同方案的可行性分析提供了强有力的手段。多种多样的选址分析方法概括起来有两大类:

(1) 定性分析方法。

- 优缺点比较法。优缺点比较法是一种最简单的配送中心选址的定性分析方法，尤其适用于非经济因素的比较。该方法的具体做法是罗列出各个方案的优缺点进行分析比较，并按照最优、次优、一般、较差、极坏五个等级对各个方案的优缺点进行评分，对每个方案的各项得分加总，得分最多的方案为最优方案。

优缺点比较法的比较要素可以从以下几个方面考虑：区域位置、面积及地形、地势与坡度、风向和日照、地质条件、地点、现在所有者情况、交通情况、与城市的距离、供电与给排水、地震、防洪措施、经营条件、协作条件、建设速度等。

优缺点比较法是我国传统的配送中心选址方法，曾在我国使用比较长的一段时期，也积累了较丰富的经验，至今仍在使用。但这种方法也存在着一些缺陷，例如缺乏量化的比较、科学性不足、对成本因素考虑较少，难以满足市场经济条件下的运作。但这种方法对各种选址因素的罗列分析，特别是调查研究的经验，对产生各种候选方案仍然有借鉴之处。

- 德尔菲法。德尔菲法又称专家意见法，起源于20世纪40年代末期，最初由美国兰德公司首先使用，很快就在全世界盛行起来。德尔菲法常常用于预测工作，也可用于对配送中心选址进行定性分析，具体实施步骤如下。

步骤一：组成专家小组。按照选址所需要的知识范围确定专家，人数一般不超过20人。

步骤二：向所有专家提出配送中心选址的相关问题及要求，并附上各选址方案的所有背景资料，同时让专家提交所需材料的清单。

步骤三：各个专家根据他们所收到的材料，提出自己的意见。

步骤四：将专家的意见汇总，进行对比，并将材料反馈给各专家，专家根据反馈材料修改自己的意见和判断。这一过程可能要进行三四次，直到每一个专家不再改变自己的意见为止。

步骤五：对专家的意见进行综合处理以确定选址方案。

(2) 数值分析法。

如果一个配送中心为多个客户配送货物，配送中心应利用数值分析法或重心法进行选址：通常应选择在处于各客户间中心位置，且配送费用最小的地方，如图8-16所示。

数值分析法是利用费用函数求出由配送中心至客户之间配送成本最小地点的方法，其计算公式为

$$x_0 = \frac{\sum_{i=1}^{n} a_i w_i x_i / d}{\sum_{i=1}^{n} a_i w_i / d_i} \qquad y_0 = \frac{\sum_{i=1}^{n} a_i w_i y_i / d}{\sum_{i=1}^{n} a_i w_i / d_i}$$

式中 a_i——从配送中心到客户 i 每单位运量、单位距离的运输费；

w_i——从配送中心到客户 i 的运输量；

d_i——从配送中心到客户 i 的直线距离。

8.5.4 配送中心的组织结构

配送中心要高效率地发挥其作用，首要的条件是建立一个合理的组织结构，明确每个岗位的任务、权力、责任和相互关系以及信息沟通渠道，使人们在实现目标的过程中，能发挥

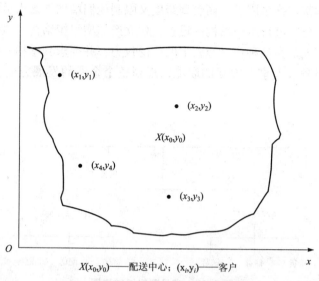

图 8-16 单个配送中心与多个顾客

出比个人更大的力量、更高的效率。

配送中心作为一个流通型组织,其组织结构可选择职能型组织结构、产品型组织结构和区域型组织结构三种类型。

(1) 职能型组织结构。

职能型组织结构是指企业按职能划分部门。按职能部门划分来组织经营活动,可体现企业活动的特点。配送中心是利用其高效、快速的配送能力实现商品顺畅流通的,其基本的企业职能是营销、储运和财务,同时还包括一些保证经营活动顺利进行的辅助性职能,如人事、公共关系和法律事务等。在配送中心的基本职能部门内也会发生相应的任务划分,即当任何职能部门发觉自己所管辖的事务太宽时,就自然派生出一些子部门来适应管理的需要,如图 8-17 所示。

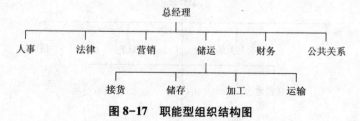

图 8-17 职能型组织结构图

职能型组织结构可以确保高层管理者维护企业基本活动的权力与威望,可使人力资源的使用更为有效,但由于各职能部门的管理人员长期在一个专业部门工作,形成了自己的行为模式,因而往往从本位出发考虑问题,只忠实于自己所在的部门,而不把企业看成一个整体,部门之间难以协调,导致企业对外界的反应比较慢。

这种结构比较适合于外部环境比较稳定,采用常规技术的中小型企业,如专业配送中心和特殊配送中心。

(2) 产品型组织结构。

随着企业产品经营的多样化,把制造工艺不同和客户特点不同的产品集中在同一职能部门,会给企业的运作带来许多困难,而管理跨度又限制他们增加下级人员的可能。在这种情况下,就需要按产品分工进行组织结构的设置,建立产品型组织结构。该结构要求高层管理者授予一位部门管理人员在某种产品经营上的广泛权力,并要求其承担一部分利润指标,而高层管理者仍控制财务、人事等方面的职能,规划整个企业的发展方向。这种组织结构如图8-18所示。

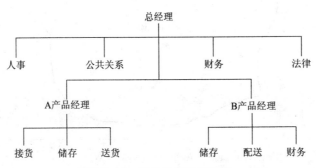

图 8-18　产品型组织结构图

配送中心设立产品型组织结构可减少市场风险,提高劳动效率,降低经营成本;有利于企业加强对外部环境的适应性,以市场为主导,及时调整经营方向;有利于促进企业内部的竞争。但按产品划分部门,必须有较多的具有全面管理能力的人员;由于总部和事业部中的职能部门可能重叠而导致管理费用增加;各产品部门的负责人具有较大的决策权,可能过分强调本单位的利益而影响企业的统一指挥。为了避免失控,企业应把足够的决策权和控制权掌握在总部手里。

(3) 区域型组织结构。

在经营范围分布很广的企业中,应按区域划分部门,建立区域型组织结构,即将一个特定地区的经营活动集中在一起,委托给一个管理者去完成,如图8-19所示。

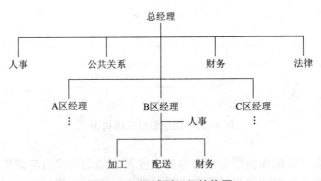

图 8-19　区域型组织结构图

按区域划分部门可以调动各地区管理者的积极性,加强各地区各种活动的协调;还可减少运输费用和时间,降低配送成本。但也存在着需要较多管理人员,造成机构重复设置、高层管理者难以控制各地区的管理工作等问题。这种组织结构较适合于综合配送中心。

8.5.5 配送中心的岗位设置

1. 采购或进货管理部门

采购或进货管理部门负责订货、采购、进货等作业环节的安排及相应的事务处理，同时负责对货物的验收工作。

2. 储存管理部门

储存管理部门负责货物的保管、提取、养护等作业运作与管理。

3. 加工管理部门

加工管理部门负责按照要求对货物进行包装、加工。

4. 配货部门

配货部门负责对出库货物的拣选和组配作业进行管理。

5. 运输部门

运输部门负责按客户要求制定合理的运输方案，将货物送交客户，同时对完成配送进行确认。

6. 营业管理或客户服务部门

营业管理或客户服务部门负责接收和传递客户的订货信息、送达货物的信息，处理客户投诉，受理客户退换货请求。

7. 财务管理部门

财务管理部门负责核对配送完成表单、出货表单、进货表单和库存管理表单等，协调控制监督整个配送中心的物流活动，同时负责管理各种收费发票和配送收费统计、配送费用结算等工作。

8. 退货与换货作业部门

当营业管理或客户服务部门接收到退货信息后，退货与换货作业部门将安排车辆回收退货商品，再集中到仓库的退货处理区，重新清点整理。

以上岗位设置是一般配送中心设置的主要岗位。由于配送中心的规模、设施设备、作业内容、服务对象不同，岗位设置也不尽相同。

8.5.6 配送中心的管理

1. 配送中心的职能管理

（1）配送中心管理的基本职能。

配送中心建立了良好的组织结构以后，若要实现企业的高效率，还必须做好以下五方面的管理工作。

- 计划。为了确定组织目标，配送中心的管理人员首先要对未来的资源供应、市场环境等因素的变化做出市场调查和预测，然后提出若干个可以实施的方案，经过综合分析、评价后，最终做出采用某一个方案的决策。伴随着计划的形成，管理人员还要制定出实施计划所需的政策，以保证企业人员在进行经营活动时，知道自己应该做什么、什么时候做、怎样做，以及和谁一起做。
- 组织。计划制订完毕后，管理人员就要对本组织所拥有的各种资源进行配置和协调，把人员按一定的结构进行组织，使他们能按一定的程序运作，互相之间有明确的信息传递通道，以保证组织目标的实现。

　　● 人事。为保证工作的顺利开展，配送中心还要根据组织目标所确定的任务和组织结构中各种职位的要求，招聘合适的人员并对其进行上岗前的培训。企业的人事部门要制定相应的工资和考核标准，对企业人员的绩效进行考评，奖优罚劣，调动人的主观能动性，形成新的人力资源。人力资源是企业中最宝贵的资源，企业的人事部门最重要的任务就是不断开发人力资源，提高组织成员的素质。

　　● 领导。处于组织指挥命令链中的各层管理者是本部门的核心力量。他们必须能用各种方式和手段来激发下级成员的热情，鼓励他们更好地工作，还要带领和指挥下属成员同心协力去执行组织的任务。

　　● 控制。计划开始实施后，外界环境的变化或人为因素的影响等非正常现象都可能会使原订目标难以实现，此时，就要根据计划的实施情况进行调整或修正，以保证企业目标的实现。

　　（2）配送中心的基本管理。

　　配送中心的基本管理可以归纳为四个方面，即信息管理、分拣管理、储存管理、运输管理。

　　● 信息管理。配送信息管理是根据企业配送活动的需要而产生的。在现代配送活动中，信息的绝对数量不断增加，但信息流量在不同时段的差别很大，信息的发生地点、处理地点、传送对象极其分散。物流和信息流要同时进行，物流与商流的关系也越来越密切。这一切，都要求配送企业全面采用计算机来管理配送信息，以保证高效率的商品配送。

　　配送信息管理一般通过五个信息管理子系统来满足企业与客户对配送信息的需求。

　　① 销售管理系统。其主要的职能是订单处理。如果企业采取配销模式，还应包括客户管理系统、销售分析与预测系统、销售价格管理系统、应收账款及退货处理系统。

　　② 采购管理系统。如果采取物流模式，其主要职能是接受进货和验收指令；如果是配销模式，其主要职能包括供货商管理、采购决策、存货控制、采购价格管理及应付账款管理等系统。

　　③ 仓储管理系统。该系统包括存储管理、进出货管理、机器设备管理、分拣处理、流通加工、出货配送管理、货物追踪管理及运输调度计划等内容。

　　④ 财物管理系统。财务会计部门对销售管理系统和采购管理系统所传来的应收、应付账款进行会计操作，同时对配送中心的整个业务与资金进行平衡、测算和分析，编制各种业务经营的财务报表，并与银行系统联网进行转账。

　　⑤ 辅助决策系统。除了获取内部各系统业务信息外，信息管理部门还要取得外部信息，结合内部信息编制成各种分析报告和建议书，通过辅助决策系统提供给配送中心的高层管理人员作为决策依据。

　　● 分拣管理。大型的配送中心，商品种类多达上万种，客户数量多且分布范围广，经常要求拆零配送与限时送达。在这种情况下，商品分拣作业就成了配送中心内部工作量最大的一项工作。为了提高商品的分拣效率，应配置自动化分拣系统，该系统包括以下几种。

　　① 输入系统，即商品由传送带或辊道输送机输入分拣系统。

　　② 分拣信号设定装置，即采用激光扫描的办法，对商品条码进行扫描，以区分配送商品的目的地、配送商品的对象等配送信息。

③ 分拣传输装置，包括传送装置，即把混杂的商品自动分送到设定的分拣道口上；分拣装置，即把分拣的商品送入分拣道口，在上部接口处设置动力轨道，把分拣商品"投入"斜道，以暂时存储，等待装车运走。

- 储存管理。大型的配送中心还要承担为客户储存商品的任务。储存管理要保证中心内货物数量全，质量完好无损。
- 运输管理。运输部门是配送中心的一个重要的组织管理部门。配送的商品能否安全、及时、准确地送达客户手中，是运输管理绩效的一个具体表现。运输部门为了降低运输成本，要把运输与其他配送环节结合起来，有效地利用各自的特点，形成一个有效的运输系统。

运输部门在考虑运输问题时，必须考虑运输与其他配送部门的关系，根据运输业务特点，合理地选择运输方式和路线，并适当地设置存货点。在运输机械的使用中，必须有相应的配套设施和设备，做好运输机械的服务工作。要建立运输信息处理系统，及时收集和传送运输信息，做好运输调度，做到有计划运输。利用科学管理方法，合理规划运输路线和有关业务，降低成本，提高运输效率。

2. 配送中心的业务管理

配送中心的业务管理包括以下内容。

（1）订货、发货管理。

当今现代化的配送中心，无论是采取集约化、综合化的发展模式还是分散化、个性化的发展模式，都比较注意通过网络将企业本部与各工厂、配送中心与经营最前端的店铺连接起来，从而使订货信息通过信息系统传输到配送中心，在准备发货的同时，同步进行自动制作发货票据、账单等业务。除此以外，通过 EOS 系统实现产业内以及企业间的电子订货，真正使企业的经营活动与商品的物质运动紧密联系在一起，推动即需型产销体制和网络经营体系的建立。

（2）商品检验管理。

随着近年来生产、流通阶段物流活动的广泛开展以及高度化配送服务的出现，配送中心越来越具有集约化、综合化的倾向。在这类中心里，伴随着订、发货业务的开展，商品检验作业也在集约化的中心内进行。同时，条形码的普及以及便携式终端性能的提高，使配送作业效率得到大幅提升。通常在客户订货信息的基础上，在进货商品上贴附条码，当商品进入中心时用扫描仪读取条码检验商品；或在企业发货信息的基础上，在检验发货商品时同时加贴条码，使企业的仓库保管及发货业务在条码管理的基础上进行。另外，随着零售企业的不断崛起，不少大型零售企业都在建立自己的配送中心，由自己的配送中心将商品直接运送到本企业的各支店或店铺。采用这种配送形态的企业，一般都在商品上贴附含有配送对象店铺名称的条码，从而在保证商品检验作业合理化的同时，实现企业配送作业的效率化。有些零售企业还事先将本企业条码印刷系统托付给发货方，要求他们在发货同时按零售企业要求贴附本企业专用的条码。

不难看出，各企业在进货管理上使用条码，不仅增加了商品检验的合理化，更是为入货后作业的合理化提供了方便条件。

（3）保管、装卸作业管理。

从事现代配送中心再建的企业都极力在中心内导入自动化作业。在实现配送作业快速化的同时，极力削减作业人员，降低人力费。配送中心进行储存或暂存的商品种类非常多，日配货的数量非常大，需要大量人力的备货或标价等流通加工作业。如何提高作业效率，是很多企业面临的重要问题。为此，很多企业所采取的方法是极力使各项作业标准化，进而最终实现人力资源的节省。像啤酒、食品等生产单价较低、销售量大的商品制造商，可以在配送中心内彻底实现自动化，从而将所有备货作业完全建立在标准化的基础上。当然，不同产业对自动化要求的程度是不一样的。对于周转较慢的商品，即使利用自动化立体仓库保管，也不易大幅度提高商品周转率。

（4）场所管理。

配送中心内的场所管理分为两种形态，一种是固定型管理，即利用信息系统事先将货架进行分类、编号，并贴附货架代码，各货架内装置的商品事先加以确定。另一种是流动型管理，即所有商品按顺序摆放在空的货架中，不事先确定各类商品专用的货架。在固定型管理方式下，各货架内装载的商品是长期一致的，从事商品备货作业较为容易，同时信息管理系统的建立也较为方便，这是因为只要第一次将货架编号以及商品代码输入计算机，就能很容易地掌握商品的出入库动态，从而省去了不断进行在库商品统计的烦琐业务；与此同时，在商品发货以后，利用信息系统还能很方便地掌握账目以及实际商品的剩余在库量，及时补充库存。而流动型管理方式由于各货架内装载的商品是不断变化的，在商品变更登记时出差错的可能性较高。通常，固定型管理方式适用于非季节性商品；而季节性商品或流行性变化剧烈的商品，由于周转较快，出入库频繁，更适应流动型管理方式。

除了上述两种管理方式外，目前还存在根据产业业别管理或根据商品周转情况进行管理的方式，也有配送中心按客户店铺区别划分货架，进而提高发货效率。

（5）备货作业管理。

配送中心中最难实现自动化的是备货作业。因为业种不同、商品的形状不同，所以备货作业的自动化有难有易，但即使容易实行备货自动化的商品或产业，也需要大量的资金投入，而当配送中心内商品处理量不多时将导致投资难以收回。虽然从整个产业来看，各企业在推动自动化时会遇到各种难题，但是，它们都在极力通过信息系统节省人力资源，构筑高效的备货自动化系统。从现代发达国家的物流实践看，啤酒企业是少数几个满足备货自动化作业的产业之一。备货自动化中最普及的是数码备货，即不使用人力，而是借助于信息系统有效地进行作业活动，在由信息系统接受客户订货的基础上，向分拣员发出数码指示，按指定的数量和种类正确、迅速地备货。原来的备货作业是在接受订货指示、发出货票的同时，备货员按照商品分列的清单在仓库内寻找、提取所需商品。实行自动化备货作业后，各个货架或货棚顶部装有液晶显示的装置，该装置标示有商品的分类号以及店铺号，作业员可以很迅速地查找到所需商品。如今，很多先进的企业纷纷采用数码技术提高备货作业的效率。

（6）分拣作业管理。

对于厂商、批发商或零售商等不同经济主体而言，分拣作业的形式是不同的。

厂商通常是将产品生产出来后直接运送给客户，基本上不存在分拣作业；如果是预约订货，则先将商品送到仓库，接受客户订货后，再进行备货、分拣，配送到指定客户手中。对于那些拥有全国性产品销售网的厂商，产品生产出来后先运送到各地的配送中心，各地配送中心在接受当地订货的基础上，分别进行备货、分拣作业，然后直接向客户配送产品。

批发商订购商品的处理方式一般有两种：一是商品全部由批发商自己的配送中心处理；

二是在接受订货的基础上由厂商直接向客户配送，批发商只进行销售额的计算以及账单处理等商流业务。显然，前一种方式下，分拣作业全部由批发商自己进行；后一种方式下，批发商接受零售商订货后，再向制造商订货，制造商在按批发商的要求进行分拣作业后，直接向指定的零售店铺配送产品。

从批发商的物流系统发展来看，即使批发商自己进行商品分拣再按订货要求配送，也要注重在接受订货的同时，利用信息系统事先做好销售账单、发货票据等单据的制作和发送工作，同时将备货清单同步传送到客户指定的店铺。备货作业则按照不同的配送客户在商品上贴付条码，分拣作业时只要用扫描装置读取条码，便能自动按不同的配送场所进行分拣。另外，在由批发商订货、厂商配送的情况下，批发商在向厂商发出订货信息的同时，也向顾客的店铺发出受货信息的指令，厂商则在商品上打上客户信息的条码，在进行适当的作业后，不进入物流中心而直接送到客户的店铺。上述的所有活动都是围绕尽可能早地满足客户的订货以及尽量压缩本企业在库商品而展开的。故多数配送中心内分拣业务都尽量利用条码来提高效率。

零售企业将从厂商或批发商处购入的商品运送到自己的配送中心，再由自己的配送中心进行适当作业后分送到各店铺，这是当今零售企业物流革新的趋向。现在，大多数零售企业采用的方法是事先要求发货方的厂商或批发商按照自己的要求在商品上贴附条码，商品进入零售商的配送中心后，只要用扫描仪读取条码后就可以直接分送到各店铺。为此也要求零售企业具有自己的条码系统。

本章小结

本章介绍了配送及配送中心方面的内容。配送集装卸、包装、储存、运输于一身，通过这一系列活动达到将物品送达客户的目的。现代配送在社会再生产的流通中起着重要的作用。从总体上看，配送由备货、储存、理货、配装、送货和配送加工六大环节组成。配送经几十年的发展，逐步形成较为成熟的运作模式，主要包括商流、物流一体化的配送模式；商流、物流相分离的配送模式；独立配送与共同配送模式。现代配送的发展趋势是：现代配送的共同化、集约化发展趋势；现代配送的区域化趋势；现代配送的产地直送化趋势；现代配送的信息化趋势；现代配送的自动化、机械化趋势；现代配送的条码化、数字化及组合化趋势；现代配送的多种配送方式组合最优化趋势。而电子商务条件下的配送模式成为网络时代的重要模式。配送中心是从事货物配备（集货、加工、分货、选货、配货）和组织对用户的送货，以高水平实现销售或供应的现代流通设施。配送中心按不同功能、经营方式等标准有多种不同类型。配送中心针对不同类型的配送有不同方式的作业流程，但不论哪种工作流程，配送中心一般都有几项基本的作业要素：订单处理、拣货作业、补货作业、配送加工作业、配装作业、送货作业、回收退货作业。在配送中心的选址和设置方面有一定的原则，方法上主要有定性分析法和数值分析法。配送中心的管理是配送中心运作中的重要内容之一，对配送中心的管理除了职能管理外，业务管理也至关重要。

练习与思考

1. 什么是配送?
2. 配送有哪些主要模式?
3. 什么是配送中心? 配送中心有哪些类型?
4. 配送中心一般作业流程包括哪些环节? 在社会经济发展中起哪些作用?
5. 配送中心选址有哪些原则?
6. 如何安排配送中心的内部布局?

综合案例

"微仓+门店+O2O 众包" 开启生鲜配送新模式

生鲜电商不好做,而且目前我国的生鲜电商做得并不好。原因就在于一个"鲜"字,要实现保鲜,必然要求更高。例如,阳澄湖的大闸蟹要运到福州,原来是活蹦乱跳新鲜的大闸蟹,运送到福州后螃蟹半死不活,或者干脆是死蟹,那它还叫"生鲜"吗?所以,生鲜产品的物流,对仓储设备、运输设备等都提出了更高的要求,自然其运送成本就更高了。可以说,在未来相当长的一段时间内,冷链物流成本和服务质量都是阻碍生鲜电商发展的最大瓶颈。

生鲜物流的痛点在于 B2C 冷链外包做不好。生鲜冷链物流讲究品质,采用全盘外包的方式并不完全可行。以顺丰为例,顺丰宣称其拥有强大的航空干线网络,时效优势明显。但顺丰中转是和普通快递一起的,其运送的生鲜产品也还是会受到损坏;另外,有些生鲜产品需要合适的储存环境,对温度、密封性及保险设备等都有要求,顺丰不是专业做冷链物流的,尽管其有干线网络,还是未能从根本上解决冷链物流的难题。

自建冷链物流也不容易实现。京东曾做过一次测算,如果自建完成国内东海岸的冷链配送网络,需要投入 300 亿美元,这岂是一般的商家做得起的?目前冷链物流领域运营不错的生鲜电商如天天果园、易果生鲜等,运营核心在于仓储,但是配送成本高,还没有解决网络渠道下沉的问题(即配送问题)。

解决这一难题,"微仓+门店+O2O"众包模式具有很好的借鉴意义。"微仓+门店+O2O"众包模式即借助分散面广、网点多、渗透于城市社区内的微仓、门店,结合线上线下的融合,广泛召集社会闲散人员力量,共同解决生鲜产品的配送问题。

O2O 众包物流已经比较成熟了,在共享经济下,外卖、生鲜等到家服务已经有了相当规模,兼职配送员抢完外卖订单,再抢电商单,又打造了一群收入稳定的群体,服务的基础已经建立起来了。

生鲜电商要建立围绕门店的物流体系,才能满足客户 1 小时即时配送的需求。例如:原来大闸蟹从北京的新发地送达用户手中大约要 5 个小时,但从城市微仓或门店,借助兼职人员的服务,1 个小时就够了,而且城市微仓还可以扮演补货给门店、退货处理、订单生产等角色,极大地提升了供应链服务水平。

思考题

1. 简述"微仓+门店+O2O 众包"模式。

2. 查阅资料，具体阐述 2017 年阳澄湖大闸蟹的物流配送。

参考答案

1. "微仓+门店+O2O 众包"模式即借助分散面广、网点多、渗透于城市社区内的微仓、门店，结合线上线下的融合，广泛召集社会闲散人员力量，共同解决物流配送问题。

2. （1）通过干线运输的方式进入大中城市的农产品批发市场。

（2）将产品输送至城市城区的众多微型仓库，如：社区生鲜超市、小型生鲜农产品批发市场及个体货物配送司机等，通过信息的同步传递，一起联动，完成城市最后一公里大闸蟹的配送。

第 9 章

配送组织

知识目标

1. 了解几种不同的配送方法,协同配送的含义、问题及解决办法。
2. 理解配送服务的意义,配送服务与配送成本的关系,配送服务质量要素及度量。
3. 掌握配送路线设计的方法。

技能目标

1. 能用配送的有关概念和原理进行案例分析。
2. 能用"节约里程法"选择最佳配送路线。

9.1 配送的方法

客户需求不同,物流服务提供商采用的配送方法也不一样。根据配送的时间和配送货物的数量不同,配送活动分为定时配送、定量配送、定时定量配送、定时定线路配送和即时配送等几种不同的配送模式。

9.1.1 定时配送

物流服务提供商在提供配送时,每次配送的品种和数量既可以在协议中约定,按计划执行;也可采用特定的联络方式通知配送中心,配送中心根据通知中的品种和数量安排配送。

由于定时配送在时间上是固定的,对客户而言,便于按照自己的经营情况,在最理想的时间进货,也易于安排接货人员和设备。对配送中心来说,有利于安排工作计划,有利于实施共同配送,以降低成本。但定时配送也有不足之处,主要是当客户选定的时间比较集中时容易造成配送中心的任务安排不均衡。定时配送的方式主要有日配形式和看板供货形式。

1. 日配形式

日配形式是定时配送中使用较为广泛的一种形式,尤其是在城市内的配送活动中,日配形式占绝大部分。一般日配的时间要求大体是,上午订货下午送达;或者下午订货第二天上午送达,即在订货发出后 24 h 之内将货物送到客户手中。

广泛而稳定地开展日配方式,可使客户无须保持库存,做到以日配方式代替传统的库存来实现生产的准时和销售经营的连续性。

2. 看板供货形式

看板供货形式是实现配送供货与生产企业同步的一种配送方式。与其他配送方式相比,这种配送方式更为精确,配送组织过程也更加严密。其配送要与企业生产节奏同步,每天至少一次,甚至几次,以保证企业生产不间断。这种配送方式的目的是实现供货时间恰好是客户生产之时,从而保证货物不需要在客户的仓库中停留,可直接运送至生产现场,确保客户实现准时化生产。看板供货形式有下列几个特点:

① 配送的货物无须入库;
② 配送作业需要有高水平的物流系统和各种先进的物流设备来支撑;
③ 配送的服务对象不太广泛,常常是一对一地进行配送。

9.1.2 定量配送

定量配送是指按照规定的数量,在一个指定的时间范围内(对配送时间不严格限定)进行配送。这种配送方式数量固定,备货工作较为简单,可以根据托盘、集装箱及车辆的装载能力来确定配送数量,能够有效利用托盘、集装箱等集装方式,也可做到整车配送,配送效率较高。由于时间不严格限定,因此可以将不同客户所需的物品凑成整车后配送,这样可以提高运力的利用率。而对于客户来讲,每次接货都处理同等数量的货物,有利于组织接货工作。不足之处在于,由于每次配送的数量保持不变,有时会增加客户的库存,造成库存过高或销售积压。

9.1.3 定时定量配送

定时定量配送是按照所规定的配送时间和配送的数量来组织配送。这种形式兼有定时配送和定量配送两种形式的优点,配送的计划性较强,准确度高,比较适合生产稳定、产品批量大的情况。但缺点比较明显,由于同时要满足定时和定量两个条件,因而计划难度大,适合采用的范围较小,不是普遍的配送方式。通常情况下,比较适合采用 JIT 物流系统的企业。

9.1.4 定时定线路配送

定时定线路配送是指在规定的运行线路上,制定到达时间表,按运行时间表进行配送,用户则可以按规定的路线及规定的时间接货以及提出配送要求。

这种方式对配送企业而言,有利于安排车辆运行及人员配备,比较适合于客户相对集中、客户需求比较一致的环境,并且配送的品种和数量不能太大,批量的变化也不能太大。对客户来讲,由于配送的时间和路线固定,可以根据需要有计划地安排接货,但也正因为配送的时间和路线不变,其对客户的适应性较差,灵活性和机动性也不强。因此,这种配送方式的应用领域也是有限的。

9.1.5 即时配送

即时配送是指完全按照客户提出的时间和送货数量，随时进行的配送组织形式。采用这种配送形式，对客户而言，可以用即时配送来代替保险储备，进而达到零库存。另外，这种配送方式对提高配送企业的管理水平和作业效率也有利。其缺点是，由于这种配送形式完全按照客户的要求来进行，因而配送的计划性较差，对配送企业的应变能力和快速反应能力要求也较高；另外，对配送企业来讲。

即时配送的典型事例是：饿了么蜂鸟即时配送。饿了么是2008年创立的本地生活平台，公司创立于2009年4月，隶属于上海拉扎斯信息科技有限公司。截至2014年10月，公司业务覆盖全国近200个城市，加盟餐厅数共计18万家，日均订单超过100万单，团队规模超过2 000人。2017年8月24日，饿了么正式宣布收购百度外卖。而蜂鸟配送是饿了么即时配送平台旗下最新配送服务品牌App众包配送，于2015年10月正式运营。骑手（注册骑手）通过软件获取周边商家的配送单，接单后前往餐厅取餐，并送达至订餐客户手中即完成整个配送流程。随着即时配送行业的高速发展，以及蜂鸟配送的优化运营，2017年蜂鸟配送占据即时配送行业平台27.2%的业务，占据各平台即时配送之首。蜂鸟配送不断优化运营模式、配送网络和算法，使得配送的单均时间控制在30分钟内，2016年至今蜂鸟配送的单均时间突破了29分钟，在2017年中国即时配送平台用户满意度排行中，蜂鸟配送排行第一，满意度达7.8分。

9.2 协同配送

9.2.1 协同配送的含义

近年来，随着经济的迅速发展和人民生活水平的提高，消费者的需求日益向精细化、个性化方向发展。制造商为了满足大众的需求纷纷采用多样少量的生产方式，相应地，高频、少量的配送方式也随之产生。国内大多数企业都面临物流成本上升、投资现代化物流成本不足以及专业人才缺乏等物流问题。由于上述种种因素，今后流通业将向协同配送方向发展。

协同配送也称为共同配送。按日本运输省流通对策本部《协同运输系统导入推进纲要》的定义，协同配送是指"在城市里，为使物流合理化，在几个有定期运货需求的货主的合作下，由一个货车运输业者，使用一个运输系统进行的配送"。协同配送就是把过去按不同货主、不同商品分别进行的配送，改为不区分货主和商品集中运货的"货物及配送的集约化"。也就是把货物都装入在同一条路线运行的车上，用同一辆货车为更多的客户运货。

我国国家标准《物流术语》对协同配送的解释是"由多个企业联合组织实施的配送活动"。

9.2.2 协同配送的优势

随着配送业务的发展，一种新的配送模式被逐步优化出来，亦即协同配送。这种配送模式也是现代社会上影响面较大、资源配置较为合理的一种配送形式，其优势主要有以下几点。

第一，对于货主来讲，多个货主联合在一起，能提高配送的规模经济，车辆利用率高，降低货主企业的运营成本。采用协同配送，还可以满足零售商对多批次、小批量的配送要求。

第二，对于收货人来讲，可以进行统一的总验货，减少重复服务，减少多批次验货带来的成本上升。

第三，对于承运人来讲，通常情况下，承运人多为中小企业，不仅资金少，人才不足，组织脆弱，而且运输量小，运输效率低，使用车辆多。若采用协同配送，借助信息网络手段，车辆使用效率、车辆满载、进行往返运货等问题均可得到解决，进而减少配送总成本。

第四，对于社会来讲，可减少社会车流总量，减少闹市区卸货妨碍交通的现象，改善交通运输状况，防止环境污染，实现社会资源的共享和有效利用。

总之，协同配送的目的在于最大限度地提高人员、物资、资金、时间等物流资源的效率，取得最大效益。它还可以消除多余的交通运输，并取得缓解交通、保护环境等社会效益。

9.2.3 协同配送的两种类型

协同配送分为以货主为主体的协同配送和以物流业者为主体的协同配送。

1. 以货主为主体的协同配送

为了达到个别厂家无法实现的配送规模经济，有配送需求的厂家、批发商和零售商等货主联合在一起，参与协同配送，以解决个别企业配送效率低下的问题，进而达到双赢或多赢的效果。这种协同配送又可分为发货货主主体型和进货货主主体型两种。

（1）发货货主主体型。

① 与客户的协同配送：用于采购零部件或原材料的运输车辆均可参与协同配送。

② 不同行业货主的协同配送：对配送有需求的企业为了在配送上节约成本、增加配送规模效益、尽可能使车辆满载或返程不空驶，可以与其他行业的公司联合起来，实行协同配送。

③ 集团系统内的协同配送：这种配送模式指的是以一定方式或专业聚合的流通企业组成流通企业集团，集中对大中型生产企业定点、定时供货的配送形式，而不是指系统内部或集团内部物资供应公司对所属的需求单位所进行的配送。

④ 同行业货主的协同配送：集团协同配送，共同出资组建公司进行协同配送、建立合作社进行协同配送、通过同行业VAN增值网进行协同配送。

（2）进货货主主体型。

零售商以中心批发商（一级批发商）为窗口，从中间批发商（二级批发商）处统一进货再配送给物流中心或零售商店。

2. 以物流业者为主体的协同配送

由提供配送的物流业者，或以它们组建的新公司或合作机构作为主体进行合作，可以解决个别配送效率低下的问题。这一类协同配送又可分为公司主体型和合作机构主体型。

（1）公司主体型。

运送者协同配送：向特定交货点运送货物，交货业务合作化。

共同出资组建新公司开展协同配送：本地的运送公司（特别是零担货物运送业者、包租业者）共同出资组建新公司，开展送货到户业务。

（2）合作机构主体型。

运送业者组成合作机构开展协同配送：运送公司组成合作机构，将各成员在各自收集货物或配送货物地区所收集的货物运到收配货据点，统一配送。

运送合作机构和批发合作机构合作，开展协同配送：运送业者的合作机构和批发商的合作机构合作，设置收集货物和配送货物的据点，运送公司的合作机构统一承包批发商的集货和配货的业务。

协同配送的具体形式有以上这些。协同配送的目的在于达到配送作业的经济规模、提高物流作业的效率、降低企业营运成本；使企业可以集中精力经营核心业务，促进企业的成长与扩大。

9.2.4 协同配送的问题及解决办法

开展协同配送虽然具有很多优势，但由于协同配送涉及许多家企业的商业利益，在实践中可能会遇到一些困难和障碍。因此，实施协同配送应注意以下几个问题。

1. 防止企业机密泄露

在开展协同配送的过程中，配送业务的共同化和配送信息的公开化使各企业的交易条件、顾客名单等经营机密容易泄露给其他企业，对企业的经营战略造成不利的影响，因此，在实践中应建立防止和监督企业机密泄露的机制与措施，确保企业的经营机密不泄露，维护各参与企业的利益。

2. 公平分配成本和收益

不同的商品对包装、储运条件的要求不同，装卸搬运的难易程度不同，所消耗的物流费用也存在差异。因此，开展协同配送必须明确物流成本在各企业之间如何公平地分配，同时还应建立公平的利益分配机制，保证协同配送所实现的利益在各参与企业间合理、公平地分配，做到利益均衡。

3. 增加协同配送的一致性

协同配送作业的商品品种繁多，又是由多个配送企业联合完成的，权属关系复杂，服务要求不一，往往产生流通层次多、速度慢、浪费大、效益差的弊病，反过来又会带来管理部门机构重叠、服务水准下降、管理难度增加等问题。在开展协同配送时，为了降低协同配送的难度和复杂程度，增强协同配送的协调性，各参与企业在配送的商品特性、保管和装卸特性、配送客户分布状态、物流服务水准、配送数量方面应尽量保持较大的相似性。

4. 让公司内部人员理解协同配送

由于协同配送在世界范围内发展较晚，还存在一些不完善的问题，对于实行协同配送的企业来讲，可能会遭到一些部门的反对；对此，在公司内部要进行宣传，让员工理解配送的好处，特别是要让销售部门理解和支持协同配送的开展。

9.3 配送线路设计

9.3.1 线路设计的意义

对配送线路进行设计时，需要考虑很多因素，比如现有的道路网络分布、配送客户的地理分布等。除了考虑这些因素之外，还应考虑配送时遇到的本地流量、道路施工、政府对某些线路的管制等情况。各种因素互相影响，很容易造成送货不及时、服务水平下降、配送成本高等问题。配送线路设计就是整合影响配送运输的各因素，适时适当地利用现有的运输工具和道路状况，及时、安全、方便、经济地将客户所需的不同物资准确地送到客户手中，提供优良的物流配送服务。在运输线路设计中，需根据不同客户群的特点和要求，选择不同的线路设计，最终达到节省时间、缩短运行距离和降低运行费用的目的。

9.3.2 最短路径设计

由于配送中心每次配送活动一般都面对多个非固定客户，并且这些客户的地点各不相同，配送时间和配送数量也都不尽相同，如果配送中心不进行运输路线的合理规划，往往会出现不合理运输现象，如迂回运输、重复运输等。在对运输路线进行规划时，应根据不同的配送目标设计不同的配送路线。配送目标主要有：以成本最低为目标；以准时性最高为目标；以路程最短为目标；以吨公里最小为目标。本节主要以路程最短为目标来设计路径。9.3.3 节探讨以吨公里最小为目标来设计线路。

1. 最短路径设计的适用范围

在配送路线设计中，当由一个配送中心向一个特定的客户进行专门送货，而客户的需求量接近或大于可用车辆的额定载重量时，需专门派一辆车一次或多次送货。如果送货成本和配送路线有较强的相关性，而与其他因素关联度不大，可以路程最短为设计目标。由于这种设计方法忽略了许多不易计算的影响因素，所以容易掌握。

2. 最短路径设计的步骤

计算网络中两点间最短路线的方法有许多种，目前公认的最好的方法是由 Dijkstra 于 1959 年提出来的，该种方法也称标号法。

用 d_{ij} 表示运输线路中两点 i 与 j 相邻时的距离，用 L_{si} 表示从 s 到点 i 的最短路线长度。现要求从点 p_s 到点 p_t 的最短路线，该算法步骤如下：

① 从初始点 p_s 出发，逐一地给其他点标号：给点 p_i 标上 (α_i, β_i)，其中 α_i 为初始点到点 p_i 的最短路长，即 $\alpha_i = L_{si}$；β_i 为点 p_i 在最短路线上来源点（亦即 p_i 是从哪一点来的）的代号；L_{si} 的数值标注在点 p_i 的旁边的小方框内；至此表示点 p_i 已标号。首先给初始点标号：$(0,0)$，$L_{ss}=0$。

② 找出与点 p_s 相邻点中路长最小的一个，若几个点同时达到最小，就都找出来。设找出的点为 r，将 (α_r, β_r)（其中 $\beta_r = s$）和 $L_{sr} = L_{ss} + d_{sr}$ 的值标注给点 p_r，表明点 p_r 也已标号。

③ 从已标号的点出发，找出这些点相邻的所有点。把每个已标号点（如点 p_i）旁标注的数字 [如 (α_i, β_i) 和 L_{si}] 和与之相邻的点（如点 p_j）到这个已标号点（如点 p_i）间的距离 d_{ij} [边 (p_i, p_j) 的长度] 加起来，从所有这些和中选出一个最小的来，如这个最小的和是 $L_{sk} + d_{kq}$。再找出最小和对应的末标号点，比如 q（当有几个都为最小时，把它们对应的不同的末标号都找出来），然后给这个点（比如 q 点）标号：(α_q, β_q)（其中 $\beta_q = k$）和 $L_{sq} = L_{sk} + d_{kq}$。

④ 重复第③步，直到给点 p_t 标上号 (α_t, β_t) 和 L_{st} 为止。

⑤ 从点 p_t 开始根据各点的标号 (α_i, β_i) 反向寻找点 p_s 到点 p_t 的最短路线所关联的边 (p_i, p_j)，并将其加粗。

上面得到的由加粗边构成的点 p_s 到点 p_t 的路径即为点 p_s 到点 p_t 间的最短路线,其长度为 L_{st}。

3. 最短路径设计的应用举例

例: 已知如图 9-1 所示的交通网,用 Dijkstra 算法求图中从点 p_1 到点 p_8 的最短路线。

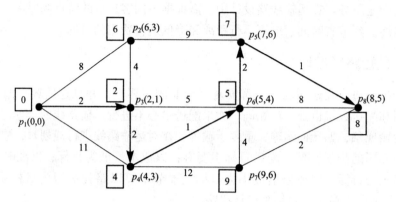

图 9-1 Dijkstra 算法

解: ① 从 p_1 出发,首先给 p_1 标号 (0, 0),$L_{11}=0$(标注于图 9-1 中的框中);

② 对点 p_1,与其相邻的未标号点有 p_2, p_3, p_4 三点,$\min(L_{11}+d_{12}, L_{11}+d_{13}, L_{11}+d_{14})=\min(0+8, 0+2, 0+11)=2$,故给三个点中对应最小值的点 p_3 标号 (2, 1),$L_{13}=2$;

③ 对已标号点 p_1, p_3,与其相邻的未标号点有 p_2, p_4, p_6 三点,$\min(L_{11}+d_{12}, L_{13}+d_{32}, L_{11}+d_{14}, L_{13}+d_{34}, L_{13}+d_{36})=\min(0+8, 2+4, 0+11, 2+2, 2+5)=4$,故给三个点中对应最小值的点 p_4 标号 (4, 3),$L_{14}=4$;

④ 对已标号点 p_1, p_3, p_4,与其相邻的未标号点有 p_2, p_6, p_7 三点,$\min(L_{11}+d_{12}, L_{13}+d_{32}, L_{13}+d_{36}, L_{14}+d_{46}, L_{14}+d_{47})=\min(0+8, 2+4, 2+5, 4+1, 4+12)=5$,故给三个点中对应最小值的点 p_6 标号 (5, 4),$L_{16}=5$;

⑤ 对已标号点 p_1, p_3, p_4, p_6,与其相邻的未标号点有 p_2, p_5, p_7, p_8 四点,$\min(L_{11}+d_{12}, L_{13}+d_{32}, L_{16}+d_{65}, L_{16}+d_{67}, L_{14}+d_{47}, L_{16}+d_{68})=\min(0+8, 2+4, 5+2, 5+4, 4+12, 5+8)=6$,故给四个点中对应最小值的点 p_2 标号 (6, 3),$L_{12}=6$;

⑥ 对已标号点 p_1, p_2, p_3, p_4, p_6,与其相邻的未标号点有 p_5, p_7, p_8 三点,$\min(L_{12}+d_{25}, L_{16}+d_{65}, L_{16}+d_{67}, L_{14}+d_{47}, L_{16}+d_{68})=\min(6+9, 5+2, 5+4, 4+12, 5+8)=7$,故给三个点中对应最小值的点 p_5 标号 (7, 6),$L_{15}=7$;

⑦ 对已标号点 p_1, p_2, p_3, p_4, p_5, p_6,与其相邻的未标号点有 p_7, p_8 两点,$\min(L_{16}+d_{67}, L_{14}+d_{47}, L_{15}+d_{58}, L_{16}+d_{68})=\min(5+4, 4+12, 7+1, 5+8)=8$,故给两个点中对应最小值的点 p_8 标号 (8, 5),$L_{18}=8$;

⑧ 对未标号点 p_7 来讲,$\min(L_{18}+d_{87}, L_{16}+d_{67}, L_{14}+d_{47})=\min(8+2, 5+4, 4+12)=9$,故给对应最小值的点 p_7 标号 (9, 6),$L_{17}=9$。

至此,已完成对图 9-1 中所有点的标号,亦即 p_1 到各点的最短路长都已求出(见图 9-1)。由此可知 p_1 到 p_8 的最短路长为 8,最短路线为:p_1—p_3—p_4—p_6—p_5—p_8,如图 9-1 中粗箭头线所示。

9.3.3 节约里程的线路设计

当由一个配送中心向多个客户进行共同送货,在一条线路上的所有客户的需求量总和不大于一辆车的额定载重量时,由这一辆车配装着所有客户需求的货物,按照一条预先设计好的最佳路线依次将货物送到每一客户手中,这样既可保证按需将货物及时送交,同时又能节约行驶里程,缩短整个送货时间,节约费用,也能客观上减少交通流量,缓解交通紧张的压力。节约里程法正是用来解决这类问题的较成熟的方法。

1. 节约里程法的基本思路

用节约里程法确定配送路线的主要思路是:根据配送中心的运输能力及其到各客户之间的距离和各客户之间的相对距离来制定使总的配送车辆吨公里数达到或接近最小的配送方案。

设 D 为配送中心所在地,A 和 B 为客户所在地,三者相互之间的道路距离分别为 L_a、L_b、L_d。最简单的想法是利用两辆车辆分别为 A 和 B 两个客户进行配送;此时车辆的实际运行距离为 $2L_a+2L_b$;然而,如果改用一辆车巡回配送,则运行的实际距离为 $L_a+L_b+L_d$;此时可节约运行距离为 $2L_a+2L_b-(L_a+L_b+L_d)=L_a+L_b-L_d$;根据三角形两边之和大于第三边之定理,得出 $L_a+L_b-L_d>0$,则这个节约量 "$L_a+L_b-L_d$" 被称为 "节约里程"。

实际上,如果给数十家客户配送,应首先计算包括配送中心在内的相互之间的最短距离,然后计算各客户之间的可节约的运行距离,按照节约运行距离的大小顺序连接各配送地并设计出配送路线。下面举例说明节约法的求解过程。

例:设配送中心 D 向 10 个客户 $C_j(j=1,2,\cdots,10)$ 配送货物。各个客户的需求量为 q_j $(j=1,2,\cdots,10)$,从配送中心到客户的距离为 $d_{0j}(j=1,2,\cdots,10)$ km,各客户之间的距离为 d_{ij} $(i=1,2,\cdots,10;j=1,2,\cdots10)$ km,具体数值见下表(表 9-1,表 9-2)。配送中心有额定载重量分别为 2 t 和 4 t 的两种厢式货车可供调配,并限制车辆一次运行距离在 30 km 以内。为了尽量缩短车辆运行距离,试用节约里程法设计出最佳配送路线。

表 9-1 各个客户的需求量和从配送中心到客户之间的距离

C_j	1	2	3	4	5	6	7	8	9	10
q_j	0.7	1.5	0.8	0.4	1.4	1.5	0.6	0.8	0.5	0.6
d_{0j}	10	9	7	8	8	8	3	4	10	7

表 9-2 各客户之间的距离

	C_1	C_2	C_3	C_4	C_5	C_6	C_7	C_8	C_9
C_1									
C_2	4								
C_3	9	5							
C_4	14	10	5						
C_5	18	14	9	6					
C_6	18	17	15	13	7				
C_7	13	12	10	11	10	6			
C_8	14	13	11	12	12	8	2		
C_9	11	15	17	18	18	17	11	9	
C_{10}	4	8	13	15	15	15	10	11	8

解：第一步：根据表9-1中配送中心至客户之间的距离和表9-2中各客户之间的距离，计算出各客户之间的节约行程，结果如表9-3所示。

例如，计算 C_1—C_2 的节约距离：

C—C_1 的距离：$L_{c_1}=10$；

C—C_2 的距离：$L_{c_2}=9$；

C_1—C_2 的距离：$L_c=4$；

则 C_1—C_2 的节约行程为 $L_{c_1}+L_{c_2}-L_c=15$。

表9-3　各客户之间配送路线节约行程

—	C_1								
C_2	15	C_2							
C_3	8	11	C_3						
C_4	4	7	10	C_4					
C_5	0	3	3	10	C_5				
C_6	0	0	0	3	9	C_6			
C_7	0	0	0	0	1	5	C_7		
C_8	0	0	0	0	0	4	5	C_8	
C_9	9	4	0	0	0	1	2	5	C_9
C_{10}	13	8	1	0	0	0	0	0	9

第二步，对节约行程按大小顺序进行排序，如表9-4所示。

表9-4　节约行程排序表

序号	连接点	节约行程	序号	连接点	节约行程
1	C_1—C_2	15	13	C_6—C_7	5
2	C_1—C_{10}	13	13	C_7—C_8	5
3	C_2—C_3	11	13	C_8—C_9	5
4	C_3—C_4	10	16	C_1—C_4	4
4	C_4—C_5	10	16	C_2—C_9	4
6	C_1—C_9	9	16	C_6—C_8	4
6	C_5—C_6	9	19	C_2—C_5	3
6	C_9—C_{10}	9	19	C_4—C_6	3
9	C_1—C_3	8	21	C_7—C_9	2
9	C_2—C_{10}	8	22	C_3—C_{10}	1
11	C_2—C_4	7	22	C_5—C_7	1
12	C_3—C_5	6	22	C_6—C_9	1

第三步，按节约行程排序表，组合成配送路线图。

① 初始方案。从配送中心 D 分别向 10 个客户进行配送，总行程＝（10×2+9×2+7×2+8×2+8×2+8×2+3×2+4×2+10×2+7×2）km＝148 km，需要 2 t 货车 10 辆，如图 9-2 所示。

② 修正方案 1。按照节约行程的大小顺序连接 C_1—C_2，C_1—C_{10}，C_2—C_3；同时取消 D—C_3，D—C_2，D—C_1，D—C_{10} 路线。此时配送路线共有 7 条，总运行距离为 109 km，需 2 t 货车 6 辆，4 t 货车 1 辆。如图 9-3 所示，规划配送路线 a，装载量为 3.6 t，运行距离 27 km。

③ 修整方案 2。按节约行程的大小顺序连接 C_3—C_4 和 C_4—C_5，C_3—C_4 和 C_4—C_5 都有可能并到线路 a 中，但由于受到每辆车装载量不能超过 4 t 和一次运行距离不能超过 30 km 的限制，线路 a 不再增加客户，故连接 C_4—C_5，组成线路 b，其装载重量为 1.8 t，运行距离为 22 km，同时取消 D—C_4，D—C_5 线路。此时配送线路共有 6 条，总运行距离为 99 km，需 2 t 货车 5 辆，4 t 货车 1 辆。

④ 修整方案 3。接下来的节约行程顺序是 C_1—C_9，C_5—C_6。因客户 C_1 已组合到线路 a，且该线路不再扩充客户，故不连接 C_1—C_9；连接 C_5—C_6，并入线路 b，并取消 D—C_5，D—C_6 线路。此时配送线路共有 5 条，线路 b 的装载量为 3.3 t，运行距离为 29 km，总运行距离为 90 km，需 2 t 货车 3 辆，4 t 货车 2 辆。

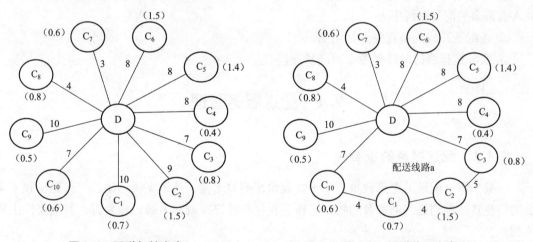

图 9-2 配送初始方案　　　　　　图 9-3 配送修正方案 1

⑤ 修整方案 4。按节约行程顺序接下来应该是 C_9—C_{10}，C_1—C_3，C_2—C_{10}，C_2—C_4，C_3—C_5，但这些连接已包含在线路 a 和线路 b 中，故不能重新组成新的线路。接下来是 C_6—C_7，可组合在线路 b 中，此时线路 b 的装载重量为 3.9 t，运行距离为 30 km。此时共有 4 条线路，总运行距离 85 km，需 2 t 货车 2 辆，4 t 货车 2 辆。

⑥ 最优解。接下来的节约行程顺序为 C_7—C_8，由于车辆额定载重的限制，不再组合到线路 b 中，故连接 C_8—C_9，组成线路 c，其装载量为 1.3 t，运行距离为 23 km。此时共有 3 条线路，总运行距离 80 km，需 2 t 货车 1 辆，4 t 货车 2 辆，如图 9-4 所示。

综上所述，该配送中心的最优配送方案为

线路 a。4 t 车 1 辆，运行距离 27 km，装载量为 3.6 t；

线路 b。4 t 车 1 辆，运行距离 30 km，装载量为 3.9 t；

线路 c。2 t 车 1 辆,运行距离 23 km,装载量为 1.3 t。

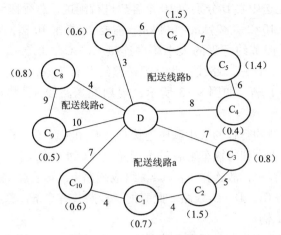

图 9-4 配送最优解

2. 节约里程法的注意事项

① 适用于客户需求稳定的配送中心;对于需求不固定的客户,采用其他途径配送,或并入有富余的配送路线中去。

② 各配送路线的负荷要尽量均衡。

③ 实际选择线路时还要考虑道路状况。

9.4 配送服务管理

9.4.1 配送服务的重要性

一般来讲,配送的距离较短,位于物流系统的最末端,处于支线运输、二次运输和末端运输的位置,即到最终消费者的物流。作为直接与客户接触的末端运输来讲,其重要性主要体现在:

(1) 配送服务成为企业差别化战略的重要内容。

在大批量生产时期,由于消费呈现出单一、大众化的特征,企业经营是建立在大规模经济基础上的大量生产、大量销售,物流从属于生产消费,是企业经营中的附属职能。但随着市场供求关系发生变化,市场逐步由卖方市场转化成买方市场,消费者的需求日益呈现多样化。因此,企业经营只有不断满足各种类型、不同层次的市场需求,对不同的客户实行不同的服务战略,才能使自身在激烈的市场竞争中求得发展。作为客户服务的重要组成部分的终端配送服务就成为企业实行差别化战略的重要方式和途径。

(2) 配送服务水平的确定对企业经营绩效具有重大影响。

企业经营绩效受到很多因素的影响,物流成本的降低会增加企业经营绩效,配送作为物流的一项重要活动,其成本的降低可直接增加企业的利润。在配送开始成为经营战略的重要一环的过程中,配送越来越具有经济性的特征。也就是说,对配送服务来说,市场机制和价格机制也在发挥作用,市场机制和价格机制通过供求关系既确定了配送服务的价值,又决定了一定服务水平下的物流配送成本,所以,确定合理的配送服务水平是企业战略活动的重要内容之一。合理的配送方式不仅能够提高商品的周转效率,减少企业库存资金占有率,而且能够从利益上驱动企业发展,成为企业的"第三利润源泉"。特别是采用一些先进的配送方式(如协同配送)能够有效地降低企业的配送成本。

9.4.2 配送服务与成本

1. 配送服务与成本之间的二律背反

物流服务与物流成本之间存在效益背反规律。在物流功能之间,一种功能成本的削减会使另一种功能的成本增多。因为各种费用互相关联,必须考虑整体的最佳成本。

客户总希望少付费用而满足自己所有的服务要求,而供应商则希望在提供高质量服务时能够得到高的效益回报。这两个矛盾逻辑上服从二律背反规律。一般来讲,高质量的商品一定是与较高的价格相关联,提高质量要求,价格随之上升;优质物流服务与物流成本相关联,提高物流服务水平,物流成本随之上升。既要充分考虑压价对服务质量的影响,又要充分考虑物流成本对价格的影响,否则,有可能导致服务水平下降,最终损害客户和企业双方的整体利益。

管理者在抉择时应注意权衡利弊,用综合的方法来求得物流服务和物流成本之间的平衡。此时,可以通过考查配送系统的投入产出比,来对配送系统的经济效益进行衡量和评价。配送系统中的投入就是所说的配送成本,而配送系统的产出就是配送服务。以最低的配送成本达到所要求的配送服务水平,这样的配送系统就是一个有效率的系统。

2. 配送服务和配送成本的关系

前面已经介绍过,配送服务水平和配送成本之间存在着二律背反的关系。一般来讲,客户的要求是多种多样和不断变化的,例如有的客户要求订货后立即送货;有的客户要求很小的送货批量;有些客户要求送货的批量既小频率又高。如果完全按照这些要求来运作,从成本的角度来考虑是很不经济的。同样地,为了满足这些要求而增加的成本会部分转嫁给客户,物流服务提供商和客户都要承担相应的损失。

配送服务和配送成本之间的关系主要体现在以下四个方面。

① 在配送服务水平不变的情况下,考虑降低成本;不改变配送服务水平,通过改变配送系统来降低配送成本,这是一种追求效益的方法。

② 在成本不变的情况下提高服务质量,这是一种追求效益的办法,也是一种有效利用配送成本特性的方法。

③ 为提高配送服务,不惜增加成本,这是企业在特定客户或其特定商品面临竞争时,所采取的具有战略意义的做法。

④ 用较低的配送成本,实现较高的配送服务,这是增加销售、提高效益、具有战略意义的办法。

在服务和成本之间,首先应该肯定服务是第一位的,是前提条件。因为物流的职能就是要满足购销活动所需要的服务,使服务达到一定水平,这是配送管理的第一使命。与此同时,以尽可能低的配送成本达到这种服务水平,则是配送管理的第二使命,所以"首先是服务,其次是成本"。

既然服务是第一位,企业确定适当的服务水平就显得尤为重要。确定配送服务水平的方法主要有以下两种。

① 采用销售竞争所需要的服务水平。物流企业在确定服务水平时，往往要参考竞争对手的服务水平。即可以采用竞争对手所确定的服务水平或略高于竞争对手的服务水平，也可以根据实际需要以比竞争对手高得多的服务水平去竞争，以牺牲眼前利益来取得长远利益，进而获得更多的市场份额，扩大市场占有率。

② 以获取最大利润为原则。配送服务水平的提高对企业的影响体现在两个方面：增加销售收入的同时提高了配送成本。这种服务水平的提高对于企业是否适宜，评价的方法是将由此增长的销售额与增加的成本相比，考查企业的盈利状况。服务水平的提高相应会带来销售额的增长，进而增加利润，如果所增加的利润大于增加的成本，企业应提高服务水平，反之则降低服务水平。

3. 配送服务与成本合理化的策略

如前所述，配送服务与配送成本之间存在二律背反关系，要想获得较高服务，势必增加配送成本。这就要求物流企业在服务水平和服务成本之间寻求平衡，在一定的配送成本下尽量提高服务水平，或在一定的服务水平下使配送成本最小。一般来说，要想在一定的服务水平下使配送成本最小可考虑如下策略：

（1）混合策略。

混合策略是指配送业务一部分由企业自身完成，另一部分由第三方物流公司完成。从规模经济考虑，某个企业的所有配送业务要么由自身完成，要么全部外包给第三方物流公司完成，这两种策略都可以达到规模经济，但由于企业的产品品种多变、规格不一、销量不等，采用单一策略的配送方式（超出一定程度）不仅不能取得规模效益，反而会造成规模不经济。而采用混合策略，合理安排企业自身完成的配送和外包给第三方物流公司完成的配送，能使配送成本达到最低。

（2）差异化策略。

差异化策略的指导思想是，对不同特征的产品，服务水平也不同。当配送的产品种类较多、数量不一时，不能对所有产品都按统一标准的服务水平来配送，而应按产品的特点、销售水平来设置不同的库存量、不同的运输方式以及不同的存储地点。这就要求对所配送的商品进行分类，ABC 分类法便是其中的一种。采用这种分类法，按照产品销售量的大小将商品分成三类：A 类商品的销售量占 70% 以上，B 类商品占 20% 左右，C 类商品则为 10% 左右。对 A 类商品，由于该种商品销售量大，应在各销售网点都备有库存，避免缺货；B 类商品只在地区分销中心备有库存而在各销售网点不备有库存；C 类商品所占销售量最小，只需在工厂的仓库备有存货即可，不必在地区分销中心和销售网点储备库存。通过对产品分类，按产品销售量的大小提供不同水平的服务，A 类商品的服务水平最高，C 类的服务水平最低，B 类商品的服务水平介于两者之间。

（3）合并策略。

合并策略包含两个方面，一个是配送方法上的合并；另一个是协同配送。

① 配送方法上的合并。在配送时，当货物的体积、重量、包装各不相同时，如果一辆车上只装密度大的货物，往往达到了载重量，但容积空余很多；只装密度小的货物则相反，看起来车装得满，实际上并未达到载重量。这两种情况都会造成配送成本的增加。如果实行轻重物品搭配装载，就可以解决这种矛盾，不但可以在载重方面达到满载，而且充分利用车

辆的有效容积，取得最优效果。

② 协同配送。该种配送方式是几个企业联合，共同利用同一配送设施的配送方式，其标准运作模式是：在中心机构的统一指挥和调度下，各配送主体以经营活动联合行动，在较大的地域内协调运作，共同对某一个或某几个客户提供系列化的配送服务。

（4）延迟策略。

在传统的配送计划安排中，大多数的库存是按照对未来市场需求的预测量设置的，这样就存在着预测风险，当预测量与实际需求量不符时，就出现库存过多或过少的情况，从而增加配送成本。延迟策略的基本思想就是对产品的外观、形状及其生产、组装、配送应尽可能推迟到接到客户订单后再确定。一旦接到订单就要快速反应，因此采用延迟策略的一个基本前提是信息传递要非常快。

实施延迟策略常采用两种方式：生产延迟或物流延迟，而配送中往往存在着加工活动，所以实施配送延迟策略既可采用形成延迟方式，也可采用时间延迟方式。

（5）标准化策略。

标准化策略就是尽量减少因品种多变而导致的附加配送成本，尽可能多地采用标准零部件、模块化产品。采用标准化策略要求厂家从产品设计开始就要站在消费者的立场去考虑怎样节省配送成本，而不要等到产品定型生产出来了才考虑采用什么技巧降低配送成本。

9.4.3 配送服务质量管理

1. 服务质量的概念

服务是伴随着供方与客户之间的接触而产生的无形产品。而服务质量是指服务固有的特性满足客户和其他相关要求的能力。由于服务是一种无形产品，而且客户的消费与服务的生产同时进行，因此，对服务质量不可能像有形产品那样在销售或消费之前进行控制。

服务质量包括服务的技术质量和功能质量。服务技术质量是指客户通过消费得到了什么，即服务的结果。服务功能质量是指客户是如何消费服务的，即服务的过程。配送服务质量是配送主体向用户提供配送服务所能满足客户要求的功能和特性的总和。因此，配送的物品数量、配送的行程等属于技术质量；配送的方便性、及时性、灵活性、事故的可补救性以及服务态度、信息沟通等则属于配送的功能质量。技术质量是客观存在的，功能质量则是客户对配送服务过程的感觉和评价，带有主观性。功能质量的优劣以满足客户作为衡量标准。

2. 配送服务质量的要素及度量

在配送服务质量管理中，有四个传统的客户服务要素，即时间、可靠性、方便性和信息的沟通。这些要素是配送服务质量管理中需要考虑的基本因素，也是制定配送服务质量标准的基础。表 9-5 所示为配送服务质量的几个要素及对应的衡量内容。

表 9-5 配送服务质量的要素及其度量

因 素	含 义	典型的度量单位
产品的可得性	它是配送服务最常用的度量，一般以百分比表示存货量	百分比
备货时间	从下达订单到收到货物的时间长度。一般可得性与备货时间常结合成一个标准，如95%的订单10天到达	速度

续表

因　素	含　义	典型的度量单位
配送系统的灵活性	系统对特殊及未预料的客户需求的反应能力，包括加速与替代的能力	对特殊要求的反应时间
配送系统信息	配送信息系统对客户的信息需求反应的及时性与准确性	配送信息的准确性与详细性
配送系统的纠错能力	配送系统出错恢复的程序以及效率、时间	应答与需要的恢复时间
配送服务后的支持	交货后对配送服务支持的效率，包括客户配送方案和配送服务信息的修订与改进	应答时间与应答质量

表9-5中所反映的服务质量的度量通常都以服务提供方的角度表示，例如，订单的准时性、完整性；订单完整无缺的货物比率；订单完成的准确性；账单的准确性等。在供应链环境下，配送服务质量的衡量标准将更为严密，同时也更为具体。目前配送服务质量考核的衡量指标主要是时间、成本、数量和质量。

3. 配送服务质量管理的基本工作

配送服务质量管理的基本工作主要包括以下几个方面：

（1）加强全体职工的质量意识和质量管理水平，建立必要的管理组织和管理制度。

① 加强职工的质量意识和质量管理水平。通过对全员进行教育培训，使全体职工的质量意识和质量管理能力达到一定的水平。质量管理全员培训使质量意识和技术、技能两者并重，否则，单有意识而无能力或者仅有能力而无责任心是无法搞好质量管理的。

② 建立必要的管理组织。质量管理组织分为领导机构与群众组织。既要有领导机构，又要有领导分工管理。其责任是进行宣传、教育、培训、计划、实施和检查。为体现全员性和全面性，要求每个环节每个人都要严把质量关，并建立质量管理小组。

（2）做好配送服务质量管理的信息工作。

配送过程涉及的范围比生产过程更广，信息传递距离更远，收集难度大，及时性差。为了解决这个问题，应采取科学的管理方法和先进的信息技术，建立有效的质量信息系统，对配送实行动态的管理。为提高服务质量标准，要建立合理的信息管理网络，用以指导配送质量管理工作。

（3）做好实施质量管理的基础工作。

质量管理的基础工作主要包括以下两个方面。

① 标准化工作。标准化工作是配送服务质量管理成功的重要环节。在标准化工作中，要在产品质量标准规定的范围内具体制定各项工作的质量要求、工作规范、质量检查方法。因此，要做好配送服务质量管理，首先要制定相应的标准，使配送服务的不同过程能顺畅地衔接起来，减少不必要的中间环节，减少资源的浪费。

② 制度化工作。在配送服务质量管理过程中，必须有制度作为保证。例如，建立协作机制、建立质量管理小组都是制度化的一部分。在制度执行过程中，要使制度程序化，以便于执行和检查。制度化的另一个重要形式是建立责任制，在岗位责任制的基础上，或在岗位责任制的内容中，增加或包含质量责任，使质量责任能在日常的细微工作中体现出来。

本章小结

根据配送的时间和配送货物的数量不同,配送活动分为定时配送、定量配送、定时定量配送、定时定线路配送和即时配送等几种不同的配送模式。

协同配送是指"在城市里,为使物流合理化,在几个有定期运货需求的货主的合作下,由一个货车运输业者,使用一个运输系统进行的配送"。配送方法分为以货主为主体的协同配送和以物流业者为主体的协同配送。开展协同配送需要防止企业机密泄露等问题。

在对运输路线进行规划时,应根据不同的配送目标设计不同的配送路线。配送目标主要有:以成本最低为目标;以准时性最高为目标;以路程最短为目标;以吨公里最小为目标。本章主要讨论两种方法:以路程最短为目标来设计路径和以吨公里最小为目标来设计线路。

物流服务与物流成本之间存在效益背反规律。在物流功能之间,一种功能成本的削减会使另一种功能的成本增多。因为各种费用互相关联,必须考虑整体的最佳成本。

服务质量包括服务的技术质量和功能质量。服务技术质量是指客户通过消费得到了什么,即服务的结果。服务功能质量是指客户是如何消费服务的,即服务的过程。配送服务质量是配送主体向客户提供配送服务所能满足客户要求的功能和特性的总和。

在配送服务质量管理中,有四个因素需要考虑,分别是:时间、可靠性、方便性和信息的沟通。

在配送服务过程中,往往出现一些送货不及时,送货速度达不到客户要求等问题。针对这些问题,需要采取一些对策,比如尽可能比较精确测算送货所需的总时间、重新规划送货路线等。

练习与思考

1. 配送方法有哪些?
2. 什么是协同配送?协同配送的优势是什么?
3. 配送路径设计的步骤有哪些?
4. 配送服务与成本之间的关系是什么?
5. 配送服务与成本合理化的策略是什么?

综合案例

日本物流配送业的经验与启示

日本政府十分注意物流配送基地的建设。考虑到其国土面积较少、国内资源和市场有限、商品进出口量大等问题,日本政府在大中城市、港口、主要公路枢纽都对物流设施用地进行了规划,形成了大大小小比较集中的物流团地。这些物流团地集中了多个物流企业,如日本横滨货物中心等,这样便于对物流团地的发展进行统一规划,合理布局。日本横滨货物中心是日本最大的现代化综合物流中心,仓储面积为 320 000 m^2,具有商品储存保管、分拣、包装、流通加工以及商品展示、洽谈、销售、配送等多种功能,配备有保税区、办公区、信息管理系统等。其优良的物流设施、完善的功能为物流配送的发展提供了良好的条件。在日本的物流配送企业物流作业中,铲车、叉车、货物升降机、传送带等机械应用程度较高，计算机管理系统应用比较普遍，如计算机管理系统投资就达 70 亿日元。

日本物流配送社会化、组织化、网络化程度比较高。生产企业、商业流通企业不是都自设仓库等流通设施，而是将物流业务交给专业物流企业去做，以达到减少非生产性投资、降低成本的目的。如日本岗山市的一些企业自己不设仓库，而是把生产需要的原材料和产成品放在专业物流企业的仓库里，交由他们去保管和运送。日本菱食公司的配送中心面向 1.2 万个连锁店、中小型超市和便利店配送食品，这些店和超市自己不设配送中心，而全部由菱食公司的配送中心实行社会化配送，统一采购，而且一般都是通过当地的物流配送企业或代理商按需要配送，各大型超市只有很小的周转库，仅保持两三天的销售库存。许多物流配送企业的运输车辆等也是根据需要向社会租用，同样是出于减少投资、降低成本的考虑。

日本的大型物流企业比较注重网络的发展。在日本物流配送行业排名第五的日立物流株式会社 1998 年总资产达 155 亿日元，销售收入 2 040 亿日元，毛利 43 亿日元。该会社在日本国内设有 124 个网点，在海外 15 个国家设有 62 个网点，在中国的上海和香港都设有合资公司或办事处。由于拥有比较完善的物流配送网络，在发展和承揽业务、满足客户需要、降低物流成本等方面就具有较大优势。

日本的物流配送企业还十分注重不断提高物流服务质量，降低物流成本，增强在市场上的竞争力，注意研究探索物流配送的新技术、新方法，引进美国等国家的物流新技术和先进方法，如引进美国的物流管理软件等。仓库里有可拆卸式货架、移动式商品条码扫描设备等，技术先进，方便实用。物流配送企业中的商品条码和计算机管理系统应用非常普通，实现了商品入库、验收、分拣、出库等物流作业全过程的计算机管理与控制，提高了效率，加强了管理。日本的流通企业比较注重商品流通中对商品的加工增值服务，按照消费者和客户的需要，对商品进行分拣、包装、拼装，使生产企业或进口的商品更符合本国客户和消费者的要求。这些流通领域的中间加工作业一般都是在物流配送过程中，在物流企业的仓库中进行的。这些中间作业，一是进行商品的分拣、拼配，一般的物流配送企业都有这个功能；二是改换商品的商标标签，如日本菱光仓库就对进口商品更换日文商标标签，以适合国内销售的要求；三是变更包装，将大规格、大箱包装的商品变成小规格、小箱包装，便于零售，方便客户。

此外，日本物流配送企业都比较注重降低人工成本，提高劳动效率。如日本辰已物流株式会社的早岛仓库有两栋仓库，仓储面积总计为两万多平方米，年仓储收入约 3 亿日元，但全部员工（包括经理、货物保管、管理、装卸、文秘等）仅有 10 人，人员少，劳动效率却比较高。在日立物流株式会社的千叶仓库，客户晚上订的服装，第二天早上就可能送到，最多一天可配送一万多件。菱光仓库株式会社只有 90 人，每月收发并进行装箱、掏箱、检验、包装等作业的集装箱达 200 个。这主要得益于日本物流装卸大部分都实现了机械化作业。

思考题

1. 从上述文章中总结日本物流配送业的成功经验。
2. 中国的物流配送业应如何发展，谈谈您的看法。

第 10 章

配送运输

知识目标

1. 了解配送运输的概念、特点和影响因素。
2. 掌握配送运输的作业流程。
3. 了解基本的配送行驶线路。
4. 了解车辆调度的基本原则。

技能目标

掌握车辆调度的方法。

10.1 配送运输概述

10.1.1 配送运输的概念、特点及影响因素

1. 配送运输的概念

配送运输是指使用汽车或其他运输工具将需配送的货物从供应点送至客户手中的活动。配送运输通常是一种短距离、小批量、高频率的运输形式。它可能是从工厂等生产部门的仓库直接送至客户;也可能通过批发商、经销商或由配送中心、物流中心转送至客户手中。单从运输的角度看,配送运输是对干线运输的一种补充和完善,属于末端运输、支线运输;主要通过汽车运输进行,具有城市轨道货运条件的可以采用轨道运输,对于跨城市的地区配送可以采用铁路运输进行,或者在河道水域通过船舶进行。它以高质量的服务为目标,以尽可能满足客户要求为宗旨。从日本配送运输的实践来看,配送的有效距离最好在 50 km 以内。国内配送中心、物流中心的配送经济里程大约在 30 km 以内。

2. 配送运输的特点

① 时效性。快速及时即确保客户在指定的时间内获取其所需要的商品,是客户最重视的因素,也是配送运输服务性的充分体现。配送运输是从客户订货到交货的最后环节,也是

最容易引起时间延误的环节。影响时效性的因素有很多，除配送车辆故障外，所选择的配送线路不当、中途客户卸货不及时以及货款结算延时等，均会造成时间上的延误。因此，必须在认真分析各种因素的前提下，用系统化的思想和原则，有效协调，综合管理，合理选择配送线路、配送车辆、送货人员，使每位客户在其所期望的时间内能收到所期望的商品。

② 安全性。配送运输的宗旨是将货物完好无损地送到目的地。影响安全性的因素有货物的装卸作业、运送过程中的机械振动和冲击及其他意外事故、客户地点及作业环境、配送人员的素质等。因此，在配送运输管理中必须坚持安全性的原则。

③ 沟通性。配送运输是配送的末端服务，通过送货上门服务直接与客户接触，是与客户沟通最直接的桥梁。配送人员的配送服务代表着公司的形象和信誉，在沟通中起着非常重要的作用，所以，必须充分利用配送运输活动中与客户沟通的机会，巩固和提高公司的信誉，为客户提供更优质的服务。

④ 方便性。配送运输以服务为目标，以最大限度地满足客户要求为宗旨，因此，应尽可能地让客户享受到便捷的服务。通过采用高弹性的送货系统，如紧急送货、顺道送货与退货，为客户提供真正意义上的便利服务。

⑤ 经济性。实现一定的经济利益是企业运营的基本目标，因此，对合作双方来说，以较低的费用完成配送作业是企业建立双赢机制、加强合作的基础。所以企业不仅要完成高质量、及时方便的配送服务，还必须提高配送运输的效率，加强成本控制与管理，为客户提供优质、经济的配送服务。

3. 影响配送运输的因素

影响配送运输的因素很多。有动态因素，如车流量变化、道路施工、配送客户的变动、可供调动的车辆变动等；有静态因素，如配送客户的分布区域、道路交通网络、车辆运行限制等。各种因素互相影响，很容易造成送货不及时、配送路径选择不当、贻误交货时间等问题。因此，对配送运输的有效管理极为重要，否则不仅影响配送效率和信誉，而且将直接导致配送成本的上升。

10.1.2　配送运输的基本作业流程

配送运输的一般作业流程如图 10-1 所示。

（1）划分基本配送区域。

为使整个配送有一个可循的基本依据，应首先将客户所在地的具体位置作一系统统计，并将其作区域上的整体划分，将每一客户包括在不同的基本配送区域之中，以作为下一步决策的基本参考。如按行政区域或依交通条件划分不同的配送区域，在这一区域划分的基础上再作弹性调整来安排配送。

（2）车辆配载。

首先，由于配送货物品种、特性各异，为提高配送效率，确保货物质量，必须对特性差异大的货物进行分类。在接到订单后，将货物依特性进行分类，分别采取不同的配送方式和运输工具。其次，配送货物也有轻重缓急之分，必须初步确定哪些货物可配载于同一辆车，哪些货物不能配载于同一辆车，以做好车辆的初步配载工作。

（3）暂定配送先后顺序。

在考虑其他影响因素，做出确定的配送方案前，应先根据客户订单要求的送货时间将配送的先后作业次序做一个大概的预计，为后续工作做好准备。计划工作的目的是保证达到既定的目标，所以，预先确定基本配送顺序可以既有效地保证送货时间，又可以尽可能地提高运作效率。

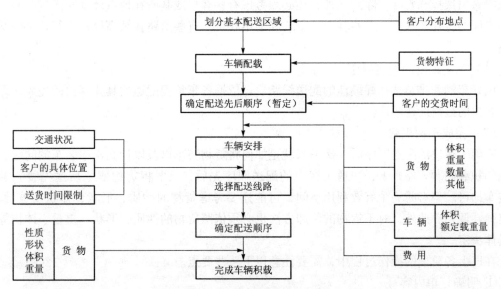

图 10-1　配送运输的作业流程

（4）车辆安排。

车辆安排要解决的问题是安排什么类型、吨位的配送车辆进行最后的送货。一般企业拥有的车型有限，车辆数量亦有限，当本公司车辆无法满足要求时，可使用外雇车辆。在保证配送运输质量的前提下，是组建自营车队，还是以外雇车为主，则须视经营成本而定。如图 10-2 所示，曲线 1 表示外雇车辆的运送费用随运输量的变化情况；曲线 2 表示自有车辆的运送费用随运输量的变化情况。当运输量小于 A 时，外雇车辆费用小于自有车辆费用，所以应选用外雇车辆；当运输量大于 A 时，外雇车辆费用大于自有车辆费用，所以应选用自有车辆。但无论自有车辆还是外雇车辆，都必须事先掌握有哪些车辆可供调派并符合要求，即这些车辆的容量和额定载重是否满足要求。安排车辆之前，还必须分析订单上货物的信息，如体积、重量、数量、对于装卸的特别要求等，综合考虑各方面因素的影响，做出最合理的车辆安排。

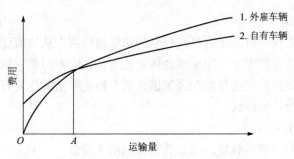

图 10-2　外雇车辆和自有车辆费用比较

(5) 选择配送线路。

知道了每辆车负责配送的具体客户后,如何以最快的速度完成对这些货物的配送,即如何选择配送距离短、配送时间短、配送成本低的线路,需根据客户的具体位置、沿途的交通情况等做出选择和判断。除此之外,还必须考虑有些客户或其所在地点环境对送货时间、车型等方面的特殊要求,如有些客户中午或晚上不收货,有些道路在某高峰期实行特别的交通管制等。

(6) 确定最终的配送顺序。

做好车辆安排及选择好最佳的配送线路后,依据各车负责配送的具体客户的先后,即可确定客户的最终配送顺序。

(7) 完成车辆积载。

明确了客户的配送顺序后,接下来就是如何将货物装车以及以什么次序装车的问题,即车辆的积载问题。原则上,知道了客户的配送顺序先后,只要将货物依"后送先装"的顺序装车即可。但有时为了有效利用空间,可能还要考虑货物的性质、形状、体积及重量等,做出弹性调整。此外,对于货物的装卸方法也必须依照货物的性质、形状、重量、体积等来做具体决定。

在以上各阶段的操作过程中,需要注意以下一些要点。

① 明确订单内容。
② 掌握货物的性质。
③ 明确具体配送地点。
④ 适当选择配送车辆。
⑤ 选择最优的配送路线。
⑥ 充分考虑各作业点装卸货时间。

10.1.3 配送线路类型

在组织车辆完成货物的运输工作时,通常存在多种可供选择的行驶线路。车辆按不同的行驶线路完成同样的运送任务时,由于车辆的利用情况不同,相应的配送效率和配送成本会不同。因此,选择时间短、费用省、效益好的行驶线路是配送运输组织工作中的一项重要内容。在道路运输网分布复杂、物流结点繁多的情况下,可以采用运筹学方法并利用计算机来辅助确定车辆最终的行驶线路,以保证车辆的高效运行。下面主要介绍几种基本的车辆行驶线路。

1. 往复式行驶线路

一般是指由一个供应点对一个客户进行专门送货的线路。从物流优化的角度看,其基本条件是客户的需求量接近或大于可用车辆的核定载重量,需专门派一辆或多辆车一次或多次送货。可以说,往复式行驶线路是指配送车辆在两个物流节点间往复行驶的路线类型。根据运载情况,具体可分为三种形式。

(1) 单程有载往复式线路。

这种行驶线路因为回程不载货,因此其里程利用率较低,一般不到50%。

(2) 回程部分有载往复式线路。

车辆在回程过程中有货物运送,但货物不是运到线路的终点,而是运到线路的中间某个节点，或中途载货运到终点。这种线路因为回程部分有货可载，里程利用率比前一种有了提高，大于50%，但小于100%。

(3) 双程有载往复式线路。

车辆在回程运行中全程载有货物到始点，其里程利用率为100%（不考虑驻车的调空行程）。

2. 环形行驶线路

环形行驶线路是指配送车辆在由若干物流结点组成的封闭回路上所做的连续单向运行的行驶路线。车辆在环形行驶路线上行驶一周时，至少应完成两个运次的货物运送任务。由于不同运送任务其装卸作业点的位置分布不同，环形行驶线路可分为四种形式，即简单环形式、交叉环形式、三角环形式、复合环形式，如图10-3所示。

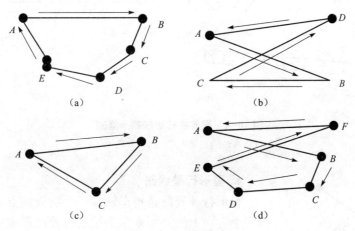

图 10-3 环行线路

(a) 简单环形式；(b) 交叉环形式；(c) 三角环形式；(d) 复合环形式

3. 汇集式行驶线路

汇集式行驶线路是指配送车辆沿分布于运行线路上各物流结点间，依次完成相应的装卸任务，而且每一运次的货物装卸量均小于该车核定载重量，沿路装或卸，直到整辆车装满或卸空，然后再返回出发点的行驶线路。汇集式行驶线路可分为直线形和环形两类。一般来说，环形的里程利用率可能要高一些。这两种类型的线路都可分为分送式、聚集式、分送—聚集式。汇集式直线形线路实质是往复式行驶线路的变形。

(1) 分送式（图10-4（a））。

指车辆沿运行线路上各物流结点依次进行卸货，直到卸完所有待卸货物返回出发点的行驶线路。

(2) 聚集式（图10-4（b））。

指车辆沿运行线路上各物流结点依次进行装货，直到装完所有待装货物返回出发点的行驶线路。

(3) 分送—聚集式（图10-4（c））。

指车辆沿运行线路上各物流结点分别或同时进行装、卸货，直到装或卸完所有待运货物返回出发点的行驶线路。

车辆在聚集式行驶线路上运行时，其调度工作组织较为复杂。有时虽然完成了指定的运送任务，但其完成的运输周转量不尽相同。这是因为车辆所完成的运输周转量与车辆沿线上各物流结点的绕行次序有关。

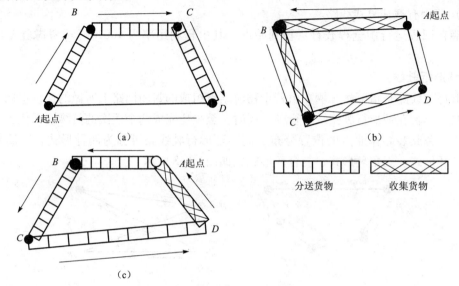

图 10-4 聚集式行驶线路示意图
（a）分送式；（b）聚集；（c）分送—聚集式

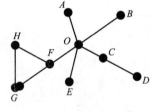

图 10-5 星形线路图

4. 星形行驶线路

星形行驶线路是指车辆以一个物流结点为中心，向其周围多个方向上的一个或多个结点行驶而形成的辐射状行驶线路。如图 10-5 所示，O 是中心结点，A，B，C……是各方向上的结点，如果就一个行驶方向（O 至 A）看，可以简化成一个往复式行驶线路；如果就一个局部（$O—H—G$）看，车辆按 $O \to F \to H \to G \to F \to O$ 运行，又可以简化成一个环形行驶线路；如果各结点更广泛地连通，车辆在多个结点之间运行，则从整体上又形成一个复杂的网络式行驶线路。

10.2 配送运输车辆的调度

10.2.1 车辆调度工作的内容

车辆调度是配送运输管理的一项重要的职能，是指挥监控配送车辆正常运行、协调配送生产过程以实现车辆运行作业计划的重要手段。

（1）编制配送车辆运行作业计划。

包括编制配送方案、配送计划、车辆运行计划总表、分日配送计划表、单车运行作业计划等。

（2）现场调度。

根据货物分日配送计划、车辆运行作业计划和车辆动态分派配送任务，即按计划调派车辆，签发行车路单；勘察配载作业现场，做好装卸车准备；督促驾驶员按时出车；督促车辆按计划送修进保。

(3) 随时掌握车辆运行信息，进行有效监督。

如发现问题，应采取积极的措施，及时解决和消除，尽量减少配送生产中断时间，使车辆按计划正常运行。

(4) 检查计划执行情况。

检查配送计划和车辆运行作业计划的执行情况。

10.2.2 车辆调度的基本原则

车辆运行计划在组织执行过程中常会遇到一些难以预料的问题，如客户需求发生变化、装卸机械发生故障、车辆在运行途中发生技术障碍、临时性路桥阻塞等。针对以上情况，调度部门要有针对性地加以分析和解决，随时掌握货物状况、车况、路况、气候变化、驾驶员状况、行车安全等，确保运行作业计划顺利进行。车辆运行调度工作应贯彻以下原则：

(1) 坚持从全局出发，局部服从全局的原则。

在编制运行作业计划和实施运行作业计划过程中，要从全局出发，保证重点，统筹兼顾，运力安排应贯彻"先重点、后一般"的原则。

(2) 安全第一、质量第一原则。

在配送运输过程中，要始终把安全工作和质量管理放在首要位置。

(3) 计划性原则。

调度工作要根据客户订单要求认真编制车辆运行作业计划，并以运行计划为依据，监督和检查运行作业计划的执行情况，按计划配送货物，按计划送修送保车辆。

(4) 合理性原则。

要根据货物性能、体积、重量、车辆技术状况、道路桥梁通行条件、气候变化以及驾驶员技术水平等因素合理调派车辆。在编制运行作业计划时，应科学合理地安排车辆的运行路线，有效地降低运输成本。

在具体进行车辆调度时，应注意以下几点。

① 宁打乱少数计划，不打乱多数计划。
② 宁打乱局部计划，不打乱整体计划。
③ 宁打乱次要环节，不打乱主要环节。
④ 宁打乱当日计划，不打乱以后计划。
⑤ 宁打乱可缓运物资的运输计划，不打乱急需物资的运输计划。
⑥ 宁打乱整批货物的运输计划，不打乱配装货物的运输计划。
⑦ 宁使企业内部工作受影响，不使客户受影响。

10.2.3 车辆调度的方法

车辆调度的方法有多种，可根据客户所需货物、配送中心站点及交通线路的布局不同，采用定向专车运行调度法、循环调度法、交叉调度法等。运输任务较重、交通网络较复杂时，为合理调度车辆的运行，可运用运筹学中线性规划的方法。这里介绍车辆调度的表上作业法和图上作业法。

1. 表上作业法

运输问题是线性规划最早研究的问题，也是与交通运输行业密切相关的问题。其表述如下：设某配送中心有 m 个储存仓库（产地）$A_1, A_2, \cdots, A_m$，某种货品供给（产）量分别为 $a_1, a_2, \cdots, a_m$；有 n 个客户（销地）$B_1, B_2, \cdots B_n$，其需求（销）量分别是 $b_1, b_2, \cdots, b_n$，且供需平衡（$\sum_{i=1}^{m} a_i = \sum_{j=1}^{n} b_j$）。已知单位物资从 A_i 运到 B_j 的运价为 $C_{ij}(i=1,2,\cdots,m;j=1,2,\cdots,n)$，试求使总运费最小的调运方案。

先建立数学模型。设：X_{ij} 为从 A_i 调运到 B_j 的物资数量($i=1,2,\cdots,m;j=1,2,\cdots,n$)，$Z$ 为调运总费用，则最佳调运方案模型为

$$\min Z = \sum_{i=1}^{m}\sum_{j=1}^{n} C_{ij}x_{ij}$$

$$\begin{cases} \sum_{j=1}^{n} x_{ij} = a_i, i=1,2,\cdots m \\ \sum_{i=1}^{m} x_{ij} = b_j, j=1,2,\cdots n \\ x_{ij} \geq 0, i=1,2,\cdots,m;j=1,2,\cdots,n \end{cases}$$

求解运输问题，通常采用表上作业法求解。下面通过一个例子来说明表上作业法的计算步骤。

已知：运输问题（表10-1）。

表 10-1　运输问题产销平衡表　　　　　　　　　元/t

产地＼销地	B_1	B_2	B_3	B_4	产量/t
A_1	10	6	8	12	4
A_2	16	10	5	9	9
A_3	5	4	10	10	4
销量/t	5	2	4	6	17

解：（1）确定调运初始方案。

确定初始调运方案的方法有很多种，比如最小元素法、西北角法以及伏格尔法等，在这里介绍用最小元素法确定初始调运方案。基本思想是通过按最小运价调运，给出一个初始基本可行解。首先在产销平衡表中找到最小运价4，表明首先由 A_3 给 B_2 调运，如产量大于销量则按销量调运，反之按产量调运。本例调运量为2，A_3 产量调运后还剩2，B_2 销量调运后为0，调运完毕后划去 B_2 的运价，然后在剩余的运价中找最小运价，确定调运位置后比较产量和销量后确定调运量，进行调运直至所有产量调运完毕。表10-2所示为最后确定的初始调运方案。

初始调运方案（初始基本可行解）为

$x_{11}=3$，$x_{14}=1$，$x_{23}=4$，$x_{24}=5$，$x_{31}=2$，$x_{32}=2$，其余 $x_{ij}=0$；此方案的总运费为 125 元。

表 10-2 初始调运方案 元/t

产地＼销地	B_1	B_2	B_3	B_4	产量/t
A_1	3			1	4
A_2			4	5	9
A_3	2	2			4
销量/t	5	2	4	6	17

注：最小元素法各步在运价表中划掉的行或列是需求得到满足的列或产品被调空的行。一般情况下，每填入一个数相应地划掉一行或一列，这样最终将得到一个具有"$m+n-1$"个数字格（基变量）的初始基本可行解。然而，问题并非总是如此，有时也会出现这样的情况：在供需关系格 (i,j) 处填入一数字，刚好使第 i 个产地的产品调空，同时也使第 j 个销地的需求得到满足。按照前述的处理方法，此时需要在运价表上相应地划去第 i 行和第 j 列。填入一数字同时划去了一行和一列，如果不加入任何补救措施的话，那么最终必然无法得到一个具有"$m+n-1$"个数字格（基变量）的初始基本可行解。为了使在产销平衡表上有"$m+n-1$"个数字格，这时需要在第 i 行或第 j 列此前未被划掉的任意一个空格上填一个"0"。填"0"格虽然所反映的运输量同空格没有什么不同，但它所对应的变量是基变量，而空格所对应的变量是非基变量。

（2）最优解的判别——位势法。

一个方案是否最优需要检验，检验的方法有闭合回路法和位势法两种基本方法。闭合回路法具体、直接，并为方案调整指明了方向；而位势法具有批处理的功能，提高了计算效率。这里介绍较为简便的位势法。

位势法就是对于特定的调运方案的每一行 i 给出一个因子 u_i（称为行位势），每一列给出一个因子 v_j（称为列位势），使对于目前解的每一个基变量 x_{ij} 有 $c_{ij}=u_i+v_j$，这里的 u_i 和 v_j 可正，可负，也可以为零。那么任一非基变量 x_{ij} 的检验数就是

$$\sigma_{ij}=c_{ij}-(u_i+v_j)$$

第一步，把方案表中基变量格填入其相应的运价并令 $u_1=0$；让每一个基变量 x_{ij} 都有 $c_{ij}=u_i+v_j$，可求得所有的位势，见表 10-3。

表 10-3 位势表

产地＼销地	B_1	B_2	B_3	B_4	u_i
A_1	10			12	0
A_2			5	9	-3
A_3	5	4			-5
v_j	10	9	8	12	

第二步，利用 $\sigma_{ij}=c_{ij}-(u_i+v_j)$ 计算各非基变量 x_{ij} 的检验数，结果见表 10-4。

表 10-4 检验数表

产地\销地	B_1	B_2	B_3	B_4	u_i
A_1	0	-3	0	0	0
A_2	9	4	0	0	-3
A_3	0	0	7	3	-5
v_j	10	9	8	12	

得检验数表后,即可判断该方案是否最优。判断的法则是:若所有检验数均为非负,则该方案为最优方案;否则,表明尚未得到最优解,需要进行改进。上述检验数表中,有一个小于零的数,说明该方案不是最优,需进行调整改进。

(3) 方案的改进。

改进方案可采用闭回路法。首先找出检验数表中最小的负检验数,以它在初始方案表中所对应的空格为调整位置,即调入格。本例在表 10-4 中可知空格 (A_1, B_2) 为最小负检验数-3。从此格出发,做一闭回路(见表 10-5 中的画线),这个闭回路的边线为垂直线或水平线,除空格外的其余顶点均为数字格(垂直线和水平线允许穿过有数字的格子,这样的闭回路一定唯一存在),见表 10-5。

表 10-5 运量调整表　　　　　　　　　　　　　　　　　　元/t

产地\销地	B_1	B_2	B_3	B_4	产量
A_1	3 (-2)	(+2)		1	4
A_2			4	5	9
A_3	2 (+2)	2 (-2)			4
销量	5	2	4	6	17

然后从空格 (A_1, B_2) 出发,沿闭回路依次增加运量和减少运量,调整量为所有减少调运量之处的最小值。本例沿闭回路 (A_1, B_2) 处增加运量,(A_3, B_2) 处减少运量,(A_3, B_1) 处增加运量,(A_1, B_4) 处减少运量,则调整量为两个减少运量处的最小调运量 2,调整后得到一个新的调运方案,见表 10-6。

表 10-6 调整后的调运方案　　　　　　　　　　　　　　　　元/t

产地\销地	B_1	B_2	B_3	B_4	产量/t
A_1	1	2		1	4
A_2			4	5	9
A_3	4				4
销量/t	5	2	4	6	17

对表 10-6 给出的调运方案，再应用位势法求出检验数表，见表 10-7。

表 10-7 检验数表

产地＼销地	B_1	B_2	B_3	B_4	u_i
A_1	0	0	0	12	0
A_2	9	17	0	0	-3
A_3	0	13	7	3	-5
v_j	10	6	8	12	

由于表 10-7 中已无负检验数，表明目前的调运方案（表 10-6）就是最优调运方案，$x_{11}=1$，$x_{12}=2$，$x_{14}=1$，$x_{23}=4$，$x_{24}=5$，$x_{31}=4$，其余 $x_{ij}=0$；此方案的总运费为 119 元。

即，A_1 向 B_1 运输 1 t，A_1 向 B_2 运输 2 t，A_1 向 B_4 运输 1 t；A_2 向 B_3 运输 4 t，A_2 向 B_4 运输 5 t；A_3 向 B_1 运输 4 t。

则相应的总运费最小为 119 元。

2. 图上作业法

图上作业法是将配送业务量反映在交通图上，通过对交通图初始调运方案的调整，求出最优配送车辆运行调度方法。运用这种方法时，要求交通图上没有货物对流现象，以运行路线最短、运费最低或行程利用率最高为优化目标。其基本步骤如下。

（1）绘制交通图。

根据客户所需货物汇总情况、交通线路、配送点与客户点的布局，绘制出交通示意图。

例：设 A_1、A_2、A_3 三个配送点，分别有粮食 40 t、30 t、30 t，需送往四个客户点 B_1、B_2、B_3、B_4，各客户点的需要量分别为 10 t、20 t、30 t、40 t，而且已知各配送点和客户点的地理位置及它们之间的道路通阻情况，可据此制出相应的交通图，如图 10-6 所示。

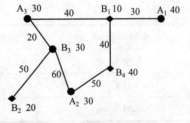

图 10-6 运距运量交通图

（2）破圈法编制初始方案。

任何一张交通图上的线路分布形态无非为成圈与不成圈两类。对于不成圈的，A_1，B_2 的运输，可按"就近调运"的原则即可，很容易得出调运方案。其中（$A_1 \rightarrow B_4$ 70 km）<（$A_3 \rightarrow B_4$ 80 km），（$A_3 \rightarrow B_2$ 70 km）<（$A_2 \rightarrow B_2$ 110 km），先假定（$A_1 \rightarrow B_4$），（$A_3 \rightarrow B_2$）运输。对于成圈的，可采用破圈法处理，先打破回路中距离最长的一段（A_2 与 B_4），并在交通图上，从破开的线段端点开始，依照右手原则，用符号↑标出物资流向，即符号↑始终在以输出地为起点、以输入地为终点的交通路线的右边，将运输量标注在符号↑旁边。即可得出初始调运方案，如图 10-7 所示。

（3）检查与调整。

面对交通图上的初始调运方案，首先分别计算线路的全圈长、内圈长和外圈长（圈长即指里程数）。如果内圈长和外圈长都分别小于全圈长的一半，则该方案即为最优方案，否则，即为非最优方案，需要对其进行调整。如图 10-7 所示，全圈长（$A_2 \rightarrow A_3 \rightarrow B_1 \rightarrow$

A_2)为 210 km,内圈($A_3 \to B_1$ 40 km、$B_1 \to B_4$ 40 km、$A_2 \to B_3$ 60 km)长为 140 km,大于全圈长的一半,显然,需要缩短内圈长度。调整的方法是在内圈(若外圈大于全圈长的一半,则在外圈)上先假定运量最小的线路两端点(A_3 与 B_1)之间不通,再对货物就近调运,可得到调整方案,如图 10-8 所示。然后,再检查调整方案的内圈长与外圈长是否都分别小于全圈长的一半。如此反复至得出最优调运方案为止。计算可得内圈长为 100 km,外圈长为 70 km,均小于全圈长的小半,可见,该方案已为最优方案。

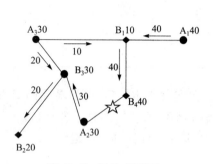

图 10-7 初始破圈调运

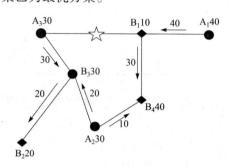

图 10-8 调整后的破圈调运图

3. 经验调度法和运输定额比法

在有多种车辆时,车辆使用的经验原则为尽可能使用能满载运输的车辆进行运输。如运输 5 t 的货物,安排一辆 5 t 载重量的车辆运输。在能够保证满载的情况下,优先使用大型车辆,且先载运大批量的货物。一般而言,大型车辆能够保证较高的运输效率和较低的运输成本。

例如,某建材配送中心某日需运送水泥 580 t、盘条 400 t 和不定量的平板玻璃。该中心有大型车 20 辆,中型车 20 辆,小型车 30 辆。各种车每日只运送一种货物,运输定额见表 10-8。

表 10-8 车辆运输定额表   t/日·辆

车辆种类	运送水泥	运送盘条	运送玻璃
大型车	20	17	14
中型车	18	15	12
小型车	16	13	10

根据经验派车法确定,车辆安排的顺序为大型车、中型车、小型车。货载安排的顺序为:水泥、盘条、玻璃。得出派车方案,见表 10-9,共完成货运量 1 080 t。

表 10-9 经验派车法   t/日·辆

车辆种类	运送水泥	运送盘条	运送玻璃	车辆总数
大型车	20			20
中型车	10	10		20
小型车		20	10	30
货运量/t	580	400	100	

对于以上车辆的运送能力可以按表 10-10 计算每种车运送不同货物的定额比。

表 10-10 车辆运输定额比

车辆种类	运水泥/运盘条	运盘条/运玻璃	运水泥/运玻璃	……
大型车	1.18	1.21	1.43	
中型车	1.2	1.25	1.5	
小型车	1.23	1.3	1.6	

其他种类的定额比都小于 1，不予考虑。在表 10-10 中小型车运送水泥的定额比最高，因而要首先安排小型车运送水泥；其次由中型车运送盘条；剩余的由大型车完成。派车方案见表 10-11，共完成运量 1 106 t。

表 10-11 定额比优化派车法

车辆种类	运送水泥车辆数/辆	运送盘条车辆数/辆	运送玻璃车辆数/辆	车辆总数/辆
大型车	5	6	9	20
中型车		20		20
小型车	30			30
货运量/t	580	400	126	

10.3 配送车辆的积载技术

10.3.1 配送车辆积载的概念

配送中心服务的对象是众多的客户和各种不同的货物，为了降低配送运输成本，需要充分利用运输配送的资源，对货物进行装车调配、优化处理，达到提高车辆在容积和载货两方面的装载效率，进而提高车辆运能运力的利用率，降低配送运输成本，这就是积载。

车辆按核定吨位满载运行时，表明车辆的载运能力得到充分的利用。而在实际工作中，不同货物配送的流量、流向、流时、流距及运行中的某些问题会造成车辆未能按核定吨位满载运行。通常用吨位利用率这一指标来考查。

$$吨位利用率 = \frac{实际完成周转量}{载运行程载质量} \times 100\%$$

该指标反映了车辆在重载运行中载运能力的利用程度。

配送运输车辆的吨位利用率应保持在 100%，即按车辆核定吨位装足货物，既不要亏载，造成车辆载重能力浪费，也不要超载。后者一方面可能造成车辆早期损坏，增加车辆的过度磨损，同时还会增加车辆运行燃、润料的消耗；另一方面使车辆容易发生事故，可能给企业、货主带来重大损失。

10.3.2 影响配送车辆积载的因素

① 货物特性。如轻泡货物，由于车厢容积和运行的限制（主要是超高）而无法装足吨位。

② 货物包装情况。如车厢尺寸不与货物包装容器的尺寸成整倍数关系，则无法装满车厢。如货物宽度为 80 cm，而车厢宽度为 220 cm 时，将会剩余 60 cm。

③ 不能拼装运输。应尽量选派核定吨位与所配送的货物数量接近的车辆进行运输，但有时按有关规定必须减载运行，比如有些危险品货物必须减载运送才能保证安全。

④ 装载技术原因造成的不能装足吨位。

10.3.3　配送车辆积载的原则

原则上，客户的配送顺序安排好后，只要按货物"后送先装"的顺序装车即可。但有时为了有效地利用空间，还应根据货物的性质（怕振、怕压、怕撞、怕湿）、形状、体积及质量等做出某些调整。如能根据这些选择恰当的装卸方法，并能合理地进行车辆积载工作，则可使货物在配送运输中货损、货差减少，既能保证货物完好和安全运输，又能使车辆的载重能力和容积得到充分的利用。当然，这就要求在车辆积载时应遵循以下原则。

① 轻重搭配的原则。车辆装货时，必须将重货置于底部，轻货置于上部，避免重货压坏轻货，并使货物重心下移，从而保证运输安全。

② 大小搭配的原则。如到达同一地点的同一批配送货物，其包装的外部尺寸有大有小，为充分利用车厢的内容积，可在同一层或上下层合理搭配不同尺寸的货物，以减少箱内的空隙。

③ 货物性质搭配的原则。拼装在一个车厢内的货物，其化学属性、物理属性不能互相抵触。在交运时托运人已经包装好的而承运人又不得任意开封的货物，在箱内因性质抵触而发生损坏，由托运人负责；由此造成的承运人的损失，托运人应负赔偿责任。

④ 到达同一地点的适合配装的货物应尽可能一次积载。

⑤ 确定合理的堆码层次及方法。可根据车厢的尺寸、容积、货物外包装的尺寸来确定。

⑥ 积载时不允许超过车辆所允许的最大载重量。

⑦ 积载时车厢内货物重量应分布均匀。

⑧ 应防止车厢内货物之间碰撞、沾污，货与车辆之间应留有空隙并适当衬垫，防止货损。

⑨ 装载易滚动的卷状、桶状货物时，要垂直摆放。

⑩ 装货完毕，应在门端处采取适当的稳固措施，以防开门卸货时，货物倾倒造成货损。

配送车辆的载重能力和容积能否得到充分的利用，当然与货物本身的包装规格有很大的关系。小包装的货物容易降低亏箱率，同类货物用纸箱比用木箱包装亏箱率要低一些。但是，亏箱率的高低还与采用的积载方法有关。所以说，恰当的积载方法能使车箱内部的高度、长度、宽度都得到充分的利用。

10.3.4　提高配送车辆积载效率的具体办法

① 研究各类车厢的装载标准，不同货物和不同包装体积的合理装载顺序，努力提高技术和操作水平，力求装足车辆核定吨位。

② 根据客户所需的货物品种和数量，调派适宜的车型承运，这就要求配送中心保有合适的车型结构。

③ 凡是可以拼装运输的，尽可能拼装运输，但要注意防止差错。

厢式货车有确定的车厢容积，车辆的载货容积为确定值。设车厢容积为 V，车辆载重量为 W。现要装载质量体积为 R_a、R_b 的两种货物，使得车辆的载重量和车厢容积均被充分利用。

设：两种货物的配装重量为 W_a、W_b。

$$\begin{cases} W_a + W_b = W \\ W_a \times R_a + W_b \times R_b = V \end{cases}$$

$$W_a = \frac{V - W \times R_b}{R_a - R_b}$$

$$W_b = \frac{V - W \times R_a}{R_b - R_a}$$

例：某仓库某次需运输水泥和钢材两种货物，水泥质量体积为 $0.9 \text{ m}^3/\text{t}$，钢材是 $1.7 \text{ m}^3/\text{t}$。计划使用车辆的载重量为 20 t。车辆容积为 21 m³。试问：如何装载使车辆的载重能力和车厢容积都得到充分利用？

设：水泥的装载量为 W_a，玻璃的装载量为 W_b。
其中，$V = 21 \text{ m}^3$，$W = 20 \text{ t}$，$R_a = 0.9 \text{ m}^3/\text{t}$，$R_b = 1.7 \text{ m}^3/\text{t}$

$$W_a = \frac{V - W \times R_b}{R_a - R_b} = \frac{21 - 20 \times 1.7}{0.9 - 1.7} \text{t} = 16.25 \text{ t}$$

$$W_b = \frac{V - W \times R_a}{R_b - R_a} = \frac{21 - 20 \times 0.9}{0.9 - 0.9} \text{t} = 3.75 \text{ t}$$

该车装载水泥 16.25 t，钢材 3.75 t 时车辆到达满载。

通过以上计算可以得出两种货物的搭配使车辆的载重能力和车厢容积都得到充分的利用。但是其前提条件是：车厢的容积系数介于所要配装货物的容重比之间。如所需要装载的货物的质量体积都大于或小于车厢容积系数，则只能是车厢容积不满或者不能满足载重量。当存在多种货物时，可以将货物比重与车辆容积系数相近的货物先配装，剩下两种最重和最轻的货物进行搭配配装。或者对需要保证数量的货物先足量配装，再对不定量配送的货物进行配装。

本章小结

本章主要介绍了配送运输的概念、特点、影响因素；配送运输的基本作业流程、几种基本的车辆行驶线路；车辆调度工作的内容、调度的基本原则及车辆调度的具体方法——表上作业法、图上作业法、经验调度法和运输定额比法；配送车辆积载的概念、影响因素、原则，提高配送车辆积载效率的具体办法。

练习与思考

1. 配送运输具有哪些特点？
2. 影响配送运输的主要因素有哪些？
3. 车辆积载原则是什么？
4. 如何提高车辆积载效率？

5. 车辆运行调度原则是什么？
6. 表上作业法的原理是什么？
7. 图上作业法的原理是什么？

综合案例

百胜物流——降低连锁餐饮企业运输成本之道

对于连锁餐饮这个锱铢必较的行业来说，靠物流手段节省成本并不容易。然而，作为肯德基、必胜客等业内巨头的指定物流提供商，百胜物流公司抓住运输环节大做文章，通过合理地运输安排、降低配送频率、实施歇业时间送货等优化管理方法，有效地实现了物流成本的"缩水"，给业内管理者指出了一条细致而周密的降低物流成本之路。

对于连锁餐饮业（QSR）来说，由于原料价格相差不大，物流成本始终是企业成本竞争的焦点。据有关资料显示，在一家连锁餐饮企业的总体配送成本中，运输成本占到60%左右，而运输成本中的55%～60%又是可以控制的。因此，降低物流成本应当紧紧围绕运输这个核心环节。

一、合理安排运输排程

运输排程的意义在于，尽量使车辆满载，只要货量许可，就应该做相应的调整，以减少总行驶里程。

由于连锁餐饮业餐厅的进货时间是事先约定好的，这就需要配送中心根据餐厅的需要，制作一个类似列车时刻表的主班表，此表是针对连锁餐饮餐厅的进货时间和路线详细规划制定的。

众所周知，餐厅的销售存在着季节性的波动，因此主班表至少有旺季、淡季两套方案。有必要的话，应该在每次营业季节转换时重新审核运输排程表。安排主班表的基本思路是，首先计算每家餐厅的平均订货量，设计出若干条送货路线，覆盖所有的连锁餐厅，最终达到总行驶里程最短、所需司机人数和车辆数最少的目的。

规划主班表远不像人们想象的那样简单。运输排程的构想最初起源于运筹学中的路线原理，其最简单的是从起点A到终点O，有多条路径可供选择，每条路径的长度各不相同，要求找到最短的路线。实际问题要比这个模型复杂得多。首先，需要了解最短路线的点数，从几个点增加到成百甚至上千个，路径的数量也相应增多到成千上万条。其次，每个点都有一定数量的货物流需要配送或提取，因此要寻找的不是一条串联所有点的最短路线，而是每条串联几个点的若干条路线的最优组合。另外，还需要考虑许多限制条件，比如车辆装载能力、车辆数目、每个点在相应的时间开放窗口等，问题的复杂度随着约束数目的增加呈几何级数增长。要解决这些问题，需要用线性规划、整数规划等数学工具，目前市场上有一些软件公司能够以这些数学解题方法作为引擎，结合连锁餐饮业的物流配送需求，做出优化运输路线安排的软件。

在主班表确定以后，就要进入每日运输排程，也就是每天审视各条路线的实际货量，根据实际货量对配送路线进行调整。通过对所有路线逐一进行安排，可以去除几条送货路线，至少也能减少某些路线的行驶里程，最终达到增加车辆利用率、增加司机工作效率和降低总行驶里程的目的。

二、减少不必要的配送

对于产品保鲜要求很高的连锁餐饮业来说,尽力和餐厅沟通,降低不必要的配送频率,可以有效地减少物流配送成本。

如果连锁餐饮餐厅要将其每周配送频率增加1次,会对物流运作的哪些领域产生影响?

在运输方面,餐厅所在路线的总货量不会发生变化,但配送频率上升,会导致运输里程上升,相应的油耗、过路桥费、维护保养费和司机人工时都要上升。在客户服务,餐厅下订单的次数增加,相应的单据处理作业也要增加。餐厅来电打扰的次数相应上升,办公用品(纸、笔、计算机耗材等)的消耗也会增加。在仓储方面,所要花费的拣货、装货人工费用会增加。如果涉及短保质期物料的进货频率提高,那么连仓储收货的人工费用都会增加。在库存管理上,如果涉及短保质期物料进货频率提高,由于进货批量减少,进货运费很可能会上升,处理的厂商订单及后续的单据作业数量也会增加。

由此可见,配送频率提高会影响配送中心的几乎所有职能,最大的影响在于运输里程上升所造成的运费上升。因此,减少不必要的配送,对于连锁餐饮企业显得尤其关键。

三、提高车辆的利用率

车辆时间利用率也是值得关注的,提高货车的时间利用率可以从增大货车尺寸、改变作业班次、二次出车和增加每周运行天数四个方面着手。

由于大型货车可以每次装载更多的货物,一次出车可以配送更多的餐厅,因此延长了货车的在途时间,增加了其有效作业的时间。这样做还能减少干路运输里程和总运输里程。虽然大型货车单次的过路桥费、油耗和维修保养费高于小型货车,但其总体上的使用费用绝对低于小型货车。

运输成本是最大项的物流成本,所有别的职能都应该配合运输作业的需求。所谓改变作业班次就是指改变仓库和别的职能的作业时间,适应实际的运输需求,提高运输资产的利用率。否则朝九晚五的作业时间表只会限制发车和收货时间,从而限制货车的使用。

如果配送中心实行24 h作业,货车就可以利用晚间二次出车配送,大大提高车辆的时间利用率。在实际物流作业中,一般会将餐厅分成可以在上午、下午、上半夜、下半夜四个时间段收货,据此制定仓储作业的配套时间表,从而将货车利用率最大化。

四、尝试歇业时间送货

目前我国城市的交通管制越来越严,货车只能在夜间时段进入市区。由于连锁餐厅运作一般到夜间24点结束,如果赶在餐厅下班前送货,车辆的利用率势必非常有限。随之而来的解决办法就是利用餐厅的歇业时间送货。

歇业时间送货避开了城市交通高峰时间,既没有打扰顾客,也没有打扰餐厅的运营。由于餐厅一般处在繁华路段,夜间停车也不用像白天那样有许多顾忌,可以有充裕的时间进行配送。由于送货窗口的营业时间拓宽到了下半夜,所以货车可以二次出车,这就提高了车辆利用率。

在餐厅歇业时段送货的最大顾虑在于安全。餐厅没有员工留守,司机必须拥有餐厅钥匙,掌握防盗锁的密码,餐厅安全相对多了一层隐患。货车送货到餐厅,餐厅没有人员当场验收货物,一旦发生差错很难分清到底是谁的责任,双方只能按诚信的原则妥善处理纠纷。歇业时间送货要求配送中心和餐厅之间有很高的互信度,如此才能将系统成本降低。所以这种方式并非在所有地方都可行。

附：中国百胜物流概况介绍

百胜餐饮集团是全球最大的餐饮集团之一，其旗下包括肯德基、必胜客、塔可钟（TacoBell）、艾德熊（A&W）及 Long John Silver's（LJS）五个世界著名餐饮品牌，分别在全球烹鸡、比萨、墨西哥风味食品以及海鲜连锁餐饮领域名列全球第一。目前，百胜集团在全球 100 多个国家拥有超过 34 000 家连锁餐厅和 84 万名员工，居世界餐饮业之首。中国百胜餐饮集团是中国最大的快餐集团，属于百胜餐饮集团的一部分。截至 2005 年，百胜中国旗下共有 1 584 家肯德基、201 家必胜客、3 家塔可钟 Grande 和 10 多家必胜客急送餐厅。

中国百胜集团建立和管理着自己的物流网络，在全国设有十几个一级、二级配送中心，物流配送网络遍及全国的 260 多个城市，在业内创造出了较为成功的"灵活而实用"的物流运营模式。所以如果只是从覆盖地域上来讲，百胜物流是世界第三大物流公司。

在美国，百胜集团的配送一直由一家专业第三方物流公司 Meclane Food Service 来做，所以百胜最初是想把美国的合作伙伴请到中国来继续为其服务，但当时中国市场小，营运条件落后，Meclane Food Service 最终望而却步。百胜集团只得自己承担起这项工作。

如果从企业的发展角度来讲，像百胜集团这样的跨国企业，最理想的做法是把物流外包给专业的第三方物流公司，与之建立长期的战略合作伙伴关系。这样百胜就可以集中精力开发市场，服务客户，增强核心竞争力。但是百胜集团从 1987 年进入中国到现在，一直都找不到一家理想的第三方物流公司，只好建立和使用自己的物流网络。中国百胜物流总经理表示：成就世界级，是一个过程。不光从设施上，还要从服务、食品品质、成本等方面去努力经营。为此，百胜集团在最关键的人员组织架构方面参考了世界级配销中心的组织架构配备，抽调了最优秀的管理和服务人员，打造出了适应中国国情的世界级食品物流体系。

中国商业流通业的发展在于连锁，而连锁经营的关键要素之一在于是否有强大的物流支持，物流必将成为其核心竞争力之一，而百胜集团在中国飞速发展的一个重要保障就是强大的物流系统。

思考题

试问百胜集团如何提高车辆的利用率？

第 11 章

配送商务

知识目标

1. 了解配送商务的具体内容。
2. 了解配送商务工作的组织与管理。
3. 掌握配送合同的内容和合同责任。
4. 掌握配送成本的核算与定价。

技能目标

1. 根据案例订立配送合同。
2. 学会通过配送成本的核算合理确定配送价格。

11.1 配送商务概述

11.1.1 配送商务及其内容

配送商务是指配送企业与需要产品配送的委托人之间的基于配送活动的经济联系,是双方基于配送产品交换的经济活动,两者的经济是完全独立的。无论是独立经营的配送企业,还是兼营的配送企业,都需要与客户发生商务关系,即使执行内部生产计划的企业内部配送,也可能涉及采用公共运输等对外的商务关系。配送商务的具体内容包括以下几点。

① 配送经营决策和产品的市场定位。
② 配送产品的市场宣传。
③ 交易机会搜寻和推销。
④ 交易磋商和配送合同的订立。
⑤ 配送成本核算和配送价格确定。
⑥ 配送合同履行的督促和履行合同中的沟通和协调。
⑦ 配送合同争议处理和商务风险的防范。

⑧ 客户关系维持和新市场开发。

配送商务是配送经营的核心工作，是经营的基础。只有在良好的商务工作基础上，配送经营才能成为有米之炊，才能创造效益。

11.1.2 配送商务的组织和管理

配送商务的组织与管理是配送企业对其配送商务工作的组织和管理。合理的组织使所提供的配送产品满足社会的需要，科学有效的管理可提高经营的效率和效益。独立配送企业的配送商务组织和管理是整个经营的核心工作，必须给予高度重视，将其贯穿在整个配送经营之中。企业内部的配送活动则属于企业生产管理的范畴，而没有独立的配送商务活动。

配送商务的组织与管理的目的是最大限度地利用所拥有的配送资源，向社会提供最多的产品，在交换产品中获得最大的收益，实现配送生产的成本最小化，最终实现利润最大化。

配送的组织和管理应该遵循最高效率的原则、最大限度地利用企业资源的原则、充分利用社会资源的原则、最低成本的原则，开展效率管理，进行成本管理、风险管理、服务质量管理，达到盈利目的。配送企业需要将商务管理工作列入最高层的管理，从组织机构、商务人员的配备上进行优化，制定严格的商务工作章程、明确的责任制度、完善的监督和有效的激励制度，建立对商务工作的支持体系，保证商务工作高效率地进行。

11.2 配送合同

11.2.1 配送合同概述

1. 配送合同的概念

配送合同是配送企业与配送委托人确定配送服务的权利和义务的协议。或者说，是配送企业收取费用，将委托人委托的配送物品，在约定的时间和地点交付收货人而订立的合同。委托人可以是收货人、发货人、贸易经营人、商品销售人、商品购买人、物流经营人、生产企业等配送产品的所有人或占有人，可以是企业、组织或者个人。

2. 配送合同的性质

（1）无名合同。

配送合同不是《合同法》分则的有名合同，不能直接引用《合同法》分则有名合同。因而配送合同需要依据合同法总则的规范，并参照运输合同、仓储合同、保管合同的有关规范，通过当事人签署的完整的合同调整双方的权利和义务关系。

（2）有偿合同。

配送是一种服务，配送企业需要投入相应的物化成本和劳动才能实现产品的生产。独立的配送经营是为了营利的经营。配送经营的营利性决定了配送合同为有偿合同。委托人需要对接收的配送产品支付报酬。配送企业收取报酬是其合同中的权利。

（3）诺成合同。

诺成合同表示合同成立即可生效。当事人对配送关系达成一致意见时配送合同就成立，合同也就生效。配送合同成立后，配送企业需要为履行合同组织力量，安排人力、物力，甚至要投入较多的资源，购置设备、聘请人员，如果说合同还不能生效，显然对配送企业极度不公平，因而配送合同必须是诺成合同。当事人在合同订立后没有依据合同履行义务，就构成违约。当然，当事人可以在合同中确定合同开始履行的时间或条件，时间未到或条件未成熟时虽然合同未开始履行，但并不等同于合同未生效。

(4) 长期合同。

配送活动具有时间相对较长的特性，配送过程都需要持续一段时期，以便开展有计划、小批量、不间断的配送，以达到配送的经济目的。如果只是一次性的送货，则是运输关系而非配送关系。因而配送合同一般是期限合同，确定一段时期的配送关系，或者是一定数量的产品的配送，需要持续较长的时间。

3. 配送合同的种类

配送服务合同的种类很多，按合同的独立性划分有如下几种。

(1) 独立配送合同。

由独立经营配送业务的配送企业或个人，或者兼营配送业务的企业与配送委托人订立的仅涉及配送服务的独立合同。该合同仅仅用于调整双方在配送过程中的权利和义务关系，以配送行为为合同标的。

(2) 附属配送合同。

附属配送合同是指在加工、贸易、运输、仓储或者其他物质经营活动的合同中，附带地订立配送活动的权利和义务关系，配送活动没有单独订立合同。附属配送合同主要包括仓储企业与保管人在仓储合同中附带配送协议、运输合同中附带配送协议、销售合同中附带配送协议、物流合同中附带配送协议、生产加工合同中附带配送协议等。

(3) 配送合同的其他分类。

根据合同履行的期限，配送合同可以分为定期配送合同和定量配送合同。定期配送合同是指双方约定在某一时期内，由配送企业完成委托人的某些配送业务而订立的合同。定量配送合同是配送企业按照委托人的要求，对一定量的物品进行配送，直到该数量的物品配送完毕，合同才终止。

根据配送委托人身份，配送合同可以分为批发配送、零售配送、工厂配送等配送合同；根据配送物，可以分为普遍商品配送、食品配送、水果蔬菜配送、汽车配送、电器配送、原料配送、零部件配送等配送合同；根据配送地理范围，可以分为市内配送、地区配送、全国配送、跨国配送、全球配送等配送合同。

11.2.2 配送合同的订立

配送合同是双方对委托配送经协商达成一致意见的结果，一方向另一方提出要约，另一方予以承诺，配送合同成立。在现阶段，我国的配送合同订立时首先需要配送企业要约，向客户提出配送的整体方案，指明配送业务对客户产生的利益和配送实施的方法，以便客户选择接受配送服务并订立合同。

配送合同的要约和承诺可以用口头形式、书面形式或其他形式表示。但由于配送时间延续较长，配送所涉及的计划管理性强，及时性配送所产生的后果可大可小，甚至会发生如生产线停工、客户流失等重大损失，配送过程受环境因素的影响也较大，如交通事故等，所以为了便于双方履行合同、利用合同解决争议，签订完整的书面合同最为合适。

11.2.3 配送合同的主要内容

1. 合同当事人

合同当事人是合同的责任主体，是所有合同都必须明确表达的项目。配送服务的当事人双方分别为配送企业和配送委托人。

2. 配送合同的标的和标的物

配送合同的标的就是配送行为，即将配送产品有计划地在确定的时间和地点交付收货人。配送合同的标的是一种行为，因而配送合同是行为合同。

标的物就是标的的载体和表现。配送合同的标的物是指被配送的对象，可以为生产资料或生活资料，但必须是动产，有形的财产。配送产品的种类（品名）、包装、单重、尺寸体积、性质等决定了配送的操作方法和难易程度，必须在合同中明确标示。

3. 配送方法

配送方法有定量配送、定时配送、定时定量配送、及时配送、多点配送等。需要在合同中明确时间及其间隔、发货地点或送达地点、数量等配送资料。配送方法还包括配送企业对配送产品处理的行为约定，如虚拟配装、分类、装箱。配送方法变更的方法有订单调整等。

4. 当事人权利与义务

在合同中明确双方当事人需要履行的行为或者不为的约定。

（1）配送委托人的权利和义务。

配送委托人的权利主要体现在配送委托人可以对配送企业的配送服务质量进行监督指导，可以要求配送企业定期提供存货信息和各种配送报表等。

配送委托人的义务主要表现为按时向配送企业交付配送服务费用，向配送企业提交适宜配送的产品，向配送企业提供有关送货业务的相应单据文件。

（2）配送企业的权利和义务。

配送企业的权利主要表现为可以向配送委托人收取配送服务费用，可以要求委托人提交适宜配送的产品，若配送中查不到收货人或收货人拒绝领取货物时，配送企业可以在规定期限内负责保管并有权向委托人收取保管费用。

配送企业的义务主要有以下几点。

① 要采取合适的方法履行配送的义务，如选取合适的配送运输路线、采用合适的搬运工具、使用公认的理货计量方法等。

② 应向收货人提供配送单证以及配送产品清单，并列明配送产品的名称、等级、数量等信息。

③ 配送企业应定期向委托人提交配送报表、收货人报表、残损报表等汇总材料，并随时接受委托人的存货查询。

④ 配送企业对委托人提交的配送产品承担及时查验、清点以及仓储和保管的义务。

⑤ 配送期满或者配送合同履行完毕，配送企业应将剩余的产品返还给委托人，不得无偿占有或擅自处理。

5. 违约责任

违约责任就是约定任何一方违反合同约定时需向对方承担的责任。违约责任包括约定违约行为需支付的违约金及数量、违约造成对方损失的赔偿责任及赔偿方法、违约方继续履行合同的条件等。

6. 补救措施

补救措施本身是违约责任的一种，但由于未履行配送合同可能产生极其严重的后果，为了避免损失的扩大，合同约定发生一些可能产生严重后果的违约补救方法，如采取紧急送货、就地采购等措施。

7. 配送费和价格调整

获取配送费是配送企业订立配送合同的目的。配送企业的配送费应该能弥补其开展配送业务的成本支出并获取可能得到的收益。合同中需要明确配送费的计费标准和计费方法，或者总费用以及费用支付的方法。

由于配送合同持续时间长，在合同期间如果构成价格的成本要素价格发生变化，如劳动力价格、保险价格、燃料电力价格、路桥费等变化，为了使配送企业不至于亏损，或者委托方也能分享成本降低的利益，允许对配送价格进行适当的调整，因此要在合同中订立价格调整条件和调整幅度。

8. 合同期限和合同延续条款

对于按时间履行的配送合同，必须在合同中明确合同的起止时间，起止时间用明确的日期方式表达。由于大多数情况下配送关系建立后都会保持很长的时间，因此会出现合同不断延续的情况。为了使延续合同不至于发生较大的变化，简化延续合同的订立程序，往往在合同中确定延续合同的订立方法和基本条件，如提出续约的时间、没有异议时自然续约等。

9. 合同解除的条件

配送合同都需要持续较长的时间，为了使履约过程中一方不因为另一方能力的不足或没有履约诚意而招致损害，或者在合同没有履行必要和履行可能时也不至于违约，在合同中约定解除合同条款，包括解除合同的条件、解除合同的程序。

10. 不可抗力和免责

不可抗力是指由于自然灾害、当事人不可抗拒的外来力量所造成的危害，如风暴、雨雪、地震、雾、山崩、洪水等自然灾害；还包括政府限制、战争、罢工等社会现象。不可抗力是合同法规定的免责条件，但合同法没有限定不可抗力的具体现象。虽然法律实践对于一般认可的不可抗力已形成共识，但对配送仓储行为影响的特殊不可抗力的具体情况，如道路塞车等以及需要在合同中陈述的当事人认为必要的免责事项，需要在合同中详细明确。不可抗力条款还包括发生不可抗力时的通知、协调方法等的约定。

11. 其他约定事项

配送产品种类繁多、配送方法多样，当事人在订立合同时充分考虑到可能发生的事件和合同履行的需要，并达成一致意见，是避免发生合同争议的最彻底的方法。特别是涉及成本、行为的事项，更需要事先明确。

（1）配送容器的使用。

合同中约定在配送过程中需要使用的容器或送料箱等的尺寸、材料质地；配送容器是免费使用还是有偿使用，如何使用，在使用中发生损害的维修责任以及赔偿约定；空容器的运输；合同期满时容器的处理方法等。

（2）损耗。

约定在配送中发生损失时，允许损耗的程度、损耗的赔偿责任及配送产品超过损耗率时对收货人的补救措施等。

（3）退货。

发生收货人退货时的处理方法。一般约定由配送企业先行接收和安置，然后向委托人汇报并要求委托人进行处理和费用承担。与退货类似的还有约定配送废弃物、回收旧货等的处理方法，配送溢货的处理方法。

（4）信息传递方法。

约定双方使用的信息传递系统、传递方法、报表格式等。如可约定采用生产企业的信息网络、每天传送存货报表等。

12. 争议处理

合同约定发生争议的处理方法，主要是约定仲裁、仲裁机构，或者约定管辖的法院。

13. 合同签署

合同由双方的法定代表人签署，并加盖企业合同专用章。私人订立合同的由其本人签署。合同签署的时间为合同订立时间，若双方签署的时间不同，后签的时间为订立时间。

11.3 配送成本与收费

11.3.1 配送成本的构成

配送是物流企业重要的作业环节，它是指在经济合理区域范围内，根据客户要求，对产品进行拣选、加工、包装、分割、组配等作业，并按时送达指定地点的物流活动。通过配送，物流活动才得以最终实现，但完成配送活动是需要付出代价的，即需配送成本。配送成本是配送过程中所支付的费用总和。

配送是与市场经济相适应的一种先进的物流方式，是物流企业按客户订单或配送协议进行配货，经过科学统筹规划，在客户指定的时间，将产品送达客户指定地点的一种供应方式。从整个物流系统来讲，配送几乎包括了所有的物流功能要素，是物流活动的一个缩影或在某小范围中物流全部活动的体现。一般的配送集装卸搬运、包装、保管、运输于一体，通过一系列物流活动将产品送达目的地。特殊的配送还要以流通加工活动为支撑。严格来讲，整个物流活动，没有配送环节就不能成为完整的物流活动。

配送的主体活动是配送运输、分拣、配货及配载。分拣配货是配送的独特要求，也是配送中特有的活动。以送货为目的的配送运输是最后实现配送的主要手段，从这一点出发，常常将配送简化成运输中的一种。

根据配送流程及配送环节，配送成本实际上是含配送运输费用、分拣费用、配装费用及流通加工费用等全过程的费用。

1. 配送运输费用

配送运输费用主要包括以下几个方面。

① 车辆费用。车辆费用是指从事配送运输生产而发生的各项费用。具体包括驾驶员及助手等的工资及福利费、燃料、轮胎、修理费、折旧费、养路费、车船使用税等项目。

② 营运间接费用。营运间接费用是指营运过程中发生的不能直接计入各成本计算对象的站、队经费，包括站、队人员的工资及福利费、办公费、水电费、折旧费等，但不包括管理费用。

2. 分拣费用

① 分拣人工费用。分拣人工费用是指从事分拣工作的作业人员及有关人员的工资、奖金、补贴等费用的总和。

② 分拣设备费用。分拣设备费用是指分拣机械设备的折旧费用及修理费用。

3. 配装费用

① 配装材料费用。常见的配装材料有木材、纸、自然纤维和合成纤维、塑料等。这些包装材料功能不同，成本相差也很大。

② 配装辅助费用。除上述费用外，还有一些辅助性的费用，如包装标记、标志的印刷，拴挂物费用等的支出。

③ 配装人工费用。配装人工费用是指从事包装工作的工人及有关人员的工资、奖金、补贴等费用的总和。

4. 流通加工费用

① 流通加工设备费用。流通加工设备因流通加工形式的不同而不同，购置这些设备所支出的费用，以流通加工费用的形式转移到被加工产品中。

② 流通加工材料费用。流通加工材料费用是指在流通加工过程中，投入加工过程中的一些材料消耗所需要的费用。

③ 流通加工人工费用。在流通加工过程中从事加工活动的管理人员、工人及有关人员工资、奖金等费用的总和。

实际应用中，应该根据配送的具体流程归集成本。不同的配送模式，其成本构成差异较大。相同的配送模式下，由于配送产品的性质不同，其成本构成差异也很大。

11.3.2 影响配送成本的因素

1. 时间

配送时间持续的后果是占用了配送中心的资源，耗用仓储中心的固定成本。而这种成本往往表现为机会成本，使得配送中心不能提供其他配送服务以获得收入或者在其他配送服务上增加成本。

2. 距离

距离是构成配送运输成本的主要内容。距离越远，也就意味着运输成本越高。同时造成运输设备和送货员工增加。

3. 配送产品的数量、重量

配送产品数量和重量的增加会使配送作业量增大，但大批量的作业往往使配送效率提高，因而配送的数量和重量是委托人获得价格折扣的理由。

4. 产品种类及作业过程

不同种类的产品配送难度不同，对配送作业的要求不同，承担的责任也不一样，因而对成本会产生较大幅度的影响。采用原包装配送的成本支出显然要比配装配送要低，因而不同的配送作业过程直接影响到成本。

5. 外部成本

配送经营时或许要使用到配送企业之外的资源。比如,若当地的起吊设备租赁市场具有垄断性,则配送企业需要租用起吊设备时就会增加成本支出。若当地的路桥普遍收费且无管制,则必然使配送成本居高不下。

11.3.3 配送定价

1. 定价方式

(1) 单一价格。

在一个配送区域内不论配送到哪儿,对同一计费单位采用同一个价格。单一价格相当于采用配送货量平均成本定价方式,运输距离远、货量少的客户获得超值服务,而另一些客户则多支付了费用。采用单一价格一般需要对配送产品的规格做出限定,如每件不超过 $5\,000\,g$ 或者 $1\,m^3$。

(2) 分区价格。

将配送覆盖区划分成若干个价格区间,对运送到不同区间的配送制定不同的价格。一般来说,区间的划分以距离为原则,若该区间的交通条件不利、经常塞车或者需要通过收费路口等,则制定不同的价格。

(3) 分线价格。

将配送区按照配送运输线路进行划分,对每一条线路进行定价。只要是属于该线路的配送,就使用该线路价格,而无论是否达到该设计线路的基点。

2. 价格制定方法

(1) 成本定价法。

成本定价法是指根据配送经营的成本确定价格。价格由成本、利润、税收三部分组成,其中

$$成本 = 直接成本 + 间接成本$$

$$利润 = 成本 \times 成本利润率$$

税收则根据国家税收政策确定。配送经营的税收有营业税和企业所得税。营业税直接计入成本;企业所得税则包含在成本利润之中。

$$营业税 = (配送收入 - 外包的运输费支出) \times 营业税率$$

没有外包运输时,则

$$营业税 = 配送收入 \times 营业税率 = 价格 \times 计费量 \times 营业税率$$

根据总收入等于总支出加利润,则

$$总收入 = 成本 + 利润 + 税收$$

而

$$总收入 = 价格 \times 计费量$$

$$价格 \times 计费量 = (直接成本 + 间接成本) \times (1 + 成本利润率) + 价格 \times 计费量 \times 营业税率$$

$$价格 = \frac{(直接成本 + 间接成本) \times (1 + 成本利润率)}{计费量 \times (1 - 营业税率)}$$

(2) 边际成本定价法。

当达到规模经济时,获得利润最大化的条件是边际成本等于边际收益,这是经济学的基

本原则。该原理可用在配送定价上,在配送达到规模经济时,利用边际成本作为定价方法。利用边际成本定价法的条件是已达到了规模经济。

配送的边际成本 MC 随着产量的增长、资源的充分利用,有一个逐渐降低的过程。但是继续增加产量会使原有的要素匹配不协调,或者需要增加费用支出,使得配送的边际成本增加,如图11-1所示。只有当配送的边际成本等于边际收益时($MC=MR$)的配送经营量,才会达到利润最大化。此时由边际收益所决定的配送产品价格就等于边际成本,即$P=MC$。那么就可以直接采用边际成本进行定价,也就是生产最后一个产品所增加的成本。

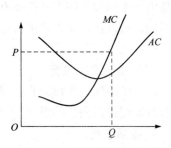

图 11-1　边际成本与平均成本

边际成本 MC 为

$$MC = \frac{\Delta TC}{\Delta Q}$$

式中　ΔTC——总成本的增量;

　　　ΔQ——产量的增量。

(3) 市场价格。

在配送市场上,存在着众多的配送企业组成的配送供给者和众多配送产品的需求者,他们形成配送供给和配送产品需求两方。若配送产品价格极高,需求者不愿意消费,则需求量(D)较小。随着配送产品价格的降低,消费能力增大,需求量增大,需求量与价格呈逆向变化,如图11-2中的D曲线所示。同样,当配送产品价格很低时,配送企业不愿意经营,供给量(S)很少。当配送产品价格增高时,配送企业的配送经营量就会增加,配送供给量与配送价格同向变化,如图11-2中的S曲线所示。在某个价格P,双方的数量与价格关系相同,达到平衡,即S曲线与D曲线的交点,这时的价格就是供需双方供需平衡的价格,此时的数量就是市场的供给和消费的平衡容量。此时的价格就是整个市场的价格,也就是配送企业所能定的最高价格。

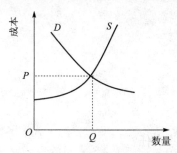

图 11-2　供给、需求与均衡价格

众多中小规模的配送企业只能是配送市场价格的接受者,需要根据市场价格确定配送价格,并按照该价格管理和控制成本支出。

(4) 综合定价。

产品定价是企业与客户、与竞争对手的博弈行为,既要保证产品尽可能被广泛接受,扩大经营规模,又要实现最高的获益。定价要根据成本、市场需求、市场竞争的需要合理确定。总的来说,正常定价不能低于平均成本,但也不能高于市场的均衡价格。

11.3.4　配送收费计费方式

配送收费可以在独立提供配送服务时进行,或者作为其他服务的一个环节,合并在其他服务收费之中。但总的来说,配送是一项独立的计费项目,需要依据配送的成本确定收费。配送企业收费的方式有以下三种。

1. 按配送量计收费用

以每单位的配送量为计费单位。如采用重量单位，总收费即为总配送量与费率的乘积。但是由于不同商品的配送作业有一定的差别，所投入的劳动不同，如重大货物与轻巧货物作业不同，可以按商品类别进行分类、分等级。按配送量收费还包括按所配送的货物的体积计费、按件数收费等方式。

2. 按配送次数收费

以提供的配送次数为收费单位，不计具体的配送量。此种收费方式相当于包车配送，一般有每次配送最大量的限制，如每次不超过一整车。

3. 按期收费

以一定时期为计费单位。对于配送稳定的客户，定量、定次配送、按期收费仅仅是计费形式的不同。对数量不定、时间不定的客户实行按期收费则是对客户的优惠。此外，对极小数量的协同配送也可按期收费。

本章小结

本章主要介绍了配送商务的内容、配送商务的组织与管理；配送合同的内容和合同责；影响配送成本的因素和配送定价的方法。本章的重点在于配送服务合同的主要条款、配送服务的合理定价。

练习与思考

1. 配送商务有哪些内容？配送商务管理要达到什么目的？
2. 配送合同的性质有哪些？
3. 配送合同有哪些种类？如何订立合同？
4. 配送合同包括哪些内容？
5. 配送合同的当事人分别有哪些权利？又分别要承担哪些责任？
6. 影响配送成本的因素有哪些？
7. 配送价格可采用哪些方式定价？
8. 什么是成本定价法？什么是边际成本定价法？
9. 配送市场价格是如何生成的？
10. 配送收费方式有哪几种？

综合案例

1. 晨达配送中心与流花食品厂签订配送合同，该厂将货物存储在配送中心。3月20日，20箱薯片由晨达配送到新世纪超市。到货后，超市收货人在未做验货的情况下签收配送单。3月21日，超市人员发现该批薯片大部分由于长期保存不当受潮，且在送货途中颠簸碎裂。超市向流花食品厂进行索赔，但该厂要求晨达配送中心进行赔偿，并扣压需支付给晨达配送中心的各项费用。晨达配送中心不服，将配送剩余物强行占有，以超市已签单为由，拒不归还。

思考题

在此事件中，配送人、委托人、收货人三方具有的权利与义务分别是什么？

2. 某集团的一个储运公司曾经为一家超市提供配送服务，考虑到上海超市的配送定价基本都在销售额的2%左右，储运公司则将配送定价定为销售额的1%。这一点对超市很有吸引力，但做下来以后储运公司发现成本不止1%，因为事前储运公司没完全弄明白客户究竟有多少要求，要达到什么程度。比如24 h配送比48 h的成本不止增加了一倍，而是两倍。所以当时储运公司以市场最低价争得客户，到最后却维系不下去。配送价格应该是根据客户的需要，在能够提供最好服务的情况下，给出最合理的价格。

思考题

1. 定价应考虑哪些因素？本案里缺乏哪些？为什么该集团会如此定价？
2. 在配送市场上，如果某一个配送商试图把价格定得比市场价格更高，需要什么条件？

参 考 文 献

[1] 邬星根,李莅. 仓储与配送管理 [M]. 上海:复旦大学出版社,2005.
[2] 郑克俊. 仓储与配送管理 [M]. 北京:科学出版社,2005.
[3] 白世贞,言木. 现代配送管理 [M]. 北京:中国物资出版社,2005.
[4] 张远昌. 仓储管理与库存控制 [M]. 北京:中国纺织出版社,2004.
[5] 李永生. 仓储和配送管理 [M]. 北京:机械工业出版社,2003.
[6] 真虹,张婕妹. 物流企业仓储管理与实务 [M]. 北京:中国物资出版社,2003.
[7] 王之泰. 现代物流学 [M]. 北京:中国物资出版社,1995.
[8] 刘俐. 现代仓储运作与管理 [M]. 北京:北京大学出版社,2004.
[9] 赵家俊,于宝琴. 现代物流配送管理 [M]. 北京:北京大学出版社,2004.
[10] 张远昌. 仓储管理与库存控制 [M]. 北京:中国纺织出版社,2004.
[11] 徐天亮. 运输与配送 [M]. 北京:中国物资出版社,2002.
[12] 徐杰,田源. 采购与仓储管理 [M]. 北京:清华大学出版社,北京交通大学出版社,2004.
[13] 周万森. 仓储与配送管理 [M]. 北京:北京大学出版社,2005.